Shlomi Eldar
GAZA – bis zum bitteren Ende

Der Journalist Shlomi Eldar hebt sich von der
Mehrheit der Israelis ab. Jahrelang hat er als
Korrespondent des kommerziellen
israelischen Fernsehsenders Kanal 10 aus
dem Gazastreifen berichtet. Fast jeden Tag
war er in den Nachrichtensendungen zu
sehen, wie er in den Trümmern zerstörter
Häuser, am Eingang der Schmuggler-Tunnel
von Rafah oder vor den im Hintergrund
vorbeiratternden Panzern stand und über das
Leben im Gazastreifen berichtete.
Er interviewte Politiker und Militante, Ärzte
und Menschenrechtler und natürlich immer
wieder auch einfache Zivilisten. Man sah ihn
an der Seite vermummter und schwer
bewaffneter Islamisten oder im Gespräch mit
Kindern, deren Haus von der israelischen
Armee gerade zerstört worden war. Seine
Geschichten waren lebendig und bewegend,
mutig und leidenschaftlich, sie waren
ungewöhnlich im israelischen Fernsehalltag.
Es gab kaum einen Aspekt, den Eldar nicht
beleuchtete und es sah so aus, als gäbe es
keinen Winkel im Gazastreifen, den er nicht
kannte. Er war überall und immer aktuell, mit
viel Einfühlungsvermögen und gleichzeitig
mit einem wachen, kritischen Blick.
Im Jahr 2005 erschien dann sein Buch mit
dem Titel „Gaza - wie der Tod". Ein Wortspiel,
denn das hebräische Wort für Gaza bedeutet
auch „stark", und „stark wie der Tod ist die
Liebe", heißt es im Hohelied.

SHLOMI ELDAR

GAZA
BIS ZUM BITTEREN ENDE
Im Schatten des Todes

Übersetzt von Abraham Melzer
mit einem Vorwort von Bettina Marx

Melzer Edition *bei*

Titel der hebräischen Originalausgabe:
Asa kawamet (Gaza/Stark wie der Tod)

Aus dem Hebräischen übersetzt von Abraham Melzer
Übersetzung lektoriert von Clemens Sorgenfrey

CIP-Titelaufnahme der Deutschen Bibliothek
Eldar, Shlomi
Gaza – bis zum bitteren Ende

© Melzer Verlag, Neu-Isenburg 2011
© Shlomi Eldar 2005

Satz & Layout: Bernhard Heun, Rüssingen
Herstellung und Verlag: BoD – Books on Demand, Norderstedt
Umschlag: Bernhard Heun, nach einer Idee von Abraham Melzer
Printed in Germany

ISBN 978-3-759731-42-5

Inhalt

Vorwort

Der Gazastreifen ist nur ein winziges Stück Land im Nahen Osten. Kaum 42 Kilometer lang und an seiner breitesten Stelle gerade 12 Kilometer breit. In diesem schmalen Landstrich am Mittelmeer leben mehr als 1,5 Millionen Palästinenser. Sie sind eingepfercht zwischen Israel und Ägypten, abgeschnitten von der Welt, die Stiefkinder der Geschichte. Und doch wird sich hier das Schicksal des Nahen Ostens entscheiden. Solange die Gaza-Frage ungelöst bleibt und solange die Menschen im Gazastreifen keine Zukunft haben, wird kein Frieden einkehren zwischen Mittelmeer und Jordan.

»Ich wünschte, der Gazastreifen würde im Meer versinken«, sagte einmal der frühere israelische Ministerpräsident Itzchak Rabin verdrossen. Er gab damit wieder, was die Mehrheit der Israelis beim Gedanken an das ungeliebte Anhängsel ihres Staates empfanden und noch immer empfinden. Der Gazastreifen mit seinen heruntergekommenen Flüchtlingslagern, seinen bettelarmen Menschen und seinen militanten Gruppierungen ist ihnen lästig und sie wünschten, sie könnten sich seiner entledigen, umso mehr, nachdem Israel im Sommer 2005 die israelischen Siedlungen aufgelöst und seine Truppen an die Grenzen zurückgezogen hat.

Der Journalist Shlomi Eldar hebt sich von der Mehrheit der Israelis ab. Jahrelang hat er als Korrespondent des kommerziellen israelischen Fernsehsenders Kanal 10 aus dem Gazastreifen berichtet. Fast jeden Tag war er in den Nachrichtensendungen zu sehen, wie er in den Trümmern zerstörter Häuser, am Eingang der Schmuggler-Tunnel von Rafah oder vor den im Hintergrund vorbeiratternden Panzern stand und über das Leben im Gazastreifen berichtete. Er interviewte Politiker und Militante, Ärzte und Menschenrechtler und natürlich immer wieder auch einfache Zivilisten. Man sah ihn an der Seite vermummter und schwer bewaffneter Islamisten oder im Gespräch mit Kindern, deren Haus von der israelischen Armee gerade zerstört worden war. Seine Geschichten waren lebendig und bewegend, mutig und leidenschaftlich, sie waren ungewöhnlich im israelischen Fernsehalltag. Es gab kaum einen Aspekt, den Eldar nicht beleuchtete, und es sah so aus, als gäbe es keinen Winkel im Gazastreifen, den er nicht kannte. Er war überall und immer aktuell, mit viel Einfühlungsvermögen und gleichzeitig mit einem wachen, kritischen Blick.

Im Jahr 2005 erschien dann sein Buch mit dem hebräischen Titel »Gaza – wie der Tod«. Ein Wortspiel, denn das hebräische Wort für Gaza bedeutet auch stark, und »stark wie der Tod ist die Liebe«, heißt es im Hohelied.

In diesem Buch bietet Eldar einen spannenden Einblick in das innere Leben des Gazastreifens. Er beschreibt die geschichtlichen Hintergründe, die politischen Entwicklungen und die sozialen Umstände. Er erläutert die Auswirkungen des Oslo-Friedensprozesses auf die Wirtschaft und die Bevölkerung des Gazastreifens. Er lässt die Vertreter aller politischen Strömungen zu Wort kommen, spricht mit Politikern von Fatah und Hamas, mit Aktivisten und Militanten.

Vor allem aber beleuchtet Eldar das Verhältnis zwischen Israelis und Palästinensern. Schonungslos deckt er dabei israelische Vorurteile auf und scheut auch nicht davor zurück, seine eigenen Vorbehalte und Ängste zu thematisieren. Unverblümt berichtet er zum Beispiel, wie er als kleiner Junge zusammen mit seinen Eltern im Jahr 1967 zum ersten Mal den gerade besetzten Gazastreifen besuchte und dort, mit dem Gestus des Eroberers, einen gleichaltrigen arabischen Jungen angriff. An anderer Stelle beschreibt er seine Gefühle der Angst, als er zum ersten Mal als Journalist ein Flüchtlingslager besuchte, das er bis dahin nur als Soldat im gepanzerten Truppentransporter kennen gelernt hatte.

Seit dem Jahr 2006 war Eldar nicht mehr im Gazastreifen. Im Januar dieses Jahres fanden in den palästinensischen Autonomiegebieten Wahlen statt. Die Hamas errang die Mehrheit und bildete eine Regierung. Ministerpräsident wurde Ismail Haniyeh aus dem Flüchtlingslager Shati im Gazastreifen. Shlomi Eldar war der erste israelische Fernsehjournalist, der Haniyeh interviewte. Doch das war zugleich einer seiner letzten journalistischen Aufträge in Gaza. Denn kurz darauf erließ die Regierung in Jerusalem für israelische Journalisten ein Einreiseverbot in den Gazastreifen, den sie zu einem feindlichen Territorium erklärt hatte. Am 25. Juni 2006 hatten palästinensische Freischärler eine israelische Militärpatrouille überfallen, die jenseits der Grenze Streife fuhr. Dabei wurde der junge Soldat Gilad Shalit gefangen genommen und in den Gazastreifen verschleppt. Israel reagierte mit heftigen Bombardierungen und Militäroperationen. Gleichzeitig wurde eine strenge Blockade über den Gazastreifen verhängt, die bis heute in Kraft ist. Für die israelischen Reporter, die bis dahin aus dem Gazastreifen berichtet hatten, wurde die Grenze geschlossen.

Seither können nur noch ausländische Journalisten, die in Israel akkreditiert sind und eine Genehmigung der israelischen Behörden bekommen, in den Gazastreifen reisen. Die israelische Öffentlichkeit erfährt seither nicht mehr aus erster Hand, was sich im Gazastreifen ereignet, wie die Menschen dort mit der Blockade leben, die über sie verhängt wurde, und wie sich die Herrschaft der Hamas auf ihr tägliches Leben auswirkt.

Shlomi Eldar, der Verständnis hat für die Entscheidung der israelischen Regierung, bemüht sich dennoch weiter, die Zuschauer von Kanal 10 über den Gazastreifen zu informieren. Er selbst hält sich über sein Netzwerk an Freunden, Bekannten und Kollegen auf dem Laufenden und versucht, den

Gesprächsfaden trotz aller Schwierigkeiten nicht abreißen zu lassen.

Am 16. Januar 2009 wurde Shlomi Eldar auch einem internationalen Publikum bekannt. Denn an diesem Tag saß er am Nachmittag in einer Diskussionssendung im Fernsehstudio, als sein Telefon klingelte. Am anderen Ende war der palästinensische Arzt Izzedin Abuelaish, der den Fernsehzuschauern bekannt war, weil er in den vorangegangenen Tagen des Krieges per Telefon über die Lage in seiner Heimat berichtet hatte. An diesem Nachmittag jedoch rief er um Hilfe. Ein israelischer Panzer hatte das Haus seiner Familie beschossen, drei seiner Töchter wurden dabei getötet und weitere Familienangehörige verletzt. Aus dem Fernsehstudio heraus organisierte Eldar Hilfe für den Arzt, der in palästinensischen und israelischen Krankenhäusern gearbeitet hatte und fließend Hebräisch sprach. Israelische Krankenwagen wurden an die Grenze geschickt, um die überlebenden Familienangehörigen abzuholen und in ein israelisches Krankenhaus zu bringen. Die Bilder dieses Geschehens gingen damals um die Welt. Selbst in Israel hielt man den Atem an. Kurz vor seinem Ende hatte der Gazakrieg für die israelischen Zuschauer ein menschliches Antlitz bekommen.

Durch den israelischen Angriff auf den Gazastreifen und die Geschehnisse um die Gaza-Hilfsflotte im Mai 2010 ist der kleine Landstrich wieder in das Licht der Öffentlichkeit gerückt worden, das Schicksal seiner Menschen ist wieder auf der Tagesordnung. Inzwischen ist klar, dass eine Lösung des Nahostkonflikts ohne dieses kleine Stück Land nicht möglich ist.

Eldars Buch liefert einen wichtigen Beitrag zur Diskussion, denn es vermittelt bisher fehlende Kenntnisse über den Gazastreifen und seine Bewohner. Darüber hinaus ermöglicht es einen Blick auf das komplexe, vielschichtige und schwierige Verhältnis zwischen Israelis und Palästinensern.

Bettina Marx,
Berlin, Februar 2011

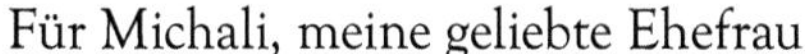

Für Michali, meine geliebte Ehefrau

Die Kinder der Steine

Nazar Kabani

Schüler von Gaza,
lehrt uns,
ein wenig von dem,
   was ihr kennt,
lehrt uns,
Männer zu sein,
weil unsere Männer
zu Teig geworden sind.
Schüler von Gaza,
hört nicht
unsere Rundfunksendungen,
und hört nicht auf uns.

Wir sind die Männer des
Gedankens,
des Schreibens
und Auslassens.
Zieht in eure Kriege
und lasst uns in Ruhe.

Schüler von Gaza,
kehrt nicht zurück
zu unseren Schriften
und lest uns nicht,
wir sind eure Väter –
werdet nicht wie wir!
Wir sind eure Götzen –
betet uns nicht an!
Wir sind abhängig
vom politischen Rauschgift
und von der Unterdrückung,
und wir bauen Friedhöfe
   und Gefängnisse.

Irre von Gaza,
tausend herzliche Glück-
   wünsche, den Irren.
Sie sind es, die uns befreien
   werden.
Die Zeit der politischen
   Vernunft
ist längst vergangen.
Deshalb, lehrt uns den Irrsinn!

*Der bekannte syrische Dichter Nazar Kabani wird von den intellektu-
ellen arabischen Kreisen verehrt und ist ein entschiedener Gegner des
Friedensprozesses mit Israel. Zu Beginn der ersten Intifada veröffentlichte er diese Lobpreisung der Kinder der Intifada.*

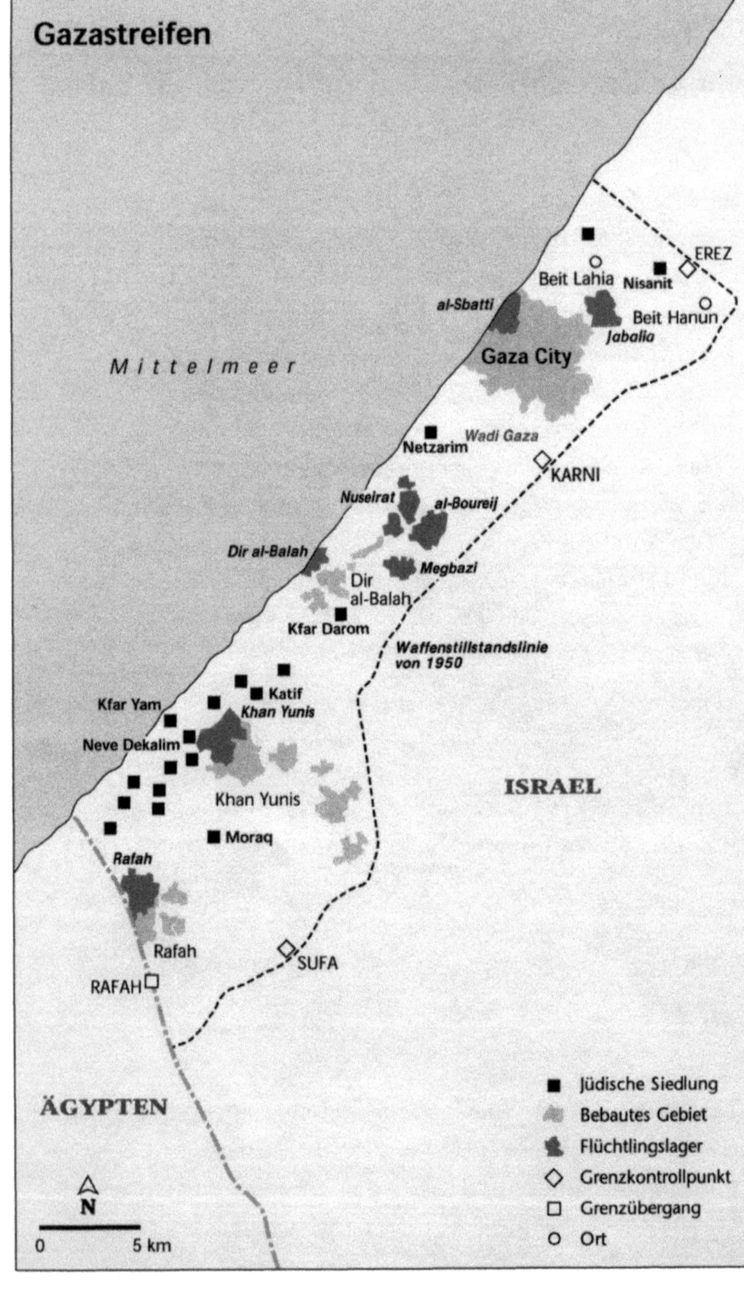

Gazastreifen
Mittelmeer
al-Sbatti
Beit Lahia
Nisanit
EREZ
Beit Hanun
Jabalia
Gaza City
Netzarim
Wadi Gaza
KARNI
Nuseirat
al-Boureij
Dir al-Balah
Dir al-Balah
Megbazi
Kfar Darom
Waffenstillstandslinie von 1950
Kfar Yam
Katif
Khan Yunis
Neve Dekalim
Khan Yunis
ISRAEL
Moraq
Rafah
Rafah
SUFA
RAFAH
ÄGYPTEN
N
0   5 km
Jüdische Siedlung
Bebautes Gebiet
Flüchtlingslager
Grenzkontrollpunkt
Grenzübergang
Ort

Israel und die besetzten Gebiete
LIBANON
SYRIEN
Golan-Höhen
Akko
Haifa
See Genezareth
Nazareth
Mittelmeer
Jenin
Nablus
Waffenstillstandslinie von 1967
Tel Aviv-Jaffa
West-jordanland
Jordan
Ramalla
Amman
Ashdod
Jericho
Jerusalem
Ashkelon
Betlehem
Totes Meer
Gazastreifen
Hebron
Waffen-stillstandslinie von 1950
Waffen-stillstandslinie von 1949
Beersheba
Negev
ÄGYPTEN
Sinai
JORDANIEN
N
0   30 km

Wir fuhren nach Gaza. Wir verließen Gaza

Wir fuhren nach Gaza. Die ganze Familie drängte sich in den kleinen Käfer meines Onkels Moshe. Alle wollten wir mit eigenen Augen unsere Macht sehen. Wir waren doch Helden, in nur sechs Tagen hatten wir alle Araber besiegt. Und Gaza, oh weh, Gaza.

Damals, in der zweiten oder dritten Schulklasse, als wir zu einer Rundfahrt in den Süden fuhren, kamen wir bis zum Kibbuz Yad Mordechai, wo wir lernten, wer Mordechai Anilewicz war, der Führer des Aufstands im Warschauer Ghetto. Man erzählte uns auch von dem ägyptischen Heer, das bis zu den Grenzen des Kibbuz vorgedrungen war, und was für ein Schlacht von Mann zu Mann dort stattgefunden hatte. Am Ende zogen sich die Ägypter zurück. An der internationalen Grenze zu Ägypten sahen wir eine Hütte mit UN-Soldaten, die dort die Stellung hielten. Wir, die ausgelassenen Lausbuben, setzten einen Fuß unter das Tor und frohlockten: »Wir waren im Ausland!«

Jetzt waren wir »im Ausland«: Helden und Angeber.

Mein Onkel Moshe ging zur Polizeiwache, einst eine britische Polizeistation, danach eine ägyptische, und jetzt kommandierte sein guter Freund, Major Igal Lushi, die Polizeikräfte in Gaza.

Um uns herum liefen Polizisten in gebügelten Uniformen und großen Hüten, und draußen standen Palästinenser, die schon jetzt Arbeit suchten. Vielleicht würden sie etwas bei der Polizei finden.

Das Durcheinander war riesig. Der Markt auf dem Palestine-Platz war voll mit Menschen. Alle versuchten alles zu verkaufen, alles, was sie hatten. Und wir liefen dort herum wie Sieger.

In einer der Seitengassen stand ein junger Mann, der seine Briefmarkensammlung verkaufen wollte. Mein Bruder, ein fanatischer Briefmarkensammler, sah erstaunt zu. Eine solche Sammlung hatte er noch nie gesehen. »Man muss ein Esel sein, um so eine seltene Sammlung zu verkaufen.«

Ich kann mich genau an seine Worte erinnern. *Man muss ein Esel sein.* Der junge Mann aber war kein Esel. Er hatte Hunger.

Wir kauften billig ein, Stühle aus Holz, wie ich sie später in Ägypten gesehen habe, und andere Geschenke. Ich kann mich an den Geruch des arabischen Kaffees erinnern, den mein Vater kaufte, weil er so wenig kostete. Als wir die Sachen in den kleinen Kofferraum des blauen Käfers einluden, stand neben mir ein Junge in meinem Alter. Wir beide waren Kinder, aber er war ein Besiegter und ich ein Eroberer. Er war ängstlich und ich arrogant.

Ich kannte damals einige arabische Worte. »Liebst du Gamal Abd el Nasser?«, fragte ich, und in meiner Fantasie hielt ich eine Peitsche.

Mein Altersgenosse wusste, dass dies eine Falle war. »Jaani«, antwortete er. Das bedeutet: Leg meine Worte nicht auf die Goldwaage.

Aber ich wollte nicht zurückstecken. Wie angenehm das Gefühl der Macht doch ist.

»Sag mal, liebst du Um Kulthum?« Und auch das war eine Falle. Sie war ihre Kriegssängerin. Nach dem Krieg boykottierte meine Mutter ihre Lieder, und erst nach Jahren begann sie wieder, sie zu hören, nachdem sie ihr den Einsatz zugunsten der Araber verziehen hatte.

»Um Kulthum?«, fragte ich noch einmal, wie ein Untersuchungsrichter.

»Ja, ich liebe sie«, antwortete er.

»Fick dich«, verfluchte ich ihn. Vielleicht bereichert ich den Fluch noch mit einem weiteren Fluch, den ich aber nicht aufzuschreiben wage.

Der Junge war schockiert und hob seine Hand, um mich zu schlagen. Doch mein Bruder, der Briefmarkensammler, hatte das Geschehen beobachtet. Er rettete mich aus den Händen des Jungen und verjagte ihn. Auf dem Heimweg sprachen wir über diesen unerzogenen Jungen, der besiegt worden war und trotzdem die Unverschämtheit besaß, seine Nase und seine Hand zu erheben. Ich erzählt nicht, dass ich ihn beschimpft hatte. Das habe ich niemals erzählt.

Als ich – fast dreißig Jahre später – für meine Reportagen die Kinder der Intifada aufsuchte, stellte ich mir vor, dass ich auch den Jungen von damals, aus der Zeit kurz nach dem Sechs-Tage-Krieg, auf dem Markt von Gaza suche und finde. Was wohl aus ihm geworden ist? Vielleicht habe ich ihn im Lauf der Jahre gesehen, während ich in Gaza unterwegs war. Vielleicht ist er ein Arbeiter, vielleicht habe ich ihn gesehen, als er sich fast zu Tode drängeln musste im Menschenmeer des Grenzübergangs Erez, um seinen Lebensunterhalt zu sichern. Vielleicht hat er sich freiwillig bei der Fatah oder einer anderen Organisation gemeldet. Vielleicht wurde er verwundet, vielleicht ist er tot, vielleicht lebt er einfach sein Leben wie viele andere in seiner Stadt Gaza, in der Hoffnung auf andere Zeiten.

Dreiundzwanzig Jahre nach diesem Ausflug mit dem Käfer kam ich nach Gaza zurück. Eine ganze Generation war inzwischen dort geboren und aufgewachsen und hatte sich gegen uns erhoben, und wir haben nicht verstanden, warum. Auf dem Höhepunkt der ersten Intifada, im Sommer 1990, wurden die Teilnehmer der Reporterausbildung des israelischen Fernsehens aufgefordert, eine Reportage über eine Affäre zu filmen, die damals ganz Israel erregte: den Prozess »Givati B.«. Drei Soldaten einer Brigade hatten einen jungen Palästinenser von 16 Jahren, Ejad Muhamed Hakel, zu Tode geprügelt. Sie hatten ihn verdächtigt, zusammen mit seinem Cousin Halid Ali Hakel Steine auf Soldaten geworfen zu haben. Sie drangen in sein Haus ein, schlugen die beiden mit kräftigen Schlägen nieder, luden sie auf einen Jeep und fuhren zu einem Wäldchen in der Nähe. Dort prügelten die Soldaten sie mit Keulen, traten auf sie ein und schlugen sie mit Fäusten blutig.

Der Befehlshaber der Kompanie, Leutnant Ofer Reshef, gab bei der Untersuchung der Militärpolizei zu, dass er den entsprechenden Befehl gegeben hatte. Seine Zeugenaussage wird auch in dem Buch *Gerechtigkeit unter Feuer* von Amnon Strashnov erwähnt, dem damaligen Obersten Militärstaatsanwalt und späteren Richter: »Der Befehl lautete, Hände und Beine zu brechen, und ich habe ihn klar und deutlich weitergegeben ... diesen Befehl, den ich meinen Soldaten gegeben habe, bekam ich persönlich bei den Sitzungen, die im Beisein von Verteidigungsminister Jitzhak Rabin und des Divisionskommandeurs stattfanden.« Der Oberste Militärstaatsanwalt Strashnov beschloss, die Soldaten und ihren Vorgesetzten, Oberleutnant Itzik Levite, der an der Tat selbst nicht beteiligt war, jedoch die Verantwortung übernommen hatte, vor Gericht zu stellen. Der Befehl, stellte der OMStA fest, war eindeutig gesetzwidrig, und die Soldaten hätten wissen müssen, dass sie ihn nicht ausführen durften.

Im Rahmen der Reportage, die ich damals vorbereitete, suchte ich die Menschen hinter der Affäre. Jenseits aller juristischen Vorbehalte und scharfen Formulierungen der Anwälte beider Seiten, jenseits der Reden über Gesetzlichkeit und Ungesetzlichkeit und jenseits des Durcheinanders, das in diesem Krieg gegen eine Zivilbevölkerung herrschte und natürlich das Verhalten der Soldaten beeinflusst hat, wollte ich feststellen, welche Auswirkungen diese Affäre auf das Leben der Familie hatte, deren Sohn vor ihren Augen erschlagen worden war. Ich nahm Kontakt zu dem Journalisten Abd Abu Al-Hiskar aus Gaza auf, der mit der Zeit mein bester Kollege werden sollte, und er brachte die Mutter des Toten und den Cousin und Augenzeugen Halid Ali Hakel zum Grenzübergang Erez, weil ich damals natürlich keinen Zugang zum Flüchtlingslager Burreidsch hatte. Ejad Hakels Mutter weinte leise. Das Bild ihres jüngsten Sohnes, wie er mit Steinen und Gewehrkolben zu Tode geprügelt wurde, ließ ihr keine Ruhe. Der Cousin erzählte, wie ihn die Soldaten erbarmungslos geschlagen hatten und wie sie plötzlich gesichtslos und gefühllos wurden. Schon damals dachte ich, dass es Pflicht sein sollte, auch die andere Seite zu sehen, den Schmerz, den Zorn, die Worte und das Schweigen, das Weinen und sogar die Rachedrohungen, wenn man die Wurzeln des Konflikts und seine Entwicklung verstehen wollte. Sehen, um zu verstehen. Verstehen, um zu wissen, warum.

Als die zweite Intifada ausbrach, dachten die Israelis, dass alle Palästinenser an einem Tag irregeworden seien, als ob sie einen Befehl bekommen hätten, irrsinnig zu werden und sich zu Tausenden umbringen zu lassen. Wer hörte nicht den abgegriffenen Satz: »Ich kenne die Araber«? Wir sahen den Grund für den Ausbruch der Intifada in der Natur der Araber, im Islam, im Fanatismus, im Neid – in allem. Nur die einfache Erklärung, die auch uns mit diesem »Irrsinn« verbindet, sahen wir nicht.

Bei meinen journalistischen Aufenthalten in Gaza habe ich mit den Jahren gelernt, dass die Israelis über die Palästinenser, die im Gazastreifen leben, nichts wissen und es in der Regel auch vorziehen, nichts zu wissen. Wir verschließen die Augen, um nichts zu sehen, weil auch wir alle Opfer waren. Wir waren jahrelang Opfer von bewusster Irreführung der israelischen öffentlichen Meinung durch die Entscheidungsträger. In beiden Intifadas – der ersten und auch der zweiten – wurden die Dinge immer aus einem israelisch-militärischen Blickwinkel gesehen, um die israelische Öffentlichkeit davon zu überzeugen, dass es nur eine militärische Lösung für den Aufstand und die Gewalt gebe. Dass es eine große militärische Schubladenlösung gebe, mit deren Umsetzung das politische Israel noch zögert, aus Furcht, dass daraus weltpolitische Friktionen erwachsen. Der häufige Gebrauch des Begriffs »Terrorbasis«, mit dem wir gefüttert wurden, vermittelte uns das Gefühl, dass es im Gazastreifen Lager gebe, in denen die Terroristen ausgebildet würden. Wenn die israelische Armee nur grünes Licht bekäme, um diese »Terrorbasen« mit einem vernichtenden Schlag zu treffen, wäre das Problem an seiner Wurzel behoben.

Auch die israelischen Medien drückten diesem Bild, das in der israelischen Öffentlichkeit entstanden war, ihren Stempel auf, wenn sie die Erklärungen der Armee einfach wörtlich übernahmen, ohne ihren Wahrheitsgehalt und ihre Motive zu prüfen. Die israelische Öffentlichkeit, die sich nicht für die Menschen aus Gaza interessierte, wusste nicht, dass es dort keine Camps gibt und auch keine Terrorbasis, die man mit einem Schlag hätte vernichten können. Sie wusste nicht, dass die Armee auf die Intifada keine militärische Antwort hatte. Die vorherrschende Konzeption, dass der Konflikt nur militärisch zu lösen sei, war aber keine Lösung für das Sicherheitsproblem Israels. Im Gegenteil sorgte sie sogar dafür, dass die gesamte palästinensische Bevölkerung für die Intifada mobilisiert wurde. Die einfachste Lösung erwies sich als die schlechteste Lösung.

Im Sommer 2005 gab es keine Zweifel daran, dass nach Beendigung der Intifada und dem Rückzug Israels aus dem Gazastreifen der Einfluss der gemäßigten Kräfte in den besetzten Gebieten deutlich nachließ. Schließlich wurde er bedeutungslos, und stattdessen stiegen aus den Ruinen die Kräfte der Hamas, des Islamischen Dschihad und der anderen Verweigerungsorganisationen, die vor dem Hintergrund der unüberlegten Politik Israels aus dem Boden gesprossen waren. Wir verließen Gaza damals mit einem dramatischen Schritt der freiwilligen Trennung, und wir ließen ein zerstörtes Gaza hinter uns, »ausgesetzt«, hasserfüllt und gewalttätig. Gaza - stark wie der Tod. Wild, stürmisch, ausgehungert und eingesperrt. Gaza, wo das letzte Wort noch nicht gesprochen wurde.

Dieses Buch ist nach fast fünfzehn Jahren intensiver Arbeit vor Ort in Gaza entstandn. Diese Arbeit begann zwei Jahre vor der Unterzeichnung des Vertrags von Oslo und endete mit dem Rückzug Israels aus dem Gazastreifen. Im Lauf der Jahre bemühte ich mich, die Wurzeln des »Wahnsinns« und »die Natur der Araber« zu erforschen. Ich traf Menschen, deren Welt vollständig zerstört wurde und die Rache um jeden Preis schworen, und Menschen, die trotz allem versuchten, eine Insel der Vernunft im Meer des Wahnsinns zu schaffen. Ich habe versucht zu verstehen, wie sie zu dem geworden sind, was sie heute sind, und vor allem, wie es von hier aus weitergeht.

Manche werden sagen, dass das Buch an Einseitigkeit leide, dass es die Dinge nur aus einer Richtung sehe, der palästinensischen. Es stellt sich nicht den Betroffenen und den Entscheidungsträgern in Israel und benennt nicht alle Fehler, die die Palästinenser während des gesamten Prozesses immer wieder gemacht haben. Ich entlaste die Palästinenser nicht von der Verantwortung für die mörderischen Anschläge, die das Leben vieler unschuldiger Opfer gekostet haben. Ich behaupte nicht, dass die Palästinenser keine verhängnisvollen Fehler begangen haben, die ebenso zum Zusammenbruch des politischen Prozesses beigetragen haben. Ich sage nicht, dass nicht ein Großteil der Schuld auf den Schultern der »zerstreuten Führung« der Palästinenser lastet, die zusammen mit Arafat aus Tunis gekommen ist und ihre Denkschemata und Stigmata in Bezug auf die Israelis mitgebracht und nicht verändert hat. Diese Vorwürfe wurden und werden in vielen Büchern und in unzähligen Artikeln benannt. Ich aber habe versucht, ein tieferes Verständnis zu erlangen, und habe deshalb lange Tage und Nächte in der Region verbracht. Ich bin denen begegnet, die die Menschen auf der Straße achten, deren ganzer Wunsch es ist, wie Menschen zu leben. Die Arbeiter auf ihrem Weg nach Israel und zurück, die Arbeitslosen, die ihre Tage im Hauseingang verbringen und schon die Hoffnung auf Arbeit aufgegeben haben, die allein ihre Lebensumstände verbessern könnte. Ich habe auch verschiedene Anführer der Hamas getroffen und versucht, ihre Denkweise zu verstehen, habe versucht herauszufinden, ob es möglich ist, zwischen ihrer Lebensauffassung und der israelischen Auffassung von »Frieden und Sicherheit« zu vermitteln. Ich habe die ehemaligen Gefangenen getroffen, deren Leben durch ihr unfreiwilliges Zusammentreffen mit den Israelis verändert wurde, und die Gesuchten, an deren Händen israelisches Blut klebt. Und Kinder. Viele Kinder, die in diese unmögliche Situation hineingeboren wurden. Wer weiß, welche Zukunft sie erwartet und wie ihre Zukunft uns und unsere Kinder beeinflussen wird.

Mein Ausgangspunkt in Bezug auf die Aktionen Israels in Gaza während dieser langen Jahre ist die Frage, ob wir mit langfristiger politischer Klugheit gehandelt haben, die die Risiken und die Ergebnisse kalkuliert hat. Oder ob diese Taten aus anderen Motiven genährt wurden wie etwa der Zufriedenstellung der öffentlichen Meinung in Israel oder dem Griff nach kurzfristigen Lösungen, die die schicksalhaften, zerstörerischen Ergebnisse für die Sicherheit Israels und seiner Bürger nicht in Betracht zogen. Hat es überhaupt eine israelische Politik in Gaza gegeben? Und wie konnte es geschehen, dass die Militärstrategie die politischen Schritte dominierte und zur bestimmenden Kraft wurde?

Mein Freund Ihab al-Ashkar, heute ein Geschäftsmann und in der Vergangenheit einer der Führer der ersten Intifada und einer der mutigsten Menschen, denen ich jemals begegnet bin, drückt das zutreffend so aus:

»Wisst ihr wirklich nicht, dass hier ein Volk lebt? Volk? Volk? Volk? Dicke und Dünne, Schöne und Hässliche, Radikale und Gemäßigte, Alte und Junge, Friedensliebende und den Frieden Hassende – ein Volk! Volk! Ein Volk, das in seiner Mehrheit ruhig leben möchte.«

Im August 2004 wurde mein Sohn Yadin geboren. Als ich das meinem Kameramann, der während der ganzen zweiten Intifada mit mir zusammen war, erzählte, freute er sich. »Wir werden sofort Bewaffnete auf die Straße holen, damit sie Freudenschüsse in den Straßen von Gaza abfeuern«, sagte er scherzend und fragte dann voller Ernst: »Denkst du, dein Sohn wird ein Freund meines kleinen Sohnes werden, so wie wir Freunde sind?«

Ich entzog mich der Antwort. Ich wollte nicht sagen, was ich wirklich dachte. Die Lehren der Vergangenheit künden nichts Gutes für die Zukunft.

Gaza – bis zum bitteren Ende ist ein Mosaik von Menschen, die eine große Geschichte von Versäumnissen erzählen. Und es ist auch meine Geschichte, die Geschichte eines israelischen Journalisten in Gaza, zwischen den Intifadas und mittendrin, der wissen wollte, wie die Dinge von dort aussahen. Wie die Dinge tatsächlich aussahen, nicht wie in den Konzepten und Absichtserklärungen, sondern durch die Linse der Kamera betrachtet und mit Augen, die wissen wollten, warum.

Dieses Buch widme ich meinen Kindern,
Roteam, Keren, Or und Yadin,
dass sie niemals Krieg erleben mögen.

Kapitel 1

Zurück nach Shabora

Der Sommer 2002 war düster. Es waren fast zwei Jahre vergangen, seit die Intifada ausgebrochen war. Wieder Intifada. Ich dachte, dass dieses Wort, das sich in die hebräische Sprache eingeschmuggelt hat, indem es alle Sprachfilter, Hüter und Aufpasser umgangen hat, aus der Welt verschwunden sei, als die Osloverträge unterzeichnet wurden. Ich war Zeuge der Freudenschreie, die das Verschwinden der Intifada verkündeten. Ich war sicher, dass sie gestorben war und nie wieder zurückkommen würde. Mit meinen eigenen Augen hatte ich gesehen, wie die meisten ihrer Soldaten und Aktivisten sie verlassen hatten, sie allein gelassen hatten. Mit meinen eigenen Augen hatte ich gesehen, wie man sie begraben hatte. Man hatte sie beweint wie eine Heilige.

Ihre Soldaten hatten sich befreit und auf einen neuen Weg begeben.

Aber sie war nicht wirklich gestorben, sie hatte sich nur tot gestellt. Ihre Kraft hatte sie verlassen, ihr Körper war verloren, aber ihre Seele nicht. Leise hatte sie gewartet, war unter die Oberfläche eingesickert, hatte eine neue Form angenommen und wartete nun auf ihre Stunde. Und die ganze Zeit hatte sie sich bemüht, anstelle der Deserteure und der Abwesenden neue junge Soldaten zu mobilisieren. Sie hatte ihren Söhnen verziehen, sie hatte denjenigen vergeben, die zurückgekommen waren, nachdem sie sie verlassen hatten, und hatte sie an ihre Brust gedrückt. Mit all ihrer Kraft bemühte sie sich, all diejenigen um sich zu sammeln, bei denen der Traum vom Frieden ausgeträumt war, und all diejenigen, die diesen Traum gar nicht hatten. Sie sprang auf jede noch so geringe Unterstützung von außen an, sie verzichtete auf keine Gelegenheit, und es gab so viele Gelegenheiten, viele davon haben wir ihr geschenkt, wir, die Israelis, in der Güte unseres Herzens.

Fast vier Jahre hatte ich Gaza nicht mehr besucht. Was sollte ich dort tun? Wir alle dachten, dass wir schon seit langem dort rausgegangen seien. Wir hatten uns von dem Todesstreifen getrennt. Die Geschichte war beendet. Gaza nach dem Rückzug des Jahres 1994 galt als eine tote Story. »Bye-bye, Gaza«, sangen wir alle, und wir bauten einen undurchdringlichen Zaun um Gaza herum, um uns von dem Küstenstreifen zu trennen. Gaza interessierte uns nicht mehr. Sollten sie dort doch alle verrecken.

Als es so schien, als ob die Intifada friedlich eingeschlafen war, verabschiedete auch ich mich von der Intifada - für den Frieden. Frieden, Frieden, welcher Frieden? Die Palästinenser wollen ja bekanntlich keinen Frieden, wir haben ihnen alles gegeben, und sie sind dennoch unzufrieden. Wollen sie etwa nicht? Wir haben ihnen Gaza gegeben, und nun wollen sie Haifa, Jaffa und Akko - alles wollen sie. Krieg wollen sie. Sie wollen Krieg. Krieg. Und sie ist wieder da, die Intifada in ihrem zweiten Auftritt. Wir haben es euch doch gesagt.

Alle Kommentatoren strömten in die Fernsehstudios, um zu erklären und zu analysieren. Ich hörte allen zu und verstand kein Wort.

Wieso, wieso, sind denn dort alle wieder wahnsinnig geworden? Keiner hat es wirklich verstanden.

Eines Tages rief ich meinen Freund Hisham Abu Razek an. Er schrie voller Angst: »Sie bombardieren! Sie bombardieren!

Flugzeuge werfen Bomben auf Gaza! Seid ihr verrückt geworden!? F-16!? Seid ihr verrückt geworden!?« Und ich, der ich so viele Stunden vor dem Bildschirm zugebracht hatte, konnte mich nicht beherrschen und sagte zu ihm: »Ihr seid verrückt geworden. Auch ihr seid verrückt geworden. Alle sind verrückt geworden.« Danach hörte ich ein lautes Bumm. Das Gespräch war unterbrochen. »Hallo? Hallo? *Hisham?*«

Abends im Fernsehen, in der Nachrichtensendung, die ich als Redakteur zu verantworten hatte, sagten die Militärreporter und die politischen Kommentatoren und die übrigen Schwätzer, dass es keine andere Wahl mehr gebe, dass die politische Führung beschlossen habe, die Fundamente des Terrors zu zerstören. Fundamente? Aus der Luft?

Am Morgen rief mich mein Freund Hisham an. Er klang verängstigt. Er hatte sich schon immer so angehört, aber heute mehr als sonst, verängstigt und verärgert. Warum ich nach der Bombardierung nicht angerufen hätte, um nach seinem Befinden zu fragen? Was für ein Freund ich sei?

Ich entschuldigte mich, aber ich wusste, dass die Ziele der Bombardierung in Gaza zufällig ausgewählt waren. Sie wurden zufällig ausgewählt, nur um die öffentliche Meinung in Israel zu befriedigen. Ich wusste, dass ein Angriff kommen würde. In diesen Tagen redigierte ich die Nachrichtensendung »Mabat«. Der Sprecher der Armee belagerte die Reporter und bequatschte sie, damit die Redakteure der Nachrichtensendungen vorbereitet seien und die Zuschauer sicher sein könnten, dass man über keinen Schuss auf Gaza und kein Attentat der Palästinenser schweige.

Das Durchsickern von Informationen funktionierte immer. Die F-16-Kampfflugzeuge kamen stets während der Nachrichtensendungen, auf beiden Kanälen und mit der Präzision eines Schweizer Uhrwerks. Gaza ist ein geeigneter Ort für einen Luftangriff und ein noch besser geeigneter Ort, um von dort aus Livebilder in die ganze Welt zu verbreiten. Alle Presseagenturen hatten dort ihre Zweigstellen. Jeder Nachrichtensender stellte dort permanent Kameras auf, in der Stadt, die die größte Nachrichtenproduzentin der Welt ist. Die Bilder, die live gezeigt wurden, glichen sich immer. Riesige Flammen, palästinensische Feuerwehrmänner, die versuchten, das Feuer zu löschen, und Dutzende oder Hunderte Zivilisten, die verschreckt durch die Straßen liefen.

Eine leichte, »saubere«, einfache Antwort, und in der Regel ohne Opfer. Damit sie sehen und Angst haben, eigentlich nur, damit sie Angst haben.

Mit der Zeit entdeckte ich, dass Israel den Palästinensern im Vorfeld Informationen über die Ziele des Angriffs zukommen ließ, damit die palästinensischen Polizisten rechtzeitig von dort verschwinden konnten und nicht getroffen wurden. Denn sie waren nicht das Ziel. Bei der Armee nannte man diese Angriffe spöttisch »Immobilien-Angriffe«, aber eigentlich waren auch die Immobilien nicht das Ziel. Weder die Gebäude der palästinensischen Polizei noch die Gebäude des palästinensischen Sicherheitsdienstes waren das Ziel. Es waren vielmehr »Rating-Angriffe« für das israelische Fernsehpublikum. Für dieses wurden Ziel und Zeitpunkt der Bombardierung von Gaza gewählt.

Als Hisham bei mir anrief, um sich zu beklagen, verstand ich nicht, dass die Kampfflugzeuge einen ungeheuren Einfluss auf die Bevölkerung haben, weit über die Zerstörung der vorbestimmten Ziele hinaus.

»Die Töchter machen in der Nacht ins Bett. Sie haben gesehen, wie die Flugzeuge neben dem Haus Bomben abwerfen und haben um Hilfe gerufen aber keiner war zu Hause. Sie waren allein. Es gelingt uns nicht, sie zu beruhigen«, sagte er.

Ich kenne Hisham schon viele Jahre. Als er in Israel arbeitete, bevor das Osloabkommen unterzeichnet wurde, sagten die Kollegen bei der Busgesellschaft »Eged« zu ihm: »Du siehst nicht aus wie ein Araber.« Er war damals beleidigt, aber sein Äußeres und seine fast echte israelische Aussprache vermittelten den

Eindruck, dass er »einer von uns« sei. Und wenn du kein Araber bist oder zumindest nicht wie einer aussiehst, dann bist du in Ordnung.

Bevor die Armee Gaza verließ, hielt ihn einmal ein Soldat am Checkpoint bei der Siedlung Netzarim auf. Hisham öffnete das Fenster. Aus dem Radio im Wagen drang die Stimme von Shlomo Artzi, ein beliebter israelischer Sänger.

»Das hörst du?«, fragte der Soldat erstaunt.

Hisham hatte seinen Zynismus nicht verloren und sagte: »Ja, das Lied ›Ein Mann geht verloren‹.«

Und tatsächlich ging er verloren. Seine Stimme klang erstickt. Ausgepresst. Zum ersten Mal hörte ich, dass in das perfekte Hebräisch, das er sprach, ein arabischer Akzent eindrang. Die Angst und die Besorgnis öffneten ihm einen Weg.

Ich wusste, dass Hisham sich nicht wiederfindet in dem lodernden Feuer, das dort ausgebrochen ist. Aber ich wusste auch, dass er keine andere Wahl hat. Einfach keine. Als das Osloabkommen unterzeichnet wurde, fragte er mich, was er tun solle, ob er weiter in Israel arbeiten solle.

»Kehr nach Hause zurück «, riet ich ihm. Und im Geiste unseres gemeinsamen Vorvater Abraham fügte ich hinzu: »Geh und finde deinen Platz und deine Zukunft im Land deiner Väter.« Und er ging. Die Tage damals waren voller Optimismus und er hoffte, dass er eine anständige Arbeit in der Nähe seines Hauses finden würde.

Diesen guten Rat vergisst er mir bis heute nicht. Als die Ausgangssperren und Verhaftungen zunahmen, und der Broterwerb für Tausende von Arbeitern, die in Israel gearbeitet hatten, unmöglich wurde, vergaß er nicht, mich anzurufen und sich zu bedanken.

»Wofür?«

»Für deinen Rat«, antwortete er darauf.

Seitdem arbeitet er für den Frieden. Hisham ist verantwortlich für die Zusammenkünfte israelischer und palästinensischer

Jugendlicher, und zuweilen ist es ihm auch gelungen, Familien von »Shaidim« – Familien, deren Söhne bei der Intifada von israelischen Kugeln getötet worden waren – zu ermöglichen, dass ihre Kinder an den Treffen teilnehmen konnten. Und das war nicht einfach.

Als die Intifada ausbrach, heftete man ihm in Gaza ein Kainsmal an die Stirn. «Verräter«, »Kollaborateur« – man gab ihm all die schrecklichen Bezeichnungen, die man den »Juden-Freunden« anheftete. Er hatte Angst. Hisham hat keine Vergangenheit, die ihn in einer Notzeit beschützen könnte.

Wenn du in Gaza keine Vergangenheit hast, hast du auch keine Zukunft.

Seine Vergangenheit aber war sauber. Er war niemals in einem israelischen Gefängnis, womit er hätte prahlen könnte. Oder doch, ein Mal. Es war während des ersten Golfkriegs, als die ersten Scud-Raketen in der Nähe von Tel-Aviv einschlugen, da verließ er nachts, trotz der Ausgangssperre, seine Wohnung, um ein Telefon zu suchen. Er machte sich Sorgen um seine Freunde, die Schauspielerin Shoshana Goren und ihr Ehemann Itzchak, die in Tel-Aviv wohnten.

Unterwegs stieß er auf einen Jeep der Grenzpolizei.

»Was mich geärgert hat«, erzählte er, »war, dass ich keine Gelegenheit mehr hatte anzurufen, weil alle Leitungen zusammengebrochen waren. Die ganze Nacht dort im Gefängnis hörte ich nicht auf, darüber nachzudenken, wie ich von ihnen ein Lebenszeichen bekommen könnte.«

Und auch bei unserer letzten Unterhaltung am Telefon war es ausgerechnet er, der sich um mein Wohlergehen Sorgen machte.

»Was ist los, Shlomi, ist irgendetwas nicht in Ordnung? Ist etwas passiert?« Er hatte die Besorgnis in meiner Stimme gehört.

»Nichts besonderes«, antwortete ich. »Ich habe ein neues Haus gekauft und die Kosten steigen und steigen. Heute bekam ich einen Anruf von der Bank. Das ist alles.« Als ich den Hörer auflegte, tat es mir leid, dass ich das gesagt hatte. Dort kämpfen sie um eine Scheibe Brot und ich beschwere mich über Luxus. Das sind die Sorgen der Reichen.

Am nächsten Tag rief er wieder an.

»Hör zu«, sagte er, »ich bin nominiert worden für einen Preis in Norwegen wegen meiner Aktivitäten für den Frieden, wegen der Brücken, die ich schon seit Jahren zwischen Juden und Araber errichte. Ich will dir das Geld geben. Zwanzigtausend Dollar soll ich als Preisgeld bekommen und du hast schließlich einen ehrenvollen Anteil daran.« Es gab eine peinliche Stille. »Wenn ich auf deinen Rat nicht gehört hätte, würde ich jetzt den Preis nicht bekommen«, versuchte er mich zu überzeugen.

Ich war sehr ergriffen. Dann konnte ich mich nicht mehr beherrschen und brach in Lachen aus.

»Unterstützungsgelder aus Gaza«, von einem Palästinenser an einen Israeli, das ist gegen jede Logik. Ein Rekord im Guinness-Buch der Rekorde.

»Hör mal zu, Hisham«, antwortete ich, als ich mich beruhigt hatte. »Du bist in Gaza und ich bin zwei Minuten entfernt von Tel-Aviv. Ich werde niemals im Leben Geld von dir nehmen. Niemals. Aber ich werde dir auch niemals dieses großzügige Angebot vergessen.«

Seitdem sind zwei Jahre vergangen. Wenn die Uhrzeiger der Intifada die Stunden vorschreiben, sind zwei Jahre eine lange Zeit.

Der neue Feldzug begann, die Intifada in ihrer zweiten Wiedergeburt. Ich war den Palästinensern verboten und sie waren mir verboten. An meiner Arbeitsstelle im ersten Programm des israelischen Fernsehens sah man in dieser Atmosphäre des Jahres 2002 die Ereignisse nur aus einem Blickwinkel. Auch ich sah alles in diesem großen und breiten Spiegel, da er der einzig maßgebliche war. Kein Mensch wollte, dass ich meine kleinen, verstaubten Spiegel aus der Tasche zog.

Zwei Jahre beobachtete ich die Ereignisse aus dem Abseits. Zwei Jahre. Ich, der ich nach Gaza gekommen war, als der Frieden begann und der ich 20.000 Meilen unter die Oberfläche eingedrungen war, ich blieb draußen. Ich schaute mir die Dinge an wie in einem Kriegsfilm. Die Bilder liefen vor meinen Augen ab. Ich erinnerte mich an das Ende des ersten Feldzugs, das Schwingen der Fahnen, das ich in meiner Reportage dokumentiert hatte. Wie ich auf der Terrasse von Tawil stand, dem Importeur deutscher Autos, der von oben den Freudentaumel beobachtete und sicher war, dass jetzt ein neues Leben beginnt. Damals fiel der Startschuss für den kommenden Aufschwung des Handels. Der Handel jedoch erlebte keinen Aufschwung und das Leben wurde nicht besser. Als die zweite Schlacht begann, war ich immer noch isoliert. Ich war ihnen verboten und sie waren mir verboten. Ich sah sie aus der Ferne. Ich sah, wie die meisten meiner Bekannten in den Untergrund gingen. Auch ich wurde in den Untergrund gezwungen. Gegen meinen Willen.

Als das Gespräch mit Hisham beendet war, beschloss ich zu handeln und nachzuforschen auf meine Art, nach meinem Verständnis und mit meiner Erfahrung, wie es passieren konnte, dass der Friede geplatzt war, dass das Meer von Gaza in Brand geraten war.

»Sami, Shalom, Shlomi hier.«

»Wo bist du, Mensch, hat die Erde dich verschluckt?«

»Nein, sie hat mich nicht verschluckt.« Aber ich schämte mich zu erzählen. Was sollte ich schon sagen, dass man mir verboten hatte, über sie zu berichten?

»Du bist doch derjenige, der seine Telefonnummer alle zwei Stunden ändert, und du kommst mir mit Vorwürfen?«, griff ich an.

Und in der Tat hatte ich damit eine tolle Entschuldigung, denn Sami Abu Samhadana pflegte dauernd die Nummer seines Handys zu ändern, aus Angst vor einem israelischen Anschlagsversuch. Bis ich seine neue Telefonnummer erhalten hatte, hatte er schon wieder eine andere. Schließlich war ich es leid, sein Versteck zu suchen. Als Sohn einer berühmten Familie aus Rafah und als einer der wichtigsten Anführer der ersten Intifada wurde Sami von den Israelis gesucht. Diesmal allerdings nicht wegen eines heroischen Vorfalls, mit dem er sich schmücken konnte. Eigentlich hatte dieser ganze Vorfall, dessentwegen er gesucht wurde, bei den anderen Gesuchten nur Gelächter verursacht.

Als die Konferenz von Taba vorbereitet wurde, um dort über die Friedensbedingungen zu verhandeln, machte Mohammed Dahlan von der palästinensischen Delegation das Zustandekommen der Konferenz davon abhängig, dass die Israelis seinem Freund Sami Abu Samhadana die Erlaubnis erteilen würde, in Jordanien am offenen Herzen operiert zu werden. Sami litt an einem Herzfehler und die Tage im Untergrund hatten seinem kranken Herzen auch nicht gutgetan. Am Ende der Regierungszeit von Ehud Barack, als man angesichts der kommenden Wahlen in Israel gewaltige Anstrengungen unternahm zu beweisen, dass ein Friedensvertrag zwischen den Israelis und den Palästinensern möglich war, wurde plötzlich Samhadana zu einem Streitobjekt. Schließlich fuhr er nach Jordanien und überstand erfolgreich die Operation. Doch als er nach Hause zurückwollte, hatte es in Israel inzwischen einen Machtwechsel gegeben, und die neue Regierung Sharon weigerte sich, ihm die Rückkehr zu gestatten. Und so streunte Sami durch London, Rom, New York und Stockholm, bis er das »gute Leben« satt hatte. Die Welt ist wunderschön, aber zu Hause ist zu Hause, auch wenn es nur Rafah ist. Am Ende kehrte er nach Hause zurück, er kam durch einen Tunnel unter der Grenze und seitdem wird er gesucht.

»Ich will zum Flüchtlingslager Shabora und dort mindestens eine Nacht verbringen«, bat ich um seine Hilfe.

Das Flüchtlingslager Shabora in Rafah war und ist immer noch mein Lackmustest, der Prüfstein für den ganzen Streifen.

Wegen seiner Nähe zur Grenze zwischen Israel und Ägypten und der täglichen Auseinandersetzungen mit der Armee und vielleicht auch wegen des unglückseligen Zustands der Flüchtlinge in diesem verlassenen und abgelegenen Gebiet. Sie fühlen sich eingeschlossen und eingeengt in dieser kleinen Enklave.

»Schon wieder kommst du mit deinem Unsinn«, sagte Sami. Er kennt die Geschichte. Viele »Prüfsteine« habe ich in Shabora geschluckt. »Ich dachte, du bist darüber hinweg, bist erwachsen geworden.«

Oh, wie bin ich erwachsen geworden seit dieser Prüfung. Zehn Jahre sind seitdem vergangen.

8. April 1992, vier Uhr am Nachmittag. In Madrid soll eine Friedenskonferenz stattfinden. Zum ersten Mal sollen Israelis und Palästinenser, Syrer, Libanesen und Jordanier – alle an einem Tisch sitzen. Ich wollte wissen, wie diese Konferenz auf die Menschen mitten in der Intifada wirkt und daher begleitete ich eine Einheit des Grenzschutzes, die im Flüchtlingslager Shabora am Rande von Rafah tätig war.

Die Grenzschutzsoldaten, die ich begleitete, gaben mir einen Stahlhelm und Kampfausrüstung und forderten mich auf, mich damit zu schützen. Es gelang mir kaum, mich damit einzukleiden, mit diesem zig Kilogramm schweren Kampfanzug, der mir schon als Soldat fremd gewesen war, und erst recht als Zivilist. Ich sah aus wie der nachlässigste Soldat der Einheit.

Die Sonne ging über den Dächern des Lagers unter. Aus der Ferne sah ich das beengte Lager und darüber eine dichte braune Wolke, eine Mischung aus Rauch von Reifen und Sand aus der Sinai-Wüste, die das Lager wie mit einen Würgegriff umschloss. Das Lager schien wie ausgestorben zu sein.

Einer der Grenzsoldaten bemerkte meinen verträumten Blick und lächelte mich an, als ob er mir ein Geheimnis schmackhaft machen wollte: »Sei vorbereitet, du wirst bald die Hölle von innen sehen.«

Drei Jeeps der Grenzpolizei suchten sich langsam ihren Weg

in das verschlafene Lager. Durch das mit Kunststoff vor Steinwürfen geschützte Fenster beobachtete ich eine Gruppe Jugendlicher, die auf einem verstaubten provisorischen Platz Fußball spielte. Auf den Dächern aus Asbest und Wellblech lagen große Steine und Betonblöcke, die die Dächer mit ihrem Gewicht vor dem Wind schützten. Die Sonne im Westen blendete mich, und ich lehnte meinen Kopf auf das verkratzte und ausgebeulte Kunststofffenster des Jeeps, das offensichtlich schon mit vielen Steinen Bekanntschaft gemacht hatte. Der Sand, der das Fenster mit einer dicken Schicht bedeckte, schuf einen undurchdringlichen Schutz. Nur als der Jeep ein wenig auf die Seite kippte, öffnete sich der Vorhang und Shabora zeigte sich in seiner ganzen Hässlichkeit. Wir waren im Zentrum des Lagers, mitten auf dem öffentlichen Sandplatz, der den Jungs als Fußballplatz diente. Als sie uns sahen, ließen sie den plattgedrückten Ball liegen, der ohne Luft war und wie der Kopf einer Leiche aussah, und eilten auf uns zu, mit Olivenzweigen in den Händen. Die Kinder und die Jugendlichen von Shabora trugen Olivenzweige zu Ehren des Ereignisses.

Einer der Jungs war besonders mutig, er hängte sich an den Jeep und heftete einen großen Olivenzweig daran, der sich zum Wald der Antennen auf dem Dach hinzugesellte. Alle lachten. Wie toll! Plötzlich kamen aus den Häusern Menschen und Kinder, massenhaft Kinder, Männer trugen Säuglinge auf den Schultern und beobachteten die Szene.

Ich atmete erleichtert auf. Und dann, ohne jede Warnung, ging eine Salve von Steinen und Felsbrocken auf den Jeep nieder. Die Soldaten luden ihre Waffen durch, rückten die Helme gerade und klappten die Türen des geschützten Jeeps zu. Die Fußballspieler hielten in einer Hand einen Olivenzweig und in der anderen Steine. Eine sonderbare Mischung, deren Sinn auch die Soldaten nicht verstanden. Als die Steine ausgingen, wurden Felsen herangeschleppt. Und die ganze Zeit über hielten sie die Olivenzweige in der Hand. Das war ein spannender Ausgleich zu Beginn der Friedenkonferenz.

»Willkommen in der Hölle«, lächelte mich der Soldat von vorhin an.

Der Helm rutschte auf meinem Kopf. Ich atmete schwer. Der Jeep hüpfte unter den Salven der Steine. Die Kunststofftüren konnten die Salven kaum abhalten. Im Versuch, mich zu schützen, barg ich meinen Kopf zwischen meinen Beinen und unter meinen Armen.

Als der Angriff auf die Kunststofffenster nachließ, wagte ich es, meinen Kopf zu heben. Die Soldaten lachten. Aus der Ferne blickte ich wieder auf die Hölle, sie war jetzt wieder ohnmächtig. Die braune Wolke, die über ihr stand, sah wieder dunkler und dichter aus. Der Lärm der Steine, die Jeeps und die Jungs, die zu ihrem Spiel zurückgekehrt waren, verliehen ihr eine rote Farbe.

Als ich die militärische Schutzkleidung wieder auszog, schwor ich, dass ich noch mal nach Shabora zurückkehren würde, aber nicht mit der Armee und nicht als fahrendes Ziel.

»Was willst du denn dort sehen?«, fragte Sami ernsthaft. »Seit du dort zuletzt gewesen bist, hat man alle liquidiert.«

Fast alle. Sofort nach dem Ende der Intifada kehrte ich wie versprochen dorthin zurück. Wir, der Fotograph Moshe Friedman, der Toningenieur Dov Eckstein und ich, passierten die Siedlung Rafiach-Jam und am Abhang bei der Einfahrt nach Rafah hielt ich den Wagen an. Alle Häuser in den ersten Reihen, die an Rafiach-Jam angrenzten, waren von Kugeln durchsiebt. Wenn man uns hier mit Steinen bewarf, dann waren wir verloren, weil die Entfernung zwischen uns und den Soldaten, die die Siedlung bewachten, zu groß war. Bis wir nach Hilfe rufen konnten, würde es schon zu spät sein. Einige Monate zuvor war irrtümlich ein Zivilist hierher geraten, Jehoshua Weissbrod. Die Bewohner hatten ihn gelyncht. Damals waren zwei Männer gekommen, Jasser Abu Samhadana, der Cousin von Sami, und sein Stellvertreter Benizi Teissir Al-Burdini. Einer von beiden schoss Weissbrod in den Kopf. Die Vertreterin der UNRWA, die mit ihrem Wagen unmittelbar vor diesem Akt der Lynch-justiz vorbeifuhr, tat nichts, um ihn zu retten. Sie verschwand einfach von der Stelle und berichtete nicht einmal über die Lyn-chaktion, die vor ihren Augen geschehen war.

Ich hielt mich an die Vorschriften. Ich entfernte die israeli-schen Wagenkennzeichen von der vorderen Stoßstange des Wa-gens und fuhr fünfzig Meter bis zur ersten Abbiegung. Auf der Straße suchte ich nach Zeichen des Lynchmords.

Auf der nahe gelegenen menschenleeren Straße erschien ein blauer Subaru. Es kam langsam auf uns zu. Der Beifahrer gab uns ein Zeichen, ihnen zu folgen. Ich fuhr hinter ihm her, in den weit geöffneten Rachen. In einer Entfernung von zweihun-dert Metern blieben wir am Straßenrand stehen. Der Beifahrer stieg aus dem Wagen aus. Er hatte den Körper eines erwachse-nen Mannes und das Gesicht eines Kindes. Er war vielleicht fünfzehn Jahre alt, nicht mehr. Er sah den Schrecken auf unse-ren Gesichtern und lächelte breit.

»Hallo Shlomi, ich bin Arafat. Man schickt mich, euch ab-zuholen.« Ich lächelte, als ich seinen originellen Namen hörte.

»Bleib nah bei uns«, bat ich. »Wir kennen den Weg nicht.« Das war meine zarte Art, ihm anzudeuten, dass wir Angst hat-ten. Er sollte mich nicht eine Sekunde lang allein lassen.

Arafat legte seine Hand auf meine Schulter und lächelte wie-der. »Ihr seid mit mir«, sagte er und so betraten wir das Lager.

Hier war der Sandplatz. Hier hatten die Jungs gespielt. Hier hatte man uns mit Steinen beworfen. Hier waren die hässlichen Häuser und die braune Staubwolke. Die Wolke, die sich schon seit Jahren nicht bewegte. Alles sah wie damals aus. Nur dies-mal fühlten wir uns beschützt, fremd, aber beschützt. Ohne die schmutzig-trüben Kunststofffenster. Wir kamen durch das Haupttor und betraten das Lager.

Zehn Jahre sind seitdem vergangen. Jetzt sitzen wir in einem großen Zimmer mitten im Lager. Arafats Gesicht ist angesengt. Auf seinen Knien sitzt ein kleiner Junge. Er streichelt seinen

Kopf. Das Kind spielt mit der Zigarettenpackung in seiner Hand. Irgendjemand bringt ein Tablett mit Teegläsern. Manchmal fürchte ich mich vor dem Tee, den sie anbieten, weil ich die Qualität des Wassers in den Flüchtlingslagern nicht kenne. Aber ich schlürfe wie alle anderen. Laut. Mit kurzen auf die Nerven gehenden Zügen, weil alle so trinken. Du musst zeigen, dass du es genießt.

»Wie alt ist er?«, frage ich.

»Zwei Jahre alt. Das ist der Kleine.«

»Und wie alt ist der Große?«

»Es gibt keinen Großen, der Große ist ein Shahid, ein Märtyrer ...«

Ich hatte Arafat kennengelernt, als er noch ein Junge war, und nun hat er schon einen Sohn, der ein Shahid ist. Wann ist er aufgewachsen? Wann ist er Vater geworden? Wann hatte er Zeit zu trauern?

»Wie ist er gestorben?«

Arafat schweigt. Er reibt mit seinen Daumen seine zerschnittenen Hände. Ich verstehe nicht.

Hier ist keiner ergriffen von einem trauernden Vater. Die Trauer schwebt immer in der Luft.

Das Kind streichelt das Gesicht des Vaters, lächelt. Das Lächeln eines Kindes. Arafat drückt es an seine Brust und schließt seine Augen in Liebe. Genauso wie ich es mit meinen Kindern mache. Was für ein Leben erwartet ihn hier? Was für eine Zukunft?

Vor zehn Jahren hatten wir hier zu viert gesessen, genau in diesem Zimmer. Der junge Arafat und drei weitere Bewaffnete. Der am meisten Gesuchte von allen, der Führer der Gruppe, war Salim Muafi. Jetzt, da wir Muafi erwähnen, murmeln alle Anwesenden: »Alla Jerachemu. Alla Jerachemu. Gott möge Erbarmen mit ihm haben.«

Man nannte ihn »Rambo«, und so wie man ihn nannte, so war er auch. Er pflegte auf einer Harley-Davidson durch die

Straßen von Shabora zu fahren, vor seiner Brust hing ein null-fünf Maschinengewehr und Munitionsgurte umschlangen seinen gut gebauten Körper. So wie Silvester Stallone, wie in einem Film, in dem man eine Schönheitskönigin krönt. Und damit keiner sich irrt, keiner zweifelt: Er bekam Ruhm und Ehre.

Als Samis Cousin, Jasser Abu Samhadana, fühlte, dass sich Israels Hand um seinen Hals legte, floh er durch einen der Tunnel nach Ägypten. Vorher aber übergab er sein Erbe an Teissir Al-Burdinai, seinen Stellvertreter. Dieser genoss die Macht nur wenige Tage, dann wurde er kampflos durch eine Sturmeinheit der Armee gefangengenommen.

Burdinai war derjenige, der Jehoschua Weissbrod erschossen hatte oder zumindest an diesem Lynchmord beteiligt war. Muafi wurde zum Senior der Falken bei der Fatah ernannt, aber als Politiker verkündete er, dass er den Titel nur so lange führen würde, bis Jasser Abu Samhadana aus dem Exil zurückkehrte. Und so, ohne dass er es geplant hatte, wurde sein Lebenstraum verwirklicht. Welchen anderen Traum kann man noch in einem Flüchtlingslager verwirklichen?

»Was hast du jetzt vor, jetzt, da Frieden herrscht?«, fragte ich den jungen Arafat.

»Was soll das heißen?«, antwortete er. »Mich bei der Polizei melden, Polizist werden und allen beibringen, wie man mit einem Gewehr umgeht. Erfahrung habe ich ja schon.« Alle lachten.

Und die ganze Zeit spielte er mit einer Handgranate, als wäre sie ein Kreisel.

Danach kam ein kleiner Junge in den Raum, vier oder fünf Jahre alt und setzte sich auf Salims Schoß. »Rambo« gab ihm die Kalaschnikow. Der kleine streckte seine Hand aus und spannte ganz natürlich die Waffe, um zu zeigen, dass er schon etwas davon versteht.

Ich betrachte Salim, den kleinen Jungen auf seinen Knien und den Jungen neben ihm, der inzwischen erwachsen geworden ist. Damals hatte Muafi ihm eine Kalaschnikow in die Hand gedrückt, um mir sein »Talent« zu zeigen, und jetzt hält er die Waffe ganz allein. Das Kind ist aufgewachsen und die Kalaschnikow blieb, was sie war. Es ist die Chronik einer bekannten Geschichte.

Ich möchte Arafat fragen, was aus seinem älteren Sohn geworden ist. Das Schicksal der anderen kenne ich. Schon damals hätte ich es wissen müssen. Einige Wochen nach jenem Treffen hat die Armee alle liquidiert. Nur Arafat überlebte. Rambo der Führer war Rambo bis zum bitteren Ende.

»Ich bin bereit zu sterben, bereit mich zu opfern, mit offenen Augen«, sagte er zu mir und ich glaubte nicht, dass er es ernst meinte. Warum sterben? Warum ist er nicht bereit, seine Waffen niederzulegen? »Wenn ich sterben muss, dann will ich ehrenhaft sterben, wie ein Mann. Nicht wie irgend so ein Unglücklicher. Alle werden zu uns nach Hause kommen, um meine Familie zu trösten. Was für eine Ehre werden sie mir schenken! Wenn ich ohne Kampf sterben sollte, wird kein Mensch kommen, um zu trösten. Man wird auf mein Grab spucken, man wird sagen, er ist umsonst gestorben, er ist kein Shahid. Ein gewöhnlicher Feigling.«

Wer einmal die Macht berührt hat, wer den Geschmack des Ruhmes genossen hat, wird nicht leichtfertig darauf verzichten. Keiner von ihnen will wieder ein gewöhnlicher Mensch werden.

Ich beobachtete Arafat und das Kind an seiner Seite und verstand die Antwort. Er zog es vor, wie ein Held zu sterben und dieses Leben nicht mehr zu leben. Nimm ihm seine Waffe weg, und du verurteilst ihn zu einem Leben in Hunger und Demütigung.

Einige Monate nach dem ersten Treffen meldete sich Arafat bei der palästinensischen Polizei.

Der Polizist Arafat Abu Schabab meldete sich zum Schutze von Yassir Arafat.

Als die zweite Intifada ausbrach, gegen Ende des Jahres 2000, kehrte der Polizist nach Hause zurück und meldete sich zum Krieg.

Die ersten Angriffe Israels im Gazastreifen richteten sich gegen die Polizeistationen, die bewaffneten Polizisten wurden vertrieben. So versuchten wir, die »Fundamente des Terrors« zu bekämpfen. So mobilisierten wir die arbeitslosen Polizisten für den »Kreis des Terrors«. Und so wurde Arafat wieder ein Gesuchter.

Der Abend fiel auf das Flüchtlingslager Shabora. Als ich hierherkam, hatte ich mein Handy ausgeschaltet, damit man mich nicht sucht und ich nicht antworten muss. Aber hin und wieder siegte meine Neugier und ich konnte mich nicht mehr zurückhalten und schaltete das Handy wieder ein, um die Nachrichten abzuhören, die meine Vorgesetzten und Kollegen mir hinterlassen hatten.

»Wenn du nicht sofort zurückkommst, wird kein Bild gesendet«, war die letzte Nachricht, nach einer Reihe von besorgten Mitteilungen, die langsam immer verärgerter klangen, nachdem sie meinen Plan entdeckt hatten und sich herausgestellt hatte, dass ich ohne Genehmigung zu dieser Reportage aufgebrochen war. Aber ich mache weiter. Diese Nacht bleibe ich hier. Auch morgen. Erst, wenn ich verstanden habe, kehre ich nach Hause zurück.

Wir verlassen das Haus. Kein Hund ist auf der Straße. »Bald beginnt das Fest«, warnt mich Arafat.

Wir stehen in derselben Gasse, in der wir vor zehn Jahren standen. Damals ging Muafi an der Spitze und alle Kinder des Lagers liefen ihm nach, schauten zu ihm auf voller Verehrung und Neid. Er wirkte wie ein Sänger oder Popstar, dem eine Gruppe von Verehrern folgt, die versucht, den Gegenstand ihrer Verehrung zu berühren.

»Komm, sieh dir mein Büro an«, sagte er damals.

»Büro? Du hast ein Büro?«, wunderte ich mich. Er lachte.

Was für ein Idiot ich sei. Das Ende der schmalen Gasse war sein »Büro«.

Hier pflegten sich die Gesuchten zu treffen. Hier schlichteten sie Streit.

Wir passieren das »Büro«, das vor zehn Jahren geschlossen wurde, auf dem Weg zum Block oder zu einer der Wohnsiedlungen, die an die Philadelphia-Achse[1] angrenzen. Bald wird die »Party« beginnen.

»In dieser Straße«, sagt mir einer der Jugendlichen »gibt es sieben Märtyrer. Tür an Tür.«

Er zieht an meiner Hand, um mir den Stolz des Wohnblocks zu zeigen. Ich gehe ihm hinterher und er zählt auf, vergisst nicht einen einzigen Namen. Halil Abu Shawish, Achram Abu Lebada, die Märtyrerin Faisa Abu Lebada, Honi Gjuda und sein Bruder. Neben dem Haus von Sami Omar, der mit einer Rakete aus einem Helikopter erledigt wurde, sitzt sein greiser Vater und schaut seinen Nachbarn an, Abu Taha, der seinen Sohn verheiraten möchte. Die Trauer und das Leben vermischen sich in der Straße der Märtyrer.

»Trotz des Leides, der Tragödie und der Märtyrer um uns herum wollen wir in Ruhe feiern, ohne Freudenzeichen zu zeigen«, sagt der Vater des Bräutigams. Und der Bräutigam, der in seiner einfachen Kleidung nicht aussieht wie ein Bräutigam, fügt hinzu: »Alle Familien hier haben einen Schicksalsschlag erlitten. Wenn nicht ein Sohn oder ein Vater getötet wurde, ist sicher einer verwundet worden. Jede Familie hat hier ihre Tragödie.«

Die Gäste kommen und ich verstehe, dass er nicht übertrieben hat. Plötzlich sehe ich aus wie ein Chirurg, der irrtümlich am Ende der Welt gelandet ist, in einem Dorf, über das die Zivilisation hinweggegangen ist. Fast jeder streckt mir seine Hand oder einen Fuß entgegen, um mir seine Wunde zu zeigen. Neue

---

[1]   Die Philadelphia Achse ist eine schmale Pufferzone zwischen Sinai und Gaza.

Die unvollendete Verfolgung. Muhamed Daff, der Leiter des Militärischen Arms der Hamas, nach dem fehlgeschlagenen Versuch, ihn zu liquidieren, September 2003

Scheich Achmed Yassin und Abd Al-Aziz Rantisi

Verwundungen, alte Verwundungen, jeder trägt einen solchen »Personenausweis« an seinem Körper, einen Beweis, dass er ein Bewohner dieses Ortes ist. Wenn du nicht verwundet bist, gehörst du nicht dazu.

Ich schaue sie an. Die Bewohner von Rafah wohnen im Schatten des Todes. Am Ende der Welt. Mitten im Schlachtfeld. Sie feiern und sie sterben.

»Wir sind in jeder Hinsicht tot«, sagt traurig der Bräutigam. »Lebendige Tote, lebendige Tote«, wiederholt er. Und ich wundere mich, weshalb man an einem solchen Ort heiratet, warum man Kinder bekommt. Es sind Fragen, die ich nicht zu stellen wage.

Der Zeitpunkt der Mahlzeit naht. Ein Plastikteller und darauf reichlich Humus, getränkt in Olivenöl.

»Einst hat man Schafe geschlachtet«, flüstert Arafat, »aber sogar Schafe gibt es nicht mehr. Sie sind schon alle aufgegessen.«

Abu Taha, der Vater des Bräutigams reicht auch mir einen Teller. Ich esse zusammen mit allen, wische den Humus mit dem Brot auf und kann kaum schlucken. Nachdem alle satt sind, versuchen sie, den Bräutigam zu erfreuen. Die Märtyrer und die Nachbarn werden für eine Weile vergessen, und die Männer fangen an zu tanzen, stampfen mit ihren Füßen im Sand und der »Hochzeitssaal« füllt sich mit Staub.

Plötzlich hört man eine Gewehrsalve. Mehrere Salven. Die Kugeln fliegen über unsere Köpfe. Ta, ta, ta. Heftiges Gewehrfeuer von einer Stellung der Armee aus. Alle fliehen so schnell wie möglich. Auch ich. Ta ta ta.

Die Hochzeit ist beendet. Die »Party« hat angefangen.

Früh am Morgen fahre ich zum Grenzübergang von Rafah. Das einzige Tor zur freien Welt. Das »Tor der Hoffnung und des Erbarmens«. Hier, sagen die Palästinenser, gibt es viel Hoffnung und sehr wenig Erbarmen.

Aber ich kann mich an den Grenzübergang erinnern, als er noch »Kap der Guten Hoffnung« hieß.

Als das Osloabkommen unterzeichnet wurde, saß ich hier viele Tage, um zuzusehen, wie der Friedensvertrag Gestalt annimmt. Mitten im Übergang, hinter den Bäumen, parkten zwei Lastwagen. Irgendjemand hatte sich große Mühe gegeben, sie zu verbergen. Der eine Lastwagen israelisch, der andere palästinensisch. Rücken an Rücken parkten sie, und die israelischen Soldaten reichten ihren palästinensischen Kollegen Hunderte von Gewehren. Was für ein Bild! Man gibt ihnen Gewehre. Hunderte. Fünf Stunden dauerte die Übergabe – noch ein Gewehr und noch ein Gewehr. Das war es also, man gibt ihnen Gewehre, das bedeutet, dass der Krieg beendet ist. Das ist eine Tatsache. Die Proteste der Oslo-Gegner hatten nichts genützt, die Aufkleber mit dem Slogan »Gebt ihnen keine Gewehre« hatten keinen Erfolg. Alles war zu Ende. Wer konnte sich vorstellen, dass es so zu Ende gehen würde?

Jetzt blicke ich auf eine Festung, die einst ein Übergang war und wundere mich: Vielleicht hatten die Oslo Gegner doch Recht. Warum hat man ihnen Gewehre gegeben?

Ich erinnere mich an die Vorhut, die aus Tunis kam. Einen ganzen Tag hatte ich hier auf sie gewartet, auf die Ersten, die kamen. Auf Ziat Al-Atrasch, den vorbildlichen Offizier, den Arafat geschickt hatte, um die Truppen zu sammeln. Kein Mensch kannte ihn. Alle warteten außerhalb des Terminals auf ihn. Sie warteten viele Stunden. Als er kam, sah er die Massen und erschrak. Sie wollten ihn auf ihren Schultern tragen. Woher sollten sie auch wissen, dass er eine Prothese hatte und dass er kurz darauf an Krebs sterben würde? Als er nach Gaza fuhr, folgten ihm die Menschenmassen in Taxis und Lastwagen bis zum Hotel Palestine, wo er abstieg. Sie wollten sicher sein, dass sie nicht träumen.

Hier träumten sie alle. Jasser Abed Rabo, Rashid Abu Shabak, Nasser Joseph Waeazi al-Gibli. Alle gingen sie an mir vorbei, passierten die Linie der Very-Important-People, der VIPs, standen auf der dritten Treppe und füllten ihre Lungen mit der heißen Luft von Rafah. Als ob sie auf einem Felsen im Himalaya stünden oder auf einem Gipfel in den Alpen. Sie atmeten Gipfel-Luft. Und dort hinter den Bäumen, hinter den Zäunen und den riesigen Betonmauern, die jetzt gebaut wurden, kamen sie damals hervor, zum ersten Mal, die palästinensischen Polizisten.

Am Freitag, den 20. Mai 1994 um 1 Uhr mittags, stand ich draußen.

Sie hatten einen langen Weg zurückgelegt, vom Libanon nach Syrien, weiter nach Jordanien, über die Allenby-Brücke, eine Nachtfahrt durch das Gebiet, das von Israel beherrscht wird, bis die müde Karawane, die von israelischen Armeejeeps begleitet wurde, schließlich zur israelisch-ägyptischen Grenze kam. Dort hielten die Karawane und ihre Begleiter.

Ihre Gewehre waren in den Gepäckfächern des Autobusses und die Magazine wurden zur Aufbewahrung in den israelischen Jeeps untergebracht. Wir hatten Frieden geschlossen und fühlten uns dennoch nicht sicher. Wir gaben ihnen Gewehre, waren aber nicht überzeugt, dass sie ihrer würdig waren. Wenn wir nicht überzeugt waren, warum gaben wir ihnen dann die Gewehre? Und wenn wir überzeugt waren, warum haben wir sie dann in ihrer Ehre verletzt?

Mitten auf dem Weg nach Rafah gab man ihnen die Magazine und ihre verlorene Ehre zurück.

Eine lange Stunde dauerte die Arbeit. Aus der Ferne sah ich, wie sie sich organisierten. Der Wüstenwind ließ die Fahnen heftig wehen, eine israelische Fahne auf dem Militärjeep und eine palästinensische Fahne auf dem Bus.

Nur das Geräusch der im Wind schlagenden Fahnen war zu hören. Wie eine phantastische Szene aus einem Film von Akiro Kurosawa. Der Staub und der Wind sind ein untrennbarer Teil der Wüstendekoration von Rafah. Wobei im Film der König in den Krieg zog, und hier bald die gerührten Polizisten in ihren neuen Uniformen in eine Stadt einziehen werden, die kein Erbarmen kennt.

Die Busse drosselten die Geschwindigkeit, die Jeeps blieben zurück. Einer der Offiziere winkte zum Abschied. Glückwunsch für einen erfolgreichen Weg. Er wusste sicherlich, dass die Arbeit schwer sein würde und der Erfolg unsicher.

Als die Karawane in meine Nähe kam, streckte ich meine Hand aus und bat, in den Bus einsteigen zu dürfen. Der Fahrer hielt. Ich bestieg den Bus und setzte mich neben einen der Polizisten. Plötzlich gab es Aufregung. Der Fahrer aus Ost-Jerusalem machte zögerliche Bewegungen und hielt schließlich den Bus an. Die ganze Bus-Karawane stoppte. Vielleicht hatte der Fahrer Angst, einfach so in diese schreckliche Stadt einzufahren. Die Polizisten schauten aus dem Fenster in das Gelobte Land.

»Sag mal«, wandte sich mein Sitznachbar an mich, »wie ist Rafah – schön?«

»Schön«, antwortete ich. Was konnte ich schon sagen?

»Wie sind dort die Menschen?«

»Freundlich.« Er konnte natürlich den Zynismus in meinen Worten nicht erkennen und beruhigte sich deshalb. Ich würde viel dafür geben, diesen Polizisten wiederzusehen.

Und dann überwand der Busfahrer seine Bedenken, schöpfte Mut und begann mit der Fahrt in die Stadt. Auf Leben und Tod.

Die Straßen waren leer, keiner wartete auf die neuen Polizisten. Keiner kam zum Jubeln. Sie sahen enttäuscht aus. Was für ein Empfang? Aber je weiter der Bus vorankam, desto mehr verbreitete sich die Kunde, dass die neuen Polizisten angekommen seien.

Zuerst rannten die Kinder los, dahinter die Jugendlichen und ihnen schlossen sich die Erwachsenen an, sie ließen alles liegen und stehen und verließen ihre Häuser. Alle fingen an, hinter der Vorhut her zu rennen, versuchten, sich an die Fenstern zu hängen, mit Gewalt einzudringen, um sie anzufassen, um die Erlöser nur zu berühren.

Schließlich blieb der Bus stehen. Eine Menge Menschen blockierte die Straße. Jemandem gelang es, in den Bus zu klettern, er krümmte sich wie ein Clown, warf sich selbst hinein durchs Fenster und fing an, sich an der Schulter eines der Soldaten auszuweinen.

»Warum?«, fragte er mit tränenden Augen. »Warum habt ihr so lange gebraucht?« Der Soldat streichelte seinen Kopf und sah mich an, als ob er sagen wollte: »Siehst du? Was hast du nun zu deiner Verteidigung zu sagen?«

Plötzlich drang jemand durch die Vordertür ein, drückte die Tür mit Gewalt ein, als wäre sie ein Akkordeon und stieg ein. Seine Frau blieb draußen, aber es gelang ihr, ihm durchs Fenster den Säugling in ihren Armen zu reichen. Er warf ihn in die Höhe, damit er mit eigenen Augen die neuen Onkel sähe, die aus einem fernen Land gekommen waren. Das Kind fing an, fürchterlich zu weinen.

»Mach dir keine Sorgen, mach dir keine Sorgen«, beruhigte er es, »das sind keine Juden, das sind unsere Soldaten. Unsere!« Und den schockierten Polizisten erklärte er: »Er hat Angst vor Uniformen. Fürchtet sich zu Tode vor den Juden.«

Dann bestieg ein Greis den Bus und auf seinem Gesicht lag ein erhabenes Lächeln. Er ging von Reihe zu Reihe und küsste alle Polizisten, wie ein Großvater, der seine Enkel küsst. Ein Kuss auf der Stirn und zwei auf die vor Erregung roten Wangen. Als er zu mir kam, versuchte ich ihn zu halten und ihn auf seinen Irrtum aufmerksam zu machen. »Ich bin kein Polizist«, sagte ich, »ich bin Israeli, ein israelischer Reporter.«

Der Greis prüfte mich einen Augenblick lang und legte dann seine Hand auf meinen Kopf und küsste mich wie alle anderen. »Was macht das schon aus, jetzt sind wir alle Brüder. Nicht wahr?«

Ich kehrte zurück zum »Kap der Guten Hoffnung«. Es herrschte ein Heidenlärm. Die Hitze von Juli/August 2001. Die Intifada dauerte jetzt fast zwei Jahre. Die Menschen suchten nach ein wenig Schatten, um den Tag friedlich zu überstehen. Von hier aus fährt man über Ägypten ins Ausland. Aber keiner von ihnen ruht sich hier aus. Hier gibt es keinen Luxus. Seitdem den Palästinensern der Weg nach Israel versperrt wurde, flehen sie, zu einer medizinischen Behandlung nach Jordanien oder Ägypten reisen zu dürfen. Ein Jugendlicher ging zwischen den Anwesenden hindurch und verlas die Namen der Gewinner, die an der Reihe waren, die Kontrolle zu passieren. Aber fast alle blieben gleichgültig dabei. Als ob sie nicht mehr daran glauben wollten, dass sie jemals an die Reihe kommen könnten. Oder sie waren bereits ohnmächtig angesichts dieser Hitze, bei der auch ein gesunder Mensch Probleme hätte zu überleben.

Kinder liefen herum mit Eisbechern und Getränkeflaschen, um den apathischen Menschen Wasser zu geben.

»Wie lange wartet ihr?«, fragte ich eine Frau, die elegant gekleidet war und mit der Hand wedelte, um die Fliegen zu vertreiben und ein wenig Luft auf ihre rötlichen Wangen zu fächeln.

»Zwei Wochen«, antwortete sie, »aber bei mir ist das gar nichts. Geh, sieh dir die anderen neben der Cafeteria an.«

Neben der Cafeteria saß Melicha Al-Macheissi auf einem Plastiksessel und hielt ihre schlafende Tochter. Das Gesicht der Mutter war wie eingefroren. Ihr ganzer Körper war steif. Nur ihre Hand wedelte über dem Gesicht des Kindes. Zwei Wochen schon saß sie mit ihrer an Hirnlähmung erkrankten Tochter in einer Hitze von vierzig Grad und weigerte sich, nach Hause zu gehen. Sie glaubte, dass es ihr vielleicht doch noch gelingen würde, nach Jordanien zu fahren und sie zu retten. Das Mädchen sah wie eine Leiche aus. Geschlossene Augen. Ich war sicher, dass dies die letzten Minuten ihres unglücklichen Lebens waren. Doch die Mutter wollte nicht aufgeben. Hunderte Fliegen schwärmten um sie herum, als ob sie den nahenden Tod erahnen würden. Und sie konnte sich nicht dagegen wehren.

Voller Mitgefühl ging ich zu ihr. »Hat dich keiner in der Schlange vorgelassen?«

Melicha bewegte sich nicht, warf mir keinen Blick zu.

»Sag ihnen, wie schlimm es ist. Sie kann mir jeden Augenblick in den Armen sterben. Ist das nicht traurig?«

Ich konnte nicht zusehen, wie das Mädchen mit dem Tod rang. Ich konnte ihr schweres Atmen nicht ertragen. Und ich konnte nicht die Mutter ansehen, die sich schon damit abgefunden hatte, dass ihre Tochter starb, weil das Tor nach Ägypten geschlossen war. Ich stand auf und ging weg. Ich wollte das Bild aus meinem Kopf verbannen und konnte es nicht. Ich fühlte mich schuldig.

Ich weiß nicht, was aus Mutter und Tochter geworden ist. Vielleicht hat mein Telefonat mit dem Pressesprecher der Armee und der Direktorin der Koordinationsstelle ihren Durchlass an diesem Tag beschleunigt. Aber dieses Bild werde ich niemals im Leben vergessen. Ein kleines Mädchen stirbt an einem Tor, das einmal eine Quelle der Hoffnung war und wo nun nichts mehr ist, keine Hoffnung und kein Erbarmen.

Früh am Morgen verabschiede ich mich von Arafat. Sein kleiner Sohn schläft auf der Matratze, zusammengerollt wie ein Embryo, wie alle Kinder auf der Welt.

»Sag mal«, wage ich mich an ihn zu wenden, »ich muss dich fragen, wie starb dein älterer Sohn?«

Arafat schweigt. Erst als wir neben dem Auto stehen und ich mich anschickte wegzufahren, sagt er: »Er war ein Jahr und acht Monate alt. Es gab eine Detonation im Haus. Es gab ein großes Feuer. Und er starb.« Und dann fügt er hinzu: »Ich hatte eine Bombe gebastelt.« Er hebt seine Hand, um mir seine abgerissenen Finger zu zeigen und sagt: »Was soll’s, das ist der Preis des Krieges.« Ich mache mich auf den Weg und er winkt mit seiner Hand und sagt: »Vergiss nicht, einen Gruß an Abu Holi auszurichten!«

Ich verstehe den Hinweis. Auf seine Art wollte er sagen: »Wenn du wissen willst, warum, denk darüber nach beim Checkpoint Abu Holi, dem Schrecken der Palästinenser. Dort wirst du viel Zeit zum Nachdenken haben.«

Die Gegend um Abu Holi ist schon seit Tag und Jahr ein Alptraum. Schon vor der Intifada war hier ein Reibungspunkt zwischen Palästinensern und Siedlern. Danach wurde dieser Ort immer größer und größer, bis er ein Ungeheuer wurde. Die Orangenhaine und die landwirtschaftlichen Flächen um den Checkpoint herum wurden umgepflügt. Noch eine Parzelle wurde umgepflügt, noch ein Hain wurde entwurzelt. Schließlich wurden alle Häuser der weitverzweigten Familie Holi zerstört. Alle ihre Böden wurden beschlagnahmt für den Checkpoint, den die Armee hier, an der Kreuzung von Gush Katif baute. Die reiche Familie Holi blieb verarmt zurück und der Checkpoint, der nach ihr benannt wurde, wurde bei den Palästinensern ein Synonym für Alpträume und Angst.

Abu Holi liegt zwischen Rafah und Gaza. Es gibt keine andere Wahl, man muss da durchfahren. Ich kam dort am Vormittag an. Auf der Brücke, die man dort gebaut hat, fahren die jüdischen Bewohner von Gush Katif und Kfar Darom und drum herum ist alles aus Beton. Beton. Beton. Beton. Auf der Sperrlinie stehen eine grün-rote Ampel und ein Lautsprecher, mit dessen Hilfe der Soldat in der Stellung seine Befehle erteilt.

Es vergingen ein, zwei, drei Stunden. Die Sonne brannte heftig. In den Dutzenden von Wagen wurden die Menschen gebraten. Aber sie warteten geduldig, als wäre es ihr Schicksal. Wie konnten sie nur? Auf dem Dach des ersten Wagens in der Schlange starben Küken. Irgendjemand wollte sie nach Gaza transportieren. Die Sonne brannte unbarmherzig und sie zwitscherten. Die Sonne brannte noch heftiger und ihr Zwitschern wurde lauter. Als sie kurz davor waren zu sterben, stieg ihr Besitzer aus und versuchte sie zu beleben. Zuerst bespritzte er sie mit Wasser, dann hatte er keins mehr. Schließlich musste er Mineralwasser kaufen. Er selber trank daraus nicht einen einzigen Schluck. Er dachte nur daran, wie er die »Ware« retten könnte.

Dann erschien der Panzer. Jedes gepanzertes Fahrzeug wird hier Panzer genannt. Dababa. Das Geräusch der Ketten des Dababa war stärker als das Zwitschern der Küken. Und der Soldat, der darin saß, rief aus dem Lautsprecher auf dem Dach des gepanzerten Fahrzeugs.

»Haut ab, nach hinten, verschwindet von hier!« Alles auf Hebräisch.

Wer die Worte nicht verstanden hatte, wurde mit Gewalt nach hinten gedrängt. Die Stimme schrie weiter in einer Sprache, die nicht alle verstanden: »Wer nicht zurückfährt, bekommt gleich eine Kugel in den Kopf.«

Und wer nicht Hebräisch gelernt hat, bekommt er auch eine Kugel in den Kopf?

Und plötzlich rannte eins der Kinder am Checkpoint los, auf das gepanzerte Fahrzeug zu, um es mit Steinen zu bewerfen.

Der Besitzer der Küken erkannte zu spät, was das laufende Kind tun wollte. Er warf die Wasserflasche in seiner Hand und versuchte verzweifelt, den widerspenstigen Jungen zu stoppen. Ein Kind, ein Panzer und Schüsse – das würde den Checkpoint für lange Stunden sperren. Die Flasche traf den Jungen am Kopf, er rutschte und fiel, stand auf, fasste sich an die Stelle, wo er getroffen worden war und rannte weiter in Richtung Panzer.

Erst nachdem er den Stein geworfen hatte, kehrte der Junge zufrieden zurück. »Ich habe keine Angst«, sagte er, »nur Gott, der mich geboren hat, fürchte ich. Das sind Zionisten. Diese Feiglinge fürchten sich vor dem Tod. Wir haben eine Religion. Wir haben den Islam. Man darf sich nicht fürchten.« So sprach das Kind wie ein Prediger.

Juli/August 2002, mitten in der Intifada. Zum ersten Mal hörte ich den Satz: »Die Grundlage des Terrors wird in den Herzen der Menschen gelegt.« Höre nur ich die Stimmen, die alle nicht hören wollen? Sehe nur ich allein die Bilder? Ein einziges Abu Holi lieferte mir eine Million Stunden des Nachdenkens.

Kapitel 2

Die palästinensische Führungsakademie

Er stand unter dem Blechdach, das an die Mauer des Gefängnisses von Gaza angelehnt war und knackte Melonenkerne, die er einzeln aus der Plastiktüte in seiner Hand herausholte. Sein Blick war unverwandt auf das Eisentor gerichtet. Draußen tobte ein merkwürdiger Sturm, ein kleiner Hurrikan, der in einem wahnsinnigen Kreisel alles mit sich schleppte, Sand, Papiere, Zigarettenschachtel und Kippen und auch einen verloren gegangenen Drachen. Plötzlich änderte die Staubwolke ihre Richtung, drang in den Hohlraum des Schuppens und bedeckte alles mit Staub. Er rieb leicht seine blauen Augen, die davon rötlich wurden, danach schüttelte er mit leichten Schlägen die Sandschicht ab, die an seinen Kleidern haftete und knackte wieder Melonenkerne.

Als der störende »Hurrikan« vorüber war, getraute ich mich, zu ihm zu gehen.

»Sag mal, kennst du ihn?«, fragte ich auf Arabisch.

»Wen?«

»Den Häftling der entlassen werden soll.« Ich war nicht einmal sicher, wie er heißt.

»Ja, Hisham Abu Razek. Er ist mein Freund. Wir saßen viele Jahre zusammen«, antwortete er auf Hebräisch.

»Aha ... du sprichst Hebräisch?« Ich war überrascht.

»Und du sprichst Arabisch«, sagte er ironisch.

»Ja, aber dein Hebräisch ist viel besser als mein Arabisch.«

»Dann war wohl meine Schule besser als deine.«

Seine Sprachspitzen in Hebräisch habe ich im Laufe der Jahre kennen gelernt, und die vollkommene Beherrschung der Feinheiten der Sprache, die Slangausdrücke der Straße und die Sprachausdrücke, bei denen es schwer fällt zu glauben, dass es möglich ist sie zu lernen, wenn du die Sprache nicht von Geburt an sprichst.

»Wo hast du Hebräisch gelernt?«

»In der Hochschule für Gerechtigkeit«, fuhr er fort, mit der Sprache zu spielen, »in dem israelischen Gefängnis. Ich heiße Suffyan Abu Zaydeh, sehr angenehm.« Endlich reichte er mir seine Hand. »Nach euren Begriffsbestimmungen bin ich ein befreiter Terrorist.«

»Aber ein rehabilitierter Terrorist«, versuchte ich in der gleichen zynischen Sprache zu antworten und drückte die Hand des »Terroristen«.

Die Begegnung, die einige Tage nach der Unterschrift des Osloabkommens stattfand, war der Beginn einer überraschenden Freundschaft zwischen einem der Anführer der ersten Intifada, einen aus den israelischen Gefängnissen befreiten Anführer, und mir, einen israelischen Reporter am Beginn seiner Karriere, der bei dieser Gelegenheit nahe dem Gefängnis von Gaza die Eintrittskarte für den Rachen des Gazastreifens bekam.

Sufyan pflegte auf mich nahe der Stellung der Armee am Grenzübergang Erez in seinem Auto zu warten und von dort machten wir uns gemeinsam auf, Gaza zu erkunden. Wir besuchten die sensibelsten Orte, die Gassen von Jabalija, die Symbole der Intifada, die Kämpfer der Intifada, das Gebäude der Fatah, Menschen, Unruhen und Demonstrationen.

Ich war an Orten, die seit vielen Jahren kein Israeli mehr betreten hat. Ich entdeckte eine andere Welt als die, die ich bis dahin auf dem Bildschirm gesehen hatte: Leere Straßen und Jeeps der Grenzpolizei und der Armee, die durch diese Straßen fuhren. Beobachtende Augen ohne Körper und Seele, durch geschlossene Fensterläden während der Ausgangssperre. Jetzt entdeckte ich Menschen mit einem Gesicht, mit der Fähigkeit sich auszudrücken, mit Träumen, Gefühlen, Wünschen, Liebschaften, Eifersüchteleien und Hassgefühlen, Menschen deren Gesicht nicht von einem Tuch verdeckt war, weil sie Fedajin waren. »Gaza ist wie ein Topf mit Milch, der auf einem lodernden Feuer steht«, so hatte Abu Ali Shahin, einer der ersten Palästinenser, die in den israelischen Gefängnissen inhaftiert waren, Gaza mit seiner malerischen Sprache beschrieben. »Du schaust auf die Oberfläche der Milch, und sie ist ruhig wie Schnee. Und plötzlich, ohne Vorwarnung oder irgendein anderes Zeichen, pchchchh schäumt die Milch auf wie kochende Lava.« Und es kochte weiter, floss weiter, stürmte und explodierte.

Bis zum späten Nachmittag wartete ich mit Suffyan Abu Zaydeh auf die Entlassung seines besten Freundes, Hisham Abu Razek. Es herrschte Euphorie. Zusammen mit den Toren der Gefängnisse öffneten sich auch die Tore der Hoffnung.

Hisham Abu Razek, der an jenem Tag entlassen werden sollte, hatte ich schon in seiner Zelle im Gefängnis von Gaza getroffen, die er mit einem anderen Gefangenen teilte, mit Samir Mashrahawi.

Der damalige Minister für Innere Sicherheit, Moshe Shachal, hatte dem Gefängnis damals angesichts des bevorstehenden Rückzugs Israels aus den Gebieten einen Besuch abgestattet, um die Übergabe des Gefängnisses an die Palästinenser im Rahmen des Osloabkommens vorzubereiten. Das war die erste Gelegenheit für Reporter, die sich dem Besuch angeschlossen hatten, ein Gefängnis zu betreten, das sich innerhalb des Militärbezirks und unter der Aufsicht der Zivilverwaltung befand. Im Hinblick auf das langsam Gestalt annehmende Abkommen sollte das Gefängnis von den meisten seiner Insassen entleert werden. Diese sammelten sich neben den Gittern ihrer Zellen und beobachteten interessiert den Gast. In einer der Zellen bemerkte ich zwei Gefangene, die mit ihren Händen die Gitterstäbe der Eisentür umfassten und die Gefolgschaft des Ministers beim Rundgang beobachteten. Ihre Gestalt war aufrecht und selbstsicher, ein Zeichen für den besonderen Status der zwei innerhalb der anderen Gefangenen.

Auf dem Gesicht und den Handflächen von Hisham traten große Narben einer verheilten Verbrennung hervor.

»Ihr kommt nach Hause«, versuchte ich ein Gespräch mit den beiden zu beginnen.

»Ihr geht nach Hause«, provozierte mich der Häftling, der neben Hisham stand. »Gaza ist unser Zuhause.«

Die Augen des Häftlings brannten vor Zorn. Er warf mir einen drohenden Blick zu und ich beeilte mich, einen Schritt zurückzuweichen, aus Angst, dass seine Hände, die die Gitterstäbe umfassten, diese mit meinen Hals vertauschen würden.

»Gut, jetzt schlagen wir eine neue Seite auf. Es gibt nun Frieden zwischen uns«, versuchte ich es nochmal, diesmal aus sicherer Entfernung.

Der Häftling mit den brennenden Augen sah mich an und nachdem er gierig an der Zigarette in seiner Hand gezogen hatte, antwortete er: »Der Weg zum Frieden hat zwei Türen. Jede Seite hat ihre eigene Tür, die sich öffnet und schließt. Wenn man beide Türen öffnet, gehen alle durch sie hindurch. Wenn eine Tür geschlossen bleibt, gibt es keinen Durchgang mehr, und wenn eine Tür gänzlich geöffnet bleibt und die andere nur halb geschlossen bleibt, wird alles zerstört werden durch das Gedränge, das sich in dem Flaschenhals bilden wird.«

Ich erzählte Sufyan über diese Begegnung im Gefängnis und die zornige Prophezeiung dieses Häftlings. Er lächelte und richtete einen vernichtenden Blick auf mich, diesen paranoiden Israeli, der um sein Leben fürchtete. Der Häftling, den ich neben Hisham gesehen hatte, war Samir Mashrahawi. Hisham und Samir waren die Kommandanten der palästinensischen Häftlinge im Gefängnis und gemeinsam haben sie eine intellektuelle Metamorphose durchgemacht von Anführern der extremen kompromisslosen Linie zu den Anführern einer versöhnlicheren Linie. Sie befürworteten eine Friedenslösung zwischen den Israelis und den Palästinensern noch bevor die Osloverträge unterschrieben wurden.

Viele Monate vergingen nach Hisham Abdel Razeks Entlassung aus dem Gefängnis, bevor ich es wagte, ihn nach der Ursache seiner Verbrennungen zu fragen. Er erzählte mir von dem Attentat, das er verübt hatte und der Krise, die ihn zu diesem Racheakt gegen Israel gebracht hatte.

Im Jahre 1972 war er von Rafah aus über Ägypten in den Libanon gereist, um dort an der Ausbildung junger Fatah-Mitglieder teilzunehmen, die in den besetzten Gebieten unmittelbar nach dem Sechs Tage Krieg mobilisiert wurden und die ein vielversprechendes Führungspotential zeigten. Von der Terrasse seines Hotels in Beirut aus sah er die Blitze der Geschosse und hörte die Detonationen, die von der Promenade kamen, als die Elite-Einheit der Armee, Sajeret Matkal, unter dem Kommando von Ehud Barack in der Operation »Frühling« in die Wohnungen der Fatah Führer eindrang.

Am Morgen erfuhr er, dass Abu Yussuf, der Stellvertreter Arafats, und Kamel Nazzer, der Fatah Sprecher und fünfzig weitere Kämpfer der Organisation bei dem Kommandounternehmen umgekommen waren. Er schwor Rache. Er wollte eine Autobombe bauen, die im Herzen Israels hochgehen sollte.

Am 9. April 1974, genau ein Jahr nach dieser Aktion in Beirut, durchquerte er ohne Probleme den Grenzübergang Erez in einem vorbereiteten Peugeot und machte sich auf zum Busbahnhof in Rishon Le Zion. Doch die Ladung explodierte, noch bevor er den Wagen verlassen konnte. Er wurde lebensgefährlich verletzt. Drei Monate schwebte er zwischen Leben und Tod, aber schließlich wurde er gerettet.

»Ich hatte nicht vor, einen großen Anschlag zu verüben«, sagte er, als er das Zucken in meinem Gesicht sah. Ich schwieg. Wir beide schwiegen. Zum ersten Mal in meinem Leben traf ich jemanden, der offen über ein Attentat sprach, das er geplant und durchführt hatte. »Sprengstoffauto«, eine Wortkombination, die einem Schüttelfrost macht. Nach langem betretenem Schweigen und mit Schweißperlen auf der Stirn, fuhr er fort: »Eigentlich wollte ich nur etwas tun, womit ich meinen Zorn Ausdruck gebe. Tatsache ist doch, dass ich um sechs Uhr abends abgefahren bin und zum Busbahnhof erst kam, als es schon menschenleer war.« Das ist seine Standarterklärung. Sie vermittelt das Gefühl, dass Gott mit ihm war, weil er selbst das einzige Opfer war bei seinem eigenen Anschlag.

Hisham wurde an diesem Tag nicht freigelassen. Als die Stunden vergingen und das Eisentor sich nicht öffnete, gab ich Sufyan mein Handy. Er telefonierte wie selbstverständlich mit dem Gefängnis. Ich dachte nicht, dass Sicherheitsgefangene mit dem Gefängnis telefonieren und noch dazu so höflich behandelt werden.

»Tuvia, hier spricht Sufyan.«

Das Gespräch hörte sich an wie mit einem nahen Freund, obwohl der Sprecher auf der anderen Seite der Verbindung einer der Gefängniswärter war, die er kannte.

»Was ist los mit Hisham? Warum kommt er nicht?«

Sufyan hörte der Antwort zu, runzelte seine Stirn, schloss seine Augen und sagte ruhig aber enttäuscht: »Gut. Dann ist es halt so.«

Hisham wurde am nächsten Tag entlassen, an einem Freitag. Diesmal warteten draußen weitere Freunde. Das Eisentor wurde langsam geöffnet und er ging raus, eine Plastiktüte in seiner Hand und darin ein kleiner Transistor, der in das Gefängnis rein geschmuggelt worden war und ein alter Rasierapparat, den er vor vielen Jahren in Beirut erworben hatte.

Die Freunde waren erregt und wollten ihn auf den Schultern tragen. Hisham, nach einundzwanzig Jahren endlich frei, verstand nicht, warum und weshalb diese Aufregung um ihn gemacht wurde. Seine Reaktion vermittelte mir den Eindruck, es handele sich bei ihm, den alle auf die Schultern heben wollten, um ein Missverständnis. Vielleicht irrten sich ja alle bei diesem

Häftling, vielleicht war dieser überraschte Mann, den sie alle hochheben wollten, erst heute morgen durch das Eisentor der Haftanstalt gegangen und verließ sie nun nach einem gewöhnlichen Arbeitstag.

Hishams Proteste nützten ihm jedoch nichts und seinen Freunden gelang es, ihn nach oben zu werfen. Nach einer Minute bat er, heruntergelassen zu werden, um den feiernden Freunden etwas zu sagen. »Ich habe zwei Sachen, die ich vor allen anderen erledigen möchte.« Die enttäuschten Anhänger stoppten die Feier und warteten auf die Worte des Entlassenen. »Ich will das zerstörte Haus meiner Eltern in Rafah sehen, aber zuerst – das Fatah-Haus, das ihr in Gaza gebaut habt und danach mein Haus in Rafah.«

Auch nach einundzwanzig Jahren im Gefängnis, erlaubte er sich nicht, ein gewöhnlicher Gefangener zu sein.

Der »zornige junge Mann« aus Rafah, der mit neunzehn verhaftet worden war, war im Gefängnis erwachsen geworden und zu einem Anführer herangewachsen. Seine Ausbildung, seinen Status und seine Macht hatte er hinter den Gefängnismauern erworben, mit den anderen Gefangenen, die eine mentale, kulturelle und ideologische Revolution hinter sich brachten, deren Fundament der »Vater der palästinensischen Gefangenen«, Abu Ali Shahin gegossen hatte.

»Ich habe sie nach meinem Ebenbild geschaffen. Alle Gefangenen. Hunderte, Tausende, sie sind meine Schüler«, pflegt Abu Ali Shahin vor jedem, der bereit war, ihm zuzuhören, anzugeben, und mit Recht. Denn in der Tat waren sie alle seine Schüler, mehr als 250.000 Gefangene seit dem Sechs-Tage-Krieg bis heute.

Ich traf Abu Ali Shahin zum ersten Mal in seinem Haus in Rafah als er aus Tunis zurückkam, wohin er nach seiner Entlassung aus dem Gefängnis im Jahr 1983 vertrieben worden war. Als er mit den anderen Vertriebenen zurückkam, bestand er darauf, in Rafah zu wohnen, denn dort lebte seine Familie seit ihrer Vertreibung aus dem Dorf Bashit im Jahr 1948. Er zog es vor, von dort aus Tag für Tag nach Gaza zu fahren, ungeachtet der vielen Checkpoints unterwegs.

Kurze Zeit nach seiner Rückkehr fuhr er mit seinem Wagen durch den Checkpoint des israelischen Siedlungsblocks Gush Katif. Der Armeesoldat forderte ihn auf, seinen Personalausweis zu zeigen. Das war das Zeichen für den Ausbruch des Dritten Weltkrieges. Shahin verbarrikadierte sich in einem Gebäude nahe dem Checkpoint und begann, seine Truppen aus Rafah zu mobilisieren. Die Armee schickte eine Kompanie, Panzer und gepanzerte Fahrzeuge, und diese umzingelten das Gebiet, jederzeit bereit, das verbarrikadierte Ziel einzunehmen. Shahin erschrak nicht. Kein Mensch würde ihn aus seiner Stellung vertreiben, bis man sich bei ihm entschuldigt. Er war bereit, in dieser Nacht zu sterben, und sei es nur weil er beleidigt worden war.

Am Ende, eine Minute bevor der ganze Gazastreifen in Flammen aufgegangen wäre, wurde Mohammed Dahlan herbeigerufen, der Chef des Sicherheitsapparates in Gaza. Dieser kam und lächelte über das ganze Gesicht.

»Das ist Abu Ali Shahin«, sagte er dem Oberbefehlshaber Süd der israelischen Armee, Yom-Tov Samia, als ob er sagen wollte: »Was ist denn mit euch los? Kennt ihr diesen Mann etwa nicht?« »Bei ihm kommt zuerst die Ehre«, sagte er. «Lasst mich das erledigen.«

Gegen Morgen zogen sich Shahins Einheiten friedlich nach Rafah zurück. Shahin fühlte sich wieder, als ob er die ganze Welt besiegt hätte.

Ich erreichte sein Haus.

»Wo ist Abu Ali?«, fragte ich die Bewohner des Hauses.

»Schläft. Müde. Arbeitete die ganze Nacht.«

»Ich werde auf ihn warten bis er aufwacht«, antwortete ich.

»Nein, es hat keinen Zweck. Er redet nicht mit Israelis.«

Ich war hartnäckig. Seine Kinder gingen ihn wecken und ich wartete im Gästezimmer etwa eine Stunde bis der Kämpfer sich von der Kampfespause erholt hatte.

Als er halb schläfrig kam, fragte er ärgerlich: »Was willst du?«

»Dich interviewen.«

»Ich rede nicht mit der israelischen Presse.«

»Man sagt, dass du einfach so getobt hast, um dem Namen Abu Ali Shahin Ehre zu machen«, sagte ich, um ihn zu sticheln. Das reichte aus.

»Wer hat dir das gesagt?«

»Die Armee.«

»Kuss Ochtak, die Fotze deiner Schwester ist die Armee. Komm, ich zeig dir, was dort geschehen ist.«

Wir fuhren zur Kreuzung von Gush Katif. Als wir zur Kreuzung kamen, näherte sich der Soldat dem Wagen und fragte Abu Ali Shahin nach seinem Ausweis. Ich sprang aus dem Auto wie nach einem Schlangenbiss. Das fehlte mir noch.

»Lass ihn«, flehte ich den Soldaten an, und ich sah schon vor meinen Augen Abu Shahin, wie er sich wieder in dem Haus gegenüber verbarrikadiert, und mich vielleicht auch noch als Geisel nimmt. »Gestern brach fast ein Krieg aus wegen dieser Aufforderung. Tu mir einen Gefallen. Er wird nervös. Lass mich ihn nur filmen und wir verschwinden«, bat ich.

Shahin lächelte höflich, zog seinen Ausweis und sagte: »Wenn man höflich bittet, habe ich kein Problem.«

Es gibt keinen Palästinenser, der im Laufe der letzten vierzig Jahre im israelischen Gefängnis saß, der Shahins cholerisches Temperament nicht kennt. Noch bekannter ist der Gründer der Gefangenen-Bewegung in den israelischen Gefängnissen aber für seine Hartnäckigkeit und Entschlossenheit.

Shahin war nach dem Sinai-Krieg nach Ägypten geflohen und hatte versucht, an der Universität Al-Azhar in Kairo Philosophie zu studieren. Aber nach kurzer Zeit hatte er keinen Groschen mehr und es gelang ihm nicht, sein Studium an der renommierten Universität zu finanzieren. Als Ersatz und um das revolutionäre Feuer zu nähren, das in ihm brannte, schloss er sich den Hunderten von Studenten an, die sich zu einer intellektuellen, revolutionären Zelle zusammenschlossen, die den westlichen Imperialismus bekämpfte. Sie gründeten in Kairo Kaffeehaus-Zirkel, in denen sie darüber diskutierten, wie sich der Osten von der Versklavung durch den Westen befreien könnte. Dort verfestigte sich seine pro-kommunistische Einstellung und dort lerne er Yassir Arafat kennen. Mit ihm fuhr er nach Damaskus, als der Sechs-Tage-Krieg ausbrach, der die Niederlage und anschließende Richtungslosigkeit mit sich brachte.

Sofort nach dem Krieg, am 21. Juni 1967, rief die Führung der Fatah in Damaskus eine Sitzung in das Flüchtlingslager Al-Ahma ein. Man traf sich im Haus von Halil Al-Wasir, alias Abu Jihad, der 1988 in Tunis liquidiert wurde. Alle Fatah-Gründer waren dort anwesend, Yassir Arafat, Abu Jihad, Faruk Kadumi und Shahin. Man beschloss, dass Shahin und Arafat nach Gaza und in die Westbank gehen sollten, um dort die Basis des militärischen Widerstandes zu organisieren. Bei dieser Gelegenheit wurde Arafat zum Vorsitzenden des Exekutiv-Komitees der Fatah in Gaza und der Westbank gewählt, und Shahin wurde zum Kommandanten der Südfront – Bethlehem, Hebron und Jerusalem – und zum politischen Vertreter der Fatah in den besetzten Gebieten ernannt.

»Arafat war wie ich, ruhelos, wie Dynamit. Und so begannen wir beide den ›Shabak Palestine‹ zu organisieren.«

Im Juli 1967 kamen beide in die besetzten Gebiete, aber Shahin war nicht lange tätig. Schon im September desselben Jahres wurde er vom Sicherheitsdienst in Shaar Hagai, bei der Ausfahrt aus Jerusalem, verhaftet. Er war auf dem Weg von Hebron über Jerusalem nach Gaza.

»Man hat mich verraten«, erzählte er, »aber mach dir keine Sorgen, der Mann, der mich verraten hat, lebt nicht mehr.«

Shahin wurde zu sechzehn Jahren Haft verurteilt. Er war der erste palästinensische Gefangene, der zu einer so langen Haftstrafe verurteilt wurde.

»Ich schaute mich um und sah die palästinensischen Gefangenen, die mit mir zusammen in riesigen Hallen eingesperrt waren und fragte mich: mit diesen sollen wir siegen? Sie sind doch alle Analphabeten, ungebildet und unwissend, einfache Menschen. Können wir mit ihnen siegen?«

Ich schaue diesen kleinen Mann an und es fällt mir schwer, in ihm einen ruhmreichen Führer zu sehen. Er ist von kleiner Gestalt, ein weißer Bart schmückt sein Gesicht, das jünger aussieht als er ist, und er trägt eine schwere Brille, der es nicht gelingt seine Augen zu verstecken, die ruhelos von einer Seite zur anderen blicken.

»Wenn du mir die Brille wegnimmst, dann sehe ich nicht, was einen Zentimeter entfernt ist. Meine Augen habe ich im Gefängnis erledigt, und meinen Körper haben die Juden zerschmettert. Aber keinem ist es gelungen, mein Gehirn zu beschädigen. Ein halbes Jahr wurde ich gefoltert und jeden Tag sagte ich: ›Morgen werde ich reden. Morgen‹ Damit sie nicht glauben, dass sie mich mit Schlägen besiegt haben. Aber dann kam der Morgen, und wieder gab es die Schläge, und wieder gab ich nicht nach und sagte zu mir selbst. ›Morgen‹. So lief es ein halbes Jahr. Ich nahm ab bis ich nur noch 39 Kilo wog.«

Shahin zieht seine Hosenbeine hoch und zeigt mir die Narben, zieht sein Hemd aus und zeigt mir die Zeichen auf seinem Rücken. »Ihr seid besser geworden. Früher waren eure Methoden primitiv, nicht wie heute.«

Am 22. Februar 1968, ein historisches Datum aus seiner Sicht, kamen die Wärter und lösten die Fesseln um seine Handgelenke. »Ich kratzte mich am ganzen Körper wegen der Läuse, die in meine Haut eindrangen. Zitterte und kratzte bis es blutete. Danach wurde ich mit einem Strahl kalten Wassers gereinigt. Man brachte einen Bottich Wasser voll mit Seife und übergoss mich damit, weil ich fürchterlich stank. Und da verstand ich, dass sie mich für einen wichtigen Besuch vorbereiten.«

Shahin wurde nach Zrifin gebracht, das frühere britische Militärlager Sarafent, und in eines der Zimmer geführt.

»Ins Zimmer kamen drei Offiziere: Itzchak Rabin, Hayim Bar-Lev und Aharon Jariw, der eine dunkle Brille trug.

›Do you speak English?‹, fragte mich Rabin, und ich antwortete: ›Little‹. Ein wenig.

›Weißt du, wer wir sind?‹ fragte er.

›Ja‹, sagte ich, ›du bist der Generalstabschef, du bist der Stellvertreter des Generalstabschef und du bist der Chef der Abwehr.‹

Rabin bemühte sich, mit mir Englisch zu sprechen, aber ich habe kein Wort verstanden, er hatte einen sehr seltsamen Akzent. Bar-Lev sprach überhaupt kein Englisch und nur Jariw sprach fließend Englisch.

›All deine Freunde haben geredet, du musst auch reden. Rede und die Verhöre sind zu Ende‹, sagte Rabin in seinem israelischen Englisch, das ich kaum verstand.

Ich schwieg und der Kommandeur des Lagers, ein großer Mann, der Herr Ashkenasi hieß, sagte zu mir: ›Rede, du Esel.‹

Rabin drehte sich zu ihm um. Ich habe damals kein Wort Hebräisch verstanden außer ›komm her‹, aber ich verstand, dass Rabin ungehalten darüber war, dass Ashkenasi mich Esel nannte.

Als Rabin den Kommandeur tadelte, schaute Jariw unter mein Hemd und verzog sein Gesicht angesichts der zerrissenen Haut, sagte aber kein Wort.

›Wenn du nicht sterben willst, dann rede‹, sagte er. ›Du bist nicht erst ein oder zwei Monate hier, du bist schon fünf Monate hier‹.

Ich sah Rabin, der in der Mitte saß, an und sagte zu ihm: ›kann ich dich was fragen?‹

›Frag‹, sagt er zu mir.

›Wenn ich Tel Aviv erobert hätte und du wärest mein Gegner, würdest gegen mich kämpfen, gegen die Eroberung, und ich hätte dich gefangen genommen, wärest du bereit, deine Kameraden auszuliefern?‹

Rabin beobachtete mich streng, schwieg für einen Moment und sagte dann ein Wort, dessen Bedeutung ich damals noch nicht kannte: er sagte ›wir sind fertig‹, stand auf und verließ den Raum. Da ich also der einzige war, der bei den Verhören nicht gesprochen hatte, war mir klar, dass ich Israel alleine besiegen könnte. Ich verstand, dass ich die Fatah-Ideologie unter den Gefangenen verbreiten und alle für die Stunde des Umbruchs vorbereiten musste. Und ich wusste, dass man zuerst den Feind kennen muss, der einem gegenüber steht, wenn der Umbruch gelingen soll. Man muss seine Sprache kennen, seine Mentalität, seine Achillesferse. Das war nicht einfach, denn ich war im Gefängnis und um mich herum waren lauer geschlagene und unterdrückte Gefangene und ich saß in Einzelhaft. Aber ich würde siegen. Wenn ich so leben würde, würde ich siegen.«

Und so begann die ideologische Revolution des Abu Ali Shahin.

In Gaza, im Gefangenenmuseum, das im ersten Stockwerk des Gebäudes der Bewegung der palästinensischen Gefangenen untergebracht ist, liegen Hunderte von Hefte gestapelt, die Abu Ali Shahin im Gefängnis beschrieben hat. Sie legen Zeugnis ab von der Geschichte der palästinensischen Gefangenen während vieler Generationen.

In den »Schulheften«, deren brauner Einband jedem Schüler in Israel bekannt ist, stehen Reihen über Reihen von Worten, in einer engen Handschrift, in kleinen Buchstaben, wie Soldaten beim Appell.

Obwohl schon Dutzende Jahre vergangen sind seitdem sie beschrieben wurden, sind die Blätter der Hefte sauber und gerade wie Heilige Schriften, die im Heiligen Schrein aufbewahrt wurden. So sehr hat man sie all die Jahre über mit Respekt aufbewahrt.

In den Schulklassen der Gefängnisse, die in den Jahren darauf errichtet wurden, lernten die Gefangenen die Inhalte der Hefte, die Shahin schrieb auswendig. Fleißige Häftlinge fertigten zahlreiche Kopien an, um die »Botschaft« in den verschiedenen Gefängnissen unter allen zu verbreiten. Viele können die Worte, die Shahin schrieb, auch heute noch auswendig.

»Es fing an mit Schulheften.« erzählt er. »Bis wir Schulhefte bekamen. Papier und Schreibzeug, schrieb ich alles auf das Einwickelpapier von Weißkäse. Früher gab man den Gefangenen in Papier eingewickelten Weißkäse der israelischen Molkerei »Tnuva«. Ich pflegte das Papier mit Seife zu waschen, es zu trocknen und es in ein Blatt Papier zu verwandeln. Die Häftlinge sammelten für mich die Reste von Bleistiften, die die Wärter wegwarfen auf und so hatte ich dann Schreibutensilien und Papierbögen. Ich schrieb in der Dunkelheit meiner Zelle. Ich verdarb mir dabei die Augen, aber ich schrieb. Ich ruhte keinen Augenblick und schmiedete Pläne.«

Im Juli 1970 riefen die Gefangenen des Gefängnisses von Ashkelon einen Streik aus, den ersten Hungerstreik der politischen Gefangenen. Mit den Jahren sollten die Gefangenen entdecken, dass die Waffe des Streiks ein nützliches Instrument ist, mit dessen Hilfe es ihnen gelingen sollte, ihr Haftbedingungen zu verbessern. Ebenso sollten sie einen Verhaltenskodex der Gefängnisverwaltung aufstellen, der ihnen helfen sollte die Ideen der Revolution zu verbreiten und der ihnen gestatten sollte, die Gefangenen in allen Gefängnissen in einer einheitlichen Bewegung zu organisieren.

Nach jedem Streik lernten sie, dass die Direktoren der Haftanstalten die Anführer des Streiks in ein anderes Gefängnis verlegten, zur Strafe und um den Widerstand, der sich innerhalb der Gefängnismauern organisiert hatte, zu brechen. Die palästinensischen Häftlinge entdeckten, dass diese »Strafe der Wanderung«, wie man das bei der Gefängnisverwaltung nannte, zuweilen ein Vorteil für sie war. Wenn sie ihre Botschaft in anderen Gefängnissen verbreiten wollten, riefen sie deswegen einen Streik aus, damit die Streikführer verlegt würden und als Boten dienen konnten. Im Sommer 1971, anlässlich des ersten Streiks, erlaubte die Gefängnisverwaltung den

Vertretern vom Roten Kreuz den Gefangenen Bleistifte und Papier zu bringen.

»Das war für mich das Paradies. Alle Gefangenen brachten mir die Blätter, die sie bekamen, sechs einzelne Seiten jeder, und während sechs aufeinander folgenden Wochen schrieb ich meine Erinnerungen, Tag und Nacht, ohne Schlaf. Ich schrieb alles auf.«

Die ersten Manuskripte von Shahin sind gekennzeichnet durch zwei Motive, die miteinander verknüpft waren.

1. Es ist Pflicht, die Seele unter den schwierigen Bedingungen von Verhör und Haft zu schützen, da es doch die Absicht der Haft ist, den Geist zu brechen. In den ersten Handschriften prägte Shahin die Parole »das Gefängnis gefangen nehmen«, die zum Motto der Gefangenen wurde.
In einer der weit verbreiteten Handschriften Shahins »Wie man in einer geschlossenen Zelle lebt«, wurden genaue Anweisungen gegeben, wie der Gefangene seinen Körper und seine Seele schützen soll, damit er die Tage und die Jahre überleben kann, um später als Sieger und Held Ehre zu erlangen. »Die Gefängnisverwaltung und ihre Offiziere, der Sicherheitsoffizier, der Verantwortliche für die Gefängnisklinik oder der verantwortliche Offizier für Arbeit im Gefängnis und sogar der Nachrichtenoffizier, alle sind Einheiten des Gefängnisses, die ihre Aufgabe erfüllen, den Geist und die Kraft des heldenhaften Revolutionärs zu brechen und du musst genau verstehen, was hinter ihren Taten steht, klug handeln und überleben, überleben, überleben…«

2. Um das erhabene Ziel zu erreichen, Körper und Seele zu retten, muss man mit gemeinsamen Kräften aller gefangenen Fatah-Anhänger und auf allen möglichen Wegen für eine umfassende palästinensische Lösung kämpfen. In einem weiteren Schriftstück mit dem Titel, »Die Ideologie der Fatah«, erläutert Shahin seine Vision, wie die Organisation der

Fatah arbeiten, führen und sich organisieren sollte. Die Fatah-Bewegung muss eine nationale Volksbewegung sein und jedes Mitglied, das sich der Bewegung anschließt, muss die Bedingung akzeptieren, ein stolzer Palästinenser zu sein, der mit all seiner Kraft bereit ist, für die Befreiung Palästinas zu kämpfen. Jedes Fatah-Mitglied muss für sich den Lebenswandel eines Revolutionärs annehmen, er muss bescheiden sein, Verantwortung für die Allgemeinheit tragen, für die Partei und die Gesellschaft, der er dient und er darf keine Aktivitäten entfalten, die zum Geist der Bewegung und zu ihren Anführern im Widerspruch stehen. »Die Sorge um die Allgemeinheit ist dein Kompass und nicht deine persönlichen Bedürfnisse – du bist aufgefordert, dich zu opfern, zu opfern, zu opfern.«

Um diese »Botschaft« unter den Gefangenen zu verbreiten, beschloss Shahin in dem Gefängnis, in dem er war, einen Kern von Gebildeten zu schaffen. Diese Leute sollten dann vom Gefängnis Ashkelon aus auf andere Gefängnisse verteilt werden. Er versammelte achtzehn Gefangene um sich, die er ausgewählt hatte, weil sie ihm lernfähig erschienen, und fing an, sie auszubilden. Die achtzehn wurden der »Askalan Kern« genannt, nach dem Gefängnis von, Ashkelon, oder Askalan auf Arabisch. Er baute darauf, dass diese achtzehn die ersten Fundamente für die Revolution legen würden, die er in allen israelischen Gefängnissen plante.

Ein halbes Jahr später, als der Kern bereit war für die »Zerstreuung« wurde ein Hungerstreik ausgerufen. Der damalige Polizei-Minister, Moshe Hillel, besuchte das Gefängnis, um das Problem der streikenden Sicherheitsgefangenen zu lösen.

Moshe Hillel sah die streikenden Gefangenen und beschloss … die Anführer des Streiks in andere Gefängnisse zu verlegen. »Und hoppla«, frohlockt Shahin, »es hatte geklappt.«

Als Hisham Abu Razek im Dezember 1974, nachdem seine Verbrennungen verheilt waren, ins Gefängnis von Beer-Sheva kam, verurteilt zu zwanzig Jahren Haft, blühten schon die »Knospen« von Abu Ali Shahin in den meisten Gefängnissen.

✳

Wir betraten das Gefängnis von Gaza. Die Auto Karawane passierte schnell das Tor der Haftanstalt, die palästinensischen Polizisten, die lässig ihre neuen Uniformen trugen, winkten zur Begrüßung. Drum herum lagen noch verstreute Teile israelischer Zeitungen, leere Zigarettenschachteln und sogar Kriegsrationen der Armee herum, die die Soldaten zurück gelassen hatten, als sie in der Nacht eilig die Stellung verlassen hatten. Gestern war dieser Ort noch ein hochsensibler und abgesperrter Ort für die Führung der israelischen Armee in Gaza, das Hauptquartier der sogenannten Zivilverwaltung, die verantwortlich war für das tagtägliche Leben der Bevölkerung in Gaza und für das Gefängnis von Gaza. Jetzt ist dies eine palästinensische Stellung. Auf den Wänden stand noch in Hebräisch geschrieben: »Soldat, achte auf deine Erscheinung« und »Sicherheit bei der Arbeit hilft Unfälle zu vermeiden«, und obwohl ich voll und ganz den Frieden unterstützte, versetzte es mir doch einen Stich, als ich wahrnahm, dass dieser Schutzraum nicht mehr meiner ist, nicht mehr unserer ist. Unsere Soldaten sind schon nicht mehr hier, sie sind nach Hause gegangen. Eigentlich ist es eine tolle Sache, dass sie zu Hause sind und nicht hier, im Krieg, mit geladenen Gewehren bei den Eisentoren und den Betonmauern. Ich kann mich erinnern, wie ich eines Tages mit einem Kamerateam nach Gaza kam. Die Intifada tobte noch in den Straßen und als wir an der islamischen Universität vorbeifuhren, bewarf man uns mit Steinen. Die Windschutzscheibe zerbarst und ein kleines Loch in der Größe einer Münze wurde sichtbar, durch das ich die Fahrbahn sehen konnte. Der Soldat am Tor des Hauptquartiers öffnete die Sperre, starrte uns an, wie wir voller Glasstaub waren und sagte »Ihr seid ja Geisteskranke«, und wir fühlten uns sicher und wie zu Hause. Doch was für ein

Zuhause. Gaza war niemals wirklich unser Zuhause und jetzt bin ich bei ihnen, bei den »Terroristen« von gestern, die zu den Anführern des Friedens wurden. Die Gefangenen des Gefängnisses wurden plötzlich seine Herren.

Die Wagenkarawane hielt im Zentrum des Platzes und sie stiegen schnell aus den Fahrzeugen.

Die Karawane der ehemaligen Gefangenen führte mit großen und schnellen Schritten, Hisham Abu Razek, hinter ihm Suffyan Abu Zaydeh und dahinter folgten Rashid Abu Shabak, Samir Maschrawi und ihre Freunde aus dem Gefängnis. Zum ersten Mal kamen sie durch das Eisentor des Gefängnisses nicht in einer »zinzana«, einem Polizeifahrzeug und sie beeilten sich so sehr, als ob drinnen ein großer Schatz auf sie warten würde.

Plötzlich hielt neben uns mit quietschenden Bremsen eine schwarze Mercedes Limousine. Aus ihr stieg Mohmmed Dahlan aus, gekleidet in einen eleganten Karoanzug, und beeilte sich, im Inneren des Gefängnisses zu verschwinden. Hinter ihm liefen seine Personenschützer, die kaum sein Tempo einhalten konnten. Alle liefen und ich schlendere hinter ihnen her.

Dahlan wurde vor der ersten Intifada aus diesem Gefängnis heraus geholt und aus den besetzten Gebieten ausgewiesen, zusammen mit seinem Freund, der später sein Feind wurde, Jibril Rajoub.

Die Karawane der Entlassenen, die Hisham anführte, hatte es noch nicht geschafft, die erste Stufe der Treppe zu betreten, die zu den Haftzellen führt, als Dahlan schon auf dem Weg nach draußen war.

»Das war es schon?«, fragte ich.

»Das war es«, antworteten sie mir, »es hat ihm gereicht, er wollte nur sehen und verstehen, dass er nicht träumt, dass er frei ist.«

Erst als sie zu ihren ehemaligen Zellen kamen, hielten sie in ihrem Lauf inne, als ob die Verfolgung nun zu Ende sei.

Im Gefängnishof, über den ein Drahtgitter gespannt war, gingen Hisham, Sufyan und Mussa Abd Al-Nabi mit langsamen

Schritten umher. Mussa wurde einige Jahre später zum Direktor des Gefängnisses von Gaza ernannt, versagte aber in diesem Amt. Als ehemaliger Häftling, im selben Gefängnis für das er nun verantwortlich war, hatte er immer Mitleid mit seinen Gefangenen.

Sie hielten sich gegenseitig an den Händen und »spazierten« über den Hof, wie es bei den Häftlingen üblich war, die raus gingen ihren vom Sitzen steifen Körper zu lockern. Sie kannten dort jeden Stein, sie gingen hin und her, hin und her.

Hisham fasste meine Hand und führte mich auf der schmalen Treppe nach unten.

Der Geruch frischer Farbe beherrschte den Raum.

»Siehst du diesen großen Raum? Das war nicht so, hier waren Wände und das waren Einzelzellen, jetzt hat man die Wände entfernt und eine große Leere geschaffen, um zu verbergen, was hier war.«

Er setzte mich auf einen Stein und sagte: »Das ist der Autobus«.

»Der Autobus« war eine Reihe von Stühlen, auf die man die Gefangenen gesetzt hatte, stundenlang und manchmal tagelang mit verbundenen Händen und einem Sack über dem Kopf..

»Und hier war der Kühlschrank«.

Über dem »Kühlschrank« waren noch die breiten Öffnungen einer starken Klimaanlage, die die Zellen der Gefangenen gekühlt hatte. Ich wand mich verlegen.

Sufyan sah, dass ich verlegen war angesichts der Folterwerkzeuge und half mir mit einem Trick. »Komm, sieh dir mein Bett an«, schlug er vor.

Wir betraten den Flügel der Häftlinge. Reihen von Holzpritschen ohne Matratzen. Ein starker Geruch von Moos lag in der Luft.

»Das ist mein Bett«, er legte seine Hand auf die zweite Etage einer Holzpritsche, die neben dem schmalen Fenster stand, das zum Gang gewandt war. Seine Augen blitzen und Tränen rannen über sein Gesicht.

»Hier habe ich mein erstes hebräisches Wort gelernt – Pferd.«
Sufyans Stimme hallte in dem leeren Gefängnisraum.

»Ausgerechnet Pferd?«

»Ich hatte ein Buch *1000 Worte in Hebräisch*. Das erste Wort beim Buchstaben S war Suss, Pferd.«

»Und warum hast du mit S begonnen?«, wunderte ich mich.

»Mein Namen beginnt mit S, das war mein Eingangswort in die hebräische Sprache.«

Man lernt Hebräisch

Fast alle Sicherheitshäftlinge lernten in den Gefängnissen Hebräisch. Diese Form des Lernens und der Eifer beim Lernen der hebräischen Sprache, verbindet alle zukünftige Anführer der Gefangenen wie ein roter Faden. Die ausgezeichneten Kenntnisse, die sie sich erwarben, ermöglichten es ihnen später, eine herausgehobene Position zu erlangen und eine Machtfülle, die ihnen helfen sollte, ihre Stellung im Rennen um die Führung der Gefangenen zu festigen.

Das hatte schließlich Abu Ali Shahin gepredigt, der selber die Sprache nicht erlernt hatte. Als seine Schüler in den Klassen saßen und das hebräische Alphabet paukten, war er schon damit beschäftigt, die Philosophie der Fatah zu entwickeln und andere Pläne zu schmieden, um die Revolution vorwärts zu bringen.

Hisham Abd Al-Razik und Suffia Abu Zeida, begriffen mit ihrem scharfen Verstand, wie andere Gefangenen auch, dass Wissen Macht ist, auch zwischen den Mauern des Gefängnisses. Die Beherrschung der hebräischen Sprache war notwendig, um vom Status eines einfachen und lernenden Häftlings auf der untersten Stufe der Hierarchie aufzusteigen zu einem gebildeten Lehrer, der ein Anführer werden kann.

Fast der gesamte Kader der palästinensischen Führung, der die hebräische Sprache perfekt beherrschte, hatte so angefangen. Suffyan Abu Zaydeh: »Als ich das Gefängnis betrat war ich in einer Zelle mit Samach Knahan.«

Die Mutter von Knahan war eine Jüdin, die zum Islam konvertiert war. Samach wohnte in Nablus, schloss sich der Fatah an und war verantwortlich für den Aufbau der Basis der Organisation in der Westbank, bis er erwischt wurde.

»Er war nicht einfach so ein Gefangener«, sagte Suffia bewundernd.

»Er las fast die ganze Zeit Bücher, hauptsächlich auf Hebräisch, er rauchte nicht, er war zivilisiert und gebildet. Wenn die Häftlinge Zeitungsausschnitte fanden, die die Wärter weggeworfen hatten, las er ihnen den Inhalt vor. Als ich ihn in der Zelle sah, sagte ich mir, Sufyan, du musst so werden wie er, wie Knahan, das ist nicht einfach so ein Häftling, das ist ein Super-Häftling.«

Hisham Abu Razek: »Ich arbeitete im Jahr 1971 beim ›Jüdischen Nationalfond‹, in der Gegend von Batish bei Ofakim. Ich war verantwortlich für eine Gruppe von Pflanzer und dort sammelte ich meine ersten Erfahrungen mit der hebräischen Sprache. Lesen und schreiben konnte ich nicht, aber es gab jemanden im Gefängnis, einen ägyptischen Gefangenen, einen Beduinen aus dem Sinai, der Hebräisch unterrichtete. Er konnte zwar schreiben und beherrschte die Grammatik ausgezeichnet, aber er konnte keine fünf Worte hintereinander sprechen. Für mich aber war es ausreichend.«

Das war das erforderliche Ende des Fadens, das Rettungsboot, mit dem er in den Weiten des hebräischen Alphabets segelte, um seine Stellung im Gefängnis zu festigen. In jenen Tagen setzte sich die hebräische Sprache in den Gefängnissen gerade erst durch. Alle palästinensischen »Beleber« der Sprache bemühten sich, das Lehrbuch *Tor für den Einwanderer* zu besorgen. Hier ging es für sie zwar nur um eine Stufe auf der Leiter zur Führung, aber um eine sehr wichtige Stufe.

»Ich lernte sehr schnell lesen und schreiben und arbeitete die Bücher *Tausend Worte und noch Zweitausend* und *Das Tor zum modernen Hebräisch* bis zum Ende durch. Nachdem ich Hebräisch perfekt beherrschte, fing ich an, die Gefangenen in Lerngruppen zu unterrichten.«

Es gibt keinen Gefangenen in den israelischen Gefängnissen, der diese Schulbücher für Neueinwanderer aus dem »Akiwa Sprachlabor« nicht kennt, die für Neueinwanderer, die erst kürzlich nach Israel gekommen sind, geschaffen wurden. Alle haben diese Dialoge gepaukt:

Der Lehrer: »Shalom, ich bin die Lehrerin, mein Name ist Ruth.«
Der Schüler: »Sehr angenehm.«
Der Schüler: »Mein Name ist Joseph.«
Der Lehrer: »Bist du ein Neueinwanderer?«
Der Schüler: »Ja, ich bin ein Neu-Einwanderer.«
Der Lehrer: »Woher bist du, Joseph?«
Der Schüler: »Ich bin aus Russland.«

Einen Einblick in das System, wie die hebräische Sprache gelernt wurde, bekam ich im Abraham-Zentrum in Gaza, wo man die Schüler mit den bekannten Methoden aus den israelischen Sprachinstituten unterrichtete. Die Direktorin des Zentrums, Samira Srur, versammelte Hebräisch sprechende Lehrer, die unter anderem im »Akiwa-Sprachlabor« in Netanja ausgebildet worden waren, unter ihnen ehemalige Häftlinge, oder solche, die die Sprache erlernt hatten, als sie in Israel gearbeitet hatten, und diese unterrichteten nun die Schüler, meistens palästinensische Polizisten, die erst kürzlich von überall her nach Gaza gekommen waren.

Es war lustig, die palästinensischen Polizisten in den Abendkursen des Zentrums zu sehen, wie sie die Dialoge aus den Lehrbüchern des Akiwa-Sprachlabors auswendig lernten und im Chor riefen: »Ich bin ein Neueinwanderer!«

Aber im Zentrum lehrte man auch moderne hebräische Literatur.

Agnons Novelle *Vom Feind zum Liebhaber* war bei ihnen ganz besonders beliebt.

»Der Wind bewarf mich und ich bewarf ihn, aber ich konnte ihn nicht besiegen«, lernten die Schüler.

Und die Lehrer verglichen diesen Text mit dem brüchigen Friedensprozess zwischen den Israelis und Palästinensern.

Sie erklärten es so: Wenn Agnon sich fragt warum der Wind jedes Mal seine armselige Hütte zerstören konnte, kommt er zum Ergebnis, dass die Fundamente, die er gebaut hat, wacklig waren und wenn er die Fundamente nur etwas tiefer bauen könnte, sein Haus viel stabiler sein würde.

Eine der Lehrerinnen, Rada Hakil, aus Khan Yunis, war Studentin in der islamischen Universität und auf dem Höhepunkt der ersten Intifada wollte sie den »Feind« kennenlernen. Sie beschloss also, Hebräisch zu lernen.

Rada Hakil: »Ich wollte euch kennenlernen, über euch wissen, von euch lernen. Das zeigte mir, wie wichtig es ist, dorthin zu gehen, wo die Menschen leben und sie in ihrem Umfeld kennenzulernen.«

Mitten in der ersten Intifada stellte Rada einen Kontakt her mit der Direktorin des Akiva-Institut, Shulamit Katzenelson, die sie einlud, in der Sprachschule für Neueinwanderer ein halbes Jahr lang Hebräisch zu lernen. Die Entfernung von Khan Yunis zum Institut in Netanja, schien damals wie die Entfernung von New York bis Mekka zu sein und die Reise von Rada, ein Mädchen aus Khan Yunis, das mitten in der Intifada zu einem Sprachinstitut fährt, erforderte viel Mut.

Wenn Rada anfing Hebräisch zu sprechen, war man überzeugt, dass sie eine Neueinwanderin aus der Sowjetunion ist.

Ihr L ist rollend und der russische Akzent perfekt und manchmal, ohne Absicht, kommen aus ihrem Mund auch russische Worte.

Ich nannte sie Natasha.

»Du bis ein Freund. Ich bin nicht beleidigt«, pflegte sie jedes Mal zu sagen wenn ich mit ihr sprach und ich kugelte mich vor Lachen bei diesem russischen Akzent.

»Mein Vater war ein Mensch mit einem offenen Geist. Er gab auch uns die Freiheit, unseren Geist zu öffnen«, sagte sie in perfektem Hebräisch. Er hatte sie ermutigt, nach Israel zu gehen, obwohl ihre Mutter davon überzeugt war, dass die Juden dort, jenseits des Grenzübergangs Erez, sie möglicherweise schlachten würden.

»Ich habe eure Art zu denken, kennengelernt. Ich habe gelernt, dass euer Kopf anders ist als unserer, ihr denkt anders.«

Ich erzählte das Abu Ali Shahin und er lächelte breit.

»Zu dieser Schlussfolgerung bin ich schon vor dreißig Jahren gekommen«, sagte er. »Und dass sogar, ohne in eurer Sprachschule zu lernen. Ich habe meine Sprachschulen bei euch gegründet, innerhalb eurer Eingeweide, und jetzt siehst du, wie jeder Schüler danach strebt, mehr und mehr über euch zu wissen, wie sie sich im Studium auszeichnen.«

Der Sprung nach vorn

Die Chance von Hisham Abu Razek, Suffyan Abu Zaydeh und der Generation dazwischen, die Führung in den Gefängnissen zu übernehmen und die Generation der Gründer zu ersetzen, kam überraschend und aus einer unerwarteten Richtung.

Am 20. Mai 1985 wurde das Jibril-Abkommen unterzeichnet, in dessen Rahmen Israel drei Gefangene des Libanonkrieges zurück erhielt – Hasai Shai, Joseph Gross und Nissim Salam, die von der Organisation Jibrils festgehalten worden waren. Im Gegenzug verpflichtete sich Israel 1,150 palästinensische und libanesische Gefangene freizulassen, die in Israel gefangen gehalten wurden. Das war mehr als ein Drittel der Gefangenen, die damals in den Gefängnissen saßen.

Die Liste der Gefangenen, die Jibril befreien wollte, wurde

in Damaskus von Jibrils Organisation erstellt, aber die Namen wurden den Anführern der Gefangenen in den Gefängnissen zur Entscheidung vorgelegt. Sie hatten drei Kriterien aufgestellt, nach denen entschieden werden sollte, wer freikommt und wer im Gefängnis bleiben sollte.

a. »Wichtige Gefangene«, die zu langen Haftstrafen verurteilt worden waren.
b. Kranke und Häftlinge deren familiären Verhältnisse ihre Freilassung erforderten.
c. Gefangene, deren Freilassung die Partei forderte. Dabei ging es um erfahrene Anführer, die ihre Ausbildung im Brennofen der israelischen Gefängnisse mit Erfolg bestanden hatten und nun aufgerufen waren, sich aufs Neue bei den Organisation in den besetzten Gebieten zu melden oder in den Generalstabstäben in Damaskus, Libanon oder Tunis.

Dieser Paragraph ermöglichte tatsächlich die Befreiung der gesamten Führung der Gefangenen, darunter auch ein neuer Häftling: Scheich Ahmed Yassin.

Gefangene, die noch nicht genug von der »Revolution« im Gefängnis aufgenommen hatten, ihre »neue Erziehung« noch nicht vervollständigt hatten und nicht bewiesen hatten, dass sie »reif« waren für die Fortsetzung der Revolution außerhalb der Gefängnismauern, kamen nicht auf die Liste.

Als die Intifada ausbrach, behauptete man in Israel mit Recht, dass die durch das Jibril-Abkommen Freigelassenen den harten Kern der Intifada bildeten, die als ein lokaler Aufstand begonnen hatte. Rasch hatten sie das Kommando und die Führung übernommen und die vereinte Führung der Intifada gegründet.

Durch das Jibril-Abkommen wurde fast der ganze existierende Kern der Führung freigelassen. In den Gefängnissen blieben noch 1852 Gefangene, von denen viele in den nächsten fünf Jahren sowieso freigelassen werden sollten.

Im Gefängnis von Nafha, das 1980 extra gebaut wurde, um die Führung der Gefangenen zu isolieren, blieben im Ganzen achtzehn Gefangene zurück, deren Freilassung Israel verweigerte, Unter ihnen Hisham Abu Razek und der älteste Gefangene von allen, Salim Sarii

Sarii, ein Bewohner von Khan Yunis, war Anfang der 70er Jahre in den Libanon geflohen. Er wurde in der Nähe der Grenze erwischt, als er mit drei weiteren Libanesen versuchte, in einem libanesischen Fischerboot nach Israel einzudringen. In den Verhören präsentierte er sich den Spezialisten der Abwehr mit einer erfundenen libanesischen Identität. Als man schon fast beschlossen hatte, die »vier« Fischer freizulassen und sie in den Libanon zurückzuschicken, wurde er von einem der palästinensischen Gefangenen identifiziert. »Das ist Sarii« verriet er ihn bei den Untersuchungsbeamten der Abwehr, »er ist ein Freund von Arafat.« Sarii wurde zu einer lebenslänglichen Haftstrafe verurteilt.

Hisham, Sarii und die restlichen sechzehn im Gefängnis Nafha beschlossen, das »ständige Feuer« der Gefangenen-Revolution am Leben zu halten, um von Nafha aus den Häftlingen in anderen Gefängnissen und den neuen Inhaftierten ihre Erfahrungen und Kenntnisse zu vermitteln. Die meisten waren frustriert darüber, dass sie nach dem Abkommen im Gefängnis bleiben mussten, aber sie verstanden, dass sie sich anstrengen mussten, um in den Führungskreis und in die Gruppe der Entscheidungsträger aufgenommen zu werden, wenn sie ihre restliche Haftzeit erträglich machen wollten.

Seit den »Weißkäse-Papieren« von Abu Ali Shahin hatte man bei der Festigung der Gefangenenorganisation bereits einen guten Teil des Weges zurückgelegt. Die Gefangenen, die in den Gefängnissen blieben, hörten mit Bewunderung und Eifersucht die Geschichten der im Jibril-Abkommen Freigelassenen und von ihrer Integration in der Führung der Organisation in Damaskus und den besetzten Gebieten. Jetzt wurde ihnen klar, dass einen Anführer der Gefangenen eine Karriere in der Führung der Organisation gesichert war, die seine Zukunft und seine Stellung sowohl im Gefängnis als auch nach seiner Freilassung garantierte.

In diese Liste integrierten sich auch neue Gefangene eines ganz anderen Kalibers, die Gefangenen der »Shabiba«, der Jugendorganisation der Fatah, deren Gründer kein anderer war als Abu Ali Shahin, der Anfang 1983 aus dem Gefängnis entlassen worden war, nachdem er seine Strafe abgesessen hatte.

»Ich gründete die »Shabiba« unmittelbar nach meiner Freilassung«, erzählte Abu Ali Shahin voller stolz.

»Ich wusste, dass ich die Revolution fortsetzen und unter den Jugendlichen verbreiten musste und so fing ich an, auch sie zu mobilisieren.«

Shahin war in Rafah und Khan Yunis tätig, bis er für zwei Jahre in den Libanon verbannt wurde.

Unter den Jugendlichen der »Shabiba«, die in die Gefängnisse kamen, waren auch Jibril Ragoub, Mohammed Dahlan, Sami Abu Samhadana, Kaddura Faris, Marwan Barghouthi, Ihab al-Ashkar, Mahmud Abu Maskur, Sufyan Abu-Zeideh und Muáz Chanafi.

Muaz Chanafi: »Ich erinnere mich, dass wir Kinder im Flüchtlingslager ein Fantasiespiel spielten, in dem wir in das Gefängnis von Ashkelon eindrangen und den Gefangenen Abu Ali Shahin und die restlichen ›wunderbaren Helden‹ in einer gewagten Aktion befreiten.«

Die heranwachsenden Jugendlichen waren in den Gymnasien für die Jugendbewegung der Fatah rekrutiert worden und kamen jetzt in die Gefängnisse. Auch sie wurden Schüler in der »Kulturrevolution« ihres Anführers, Abu Ali Shahin. Und da die Jugendlichen der »Shabiba« gebildete Jugendliche waren, brauchten sie nicht die »Bildungs-Offensive« von Anfang an mitzumachen, sondern sie griffen gleich in den Kampf um die Führung der Organisation ein und forderten gleiche Rechte.

Hisham Abu Razek: »Anfangs kam Abu Ali Shahin herein und bestimmte drei, vier Anführer, die die Organisation führen sollten. Diese Methode wurde jetzt aber nach Ansicht aller untauglich. Alle hatten schon Bekanntschaft mit demokratischen Vorgängen gemacht, die sie sowohl in der israelischen Gesellschaft kennen gelernt hatten als auch in anderen Gegenden der Welt.«

Deshalb übten sie Druck aus, den Kreis der Führung auf demokratische Weise zu erweitern.

Die Gefangenen eines Flügels bestimmten siebzig oder achtzig Menschen und diese wählten aus ihrer Mitte 14 Gefangene, die so eine Art Führungskommission waren. »Die Kommission der Vierzehn« wählte wiederum aus ihrer Mitte fünf Anführer, die die Organisation führen sollten. Und so sah die Führungsmannschaft aus:

Es gab 1. den allgemeinen Anführer. 2. den Verantwortlichen für die Verwaltung (Innenminister). 3. den Leiter der Ausbildung (Erziehungsminister). 4. den für die Sicherheit Zuständige, der dafür verantwortlich war, dass keiner der Gefangenen »sang« (Sicherheits-Minister). Und 5. einen Anführer, der die Organisation vor anderen Organisationen vertrat (Außenminister).

Diese Methode funktionierte zwei Jahre lang. Doch dann wurde auf Druck der Shabiba, die eine angemessene Vertretung forderten, beschlossen, die Wahlen demokratischer zu gestalten.

»Die Mehrheit war überzeugt, dass alle sich am Zustandekommen einer Führung beteiligen mussten. Alle sollten sich an den Wahlen beteiligen.« Und so wurde quasi als Kopie der PLO-Institutionen im Gefängnis eine »Revolutionäre Kommission« gewählt, die 21 Mitglieder hatte.

Diese einundzwanzig gewählten Mitglieder der »Revolutionären Kommission«, bildeten die Wahlliste, aus der man den Zentralrat wählte, in dem zwischen fünf und sieben Vertreter saßen, die für die täglichen Belange der Häftlinge verantwortlich waren. An ihrer Spitze stand der Generalsekretär, der Sprecher der Gefangenen.

Um jedem Häftling die gleichen Chancen zu geben, sich aktiv und passiv an den Wahlen zu beteiligen, wurde beschlossen, jährlich demokratische Wahlen abzuhalten. So erhielten die Gefangenen Unterricht in praktischer Demokratie, die sie dann, wenn sie freikämen, draußen verwirklichen wollten.

Diese Methode sorgte für eine hohe Mobilität und eine breite Führung innerhalb der Gefängnismauern, was zu Machtkämpfen zwischen den Gefängnisdirektoren und der Gefangenenführung führte.

Hisham Abu Razek: »Im Jahr 1987 wurde David Maimon zum Kommissar der Gefängnisverwaltung ernannt. Er kam in Nafha an, als ich schon der Gefangenen-Sprecher war. Ich stand mitten in der Vorhalle.

›Shalom‹ sagte er. ›Wer bist du?‹

›Ich bin der Sprecher der Gefangenen‹, antwortete ich.

›Ich brauche keinen Sprecher‹, zürnte Maimon. ›Geh in deine Zelle!‹

Und ich ging in die Zelle.

Inzwischen begann er mit den übrigen Gefangenen banale Gespräche zu führen. ›Wer bist du?‹ ›Aus welcher Familie stammst du?‹ Schließlich kam er auch in meine Zelle.

›Sag mir, von welcher Familie bist du?‹, erkundigte er sich.

Ich sagte ihm: ›Ich bin nicht hier, um dir zu sagen, aus welcher Familie ich stamme. Ich bin hier, weil mein Volk und ich ein Problem haben. Du als Kommissar brauchst nicht zu wissen, aus welcher Familie ich stamme. Wenn du gekommen bist, um die Haftbedingungen hier zu prüfen, dann kann ich nur sagen, dass sie schlecht sind. Wir wollen Luft und Sonne. Schau mal, wie man auf die kleinen Fenster noch Bretter genagelt hat, damit wir die Zellen nicht lüften können.‹

Maimon sah mich an, holte tief Luft und sagte: ›Wenn ich euch die Luft entziehen kann, ohne euch zu töten, werde ich es machen.«

Zwei Tage später wurde Hisham für zwei Monate in das Gefängnis von Beer Sheva in Einzelhaft verlegt.

Als er zurückkehrte, kam der Sicherheitsoffizier in seine Zelle, um festzustellen, ob die Einzelhaft seine Meinung geändert habe.

»Am Ende des Gesprächs sagte er mir: ›Du hast einen Kopf wie ein Backstein, es ist schwer, dich zu ändern, Hisham.‹«

Am nächsten Tag wurde er für weitere fünfundvierzig Tage nach Beer Sheva verlegt.

Als Hisham, der immer noch den Titel des Anführers und Sprechers der Gefangenen trug, zum zweiten Mal aus der Einzelhaft zurückkam, kamen drei Gefangene zu ihm und teilten ihm mit, dass sie ihre Flucht planten und dies die Stellung des hartherzigen Kommissars erheblich beschädigen würde.

»Ich erklärte ihnen, dass die Chance, dass sie es bis zur ägyptischen Grenze schaffen, sehr gering sei und sie wahrscheinlich gefasst würden. Aber sie erklärten mir: ›Wir haben keine Probleme mit dem Tod, Hauptsache wir schaffen es, den Kommissar zu schwächen.‹

Ich genehmigte ihnen also die Flucht. Ich wusste, dass sechs Wochen zuvor vier Häftlinge aus dem Gefängnis von Gaza geflohen waren. Sie hatten ein Attentat verübt, bei dem drei Soldaten gestorben waren. Die Kritik an Maimon war daher sehr hart und ich wusste, dass eine weitere Flucht aus dem Gefängnis von Nafha, dem Gefängnis, indem die palästinensische Führung einsaß, der letzte Nagel zu Maimons Sarg sein würde.«

Mitte November 1988, ein Monat bevor die Intifada ausbrach, beteiligten sich alle Häftlinge des Gefängnisses von Nafha den Fluchtvorbereitungen der drei Gefangenen aus Gaza, Halil Al-Rahji, Kamel Abd Al-Nabi und Achmed Abu Nassira.

Mittags verließen sie das Gefängnis durch das Gitter, das sie während mehrerer Wochen durchgesägt hatten und versteckten sich im neuen Trakt, mit dessen Bau man gerade begonnen hatte. Abends, als die Stunde des Appells kam, deckten alle Gefangenen die Flucht.

Die Beisetzung von Scheich Achmed Yassin in Gaza am 22. März 2004

»Da die drei Flüchtlinge aus unterschiedlichen Zellen kamen, konnten wir einen Trick anwenden, den wir vorher schon mal benutzt hatten.«

Es war üblich, dass ein Häftling, der während des nächtlichen Appells in der Dusche oder auf der Toilette war, gegen die Tür klopfte, um den Polizisten, die für die Zählung verantwortlich waren, zu zeigen, dass er da war. Wir zogen einen dünnen Strick von der Dusche und befestigten ihn am Fuß eines Häftlings in der Zelle. Als der Wärter den Namen von Halil oder Achmed rief, wurde so ein Klopfen an der Tür ausgelöst und die Wärter waren beruhigt.

Und es gelang.

Morgens verließen die drei ihr Versteck im Gefängnis Nafha, bestiegen in Mitzpeh Ramon einen Bus nach Beer Sheva und von dort ein Taxi bis zum Checkpoint Erez. Um neun Uhr waren sie schon in Gaza. Als ihre Flucht entdeckt wurde, waren sie schon in Rafah.

Hisham erzählt diese Geschichte und ist heute voller Genugtuung, wie ein ganzes Gefängnis mobilisiert wurde, um den Kommissar in Verlegenheit zu bringen und ihn los zu werden.

Sechs Wochen später wurden die drei in Rafah erwischt, bevor es ihnen gelang, nach Ägypten zu fliehen. Aber das eigentliche Ziel ihrer Flucht hatten sie erreicht.

»Es gab einen großen Krach, eine Untersuchungskommission wurde eingerichtet und das Ergebnis war, dass David Maimon abgelöst wurde. Bei seinem letzten Durchgang zum Abschied sah er mich verbittert an und sagte: ›Hisham, du hast mich reingelegt.‹«

»Der Club der Gefangenen«

Hisham und Sufyan trafen sich zum ersten Mal im Gefängnis von Beer Sheva im Jahr 1985. Danach trennten sich ihre Wege wieder. Hisham wurde in das Gefängnis der Führung verlegt, das Gefängnis von Nafha, Sufyan kam ins Gefängnis von Gaza. Dort erklomm er die Karriereleiter und wurde mit der Zeit der Anführer der Häftlinge.

In 1990 rief ihn der Kommandant des Gefängnisses Eli Amar zu sich und sagte zu ihm: »Man hat uns mitgeteilt, dass Hisham Abu Razek hierher verlegt wird. Ich bin an ihm nicht interessiert. Dieser radikale Mensch hat hier bei mir keinen Platz.«

»Du kennst Hisham nicht«, verteidigte ihn Sufyan, »es stimmt, er war der radikalste in der Gruppe, aber er hat sich geändert.«

Und in der Tat, nach fast fünfzehn Jahren hatte sich der »zornige junge Mann« aus Rafah verändert.

Ein Zeugnis für diese ungeheuerliche Veränderung ist sein Buch, das er handschriftlich in Schülerheften verfasst hatte.

Dieses Buch nannte er *Nächtliche Sonne im Negev* und darin griff Hisham die Kampfmethoden der Fatah während der Intifada scharf an, vor allem die Ermordung von Kollaborateuren und die Sabotage der Wirtschaftsbeziehungen zwischen Israel und den Palästinensern, die letzten Endes die palästinensischen Arbeiter getroffen hatte, die in Israel tätig waren.

Nächtliche Sonne im Negev erschien im Gefängnis Nafha, ein Jahr, nachdem im selben Gefängnis ein anderes Buch erschienen war, das von den Gefangenen als noch »umstürzlerischer« angesehen wurde. Dieses Buch mit dem Titel *Der ideologische Kampf und das Beilegen einer Auseinandersetzung* war das erste Zeichen für die ideologischen Änderungen, die in den Gefängnissen statt gefunden hatten. Geschrieben hatte es Karim Yunes.

Yunes, ein israelischen Araber, war zusammen mit seinen zwei Brüdern, Maher und Sami wegen der Ermordung eines israelischen Soldaten im Jahr 1983 verurteilt worden. Yunes' Manuskript wurde, wie üblich, der von den Häftlingen gebildeten »Kommission für Erziehung und Kultur« zur Genehmigung vorgelegt.

Es verursachte eine tiefe Erschütterung. Yunes rief darin die palästinensische Führung dazu auf, ihre Einstellung zu Israel zu ändern, Israel anzuerkennen und ein Abkommen auf der Grundlage des Prinzips »ein Staat für zwei Völker« anzustreben und die UNO-Resolutionen 242 und 338 anzuerkennen. Die Gefangenen-Kommission bestellte den Abtrünnigen zur Untersuchung ein, um festzustellen, was, oder Gott behüte, wer ihn vom rechten Weg abgebracht hatte.

Yunes, der seine Bildung im Gefängnis erworben hatte und sogar schon erste Schritte in Richtung akademischer Studien an der offenen Universität gemacht hatte, forderte die Kommission auf, die Verbreitung seines Manuskripts unter den Gefangenen zu genehmigen und zuzulassen, dass ihn die Gefangenen aufgrund seiner Ideen verurteilten. Als Begründung für sein Anliegen verwies er auf sein Opfer: »Ich habe für das palästinensische Volk gegen die Israelis gekämpft, ich habe einen Soldaten getötet und wurde zu lebenslänglicher Haft verurteilt: Kein Mensch hat das Recht mir vorzuwerfen, ich würde mit dem Feind kollaborieren.«

»Mit allem Respekt«, sagte der Beschuldigte, »die Kommission hat kein Recht, mein Manuskript abzulehnen.«

Der ideologische Kampf und das Beilegen einer Auseinandersetzung wurde unter den Gefangenen im Nafha Gefängnis verteilt und in den übrigen Gefängnissen wurden Versammlungen in den Zellen abgehalten, bei denen das Manuskript vorgelesen und sein umstürzlerischer Inhalt diskutiert wurde.

Auch wenn der Text schwer verdaulich war und als Abweichung vom geraden Weg galt und als Persilschein für den »israelischen Wurm«, sickerten die Worte, die Yunes geschrieben hatte, in das Bewusstsein der Gefangenen, für die das Ziel der Bildung und des Lernens darin lag, die »andere Seite« kennenzulernen.

Und so gab es noch vor Oslo und noch bevor die Tunis-Clique aus ihrem »prächtigen« Exil zurück kam, unter den Gefangenen das Gefühl, dass es zwischen ihnen und der PLO-Führung in Tunis einen Riss gab bei der Frage einer politischen Lösung mit Israel. Dieser Riss sollte sich später immer mehr vertiefen.

»Und nachdem Sufyan, dem Kommandanten des Gefängnisses, Eli Amar das alles erzählt hatte, war dieser bereit, mich für eine Probezeit aufzunehmen. Als Sufyan frei kam, wurde ich zum Sprecher der Gefangenen gewählt, bis ich selbst entlassen wurde.«

Eigentlich wurde Hisham nie wirklich freigelassen. Fast zwölf Jahre später rennt er als Minister für Gefangene in der palästinensischen Autonomiebehörde von einem Gefängnis zum anderen, von Nafha nach Ashkelon, nach Hadarim und den anderen Gefängnissen, um sich um die Angelegenheiten der palästinensischen Häftlinge zu kümmern.

»Ich treffe heute Direktoren von Gefängnissen, die ich als Wärter kennengelernt hatte und sie mich als Häftling.«

Weit entfernt von Jabalija

London, Frühjahr 2003, Bahnstation Waterloo.

»Der Zug nach Exeter wird in fünf Minuten abfahren!«, tönte es aus dem Lautsprecher und ich versuchte, genauer hinzuhören, ob ich mich nicht getäuscht hatte beim Namen des Ortes, der soeben mit einem britischen Akzent ausgerufen wurde, der für israelische Ohren fremd klang.

Ich hatte noch nie im Leben von Exeter gehört, aber als ich es auf der Landkarte suchte, fand ich einen kleinen Punkt namens Exeter in Südwest-England, der wegen seiner Winzigkeit nicht ganz das Wort »University« aufnehmen konnte. Ausgerechnet diese Universität hatte Sufyan gewählt, um seine Doktorarbeit zu schreiben, an diesem Ort, an dem nichts an Jabalija erinnert, die Stadt, in der er wohnt.

Ich hatte Sufyan seit dem Ausbruch der zweiten Intifada nicht mehr getroffen. Ich hatte versucht ihn zu finden, ich wollte von ihm wissen, warum das passiert war und wie es dazu gekommen war? Wer angefangen hatte und wie es zu Ende gehen sollte. Er konnte immer in die Zukunft schauen, immer konnte er den Ereignissen eine Deutung geben, die alles in einem anderen Licht erscheinen ließ. Aber ich konnte ihn nicht finden. Drei Jahre hässlicher Intifada und er war wie vom Erdboden verschluckt. Bis ich ihn eines Tages traf, als er zu einem kurzen Besuch nach Hause gekommen war.

Damals, während seines Heimaturlaubs, fuhr ich ihn zum Truman-Institut an der Hebräischen Universität in Jerusalem. Er hatte im Rahmen seiner Forschungsarbeit um eine Genehmigung gebeten, in der Bibliothek des Instituts zu arbeiten und die hatte er auch bekommen. Am Tor der Universität hielt ich den Wagen an. Eine Sekunde bevor er ausstieg sagte er: »Ich lasse meine Tasche hier.«

»Warum? Nimm sie mit, wo ist das Problem?«, fragte ich ihn und er antwortete verärgert: »Was werden die Wächter am Tor denken, da kommt ein Araber aus Gaza und dann trägt er noch einen Koffer?«

Jetzt stehe ich im Bahnhof von Waterloo und lache, über den Koffer und über diesen Blick von Sufyan, der unter Juden gelebt hatte, der sprach wie die Israelis und der in den Augen vieler doch ein »Terrorist« war und blieb.

Ich an seiner Stelle wäre einen Tag und eine Nacht zum Vergnügen zwischen den Baracken spazieren gegangen, mit Koffern beladen. Sollte es doch jemand wagen, mich zu fragen, was ich im Koffer habe.

Als er aus dem Gefängnis entlassen wurde und seine ersten akademischen Schritte machte, meldete er sich zum Studium in der Hochschule Sapir in Sderot an. Das Fach, das er wählte war die »Geschichte des jüdischen Volkes«, aber dort konnte er sein Studium nicht beenden.

»Jedes Mal, wenn es in Israel einen Anschlag gab oder sogar einen Vorfall im Libanon, blieb ich in Gaza. Ich wagte es nicht, zur Hochschule zu gehen. Ich wusste, dass die Studenten mich nicht sehen wollten und, um ehrlich zu sein, auch ich konnte ihnen nicht in die Augen schauen.«

Schließlich verließ er die Hochschule Sapir, und als der Präsident der Universität von Exeter ihm vorschlug, nach Großbritannien zu kommen und dort in seinem Institut seine Promotion zu Ende zu führen, nahm er das Angebot an.

»Ich habe dafür kein Geld«, hatte er gesagt und der Präsident hatte ihm ein Stipendium vorgeschlagen. »Wer vergibt die Stipendien?«

»Ich«, hatte er geantwortet.

Und so war ich mit dem Zug zu ihm gefahren, ich musste den zukünftigen Dr. Sufyan sehen, um zu glauben, dass der »Terrorist« tatsächlich rehabilitiert war.

»Komm«, sagte er am Telefon, »ich habe hier noch eine Überraschung für dich, Rada Akil ist auch hier und schreibt ihre Dissertation.«

Rada, die Hebräisch Lehrerin, die ich schon seit Jahren nicht mehr gesehen hatte. Als die Intifada ausbrach und die F-16-Kampfflugzeuge Gaza aus der Luft bombardierten, versuchte ich herauszufinden, wie es ihr ging. Ich kontaktierte das Abraham-Zentrum zum Studium der Hebräischen Sprache, wo wir uns kennengelernt hatten, und man sagte mir, dass sie weggefahren sei. »Rada hat ein Stipendium zum Studium im Ausland und hat uns verlassen«, sagte mir einer der Lehrer und in seinem Ton hörte man viel Neid.

Ich war sicher, dass sie weggefahren war, um englische Literatur, die sie liebte, zu studieren.

»Lernt man noch Hebräisch im Zentrum?«, wollte ich wissen.

»Hebräisch?«, fragte er. »Wer will heute noch Hebräisch lernen?« Und legte auf.

Als ich am Bahnhof ausstieg, flogen britische Kampfflugzeuge über uns, übertönten brutal das Zwitschern der Vögel und hinterließen am Himmel einen langen weißen Schweif. Das waren die einzigen Geräusche, die an das Haus erinnerten, das Lichtjahre von Exeter entfernt war. Eine Universität, eine kleine Stadt, deren Flächen grün sind und fruchtbar und einladend.

Wie kann man von hier in die Gassen von Jabalija zurückkehren? Wie macht man das, ohne verrückt zu werden?

Wir fuhren zu Sufyans Wohnung. Wir beide, wie früher, wie vor einer Million Jahre, als er am Checkpoint Erez in seinem Wagen auf mich zu warten pflegte. Damals rutschte ich auf den Rücksitz, um zu sehen und nicht gesehen zu werden. Aber diesmal saß ich vorn, es gab keinen Wächter und keinen Bewachten, wir beide waren fremd im Paradies, einem Paradies voller Narren, wie es kein schöneres gibt. Wir tauchten ein in die endlosen Wälder.

»Mein Haus ist hier auf der anderen Seite der Gasse, aber ich fahre um das Viertel herum«, sagte er. Ich dachte, dass er mir die Umgebung zeigen wollte, in der er lebte, seit er die Intifada verlassen hatte. Aber der Grund war ein anderer. »Hier gibt es ein Gefängnis und ich fahre hier nicht vorbei. Niemals. Ich kann mich einfach nicht daran gewöhnen.«

Er mied das Gefängnis, er ließ es hinter sich, weigerte sich hartnäckig, auch nur einen Blick darauf zu werfen.

»Weißt du, ich habe deinen Lehrer, Samach Knahan getroffen. Es hat mich zehn Jahre gekostet, ihn ausfindig zu machen, seit du mir erzählt hast, dass du ihn verehrst.« Ich versuchte, ein Gespräch zu beginnen.

Sufyan antwortete nicht. Die Neuigkeiten von der Front interessierten ihn offenbar nicht wirklich. Ich brannte darauf, ihm zu erzählen, was ich in Nablus gesehen hatte, der belagerten Stadt. Ich wollte über die Töchter von Knahan sprechen, deren Großmutter Jüdin war und die mehr israelisch aussahen als palästinensisch. Ich wollte ihm erzählen, dass es traurig war, sie zu sehen, halbe Jüdinnen, die in Nablus aufwuchsen, im Zentrum des größten Gewächshauses für Selbstmordattentäter. Ich wollte es so sehr erzählen.

Aber er stellte seine Ohren auf Durchzug, weigerte sich, das alles zu hören. Er hatte es gut in dem Schneckenhaus, in das er sich verkrochen hatte.

Ich hatte gewusst, dass Knahan in Nablus wohnte und als die Operation »Schutzschild« beendet war und Nablus dennoch belagert blieb, wollte ich wissen wie Menschen drei Monate leben können, ohne, dass sie das Haus verlassen dürfen. Ich suchte Samach, ich dachte, dass ich mich auf den Freund von Sufyan verlassen könnte, dass er mich beschützen würde in der Stadt der »Selbstmörder«. Aber er konnte mich wegen der Ausgangssperre am Checkpoint Hawara nicht abholen und ohne, dass ich wusste wie, erreichte ich sein Haus.

Samach, der »Superhäftling«, der »Gebildete« und der »Andere« war nicht, wie ich ihn mir vorgestellt hatte.

Er zeigte mir seine vier Töchter, denen er streng die hebräische Sprache beibrachte, aber er ließ mich nicht an sich heran, er blieb auf Distanz.

»Wie lebt ihr?«

»Wir leben.«

»Wie schafft ihr es, Nahrungsmittel zu besorgen, oder Kleidung?«

»Manchmal gehen wir raus, wenn es erlaubt ist und manchmal nicht.«

Er war wie die Stadt, verschlossen und zugeknöpft. Vielleicht war er schon immer so gewesen und Sufyan von heute erinnert sich an ihn in der Vergangenheit. Dabei ist es doch Sufyan, der sich verändert hat.

Aus dem Fenster des Hauses von Knahan sieht man das Gefängnis Jeneid. Auch er konnte nicht dorthin sehen. Er vermied es, das Fenster, welches in diese Richtung zeigte, zu öffnen.

Als ich sein Haus verließ, bot er mir nicht an, mich durch die »verbotene Stadt« zu begleiten, aber er erklärte mir, wie ich zur Altstadt komme, ohne der Armee zu begegnen. Denn dort wurde Krieg geführt.

Die Töchter von Knahan winkten und riefen auf Hebräisch: »Shalom, Shalom.« Was für ein wunderbarer Frieden.

Einige Monate später hörte ich, dass auch Knahan zum Studieren ausgewandert war, er war mit seinen Töchtern aus dem belagerten Nablus nach Schweden gegangen, um dort zu promovieren.

In der Nähe der Altstadt, zwischen den Häusern, die miteinander verbunden waren, saßen die Kinder und spielten in den Trümmern wie in einem Sandkasten.

Während der gerade beendeten Militäroperation, waren die Soldaten von Haus zu Haus gegangen, durch die Hauswände. Die Kinder schienen fröhlich zu sein, was für ein tolles Spiel, der Sandkasten mitten im Haus.

»Willst du, dass ich dir ein Lied vorsinge?«, schlug ein Mädchen auf dem Hügel vor.

»Sing.«

»Hey Jude, du Hundesohn ...«

Nein, nein, nein, brachten sie die Erwachsene zum Schweigen, sing ein Lied für den Frieden.

Sie kam nicht durcheinander, sie wechselte einfach die Platte und fing an zu singen »Wir wollen leben wie alle Kinder auf der Welt, bla ... bla ... bla.«

Ich sah Frauen, die trotz der Ausgangssperre draußen herumlliefen und furchtbar schrien: »Hier sind die Juden, die Juden kommen!«, riefen sie.

Wenn sie »Juden« sagen, ist es mit viel Hass vermischt, wie ein Fluch für den es keine Vergebung gibt.

Als die Gefahr vorüber war und sie in einem der Häuser Schutz gefunden hatten, fingen sie an zu lachen, es war ein befreiendes Lachen, ohne Angst. Es gibt nichts Schöneres. Auch ich fürchtete mich vor den »Juden« und ging in eines der Häuser hinein. Auf dem Dach saßen eine Familie, Großmutter, Großvater, Vater, Mutter und Kinder. Das Baby weinte bitterlich. Die Großmutter schaukelte es in ihren Armen, aber es ließ sich nicht beruhigen.

»Es ist hungrig«, sagte die Großmutter und reichte es der Mutter, damit sie es beruhigte.

»Sie kann nicht stillen«, sagte sie fast flüsternd, um nicht an der Ehre der Mutter zu rühren, die sich quälte weil ihre Brüste ausgetrocknet waren und sie nicht den Hunger des schreienden Kindes stillen konnte. Wie soll sie auch Milch haben in diesem ganzen Horror?

»Wir haben schon zwei Wochen keine Milch, wir kochen Reis und mahlen es mit Wasser, damit es wie Milch wird, aber das verursacht Dana Bauchschmerzen und deshalb sind wir vorsichtig, geben ihr jedes Mal ein wenig zu essen.« Und so überlebte sie.

Warum hatte ich keine Milch mitgebracht, quälte ich mich. Warum? Niemals hatte ich die Grenzen überschritten, die ich mir als Journalist selbst gesetzt hatte, immer war ich abseits gestanden, hatte mich niemals am Geschehen beteiligt. Aber jetzt raubte mir das Weinen des Säuglings den Verstand. Ich hätte den ganzen Wagen mit Milchkisten vollgestopft und man hätte über mich sagen können, was man wollte. Aber wie hätte ich es wissen sollen? Wie?

All das wollte ich Sufyan erzählen. Aber ich wollte nicht das Schneckenhaus zerstören, in das er sich zurückgezogen hatte.

Erst als ich in die Wohnung eintrat, entdeckte ich den Riss.

Auf dem Sofa hatte sich eine Hündin ausgestreckt.

»Das ist die Hündin meiner Hauswirtin«, lächelte er verschmitzt.

»Glaub mir, Shlomi, manchmal beobachte ich sie, was sie frisst und wie sie schläft und wie sie lebt und ich sage dir, dass mehr als sechzig Prozent der Menschen in Jabalija nicht besser leben als sie. Und dann nennt man das noch ein Hundeleben.«

Endlich kam es heraus.

»Sag mal, Sufyan«, wagte ich jetzt zu fragen, »warum bist du hier, wenn bei dir zu Hause ein fürchterlicher Krieg tobt?«

Das Lächeln erlosch, es verschwand mit einem Mal. Schweigen.

Ich fürchtete mich vor seiner Reaktion, ich fürchtete, dass ich die Tür geöffnet hatte für den Sturm des Krieges, die ich von zu Hause mit in dieses britische Haus gebracht hatte, wo er jetzt wohnte, mit dem Parkettboden und der Hündin und all dem Porzellannippes der Hauswirtin, der überall im Zimmer herumstand. Ich hatte Angst, dass der Sturm all das zerbrechen würde.

Ich erinnerte mich an all die Reservesoldaten, die im Jom-Kippur-Krieg nach Hause geeilt waren. Sie hatten alles liegen gelassen, ihr Studium oder ihre Geschäfte im Ausland, um in den Krieg zu ziehen. Keiner wollte ein »Versager« sein. »Wir sind immer Soldaten«, wenn das Zuhause in Gefahr ist. Und der «Krieg um das Zuhause« war diesmal ein gemeinsamer Krieg, jeder musste für sein Zuhause kämpfen, er für seins und ich für meins.

Sufyan sagte kein Wort. Er ging in die Küche und bereitete Kaffee zu. Dann setzte er mich an den Tisch, goss arabischen Kaffee in die bemalten Tassen, die er aus Gaza mitgebracht hat, und als ob er keine Wahl gehabt hätte, fuhr er mit seinen Erinnerungen an der Stelle fort, wo ich gerade mit meinen Gedanken war.

»Ich habe 1993 die Waffen niedergelegt, habe den Krieg beendet. Viele meiner Freunde, lieber Shlomi, haben den Übergang vom vermeintlichen Frieden zurück zum Krieg gemacht. Sie meldeten sich wieder, weil sie nur so fühlten, dass sie das Richtige tun. Aber ich kann nicht, ich kann nicht. Ich sitze hier und platze, aber ich kann nicht. Ich habe jetzt zu viele Freunde auf eurer Seite. Zu viele Menschen, die ich kenne und deren Kinder ich kenne – ich kann mich nicht melden. Kann einfach nicht. Wenn also dort die Intifada tobt, warte ich, ein Soldat weniger. Ich nutze die Zeit zu meinen Vorteil. Zum ersten Mal in meinem Leben melde ich mich nicht. Das darf ich doch, das darf ich doch.«

Ja, er hat viele israelische Freunde. Einige lernte er kennen als der palästinensische Leiter des Projektes »People to People«, das Menschen beider Seiten zusammenbringen sollte. Manche Menschen kamen sich überhaupt nicht näher; andere, die sich nähergekommen waren, spürten jetzt eine noch größere Distanz zueinander, aber er hat die ganze Zeit über neue Freunde gewonnen. Es gab Leute, die begeistert waren von dem Hebräisch, das er sprach, und solche, die glaubten, er sei einer »von uns«. Es gab auch solche, die von seinem Charisma gefangen waren, das er in reichem Maß ausstrahlte. Einer von ihnen war Dani aus Ashdod, den er als einen seiner besten Freunde betrachtete. Jedes Mal, wenn er nach Gaza zurückkehrte, pflegte er auf einen Sprung zu seinem Freund Dani zu gehen, ehe er wieder den schändlichen und bedrückenden Checkpoint in Erez passierte.

Einmal an einem Freitagmittag, so erzählte er, kam Danis Tochter von einem Ausbildungskurs bei der Luftwaffe nach Hause. Sie rief vom Bahnhof an, dass ihr Vater sie abholen solle. Zum ersten Mal kam Anat von der Armee nach Hause.

»Ich fuhr mit ihm. Dani war zu Tränen gerührt. Anat trägt Uniform. Ist erwachsen geworden, das Mädchen. Und ich, der sie schon Jahre kennt, sehe sie als Soldatin. Eine Soldatin in Israels Armee. Anat stieg in den Wagen, saß vorne und schwieg. Schwieg. Und ich sah, dass sie innerlich kochte. Ungeduldig wollte sie etwas sagen – über den inneren Krieg, der in ihr stattgefunden hat. Schließlich sagte sie zu ihrem Vater: ›Ich kenne deinen Freund Sufyan schon viele Jahre und dort lerne ich gegen die Araber zu kämpfen, und ich weiß nicht, wie ich mit diesem Widerspruch fertig werden soll, dass ich einerseits Soldatin in der Armee bin und andererseits der Freund meines Vaters ein Araber aus Gaza ist.‹«

»Araber aus Gaza«, wiederholte er zweimal. »Araber aus Gaza«, ein Freund von Anats Vater. Die Nachrichten von der Front haben ihn innerlich zerrissen.

Und auf einmal sah ich, wie alle Irrungen und Wirrungen der Welt in ihm aufsteigen, ihn überschwemmen und überfluten mit Flüssen von Widersprüchen. Auf der einen Seite kam die ganze Kraft, die Sufyan hatte, durch die »Tadchije«, das persönliche Opfer, das er im Gefängnis gebracht hatte, aber hier in Exeter konnte er alles verlieren, während er sich beim Zwitschern der Vögel auf seinen Lorbeeren ausruhte. All seine Errungenschaften aus der Vergangenheit konnten nichtig sein. Wer erinnerte sich noch an die erste Intifada, jetzt, da wir mitten in der zweiten waren? Aber andererseits war es nicht mehr sein Krieg. Irgendjemand hatte diesen Krieg ohne ihn begonnen. Irgendjemand hatte doch dafür gesorgt, dass er aus dem Aufgebot gestrichen worden war.

»Was forschst du denn hier?«, fragte ich.

»Über Jerusalem.«

»Soweit ich weiß, liegt Jerusalem in Zion.«

»In Palästina«, antwortete er spitzfindig und war wieder rückfällig geworden.

»Aber wir sind in England.«

»Ich bin in England, aber mein Herz ist im Orient.« Man kam einfach nicht gegen ihn an.

»Ich forsche über die politische Position Jerusalems im 20. Jahrhundert«, hat er mir schließlich erklärt.

»Ah, ich habe verstanden, wenn die Jerusalemfrage auf den Verhandlungstisch kommt, wird man den Doktor rufen, der Spezialist ist für die Heilige Stadt. Schon wieder bist du deiner Zeit voraus.«

»Und was macht Rada hier?«, fragte ich.

»Sie erforscht das Problem der palästinensischen Flüchtlinge seit '48«, antwortete er.

»Dann wird dort also gekämpft und ihr macht hier die Hausaufgaben. Nationale Hausaufgaben.« Die leise Samt-Intifada auf ihrem Höhepunkt. Abu Ali Shahin hätte sich bestimmt beruhigt und endlich auch selbst die Lorbeeren gesucht – wenn solche überhaupt in Gaza noch zu finden waren –, um sich auf ihnen auszuruhen.

Wir gingen Rada besuchen, die Frau, die mich mit ihrem Mut erobert hatte. Es waren seitdem fast zehn Jahre vergangen.

Ich musste aufholen. Ungebildet, wie ich bin. Sie waren Akademiker und ich lief von Gaza bis Exeter hinter ihnen her.

»Hast du mit ihr gesprochen? Ich habe dir doch ihre Telefonnummer gegeben«, fragte er.

»Ja, ich habe Rada angerufen und ihr erzählt, dass ich nach Exeter komme und mich freuen würde, sie zu sehen. Aber etwas in ihrer Stimme hörte sich seltsam an. Vielleicht wegen der Jahre, vielleicht wegen der Entfernung, vielleicht wegen beidem. Es scheint mir, dass sie sich verleugnet.«

»Wie kommst du darauf, dass sie sich verleugnet?«

»Ich habe sie gefragt, wo ich sie finden kann, und sie sagte, mal sehen, die meiste Zeit muss ich lernen, ruf an, vielleicht treffen wir uns.«

»Hast du angerufen?«

»Ich habe angerufen, seitdem ist ihr Telefon aber abgeschaltet.«

Wir gingen um die Universität herum, Hunderte britische Studenten und zwei Fremde, ein Palästinenser und ein Israeli, die Rada aus Khan Yunis suchten, die sich nicht um Konventionen scherte.

Ich wusste, dass ihr Ehemann Jihad, mit dem sie vor Jahren an Pfingsten zu einem Mittagessen zu mir gekommen war, in Khan Yunis geblieben war. Auch ihre Tochter blieb dort. Wie mochte sie die Intifada von hier erleben? Ich wunderte mich. Khan Yunis verwandelte sich, wegen der Nähe zu den israelischen Siedlungen, in ein blutiges Schlachtfeld. Wie konnte Rada dabei einen klaren Kopf für ihre Promotion behalten?

Und dann rief Sufyan: »Da ist Rada. Da an der Bushaltestelle.« Wir liefen zur Haltestelle, aber Rada überholte alle, die vor ihr in der Schlange standen, und verschwand im Bus. Bis wir dort waren, saß sie schon auf dem Sitz ganz hinten und befestigte das arabische Kopftuch auf ihrem Kopf.

»Rada, Rada!«, habe ich gerufen und auch Sufyan winkte mit den Armen: »Rada!«

Als es nicht mehr anders ging, nahm sie uns schließlich doch zur Kenntnis und stieg wieder aus.

»Hello«, sagte sie auf English, als ob das unser erstes Treffen wäre.

Mit Sufyan wechselte sie einige Höflichkeitsfloskeln auf Arabisch, aber sie weigerte sich, mit mir Hebräisch zu sprechen.

»I forgot that language.«

Die Hebräisch Lehrerin hatte die Sprache vergessen – und mich. Vielleicht wegen der Intifada, vielleicht wegen der »Flüchtlinge« und vielleicht wegen beidem, ich war nicht mehr ihr Freund. Sie erzählte, dass sie der BBC die Exklusivrechte für ihre Lebensgeschichte gegeben habe, und verschwand in der Menge der Studenten. Ich war wütend auf sie und hatte gleichzeitig Mitleid mit ihr. Ich war wütend und hatte Mitleid. Wütend auf die Intifada und auf sie. Auf die Intifada, auf sie und auf uns. Einst hatte sie Konventionen gebrochen und jetzt hatten die Konventionen sie besiegt. Hatten sie und ihre Einzigartigkeit gebrochen. Was für ein furchtbarer Bruch. Ich sah den Blick in ihren Augen. Sie hat mich gehasst. Ich schämte mich, neben ihr zu stehen. Ich sah ihr nach, bis sie in der Menge der Studenten verschwunden war. Hektisch versuchte sie die ganze Zeit, die blaue Keffieh[2] auf ihrem Kopf zu richten. »Natasha«, die mutig den Rubikon überquert hatte, kehrte zu ihrem Ausgangspunkt zurück und hob ohnmächtig die Hände. Seitdem habe ich sie nie mehr gesehen und wahrscheinlich werde ich sie auch nie mehr sehen.

Der Club der Gefangenen

Das Büro für die Gefangenen befindet sich im obersten Stockwerk des neuen Gebäudes auf dem »Hügel der Winde« in Gaza. Nicht weit davon steht das Gebäude des Sicherheitsbüros von

---

[2] Das palästinensische Kopftuch

Gaza. Die meisten freigelassenen Gefangenen teilen ihre Zeit zwischen der »Hochschule« von Hisham und der »Hochschule« von Dahlan. Bei Hisham die »Geisteswissenschaften«, bei Dahlan die »Gesellschaftswissenschaften«. Die »Besten« machen weiter mit »Betriebswirtschaft«. Wer bei Hisham zu Ende gelernt hat, sucht eine Beschäftigung bei Dahlan.

Draußen, auf dem Parkplatz von »Hishams Club« parkt ständig ein Fahrschulbus. »Der Bus der Gefangenen«, der zwei Fliegen mit einer Klappe schlägt – sowohl einen Führerschein und auch einen gefragten Beruf. Im Gefängnis kann man Erziehung und Wissenschaften und Sprachen lernen und eine Menge Titel erwerben, aber Fahren ist eine noch kompliziertere Angelegenheit. Seit er Minister geworden ist, hat Hisham viel Zeit in die Reintegration der Gefangenen gesteckt.

Hisham und sein Freund Suffyan Abu Zaydeh starteten 1996 ihren ersten Wahlkampf für das palästinensische Parlament. Beide stammten aus Jabalija, beide saßen in denselben Machtzentren, beide glaubten, dass die Demokratie, in der sie aufgewachsen waren, Arafat besiegen würde. Hisham verpflichtete sich, für die Gefangenen einzusetzen. Sufyan versprach den Palästinensern Frieden. Mitten in den Vorwahlen, kurz vor den Hauptwahlen, hat Israel unter lautem Jubel Jechia Jiash, den »Ingenieur« der Hamas, liquidiert. Am Sabbatabend, einige Stunden nach der Tat, habe ich in einer Liveschaltung Sufyan für die Sendung *Tagebuch* interviewt.

»Israel hat mit der Liquidierung Jiashs einen Fehler gemacht«, erklärte er in der Nähe des Checkpoints Erez. »Der Zeitpunkt war unpassend.« Der Zeitpunkt. Seine Feinde vergnügten sich über diesen Satz. Im Nachhinein sollte sich herausstellen, dass Sufyan wie üblich Recht gehabt hatte. Der Zeitpunkt für Jiashs Liquidierung war schlecht gewählt. Bei den Anschlägen die nach der Liquidierung erfolgten, wurden Hunderte von Israelis getötet oder verwundet. Peres verlor die Wahlen und auch Sufyan fiel. Zu diesem so unpassenden Zeitpunkt ist auch der Frieden gefallen und verloren gegangen.

Ich sitze in Hishams bescheidenem Büro. Der Büroleiter, Adal Abu Saad, kommt mit einer merkwürdigen Bitte: »Du musst mir den Kauf des neuen Buches über die Verkehrsgesetze, das mit Unterstützung der Rechtsanwaltskammer in Israel erschienen ist, genehmigen. Es ist für uns sehr wichtig.« Hisham genehmigt.

Eine Sekunde später: »Hör mal, ich brauche das Buch, das man im Bezirkszentrum in Herzliya über den ersten Kongress dort herausgegeben hat. Du musst das genehmigen.« Hisham genehmigt.

Als der Einsatz für die Freilassung von Gefangenen nicht mehr nötig war, verwandelte sich das Büro für die Gefangenen in ein Büro für die Freigelassenen.

Im Büro arbeitet auch Niama, eine Frau von etwa dreißig Jahren, vielleicht etwas darüber. Ihre Augen sind hell, ihr Lächeln zart. Wenn sie lächelt, breiten sich ihre Grübchen wie Wellen über das ganze Gesicht aus.

»Auch der Ehemann von Niama ist Gefangener«, sagt mir Mouaz Chanafi, der Amtsvorsteher.

Ich reiche ihr die Hand. »Wer ist dein Ehemann?«, frage ich interessiert.

»Ihr Ehemann ist Abd Al-Hadi Ranim«, beeilt sich Mouaz zu sagen.

Ich ziehe meine Hand schnell zurück, mache eine Faust und drücke sie an meine Hosennaht. Langsam, langsam wische ich an der Hose die Berührung durch ihre Hand ab. Ranim ist der Terrorist, der das erste Attentat durchgeführt hat, das Attentat auf die Buslinie 405 auf dem Weg nach Jerusalem, und es überlebt hat. Ich werde niemals diesen schrecklichen Tag im Sommer 1989 vergessen. Ein Bus von Eged stürzte in einen Abgrund. Dutzende Israelis stürzten mit ihm. Fünfzehn Jahre sind seither vergangen und jedes Mal, wenn ich nach Jerusalem fahre, schaue ich hinunter in den Abgrund und auf das kleine Schildchen, das man dort angebracht hat, ein »Denkmal für die beim Attentat auf die Linie 405 Gefallenen«. Vor mir steht nun diese Frau, lächelt und hat mir sogar die Hand gegeben. Mir, der ich schon immer überzeugt war, dass Israel die meisten Gefangenen hätte freilassen und bei null beginnen müssen, da man sonst offensichtlich nicht weiterkam. Ich stehe jetzt hier und schaue mich im Spiegel an. Und sie lächelt ein teuflisches Lächeln. Abd Al-Hadi blieb am Leben und seine Frau lächelt. Worüber eigentlich? Vielleicht hat auch er Hebräisch gelernt. Vielleicht hat auch er seinen Titel an der offenen Universität erworben. Auch ich habe zuweilen seltsame Gefühle.

»Glaubst du, dass er frei kommt?«, frage ich mit einem seltsamen Ton, als wäre es die größte Unverschämtheit.

»Nein«, antwortet sie leise, »ich denke nicht, dass die Israelis vergessen haben.« Und dann erzählt sie mir ihre Geschichte.

Sie war eine israelische Araberin vom Stamm der Al-Sanah aus der beduinischen Siedlung Lagia, aus der Familie des Knesset Abgeordneten Talab Al-Sanah. Sie hat alles verlassen, um mit ihrem Ehemann in Nusseirat zu leben. Die Hochzeit war bescheiden. Und dann, eine Woche nach der Hochzeit, verließ er das Haus, sagte, dass er zur Arbeit gehe. Gegen Mittag kam man und sagte ihr, dass ihr Ehemann ein Attentat durchgeführt habe. Zwei Monate später stellte sie fest, dass sie einen Sohn erwartete. Den Sohn eines Selbstmordattentäters, der überlebte. Kaltblütig hatte er gemordet. So blieb Niama allein im Flüchtlingslager Nusseirat. Fremd und unberührbar. Bis Hisham sie in sein Amt geholt hat.

Ich versuche, sie zu fragen, ob sie über seinen Betrug verärgert war. Dass er sie zu sich geholt hatte und dann allein ließ, nur eine Woche nach der Hochzeit? Aber sie war nicht mehr kooperativ. Bis hierher und auch das war ihr zu viel.

Pasis Abu Shamla, vielleicht der älteste unter den freigelassenen Häftlingen, kommt ins Büro. Er hat nicht Hebräisch gelernt. »Vielleicht wegen des Alters, es fiel mir schwer. Und vielleicht auch, weil ich damit beschäftigt war, andere Dinge zu lernen.« Damit entschuldigt er sich.

Shamla spricht leise und denkt zweimal über jedes Wort nach, ehe es seinen Mund verlässt. Als ob jeder Satz aus einem Lied stammt.

»Sieh mal, Herr Shlomo«, sagt er. »Herr Shlomo« sagt er auf Hebräisch.

»Ich habe Gedichte geschrieben. Und da alle wussten, dass ich schreibe, brachten sie mir ihre eigenen Gedichte, um mich zu beeindrucken. Und ich die Gedichte interpretieren soll, die sie geschrieben hatten.«

Als er aus dem Gefängnis entlassen wurde, ging er nach Ägypten, um in arabischer Literatur zu promovieren. Das Thema seiner Arbeit lautete: *Die Gedichte der Gefangenen in den israelischen Gefängnissen*. Hunderttausende von Gedichten gingen durch seine Hände, Lieder von Liebe und Sehnsucht nach der Frau und den Kindern, die zu Hause geblieben waren, Lieder der Qual über die harten Tage in der Zelle, aber auch patriotische Lieder. Alle diese Gedichte sind Rohmaterial für eine tiefenpsychologische Studie über die großen Veränderungen, die die Gefangenen in den israelischen Gefängnissen durchgemacht haben.

Shamla öffnet seine Tasche und zieht ein dickes Buch heraus, an dem noch der frische Geruch von Druckfarbe haftet. Es ist sein neues Buch, seine Doktorarbeit, über der er mehr als fünf Jahren gesessen hat. Er hat ihr diesen Titel gegeben: *Gedichte des Friedens und Gedichte des Krieges bei den Juden und bei den Arabern*.

Auf den Einband des Buches schreibt er in kindlicher Schrift auf Hebräisch: »*Meinem Freund Shlomi – hoffentlich gibt es Frieden*«.

Als er mir sein Buch überreicht, fügt er hinzu: »Ich bin der Onkel von Rada Akil. Sie lässt dich grüßen.«

»Und was ist mit schöngeistiger hebräischer Literatur? Und nicht nur Fachliteratur?«

»Wir lesen die ganze Zeit schöngeistige Literatur«, sagt Mouaz Chanafi, der Amtsvorsteher. »Ich liebe sehr A. B. Jehoshua. Aber im Moment bin ich ganz schön sauer auf ihn.«

»Wieso bist du sauer?«

»Es gibt keinen Häftling, der Hebräisch gelernt und ihn nicht gelesen hat, besonders hatte es uns *Der Liebhaber* angetan. Aber jetzt habe ich im Internet gelesen, dass er dafür ist, Gaza zu bombardieren. Wie kann ein Mensch so etwas sagen?«

Ich verteidige A. B. Jehoshua. Als ich merke, dass ich ihn nicht ordentlich repräsentiere, beschließe ich, dass A. B. selbst das besser kann. Am nächsten Tag gehe ich mit einem Geschenk zu Mouaz: *Die befreite Braut*.

»Das ist Fachliteratur und schöngeistige Literatur gleichzeitig!«, gebe ich bekannt und beeile mich, gleich allen die Geschichte von Sufyan im Gefängnis zu erzählen, die nichts mit dem Erzählten zu tun hat, aber mit den gängigen Stigmata.

Eines Tages betrat der Kommandant des Gefängnisses von Gaza, Ali Amar, die Zelle von Sufyan. Er schaute sich um und sah den Haufen Bücher, der in der Ecke lag. Amar warf einen Blick in eins der Bücher und wurde ärgerlich.

»Was ist das?«, beschimpfte er Sufyan.

»Das ist das Buch von Ehud Jaari und Seev Schiff, *Intifada*.«

»Bringt das sofort raus! Was soll das sein, Fachliteratur? Das ist Aufwiegelung«, stellte er fest.

Die israelische Politik der Freilassung von Häftlingen.

Man kann viele Gründe anbringen für das Scheitern der Vereinbarungen zwischen den Israelis und den Palästinensern. Nach der Unterzeichnung der Oslo Verträge waren alle Versuche vergeblich, die im Verlauf von einem Dutzend Jahren zur Belebung des politischen Prozesses und für den Aufbau gegenseitigen Vertrauens gemacht wurden. Das Problem der Gefangenen war das zentrale Problem, der Hauptgrund für das Versagen aller politischen Schritte war, die letztlich auch zum Ausbruch der Intifada führten. Diese Feststellung ist nicht übertrieben und ist auch kein Versuch, die Wurzeln des Konflikts in einer zu trivialen Form zu zeigen. Israel unterlag einem Missverständnis, was zwei äußerst wichtige Schritte bei der Lösung des Gefangenenproblems anbelangte. Diese Schritte waren für die Palästinenser eine Conditio sine qua non.

1. Israel hat niemals die Bedeutung des großen Drucks verstanden, den die Gefangenen, die freigelassenen Gefangenen und ihre Familien auf die palästinensische Autonomieverwaltung ausgeübt haben. Danach war die Freilassung der Gefangenen die Voraussetzung für eine Fortführung des politischen Prozesses und die Erfüllung der gegenseitigen Verpflichtungen. Der damalige Ministerpräsident, Benjamin Netanjahu, prägte die Parole »Geben und bekommen«, und vom Standpunkt der Palästinenser passte diese Parole auch zur Problematik der Gefangenen. Aus ihrer Sicht waren die palästinensischen Gefangenen Kriegsgefangene und ihre Freilassung die Grundvoraussetzung für einen Frieden. Anstatt einen Ausweg oder einen Kompromiss zu finden, hat Israel eine Parole benutzt, die sie für immer gefangen hielt, »Gefangene mit Blut an den Händen«, die man niemals freilassen dürfe. Dies wurde ein geheiligter Begriff, der keinen wie auch immer gearteten Fortschritt bei den Kontakten zuließ. Jedes Mal, wenn Abkommen unterschrieben wurden und Israel sich verpflichtete, als Geste des guten Willens Gefangene freizulassen, wurden Kriminelle wie etwa Autodiebe freigelassen, Personen ohne Aufenthaltserlaubnis oder aber Gefangene, die nur noch wenige Tage oder Wochen bis zu ihrer regulären Freilassung vor sich hatten. Die Palästinenser fühlten sich immer betrogen.

Wann immer die Gefangenenfrage auf der Agenda stand – in den Gesprächen von Camp David, in den Tagen der Regierung von Abu Mazen und sogar nach seiner Wahl zum Vorsitzenden der palästinensischen Autonomieverwaltung –, wurde von palästinensischer Seite die Bitte vorgetragen, die Gefangenen freizulassen, um die Atmosphäre in der palästinensischen Öffentlichkeit zu verbessern und um das Vertrauen beider Seiten zueinander wiederherzustellen. Aber diese

Bitte traf immer wieder auf eine Mauer aus Hartnäckigkeit und Ablehnung. Und immer wieder hörte man die Frage der Palästinenser: »Habt ihr nicht während der Intifada Palästinenser angeschossen, getötet und verletzt?«

2. Israel hat die Bedeutung der meisten palästinensischen Gefangenen für die Fortsetzung des Friedensprozesses nicht erkannt und umgekehrt haben es die Palästinenser auch nicht erkannt.

Seit sie in Erfüllung des Gibril-Abkommens von 1982 freigelassen wurden, haben die meisten ehemaligen Gefangenen große Veränderungen erlebt. Das gilt für Hisham Abu Razek, Suffyan Abu Zaydeh, Samir Mashrahawi, Mussa Abd Al-Nebi und für viele andere. Auch die Gefangenen der Hamas haben sich verändert. Natürlich werden viele Gegner des Abkommens den Prozess der erneuten Mobilisierung, den Salach Shachada durchgemacht hat, als Gegenbeispiel anführen. Nachdem er aus dem Gefängnis entlassen worden war, wurde Salach Shachada zum Kommandanten des militärischen Arms der Hamas ernannt. Aber Shachadas Freilassung war keine Geste des guten Willens und auch nicht Teil einer allgemeinen Amnestie. Er hatte lediglich seine Strafe abgesessen und kehrte im Anschluss in den Gazastreifen zurück, direkt in die zweite Intifada. Der Fall Shachada kann also nicht verallgemeinert werden. Es ist eine Tatsache, dass Israel niemals eine gründliche Untersuchung über die Vorteile angestellt hat, die man mit der Freilassung der Gefangenen hätte erzielen können, und niemals den unglücklichen Beschluss revidiert hat, dass man Gefangene mit Blut an den Händen nicht freilassen dürfe. Der Sicherheitsapparat hat die palästinensischen Gefangenen immer so hingestellt, als ob sie mit Ungeduld nur darauf warteten, in die besetzten Gebiete zurückkehren zu können, um dann sofort Attentate durchzuführen. Auch in dieser Frage dominierte der Denkansatz der Militärs. Die Stimmen der Gefängnisverwaltung, der Gefängnisdirektoren und der Geheimdienstoffiziere, die Tag für Tag die Änderungen sehen, die die meisten palästinensischen Gefangenen durchleben, wurden nicht gehört.

Personalwechsel

Wir saßen in einem Restaurant am Strand von Herzliya. Sufyan war auf dem Weg ins Bezirkszentrum zu einem Vortrag über die Gefangenfrage und seinen Vorschlägen zu ihrer Lösung. Nach der Rückkehr von seinem Studienaufenthalt in England war er zum Minister in der Regierung von Abu Mazen ernannt worden. Suffyan Abu Zaydeh löste seinen Freund Hisham Abu Razek als Minister für die Angelegenheiten der Gefangenen ab.

»Du hast deinem Freund den Posten weggenommen«, sagte ich.

»Das ist so gekommen, weil alle Mitglieder der gesetzgebenden Versammlung in der neuen Regierung von Abu Mazen Minister werden wollten. Es wurde beschlossen, eine Regierung aus Fachleuten zu bilden. Hisham ist Mitglied der Kommission und konnte deshalb nicht für eine weitere Amtszeit auf seinem Posten bestätigt werden. Wir sind beide glücklich, dass wir unsere Aufgaben getauscht haben, weil das Problem der Gefangenen uns beiden am Herzen liegt.«

Ich reichte ihm eine verpackte Schachtel, das war mein Geschenk anlässlich seiner Promotion.

Sufyan packte sein Geschenk aus und zog die Krawatte in fröhlichen Farben hervor, die ich für ihn besorgt hatte. Aufgeregt las er die Karte, die ich beigelegt hatte:

»Ich kann mich erinnern, wie du zum ersten Mal in das Nachrichtenstudio in Jerusalem gekommen bist. Du hast dich geweigert, eine Krawatte umzubinden. Du wolltest das authentische Aussehen eines entlassenen Häftlings bewahren. Jetzt bist du sowohl Akademiker als auch Minister und das verpflichtet. Mazel Tov, viel Glück.«

Eine Woche später landete eine Kassamrakete, die eine Brigade des islamischen Dschihad offenbar in Richtung Sderot abgeschossen hatte, in einem Haus in Beit Hanun. Alle Familienangehörigen von Hisham Abu Razek, die dort bei ihren Verwandten waren, wurden verwundet. Die Rakete landete mitten in dem Raum, in dem sie zu Abend gegessen hatten.

Hishams kleiner Sohn Gihad, vier Jahre alt, wurde am schwersten von allen getroffen. Ein Fuß und eine Hand mussten amputiert werden. Die übrigen Familienangehörigen wurden nur leicht verletzt.

Als ich ihn im Barsilai-Krankenhaus in Ashkelon besucht habe, saß Hisham in der Cafeteria und wartete darauf, dass sein Sohn aus dem Operationssaal kommt, wo man erfolglos versucht hat, die Hand wieder anzunähen. Der Fuß war unwiderruflich zertrümmert. Um Hisham herum saßen israelische und palästinensische Freunde mehr als zehn Stunden voller Sorge. Er sprach am Telefon mit seiner Frau, die mit ihren anderen vier Kindern im Krankenhaus Shifa in Gaza behandelt wurde. Fünf Kinder wurden Hisham geboren, seit er aus dem Gefängnis entlassen worden war.

»Mach dir keine Sorgen, es wird gut«, versuchte er seine Frau zu beruhigen. Mir kam es vor wie eine dieser bekannten schmerzlichen Szenen bei einem Attentat, wenn Familienangehörige von Opfern nicht wissen, um wen sie sich zuerst sorgen sollen. Als Hisham mich sah, war er sehr gerührt. Und als wir uns verabschiedeten, sah ich Tränen in seinen Augen. Ich musste an Hisham Abu Razeks Lebensweg voller Wechselfälle denken. Zuerst hatte ich ihn hinter Gittern im Gefängnis von Gaza gesehen. Der »zornige Junge« aus Rafah, der einst ein Attentat in Israel hatte ausführen wollen, verwandelte sich im israelischen Gefängnis zu einem ausgesprochenen Gegner von Gewalt und Blutvergießen, und die warmherzige Familie, die er nach seiner Entlassung aus dem Gefängnis gründete, ist vom grausamen palästinensischen Terror schwer getroffen worden. Was für eine Welt!

Kapitel 3

Krieg und Frieden

Am Sonntag um halb drei in der Nacht wachten die Bewohner der Viertel Rimal und Seiton auf und fühlten sich in der Zeit zurückversetzt. Ein bekanntes Rufen drang von draußen herein. »Ausgangssperre! Ausgangssperre! Ab jetzt gilt Ausgangssperre! Bleibt bitte in den Wohnungen!« Die Aufforderung, die Ausgangssperre einzuhalten, hatte zur tagtäglichen Lebensgewohnheit gehört. Jeeps der Grenzpolizei und der Armee kontrollierten die Viertel während der ganzen Intifada und davor, besonders nach einem Attentat, und verkündeten den Beginn einer Ausgangssperre. Aber dieses Mal waren die Bewohner vom Zeitpunkt überrascht. Es war das zweite Wochenende, an dem man in den Straßen das Ende der Intifada und die Unterschrift unter den Friedensvertrag gefeiert hatte. Draußen wehten noch die Fahnen der PLO und die restlichen Luftballons auf den Lichtmasten, den Bäumen und den Balkonen. Eineinhalb Wochen nach dem Vertragsabschluss auf dem Rasen des Weißen Hauses fand im Rashad-a-Shauwa-Saal ein Abend mit Liedern und Gedichten statt. Wer hatte bis zu diesem Zeitpunkt den Kopf für Gedichte freigehabt? Zum Fest wurde der bekannte israelische Dichter Samiach Kassam eingeladen, ein Bewohner von Pekiin, Herausgeber der Zeitung Kul Al-Arab und Bruder Said Kassams, des Moderators im arabischen Fernsehen in Israel.

Samiach, der seinem Bruder, dem Moderator, wie aus dem Gesicht geschnitten ist und sogar fast die gleiche Stimme und die gleiche Art zu reden hatte, stand auf der Bühne und beobachtete einige lange Minuten seine Freunde, die Dichter, und die geladenen Gäste, die den Saal von einem Ende zum anderen füllten. Für einen Moment dachte ich, dass nun die Nachrichtensendung auf Arabisch beginnen würde, die bei den Palästinensern in Israel und den besetzten Gebieten im Lauf der Jahre als Propaganda des Sicherheitsdienstes angesehen wurde. Aber der scharfzüngige Kassam beobachtete nur einige Minuten lang seelenruhig seine Kameraden, die Dichter aus Gaza, und die übrigen Gäste und beschloss dann, ihnen einen alternativen Kommentar zu den Nachrichten vorzutragen.

»Ich kam durch Erez«, sagte er, als ob er ihnen ein Geheimnis erzählte, »und ich denke an meinen Freund Ataf Bsisso (einer der Planer des Attentates von München, der offensichtlich bei einem mysteriösen Autounfall im Juni 1992 in Paris von den Israelis getötet wurde). Und ich sage zu ihm ›Sieh mal, Ataf, die Fahne! Die Fahne weht!‹«

Die Zuschauer waren zu Tränen gerührt. Kassam war ergriffen angesichts des Flügelschlags der Geschichte, der die Leere füllte, und versuchte, die Gefühle der Zuschauer mit seinen eigenen Gefühlen wegen der wehenden palästinensischen Fahne noch weiter zu steigern.

»Und da höre ich eine Stimme in meinem Wagen«, fuhr er fort. »Das war die Stimme von Bsisso. ›Was soll diese Fahne?‹, fragte mich Bsisso verärgert.« Kassam imitierte Bsissos Stimme. »Was machen denn alle für eine Geschichte daraus? Die Fahne ist nichts als eine scharfe Paprika und zwei Blätter Meluchija!!!‹ Die Meluchija haben wir in den Tagen der Ausgangssperre und Belagerung während der Intifada gegessen, und die scharfe Paprika haben wir den Israelis tief in den Arsch gesteckt.« Das Publikum konnte sich vor Lachen nicht mehr halten.

Am Freitag, als sie von den Gebeten in den Moscheen zurückkamen, versammelten sich alle zu feierlichen familiären Mahlzeiten und stellten sich in ihrer Fantasie Gaza vor, wie es bald zu einem Singapur verwandelt würde. Die Vorstellung erschien logisch. »Wir haben ausgezeichnetes Menschenmaterial, fleißig, das lange Erfahrung in Israel gesammelt hat und mit dem Ehrgeiz auf Erfolg. Was sollte uns daran hindern, Singapur zu werden?«

Aber der Rausch der Sinne hat nicht lange gedauert. Die Tausenden von Arbeitern, die in Israel arbeiteten und sich darauf vorbereitet hatten, in eine neue Arbeitswoche eines neuen Zeitalters hinauszugehen, wachten auf und hörten andere Stimmen, die sie in die bekannte Wirklichkeit zurückführten.

Um drei Uhr morgens rief mich Ali Hissam an.

»Entschuldige wegen der Uhrzeit, aber sag mal, Shlomi, ist was passiert? Gab es ein Attentat? Etwas Großes?«

»Ich habe keine Ahnung«, antwortete ich schläfrig.

»Warum steckt man uns wieder in eine Ausgangssperre?«

Gegen morgen hatte sich die Sache aufgeklärt. Ausgerechnet an diesem Wochenende beschloss die Armee, eine Aktion durchzuführen, um »Gesuchte« zu fangen. Die Aktion bekam sogar einen für jene Tage originellen Namen, »Krieg und Frieden«. Bei der Armee hatte man das Verlangen, die Ställe zu reinigen und jeden Gesuchten zu liquidieren, bevor man sich zurückzieht. Das war die Idee. Für diese Methode gab sogar eine Erklärung: Die Armee macht die schmutzige Arbeit für die neue Autonomiebehörde der Palästinenser. »Sie werden uns noch dafür danken«, pflegten mir Offiziere nach jeder Liquidierungsaktion zu sagen. Aber die Aktion war eine voller Misserfolg, kein wichtiger Gesuchter wurde gefasst und auch nicht weniger wichtige.

Am Sonntag früh lud mich der Armeesprecher ein, das »Ergebnis« anzusehen.

»Wir haben ein Versteck entdeckt, in dem eine Handgranate und eine Pistole verborgen waren. Es gibt einige Verdächtigte. Es gibt eine Genehmigung zu fotografieren.«

Ich erreichte das Viertel in Begleitung eines gepanzerten Geleitzugs der Armee. Ein Bulldozer beschäftigte sich mit der

Zerstörung eines Teiles eines Hauses. In dem Teil, der nicht zerstört war, versuchten die Hausbewohner ihre Habseligkeiten zu ordnen. Auf Matratzen, die aus den Trümmern herausgeholt worden waren, legten sie Kleidungsstücke. Auf dem Kleiderhaufen saßen Kinder. Als wir eintraten, fingen die Kinder an zu weinen, hatten vor den Uniformträgern Angst. Die Erwachsenen standen dabei und flüsterten Worte, die ich nicht verstand. Vor allem aber sahen sie uns mit Blicken voller Hass an.

Dort im Rimal-Viertel hörte ich zum ersten Mal den Satz, den ich noch tausend Mal hören sollte.

»Wo ist der Frieden, von dem ihr redet?«, sagte eine der Frauen, die einen Säugling auf dem Arm hielt.

Dann zeigten sie mir das Waffenversteck. Es war besonders gut verborgen in der Nähe des Fundaments des soeben zerstörten Hauses. Ich fragte mich, ob es nötig war, hundertfünfzigtausend Menschen mit einer Ausgangssperre zu belegen, um dieses Waffenversteck zu finden und allen das Fest zu verderben. War nicht der moralische Schaden, der dadurch entstand, zig Mal größer als jeder »Erfolg« beim Auffinden des Waffenverstecks, jetzt, da das Echo von Oslo noch nicht verstummt war?

Mit den Jahren sollte ich unzählige Male erfahren, dass die militärische immer der zivilen Überlegung vorgezogen wird. Der Staatsvertrag wurde unterschrieben, aber die Macht vor Ort ging nicht in die Hände der Politiker über. Die Armee gab weiterhin den Takt an, in der Politik und bei den Aktivitäten vor Ort. Im Grunde hatte sich nichts verändert. In der Armee gab es kein Nachdenken über die neue Situation und kein Anpassen an die neue Realität. Was bedeutete es schon, dass ein Vertrag unterschrieben worden war? Was soll es, wenn sie über Frieden sprechen? Die Armee wird weiter die Politik vor Ort bestimmen. Man wird immer die militärischen Lösungen vorziehen, und die Lagebeurteilung wird immer militärisch sein, und die Armee wird immer diejenige sein, die die Richtung vorgibt. Die Armee empfiehlt, die Armee schreibt vor, die Armee unternimmt. So war es vor Oslo und so war es auch danach.

Zwei Tage nach dem Ende der Konferenz von Madrid kehrte die palästinensische Delegation nach Gaza zurück.

Als Vorsitzender der Delegation fungierte Amad Haidar Abd Al-Shafi, dessen Wahl auf einem einvernehmlichen Kompromiss beruhte, nachdem die Regierung Itzchak Shamirs darauf bestanden hatte, nicht mit einem Palästinenser an einem Tisch zu sitzen, der irgendwie mit der PLO von Yassir Arafat identifiziert werden könnte. So wurde zum Beispiel die Teilnahme von Sahib Arikat verhindert, einem Journalisten aus Jericho, bei dem angesichts der Schreibweise seines Namens kein Zweifel bestand, dass der Mann ein glühender Unterstützer der palästinensischen Befreiungsorganisation und ihres Führers Yassir Arafat war.

Die Aufgabe, die Palästinenser zu repräsentieren, fiel zwangsläufig Doktor Haidar Abd Al-Shafi zu, dem Leiter des Roten Halbmonds in Gaza, der ein enger Bekannter Arafats war, aber auch zu seinen schärfsten Kritikern zählte. Die Kandidatur von Abd Al-Shafi war von den Palästinensern in Tunis, Gaza und der Westbank akzeptiert worden, und auch von den Israelis, die fast jeden Palästinenser aus den besetzten Gebieten akzeptiert hätten, solange das Wort PLO in seinem politischen Lebenslauf nicht auftauchte. Seine unnachgiebigen und kompromisslosen Ideen haben jedoch niemanden in Israel interessiert. Kein Mensch hat seinen Terminplan überprüft. Und keiner hat eine große Sache daraus gemacht, dass jedes Wort in der Rede von Abd Al-Shafi mit Yassir Arafat in Tunis abgesprochen war. Die Hauptsache war, dass wir bestimmt haben, wer der palästinensischen Delegation vorstand.

Als im April 1992 die internationale Konferenz in Madrid eröffnet wurde, war Abd Al-Shafi fast siebzig Jahre alt und lediglich in dem kleinen Kreis der Intellektuellen in Gaza bekannt, weil er ein palästinensischer Nationalist und glühender Kommunist war. Eine seltsame Kombination, die niemals Erfolg gehabt hat und niemals Unterstützer mobilisieren konnte, selbst während der ersten Intifada nicht, bei der alle Grenzen überschritten und Rahmen gesprengt wurden, und jeder, der einen Plan oder eine Idee hatte, die israelische Besatzung zu beseitigen, in der Lage gewesen wäre, treue Anhänger um sich zu scharen.

Dieser unscheinbare Mensch hatte niemals begeisterte Unterstützer um sich sammeln können, bis zu diesem Tag, dem 12. April 1992, als er von einem diplomatischen Schlachtfeld zurückkam, von der prächtigen Unterhaltung von Taubstummen, die in Madrid stattgefunden hatte.

Am Checkpoint Erez erwartete ihn seit den frühen Morgenstunden bis zum Nachmittag eine Menge von Tausenden von Menschen, die Olivenzweige in ihren Händen hielten, und an ihren Fahrzeugen die Fahne der PLO. Das war keine Kleinigkeit. Die PLO-Flagge war wie ein rotes Tuch für die Augen der israelischen Soldaten. Aber sie hielten sich zurück. An diesem Tag war es erlaubt.

Ich wartete zusammen mit Himam an der Beit-Lahi-Kreuzung auf das Erscheinen des palästinensischen Matadors, der aus Madrid in die Gassen von Gaza und zur Intifada zurückgekehrt war. Drum herum, in sicherer Entfernung, standen israelische Soldaten, um sicherzustellen, dass der Empfang nicht außer Kontrolle geriet und sich zu einer gewalttätigen Demonstration entwickelte. Als der Geleitzug näher kam, schrie die Menge hinter mir und ein gewaltiger Gesang ertönte: »Mit Geist und Blut werden wir dich erlösen, Abu Chaled.« Als er die Sperre der Armee passierte und in die Nähe der Menge kam, brach diese hysterisch in Richtung des Wagens aus.

Abd Al-Shafi wurde blass. Noch hatte er nicht begriffen, dass diese Massen, die auf ihn zu rannten, eigentlich auf ihn gewartet hatten. Als der Fahrer erkannte, dass die Massen sie bald aus lauter Zuneigung erdrücken würden, trat er kräftig auf das Gaspedal und fuhr erschrocken in die Stadt Gaza hinein. Die ganze Menschenmenge lief hinterher. Auch ich. Bis ich feststellen musste, dass ich mit allen in einem großen Stau steckte. Ich hatte Angst. Ich hatte schon eine unangenehme Erfahrung mit einem Olivenzweig und einem Hagel von Steinen gemacht.

Aber dieses Mal wurden mir von den nahen Fahrzeugen zugelächelt. »Hab keine Angst«, sagte mir jemand auf Hebräisch, nachdem er mich erkannt hatte. »Wir haben ein Fest. Bleib in meiner Nähe und du bist sicher.« Er wandte sich an die Menge: »Hey Leute, lasst ihn durch!« So fuhr ich in Begleitung bis zum Haus von Abu Chaled im Vorort Rimal.

Abd Al-Shafi war gerade im Begriff, sein Haus zu betreten. Die Menschenmassen belagerten das ganze Viertel. Sie würden nicht nach Hause gehen, bis er herauskam und zu ihnen sprach. Er sollte ihnen Hoffnung machen. Eine Siegesrede halten. Abd Al-Shafi sah mich vordrängen und öffnete das Tor der Villa. »Sei willkommen und gib mir die Ehre«, sagte er und reichte mir ein Glas kalten Orangensaft.

Aber draußen kletterte die Menge auf benachbarte Dächer, auf Strommasten und auf Bäume und schrie mit heiserer Stimme: »Wir wollen Freiheit! Wir wollen einen Staat! Weg mit der Besatzung!«

Als die Stimmen lauter wurden und Abd Al-Shafi den großen Irrtum der Menge erkannt hatte, die draußen jubelte, als ob schon ein Friedensabkommen unterschrieben worden wäre und man ihnen einen eigenen Staat gegeben hätte, erhob er sich mit letzter Kraft aus seinem Sessel, richtete sich schwitzend und schwer atmend auf und ging in Richtung der Treppe, die von seiner Villa auf die tosende Straße führte. Mit heiserer Stimme, die man kaum hören konnte, schrie er: »Meine Damen und Herren, wir haben nur einen Schritt gemacht, die Freiheit ist noch fern und der palästinensische Staat ist noch nicht errichtet. Der Weg ist noch weit, weit.«

Aber der 12. April 1992 war nicht einfach ein weiterer Tag in Gaza. Er markierte den Beginn einer Hoffnung, den Beginn einer inneren palästinensischen Erkenntnis, dass es Zeit war, die Früchte der Intifada zu ernten und auszuruhen.

Diesen »Versuchsballon« plante Ihab al-Ashkar aus dem Flüchtlingslager A-Shati, einer der Führer der ersten Intifada.

»Ich habe die Idee gehabt, Olivenzweige zu verteilen und den Vertretern der Friedensgespräche einen enthusiastischen Empfang zu bereiten. Ich wollte, dass die Israelis verstehen, dass die Zeit gekommen ist aufzuhören, und zu begreifen, dass unsere Absichten friedlich sind. Die Massen auf die Straßen zu bringen, das war dazu gedacht, den Israelis zu zeigen, dass es sich hier nicht um die Äußerungen von Einzelnen handelt, sondern um eine ehrliche Absicht, hinter der alle Einwohner von Gaza stehen.«

Aber in Israel hat das kein Mensch als eine Absichtserklärung interpretiert. Die Massenkundgebung, für die sich Ihab al-Ashkar mit so viel Energie eingesetzt hatte und die von dem für Gaza zuständigen Mohammed Dahlan mit einer Geldsendung aus Tunesien unterstützt worden war, diese Massenkundgebung wurde begraben und vergessen, ohne ein Zeichen zu hinterlassen. Und in der Tat, wer erinnert sich heute noch daran?

»Die Israelis wollten die Realitäten vor Ort nicht sehen. Es gab Meinungsverschiedenheiten zwischen der zivilen Verwaltung und der Armee«, fuhr Hiab fort. Er versuchte zu verstehen, warum Israel nicht verstanden hatte, dass man die erste Intifada hätte stoppen können, und das bereits eineinhalb Jahre, bevor der Vertrag von Oslo unterschrieben wurde.

Auch Oberst Jochanan Zoref, der damals als Berater für arabische Angelegenheiten bei der zivilen Verwaltung fungierte, kam in Abd Al-Shafis Haus, um mit eigenen Augen zu sehen, wie der Traum Hiab Al-Askars Realität wurde. Einige Tage zuvor hatte sich Al-Askar in Zorefs Büro bei der Zivilverwaltung gemeldet und ihm seine Absicht mitgeteilt, einen Massenempfang für die Rückkehrer aus Madrid zu veranstalten, um der israelischen Regierung eine Botschaft des Friedens zu senden. Zoref übermittelte seine Eindrücke von den »Stimmen, die aus dem Gebiet laut werden« in Memoranden und Lagebeurteilungen der zivilen Verwaltung, aber der Sicherheitsdienst und die Armee, so argumentiert er heute, waren diejenigen, die den Ton angaben und alle Parameter für alle Lagebeurteilungen, die für die Entscheidungen des Generalstabs und der Politik maßgeblich waren, festgelegt hatten.

»So wie damals ist es auch heute, der Sicherheitsdienst sieht seiner Natur entsprechend die Dinge durch das Zielfernrohr und nimmt andere Parameter, die man nicht ignorieren dürfte, nicht ernst.«, sagt er mit einem Blick zurück. Bei der Zivilverwaltung war man sich einig, dass ein neuer Wind wehte, und zwar nicht nur wegen der ›Olivenbaum-Feierlichkeiten‹, sondern auch wegen der tagtäglichen Gespräche, die man mit einflussreichen Persönlichkeiten in Gaza führte, die ganz offensichtlich und klar Zeichen gaben, dass etwas Neues und Anderes unter der Oberfläche stattfand.

Dieser Kommunikationskanal über die zivile Verwaltung war der einzige Kommunikationskanal der Palästinenser, aber es stellte sich heraus, dass auch dieser versperrt war. Die Botschaften wurden auf halbem Weg in den Bearbeitungs- und Forschungsanstalten des Sicherheitsdienstes abgefangen und gelangten nicht bis zum Ministerpräsidenten, zum Verteidigungsminister oder zu irgendeiner anderen politischen Stelle.

Es ist schwer zu beurteilen, ob diese Botschaften und Stimmen irgendetwas geändert hätten an der hartnäckigen und kompromisslosen Politik von Itzchak Shamir und seiner Regierung. Aber ganz traditionsgemäß hatten militärische Konzepte die zivilen Konzepte wieder besiegt, deren Stimme damals nicht gehört wurden, und es ist zweifelhaft, ob sie überhaupt einmal während des ganzen langen Weges gehört wurden, bis heute.

Jabalija nachts sehen

Als Hisham Abu Razek aus dem Gefängnis entlassen wurde, ging er zu seinem neuen Haus im Flüchtlingslager Jabalija. Dort baute seine Familie nämlich ein neues Haus, als Ersatz für das Haus, das in Rafah zerstört wurde, nachdem er verhaftet worden war. Ich bat darum, eine Nacht in einem Flüchtlingslager verbringen zu können, das ausgesprochen verrufen ist. Dort wohnen Familien in einer schrecklichen Dichte beieinander, mehr als hunderttausend Palästinenser.

In Jabalija wurde das Zeichen für den Ausbruch der ersten Intifada gegeben, es ist der Ort, wo die meisten Führer der Intifada aufwuchsen.

Es ist der Ort, dessen Gassen der Schrecken der israelischen Soldaten waren, die in Gaza Dienst taten, und es ist der Ort, an dem noch niemals ein israelischer Zivilist einen Fußabdruck hinterlassen hat. Jabalija in der Nacht - was kann furchterregender sein? Gegen Abend erreichte ich das Flüchtlingslager. Suffyan Abu Zaydeh erwartete mich nahe dem Grenzübergang Erez und wir legten die Strecke in das Lager hinein bei langsamer Fahrt zurück. Mein Herz schlug wie verrückt. Es war das erste Mal in meinem Leben, dass ich ein Flüchtlingslager von innen sah. Bis zu diesem Zeitpunkt hatte ich den Namen nur gehört, der allen Furcht einflößte. Jabalija, Jabalija, wer hätte das geglaubt? Sogar die Palästinenser pflegten den Namen des Lagers in ihren Erzählungen zu überhöhen, in ihren heroischen Erzählungen über die unnachgiebige Haltung seiner armen, mutigen, heiligen Bewohner. Was hat man nicht alles gesagt über diese Bewohner, die mit der Intifada begonnen haben, und mir erschienen sie wie gewöhnliche Menschen.

In den stickigen Gassen saßen alle Mitglieder der Familie Abd Al-Razek, bis zur letzten Minute die letzten Lichtstrahlen ausnutzend, bevor um acht Uhr die nächtliche Ausgangssperre begann. Noch zwei Stunden bis zur Ausgangssperre.

Es ist unmöglich, keine Klaustrophobie zu verspüren, wenn man durch diese Gassen geht. Man kann nicht verstehen, wie hier Menschen leben können.

»Bevor ich verhaftet wurde«, sagt Sufyan, »waren diese Gassen viel breiter. Aber jedes Jahr erweiterte man um ein weiteres Zimmer, schloss eine Terrasse an, baute in die Höhe, bis man nur noch mit Mühe von Haus zu Haus gehen konnte.«

Und Kinder. Viele Kinder. In jeder Ecke, jeder Gasse, Kinder, teils barfüßig, andere wiederum elegant gekleidet, und es ist nicht klar, warum sie so angezogen sind und die anderen anders. Später erklärte man mir, dass die elegant gekleideten die Kinder der Vornehmen von Jabalija sind, die Kinder der Arbeiter, die in Israel arbeiten. Die barfüßigen sind offensichtlich die Armen, die kein Glück hatten.

Auf dem Weg zu Hishams Haus passierten wir den Aussichtsturm der Armee mitten im Lager.

»Das ist hier das Schlachtfeld.« Sufyan zeigte auf den Platz um den Turm. »Hier wurden Hunderte im Verlauf der Intifada getötet oder verwundet.« Und in der Tat hatte sich der Turm in das Symbol der Besatzung verwandelt. Als die Armee Gaza räumte, war der Turm das Zentrum für die Pilger aus dem ganzen Streifen. Der Turm, den man von jeder Ecke des Lagers aus sehen konnte. Der große Bruder, der dich die ganze Zeit beobachtet und dir keine Ruhe gibt. Der sieht und gesehen wird von jeder Ecke aus.

Hisham öffnete in Hausschuhen die Tür des Hauses, als ob er nicht erst kürzlich das Gefängnis verlassen hätte. Als ob das sein normales Leben sei: Haus, Frau, Pantoffeln. Nach einer knappen Stunde kam ein hochgewachsener Mann ins Haus, ein wenig glatzköpfig, der eine Kalaschnikow unter dem Mantel versteckt hatte.

»Achmed wird uns begleiten auf der Runde durchs Lager«, bestimmte Hisham.

Achmed Asalam Abu Bachtian war verantwortlich für die PLO-Organisation in Jabalija, und seine Begleitung sollte jede mögliche Gefahr durch organisierte Bewaffnete abwenden, die erfahren haben könnten, dass Israelis frei im Lager herumliefen.

Wir gingen nach draußen. Achmed setzte sich im Wagen neben mich und sagte kein Wort. Ein Personenschützer, der zu jedem möglichen Schutz engagiert worden war.

Eine tiefe Dunkelheit hüllte das Lager ein. Aus den Gassen und Häusern drangen dumpfe Lichter und nur der Turm war mit Scheinwerfern beleuchtet. Der große Bruder beobachtete in aller Ruhe. Wie eine Eule. Wie ein Nachttier bei der Wache. Und wir haben die Ausgangssperre gebrochen. Wir hielten neben dem Haus von Mussa Abd Al-Nabis. Auch er war ein freigelassener Häftling aus der Führung der ersten Intifada.

Wir betraten sein Haus. Die Kinder gingen schon schlafen, alle in einem Zimmer, das aus lauter Matratzen bestand und dessen Wände nackt und hässlich waren. Nur der älteste Sohn lehnte an einer Wand und schaute fern. Er sah sich die Serie »Denver-Clan« auf Kanal 1 an, die Abenteuer von Krystle, Alexis und Blake Carrington, dem Ölmagnaten aus Texas. Sie frühstückten neben dem blauen Swimmingpool und er lag auf einer Matratze in einem dunklen Flüchtlingslager unter Hausarrest. Was für eine Welt. Was denkt er wohl über das Leben dort? Was denkt er über das Leben hier?

Ich bat darum, zur Geburtenklinik von Jabalija zu gehen. Ich wollte sehen, wie neues Leben in dem dicht besiedelten Ort der Welt anfängt. Ich wollte die echte Gefahr Israels sehen, die natürliche Vermehrung, die beispiellos in der Welt ist. Alle zwanzig Jahre verdoppelt Jabalija seine Einwohnerzahl. Hunderfünfundzwangigtausend Bewohner auf nicht mehr als fünftausend Dunam, nicht mehr als fünf Quadratkilometern.

»Das ist gefährlich«, warnte Sufyan, »das Geburtshaus befindet sich direkt unter dem Aussichtsturm der Armee.«

Als aber ein palästinensischer Krankenwagen mit lautem Sirenengeheul vorbeifuhr, hängten wir uns bis zum Eingang der Klinik an ihn.

Die Schwangere wurde schnell aus dem Krankenwagen geladen und nach wenigen Minuten hörten wir das zarte Weinen eines Neugeborenen. In Jabalija werden sogar die Säuglinge schnell geboren.

Ich bat, die Mutter und den Säugling fotografieren zu dürfen. Der schweigende Achmed ging in einen der Räume und eine Minute später kam er mit der Hebamme zurück. Diese fragte die frischgebackene Mutter, die zu meiner Überraschung keine

Bedenken hatte und uns einlud. Wir traten alle in ihr Zimmer ein, der Kameramann, der Toningenieur, der Beleuchter und Begleiter. Eine große Freude. Das leise Weinen eines Neugeborenen, eine lächelnde Mutter, es gibt nichts Süßeres, sogar in Jabalija.

Achmed sah gerührt aus. »Mabruk, mabruk«, sagte die Hebamme zu Achmed auf dem Weg in das Zimmer der Wöchnerin. »Sei gesegnet.«

Ich habe nicht verstanden, warum sie zu Achmed »mabruk« sagte. Was verbindet ihn mit dieser Wöchnerin?

»Wer seid ihr?«, fragte die Hebamme auf Hebräisch.

»Wir sind neugierige Israelis, die das Leben in einem Flüchtlingslager sehen wollen«, erklärte ich.

»Nun, und welchen Eindruck hast du?«, fragte sie verärgert.

Ich schwieg. Was sollte ich sagen?

»Auch du sprichst Hebräisch«, sagte ich, nachdem sie sich beruhigt hatte.

»Ja, ich habe es im Gefängnis gelernt. Ich war Gefangenen-Vorsteherin, jetzt bin ich Hebamme. Hier ist Achmed, vor einer Woche habe ich seiner Frau bei der Niederkunft geholfen.« Und er sagte kein Wort. »Mabruk, Achmed, mabruk.«

»Achmed ist vor einigen Tagen eine Tochter geboren worden. Wir haben ihn heute aus der Wohnung geholt, damit er dich bewacht«, fügte Hisham hinzu und schlug ihm auf die Schulter.

Ich beobachtete den schweigsamen Achmed und er bewegte den Kopf wie einer, dem man keine andere Wahl gelassen hatte. Er musste den Entschluss der Partei befolgen.

Die Hebamme runzelte die Stirn und antwortete ärgerlich. »Bei uns wird er ein Held sein. Bei euch wird man ihn sicher Terrorist nennen.«

Ich sah die Wöchnerin an, die das Baby hielt, das soeben auf die Welt gekommen war und nicht verstand, was um es herum passierte.

»Wo ist dein Mann?«

»Zu Hause«, antwortete sie verständnislos.

»Er fürchtet sich, nachts hierherzukommen, weil der Turm nah ist und in der Gegend hier immer Schüsse zu hören sind. Als die Wehen stärker wurden und klar war, dass die Geburt noch vor dem Morgen bevorstand, riefen wir einen Krankenwagen. Er blieb zu Hause. Morgen wird er kommen.«

Wir blieben im engen Geburtszimmer in Jabalija, bis der Morgen anbrach. Der Aufenthalt von Menschen um den Aussichtsturm herum kann mit einer Katastrophe enden. Achmed saß neben mir und sagte kein Wort. Gegen Morgen kam der Vater des Säuglings, um seine Frau und das Baby abzuholen, und fuhr voller Glück nach Hause.

Eine Woche nach meiner nächtlichen Fahrt durch Jabalija rief mich Sufyan Abu Zaida an und erzählte mit zittriger Stimme: »Die Armee hat Achmed Abu Bachtian, den Mann, der dich bewacht hat, erschossen.«

»Wieso, was hat er getan?«

»Sie waren zu sechst im Flüchtlingslager. Klebten Plakate an die Wände von Jabalija. Eine Einheit der Armee hat sie überfallen und alle getötet.«

»Warum?«, fragte ich.

»Darum«, antwortete Sufyan, »darum.« Und knallte den Hörer auf die Gabel.

An diesem Tag begannen die Unruhen in Jabalija von Neuem.

Abu Ali Shahin, der Vater der palästinensischen Gefangenen

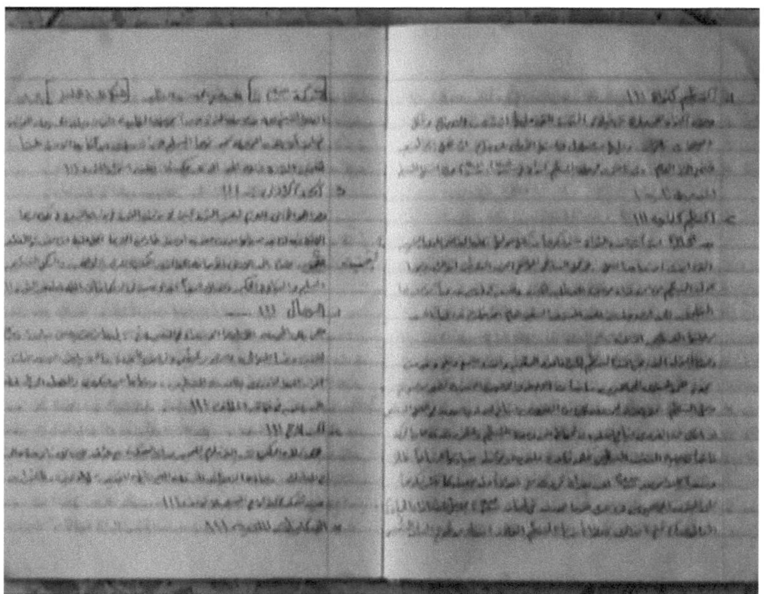

Eines der hunderten Hefte von Abu Ali Shahin

Kapitel 4

Im Namen des Vaters – gegen den Vater

Die Szene war überwältigend. Niemals zuvor in meinem Leben hatte ich einen solchen Empfang gesehen. Mehr als fünf Stunden warteten sie vor dem PLO-Gebäude im Rimal-Viertel in Gaza und harrten aus. Hunderte PLO-Mitglieder, von denen die meisten erst kürzlich aus den Gefängnissen entlassen worden waren. Sie trugen Festkleidung und waren aufgeregt wie Kinder, nach langer Abwesenheit die auf die Rückkehr ihres Vaters warten. Er war jünger als die meisten von ihnen, nicht mehr als dreiunddreißig Jahre alt, aber seine Taten und die Macht, die er errungen hatte, respektierten alle. Sie wollten hinter seinem breiten Rücken Schutz finden. Wenn Yassir Arafat, ursprünglich Abu Amar genannt, als leuchtender Leuchtturm betrachtet wurde, so stand Mohammed Dahlan, sein »Sohn«, auf dem Gipfel des Felsens und richtete den Lichtstrahl in Richtung des Gazastreifens, für den er von außerhalb verantwortlich war. So war sein Ruf. Der Mann und sein Mythos.

Auch ich stand zusammen mit allen anderen dort. Ich wusste, dass ab jetzt dieser Mann der wichtigste und einflussreichste im Gazastreifen sein würde. Er würde für sich alle Vollmachten in Anspruch nehmen und alle Angelegenheiten nach seinem Gutdünken ausführen, bis zum Abzug der Israelis und dem Aufbau der neuen palästinensischen Autonomie. Nach seiner Nase würde alles tanzen. Und dann kam er. Zuerst hörte man nur ein gewaltiges Brummen der Menge. Bis dahin waren die Menschen gespannt, aber ruhig gewesen, bis sie plötzlich ihren Verstand zu verlieren schienen. Mit einem Mal zogen alle die Pistolen, die sie an ihren Körpern versteckt hatten und fingen an, wie verrückt herumzuballern. Jeder Mann hatte eine Pistole, jede besonders gestaltet und einmalig. Ich beobachtete Djiab Al-Luch, den Sekretär der PLO, einen introvertierter Mann, so zurückhaltend, dass es einen wütend machen konnte, wie er eine vergoldete Pistole zog, ein Modell, wie man es aus Filmen kennt. Und schoss, als liefe er Amok. Das waren nicht die Menschen, die ich kannte. Irgendetwas hat sich bei ihnen gelockert und sie springen als ob sie von der Schlange gebissen wurden.

»Abu Fadi! Abu Fadi!« Sie drängten sich vor, um ihn zu berühren, wie einen Heiligen, bei dem die Berührung der Kleidung Heilung bringt. Und dann verwandelten sich die Stimmen in Geschrei. Etwas Fürchterliches war passiert. Dahlan war im Gedränge ohnmächtig geworden. Seine Begleiter, die ihn aus Rafah hierher gebracht hatten, waren so schockiert, dass sie die Tür des Gebäudes öffneten und ihn wie ein Paket ins Innere warfen. Danach stellten sie sich neben den geschlossenen Eingang, um den »Mythos« zu bewachen.

Mein Freund Hisham Abu Razek sah, wie ich von der Menge fast erdrückt wurde. Er fürchtete um mein Wohl und zog mich an meinem Hemd bis vor die Beine der Wächter. »Passt auf ihn auf! Passt auf ihn auf!«, schrie er und sie warfen auch mich in das Innere des Gebäudes.

Dahlan lag auf dem Boden, sein Gesicht blass wie die Wand, sein blaues Hemd zerrissen und schweißnass. Seine Brust war entblößt und einer seiner Begleiter kniete neben ihn und versuchte, sein Herz zu massieren. Ich half bei den Wiederbelebungsversuchen, bis die Rettungskräfte kamen.

»Wenn dir etwas passiert wäre, wärest du nicht einmal ein ›Shaid‹ geworden, weil das ›freundliches Feuer‹ wäre«, sagte ich ihm gelegentlich, amüsiert über unser erstes Kennenlernen.

»Das war der fröhlichste Tag in meinem Leben«, erinnerte sich Dahlan an diesen Wahnsinn und versuchte mir das Geheimnis zu erklären, das ich schon seit Jahren zu lösen versuche: Was ist das Geheimnis der Macht dieses Mannes, von dem man sagt, dass er alles kann, besonders im Gazastreifen.

Dahlan spricht fast perfekt Hebräisch, aber er bemüht sich, die Sprache in der Öffentlichkeit nicht zu sprechen, damit man ihm nicht das Image eines »Judenfreundes« anheftet.

Ich sitze in seinem Büro in Gaza, neben uns sitzt seine persönliche Assistentin Diana, die Englisch mit einem Oxfordakzent spricht. Ich habe Mühe, ihren schnellen Sätzen in perfektem Englisch zu folgen. Dahlan schlägt uns vor, Englisch zu sprechen, das er üben will, da es die internationale Verhandlungssprache ist. Als die Regierung von Abu Mazen gestürzt wurde und der Bruch mit Arafat seinen Höhepunkt erreichte, hat er sich eine Auszeit genommen und ist nach Cambridge gegangen, um Englisch zu lernen. Dort in der Ferne, hat er die Sprache erlernt und sich mit Hilfe aller Hebräisch sprachigen Internetportale über die Lage informiert.

Ich schlage ihm vor, Hebräisch zu sprechen. Dahlan schlägt Arabisch vor. Am Ende unterhalten wir uns in einem Sprachenmischmasch aus Arabisch, Englisch und Hebräisch. Dahlans Vater arbeitete in Saudi-Arabien, um seine arme Familie zu ernähren. Als die israelischen Einheiten in den Gazastreifen und auf die Sinai-Halbinsel vordrangen und diese Gebiete eroberten, riss der Kontakt zum Vater ab.

»Mein Vater glaubte, dass die gesamte Familie, vier Söhne und zwei Töchter, im Krieg umgekommen seien, und lebte weiter sein einfaches Leben in Saudi-Arabien.« Die Verantwortung für die Familie lastete jetzt auf Mohameds Mutter Saria.

»Jedes Jahr in den großen Schulferien hat sie mich gezwungen, zum Arbeiten nach Israel zu gehen. Ich war ein Arbeiter wie alle anderen Arbeiter. Ich habe in Tel Aviv, in Hulon und Bat-Jam in der Fabrik ›Drikes‹ zur Herstellung von Drehbänken gearbeitet. Einmal habe ich auch in Kalkilja als Landarbeiter gearbeitet und lebte während der ganzen Ferien mit allen zusammen. So ging das jedes Jahr. Um vier Uhr morgens zusammen mit den anderen Arbeitern aufwachen und in der Nacht zurückkehren. Und das Geld, das ich im Sommer verdiente, reichte mir für ein ganzes Jahr, bis zu den nächsten Ferien. Und das war eine Erfahrung, die mich für viele Jahre sehr geprägt hat.«

In der engen Gasse des Flüchtlingslagers, Tür an Tür, lebte auch die Familie Rantisi. Die beiden Familien Dahlan und Rantisi waren Partner im tagtäglichen Überlebenskampf. Aber wegen der Abwesenheit des Vaters war die Lage der Familie Dahlan schwieriger und die Familie Rantisi half ihren bedürftigeren Nachbarn immer wieder aus. So blieb es, bis die älteren Brüder von Muhamed erwachsen wurden, arbeiten gingen und die Familienverhältnisse sich dadurch etwas besserten.

»Meine Mutter knüpfte wunderbare Beziehungen zu Familie Rantisi. Wir alle waren bei ihnen wie zu Hause und sie ebenso bei uns. Ich war besonders befreundet mit Salach, der in meinem Alter war. Meine Mutter pflegt bis heute Kontakte mit der Familie. Als Abd Al-Asis im Gefängnis saß, ging meine Mutter ihn besuchen. Und als Israel ihn liquidiert hat, ging sie die Familie zu trösten. Und manchmal hat sie dort auch geschlafen.«

Wenn Dahlan über Abd Al-Asis Rantisi spricht, den Führer der Hamas, den man ermordet hat, versucht er jede freundschaftliche Nähe zu ihm zu verdrängen, damit man ihn in Israel nicht mit dem militantesten Sohn der Nachbarn in Verbindung bringt oder ihn mit ihm vergleicht. So war er immer vorsichtig, versuchte immer wie zwischen peitschenden Regentropfen zu manövrieren und dabei trocken zu bleiben.

»Ihr habt versucht zu behaupten, dass Muhamed Daff[3] ein Jugendfreund von mir ist. Ihr habt sogar angefangen, selber der Lüge zu glauben. Muhamed Daff sah ich zum ersten Mal in

---

[3]   Der Kommandeur des militärischen Arms der Hamas.

meinem Leben, nachdem ihr den ›Ingenieur‹ umgebracht habt. Wir sind nicht zusammen aufgewachsen und haben nicht zusammen gekämpft.«

Aber alle seine Altersgenossen, die »67er Jugend«, wie er sie nannte, schlossen sich dem Kampf gegen die israelische Besatzung nach denselben Mustern und auf demselben einigenden Weg an.

Mitte der 70er Jahre begann Abu Ali Shahin, der Gründer der Gefangenenbewegung und der Jugendbewegung der PLO, der Shabiba, Botschaften aus dem Gefängnis zu senden, um die Jugendbewegung zu gründen. Er sah es als seine persönliche Aufgabe an, die junge Generation auf den erwarteten langen Kampf vorzubereiten. Shahin hoffte, dass er nach seiner Freilassung im März 1983, nach den sechzehn Jahren Haft, zu denen man ihn verurteilt hatte, nach Gaza und Rafah zurückkehren und die Früchte seiner Shabiba blühen sehen würde. Und sie blühten tatsächlich. Der junge Mohammed Dahlan schloss sich mit Freude der neuen Bewegung an, die junge Leute aus allen Schichten vereinigt hatte, vom Gymnasium bis zu den Jugendlichen aus den Gassen des Flüchtlingslagers, von wo man auf die roten Dächer der jüdischen Siedlung Neve Dekalim blickte.

»Wir alle wurden geformt und gestaltet von einem gemeinsamen Nenner, dem schrecklichen Hass auf die Besatzung. Mitte der 70er Jahre herrschte der Hochmut unter den Israelis, jeder Soldat ein König, jeder Soldat kann sagen, was er will, oder tun, was er will. Du willst eine Bewilligung zum Studium in Ägypten? Bitte sehr, arbeite mit uns zusammen, sei ein Kollaborateur. Gib uns Information über deine Freunde und du bekommst die Bewilligung. Das war normal. Auch ich habe das erlebt, als ich zum Studium nach Ägypten wollte. Jeder, der studieren wollte, hat es zunächst auf seiner Haut studiert. Ich habe gesehen, wie man Gesuchte im Flüchtlingslager festgenommen hat. Ein Soldat hält ein Pärchen auf der Straße an, die beiden werden getrennt und der Soldat fängt an, mit der Frau zu flirten. ›Bring deinen Personalausweis‹. Und überhäuft sie mit allen möglichen Worten – ›du bist schön‹ – und anderen, demütigenden Worten. Eines Tages sah ich sogar einen alten Mann auf der Straße, den Soldaten festgehalten haben. Sie drängten ihn dazu, dass er einem von ihnen den Schuh küsst. Was glaubst denn du, dass wir uns etwa wegen nichts gemeldet haben?«

Alle Jugendlichen der Shabiba, die ich gut kannte – Dahlan, Sami Abu Samhadana, Suffyan Abu Zaydeh, Samir Mashrahawi, Rashid Abu Shabach, Ihab al-Ashkar und andere, die man heute als »Jamaat Dahlan«, die Dahlan-Bande, kennt, eine fest zusammengeschweißte Gruppe, die sich in den Gefängnissen gefunden hatte – sie alle erzählen die gleiche Geschichte über den gleichen Vorgang, der sie aneinander band, wie sie von Mitglieder der Jugendbewegung Shabiba zu den Führern des bewaffneten Kampfes wurden.

»Als wir Knaben waren, hat keiner von uns daran gedacht, gegen Israel zu kämpfen. Wir wuchsen mit anderen Vorstellungen auf. Demonstrationen, Vorträge, Treffen, sogenannte politischen Aktivitäten. Wir diskutierten oder schrien gegen die Besatzung. Aber die Israelis – statt zu sagen: ›das sind Burschen, die sich mit ungefährlichen politischen Aktivitäten beschäftigen‹ – pflegten zu kommen und uns in Massen zu verhaften. Ich wurde einmal während einer Demonstration verhaftet, als ich noch Schüler war. So erreichten sie, dass wir uns untereinander kennenlernten. Wir sprachen miteinander in den Zellen: ›Wie bist du verhaftet worden? Was hast du gemacht?‹ Wir tauschten Eindrücke und Erlebnisse und so habt ihr den Kern der Shabiba geschaffen, der sich dank euch formte. Die Besatzung hat uns einen nach dem anderen aufgesammelt und zu einer Einheit geformt. Ich, zum Beispiel, wurde zum Rat der Studenten gewählt. Ich war kein PLO-Anhänger. Gar nicht. Man hat mich verhaftet. Was soll ich dir sagen? Es war ein tolles Leben. Ich traf dort gestandene Männer, einer wie der andere, und ich habe von ihnen sehr schnell gelernt.

Als ich aus dem Gefängnis entlassen wurde, war ich schon verantwortlich für einen Sektor. Ein Mann unter Männern. Und so kamen wir, die Söhne dieser Generation, zur Erkenntnis und zur Schlussfolgerung, dass es keinen Zwischenweg gibt – wir oder die Besatzung. Es gibt nichts dazwischen. Bis zum Ende. Jedes Mal, wenn ein neues Jahr begann, am ersten Januar (*der* Tag der Gründung der PLO), haben wir uns schon darauf vorbereitet – ›stand by‹ –, dass man uns ins Gefängnis steckt. So habe ich die ersten Verbindungen und losen Gruppierungen geschaffen, die in der Tat später zur Grundlage für die erste Intifada wurden. Ich habe die erste Brücke zwischen Gaza und der Westbank geschlagen, mit Maruwan Bargutti in Ramallah, und wir fingen an zusammenzuarbeiten. Shabiba-Leute aus Gaza fuhren in die Westbank, und von dort kamen welche nach Gaza, und wir haben unsere Kräfte vereinigt für ein einziges Ziel: die Besatzung loszuwerden.«

Aber die Karriere von Dahlan, die ihn höher aufsteigen ließ als seine Freunde bei der PLO, begann ausgerechnet mit seinen gesellschaftlichen Aktivitäten im Flüchtlingslager Khan Yunis und später auch in den anderen Flüchtlingslagern im Gazastreifen.

»Ich begann bedürftige Familien zu besuchen. Von Tür zu Tür. Ich, als Sohn armer Eltern, erkundige mich nach ihrer Lage, ob sie Hilfe brauchen, wie ihre seelische Verfassung war. Wir organisierten Besuche bei trauernden Familien, Familien, deren Angehörige im Gefängnis waren, saßen mit den Eltern und beruhigten sie.

Weißt du«, lächelte er verlegen, »es entstanden Vertrauensverhältnisse mit Menschen, einige von ihnen waren sogar interessiert, mir ihre Töchter zu geben. Sie wollten mich mit ihnen verheiraten. So war die Generation. Wir wuchsen zusammen auf, aßen zusammen Falafel und das Studium interessierte mich nicht. Ich habe acht Jahre an der Uni studiert und keinen Abschluss.«

Aber den Rekord beim akademischen Studium in Gaza, und vielleicht im gesamten Nahen Osten, hält ausgerechnet sein Freund, Sami Abu Samhadana, der das erste Jahr an der Universität Al-Azahr zwölf Jahre lang wiederholte, und es selbst dann noch nicht beendet hatte.

Dahlan wurde des Öfteren festgenommen und zu kurzen Haftzeiten verurteilt. 1982 wurde er ins Gefängnis von Gaza gebracht und dort in den Bildungsstrudel hineingezogen, der sich in allen israelischen Gefängnissen ausgebreitet hatte.

»Ich fing an zu lesen. Alle zwei Tage habe ich ein Buch beendet. Und ich habe Hebräisch gelernt. Die altgedienten Häftlinge haben mich beobachtet. Sie sagten: ›Das ist ein begabter Bursche. Man sollte in ihn investieren. Vielleicht wird etwas aus ihm werden.‹«

»Das zweite Mal wurde ich ins Gefängnis von Ashkelon geschafft. Dort habe ich alle kennengelernt. Suffyan Abu Zaydeh, Rashid Abu Shabach und Hisham Abu Razek und andere.« Alle werden noch heute identifiziert als die Dahlan-Bande. »Dort habe ich mich weiter für die Lage der Häftlinge in allen Gefängnissen interessiert, ich habe alles in meinem Kopf gespeichert. Bis heute weiß ich jede Einzelheit über jeden der Häftlingen, die mit in dieser Zeit gesessen haben.«

In der Tat ist er für sein außergewöhnliches Gedächtnis bekannt. Seine Freunde aus jenen Tagen erzählen, dass Dahlan es geschafft hat, während seiner Haftzeiten sein Studium zu beenden – einschließlich des Studiums der hebräischen Sprache, die er fast perfekt erlernt hat –, und das, obwohl er jeweils nur kurz im Gefängnis war.

Im Sommer 1986 wurde er zum letzten Mal verhaftet und zu einer administrativen Haft[4] ins Gefängnis von Gaza geschickt. Eines Tages kam ein überraschender Gast ins Gefängnis. Nach zwanzig Jahren Suche hatten die drei älteren Brüder von Dahlan ihren Vater in Jirguf gefunden, einer kleinen landwirtschaftlichen Siedlung an der saudi-arabischen Grenze zu Jordanien.

---

4   Eine Form der Haft ohne jeglichen richterlichen Beschluss.

»Er war ein Landarbeiter. Er lebte sein Leben. Er war sicher, dass wir alle im Krieg getötet worden waren und er deshalb nichts mehr von uns gehört hatte.

Er war auch nicht daran interessiert, von Palästina zu hören. Er war fertig damit. Basta. Sie hatten ihn überzeugt, nach Khan Yunis zurückzukehren, und er besuchte mich im Gefängnis. Das war das erste Mal in meinem Leben, dass ich meinen Vater gesehen habe.«

Das Wiedersehen zwischen Vater und Mutter hat er nicht miterlebt.

»Ich habe nichts für ihn empfunden. Auch er verhielt sich gleichgültig. Besonders überrascht hat es ihn, dass ich, sein jüngster Sohn, hinter Gittern steckte. Er konnte überhaupt nicht verstehen, was ich im Gefängnis zu suchen hatte. Er hatte keine Ahnung. Als ob er aus einer anderen Welt hier gelandet wäre, von einem anderen Planeten, so groß war der Unterschied.«

Im Januar 1987, fast ein Jahr vor Ausbruch der ersten Intifada, wurde Dahlan aus dem Gazastreifen vertrieben. Der Befehlshaber Süd, General Itzchak Mordechai, unterschrieb den Ausweisungsbefehl. »Derselbe Mordechai, mit dem ich später verhandelt habe, als er Verteidigungsminister war.«

In den Ausweisungspapieren stand, dass Mohammed Dahlan, Bewohner des Flüchtlingslagers Khan Yunis, für die PLO arbeite und Freiwillige rekrutiere. Er wurde in die Arawa, eine Wüste zwischen Israel und Jordanien, gefahren, und auf der Grenze befahl man ihm, in Richtung Jordanien zu marschieren, und schoss sogar eine Salve in die Luft und auf den Boden, damit er verstand, dass man es ernst meinte und die Ausweisung nicht rückgängig gemacht werden konnte. Dahlan marschierte zu Fuß auf Akaba zu, wo er in die Hände jordanischer Soldaten geriet, die ihn nach Amman brachten. Dort wurde er für drei Monate eingesperrt. Nach seiner Freilassung begab er sich auf eine Reise durch die arabische Welt. Zuerst fuhr er nach Ägypten und wurde auch dort für sieben Monate eingesperrt. Als er wieder freikam, fuhr er in den Irak. Dort arbeitete er unter dem Befehl des Leiters des »West-Sektors« der PLO, Halil Al-Wasir, genannt Abu Dschihad, der für die Aktivitäten der Organisation in den besetzten Gebieten zuständig war. Im April 1988 verübte Israel, wie ausländische Agenturen meldeten, in Tunesien ein Attentat auf Abu Dschihad, bei dem dieser getötet wurde. Daraufhin reiste Yassir Arafat in den Irak. Er bat Dahlan, mit ihm nach Tunis zu gehen, und bot ihm den begehrten Posten des PLO-Verantwortlichen für den Gazastreifen an. So wurde die Hinterlassenschaft von Abu Dschihad aufgeteilt, Dahlan wurde die Zuständigkeit für den Gazastreifen und Gibril Raguv für die Westbank übertragen.

Auf dem Flug vom Irak nach Tunesien, im Flugzeug Abu Amars (Yassir Arafat), erkannte Dahlan, dass er mit dieser Schlüsselposition und dem damit verbundenen Zugang zu den Zentren der Macht, seine Stellung im Allgemeinen und in Gaza im Besonderen festigen könnte. Seine erste Tat bestand in einer großzügigen Geldspende an Menschen, die er kannte, die mit ihm bei seiner qualvollen Odyssee durch den Gazastreifen und die Gefängnisse in Israel zusammengearbeitet hatten. Abu Dschihads West-Sektor hatte monatlich Gelder für die PLO-Aktivisten überwiesen, um deren militärische und gesellschaftliche Unternehmungen zu finanzieren. Dahlan beschloss, diese Summen deutlich zu erhöhen.

»Als ich aus den Gebieten ausgewiesen wurde, habe ich die Menschen nicht vergessen. Ich habe auch von draußen weiter für sie gesorgt. Jedem, dem ich mit Geld helfen konnte, habe ich geholfen. Im ersten Monat meiner Tätigkeit auf dem neuen Posten habe ich die Summe, die für die Organisation in Gaza bestimmt war, verfünffacht: Statt fünfzigtausend Dollar habe ich ihnen eine viertel Million Dollar überwiesen. Das war ein Aufstand. Weißt du, was das in Gaza bewirkt hat? Und jeden, der aus den besetzten Gebieten zum Studium nach Tunesien kam, habe ich angerufen und gefragt: ›Nun, wie steht's? Braucht ihr etwas? Geld?‹ Menschen, die geheiratet haben und kein Geld hatten, habe ich bei den ersten Schritten unterstützt. So habe ich gearbeitet. Nicht mit dem Hintergedanken, dass ich einmal ein Anführer sein wollte. Wer hat überhaupt daran gedacht? Ich wollte nur etwas tun, weil ich aus armen Verhältnissen gekommen bin.«

Wegen der Nähe zu Arafat wurde Dahlan zum Pflegesohn des »Leuchtturms«.

»Ich fand in ihm einen Vater. Er hat die Stelle des Vaters eingenommen, den ich mein Lebtag nicht hatte. Ich begann im ›West-Sektor‹ zu arbeiten. Das war der Codename für die Operationsabteilung der PLO, die alles plante und für die Aktivitäten in den besetzten Gebieten verantwortlich war. Ich war der Koordinator aller militärischen Aktionen in Gaza«, gibt Dahlan zu. »Und ich hatte viele Probleme mit den Ägyptern. Waffenschmuggel, Schmuggel von Menschen mit gefälschten Pässen, Probleme bis über den Kopf.« »Probleme«, so nennt er die Verfolgung durch den ägyptischen Geheimdienst.

Als der Golfkrieg 1991 zu Ende war, unternahm die PLO einen Versuch, die Kontakte mit Ägypten zu erneuern, nachdem sie wegen Arafats Unterstützung von Saddam Hussein abgerissen waren. Zur Anbahnung der Versöhnung wurde Abu Mazen auserkoren, der für die nationalen und internationalen Kontakte der PLO zuständig war.

»Zunächst haben sie ihn höflich empfangen. Als er zum zweiten Mal kam, sagten sie zu ihm: ›Was, ihr lacht uns aus? Einerseits kommst du zu uns, um die Beziehungen zu ordnen, und andererseits schickt ihr diesen Hurensohn Dahlan, dass er bei uns Attentate durchführt und Waffen schmuggelt?‹ Ich saß mit Abu Amar zusammen. Plötzlich kam Abu Mazen ins Zimmer. Er wusste nicht, wer ich bin. Ich war der Mann von Abu Dschihad und er hatte mich nie gesehen. Abu Mazen sagte zu Arafat: ›Wieso schickst du diesen Burschen Dahlan, um Attentate in Ägypten durchzuführen? Das macht uns alles kaputt.‹ Arafat drückte meine Hand, damit ich schwieg, sah Abu

Mazen freundlich an und fragte ihn: ›Wer ist Dahlan? Was ist mit dir los? Weißt du es nicht? Das ist einer von der Volksfront. Er hat mit uns überhaupt nichts zu tun.‹ Abu Mazen war überrascht, sagte ›Entschuldigung‹ und ging raus.

Ich sagte zu Arafat: ›Wieso hast du aus mir einen Volksfront-Mann gemacht, Abu Amar? Einen Kommunisten?‹ Arafat lächelte sein väterliches Lächeln und sagte nur: ›Lass doch, was regst du dich auf?‹«

Damals wurden im fernen Oslo die ersten Kontakte geknüpft. »Im Mai 1993, ein halbes Jahr, bevor der endgültige Vertrag unterzeichnet wurde, schickte man Hassan Asfour zu mir, einen Vertrauter von Abu Mazen. Zu Abu Mazen selbst hatte ich keinen Kontakt.«

In Tunesien wurde Abu Mazen als der Vorreiter einer gemäßigten Linie angesehen, der die Aufnahme von Verhandlungen mit den Israelis unterstützte, auf der Basis gegenseitiger Anerkennung. Seine Kritiker nannten sein Büro »Jewish Agency« – Jüdisches Büro –, weil er schon damals an eine friedliche Lösung des Konflikts zwischen Israelis und Palästinensern geglaubt hat.

Ich erzähle das Dahlan und er lacht. Es ist ihm nicht ganz angenehm, so über den gewählten Präsidenten zu sprechen. »Man pflegte zu sagen: ›Ich habe nicht gesagt ...‹« Und sein Lachen rollt. Er hat offenbar vergessen, dass er mir die Geschichte mit der Jewish Agency vor Jahren selbst erzählt hat.

»Arafat ließ mir mitteilen, dass ein Vertrag mit den Israelis langsam Gestalt annimmt, und man solle die militärischen Aktivitäten in Gaza und der Westbank einstellen. Hassan Asfour, der Gesandte von Abu Mazen, hatte Angst vor meiner Antwort und wollte daher etwas vorfühlen: ›Was würdest du dazu sagen? Würdet ihr die Attentate stoppen? Die Intifada und die Demonstrationen in Gaza?‹«

Dahlan streckt sich in seinem Sessel, lächelt ein breites glückliches Lächeln und fügt auf Hebräisch hinzu. »Sie wussten, dass die Entscheidung bei mir lag. Ich sagte zu Hassan Asfour: ›Was soll diese Geschichte? Sag mir die Wahrheit oder ich zerstöre euch alles.‹

Er sagte mir: ›Es gibt Übereinstimmungen.‹« Er imitierte die Aussprache von Asfour, wie er jedes Wort langsam ausspricht. Übereinstimmungen. »Ich antwortete ihm: ›Ich weiß nicht, ich werde darüber nachdenken. Es ist nicht einfach alles zu stoppen.‹

Am nächsten Tag brachte mir Asfour einen Entwurf: ›Lies.‹ Ich sagte zu ihm: ›Ich lese nicht. Gib mir jetzt Antworten, und zwar sofort. Werden die Gefangenen freigelassen?‹ Er antwortete:‹Es ist möglich, ja.‹

›Kann ich nach Gaza zurückkehren?‹, fragte ich ihn. Er antwortete mir: ›Ja.‹ Und er ging, um Abu Mazen Bericht zu erstatten.

Er unterrichtete ihn über meine Bedingungen. Abu Mazen frage Hassan Asfour: ›Was, dieser verrückte Dahlan will zurück nach Gaza? Soll er doch, ausgezeichnet!‹

So hat man mich dann zu Abu Mazen eingeladen. Ich sagte zu ihm: ›Hör mal zu, ich will von dir Garantien, dass die Gefangenen freikommen. Wenn ich sie bekomme, werde ich den Vertrag unterstützen.‹ Er reichte mir den Entwurf des Vertrages. Ich sagte: ›Lass mich, ich will nicht lesen.‹ Abu Mazen fragte mich: ›Welche Garantien willst du haben?‹ Ich antwortete: ›Ich werde ein einziges Telefongespräch führen und du wirst zuhören. Ich werde das Gespräch aufnehmen und es an alle Gefangenen schicken.‹

Ich rief Suffyan Abu Zaydeh an, der mit der ganzen Shabiba zusammensaß, Ihab al-Ashkar und Sami Abu Samhadana. Er sagte zu ihnen: ›Ich verspreche euch, dass die Gefangenen freikommen.‹ Sie fragten ihn: ›Mohammed wird zurückkommen dürfen?‹ Er antwortete: ›Ja.‹ Das war nicht einfach. Ich war in den Augen der Israelis ein Terrorist. Erst nach diesem Gespräch habe ich den Entwurf von Oslo gelesen.«

Dahlan unterbricht kurz seine Erzählung und erklärt: »Hauptsache, ich komme zurück.« Als er merkt, dass sich die

Worte in meinen Ohren wie eine egoistische Überlegung anhören müssen, fügt er im gleichen Atemzug noch hinzu: »... und dass die Gefangenen freikommen.«

Aber der Weg zurück in die »Heimat« war noch nicht geebnet. Dahlan und Gibril Raguv waren von den Israelis noch nicht akzeptiert.

»Man schickte mich zu den Vorbereitungsgesprächen in Taba und Amnon Shachak (der Generalstabschef) weigerte sich, mit mir zu reden. Ich saß draußen und nahm an den Gesprächen nicht teil. Man sprach mit Nabil Sheat und Hassan Asfour und ich saß draußen und wartete. Ich wollte zurückkehren. Wenn ich nicht hartnäckig wäre, hätte ich nicht zurückkehren können. Ich bin der Letzte, dem die Israelis die Rückkehr erlaubt haben.«

In diesen Tagen sprach ich am Telefon mit Dahlan, durch die Vermittlung meines Freundes, des Journalisten Abd Abu Al-Askaoch.

»Wann kommst du zurück?«, fragte ich ihn.

»Ich habe hier noch eine Menge Arbeit zu erledigen«, antwortete Dahlan. Wie es seine Art ist, hat er die Probleme nicht erwähnt. Er zog es vor, sie hinter den Kulissen zu lösen.

»Nachdem ich Amnon Shachak und Yaakov Peri (Leiter des Sicherheitsdienstes) in Italien getroffen hatte, waren sie überzeugt, dass wir nach vorne schauen. Sie gingen und fragten Rabin, und er ermöglichte es uns, nach Hause zurückzukehren.«

Die erste Bedrohung Arafats

Mitte Oktober 1993, einen Monat nach der Unterzeichnung des Vertrags von Oslo im Weißen Haus, kamen elf Führer aus den besetzten Gebieten zu einem Treffen mit Arafat nach Tunesien. Sie waren Häftlinge aus den Gefängnissen, einige von ihnen wurden erst kurz vor dem Treffen freigelassen. Es sollte ein historisches Ereignis werden. Nicht einer der freigelassenen Häftlinge, die das gemeinsame Oberkommandos der vereinten Intifada innehatten, hatte je in seinem Leben ihren verehrten Führer gesehen, Yassir Arafat, den Generalsekretär der PLO, den Mann, in dessen Namen und für dessen Namen sie kämpften. Die Delegation, die Gaza mit Erlaubnis der Israelis verließ, bestand aus Ihab al-Ashkar, dem herausragendsten unter den Führern der Intifada, Sami Abu Samhadana und Suffyan Abu Zaydeh, Diab Al-Luch und noch sieben weiteren Delegierten, die alle zu unterschiedlichen Zeiten bei der Intifada als Mitglieder des gemeinsamen Kommandos mitgewirkt hatten. Als sie aber nach Tunis kamen, glücklich und aufgeregt, erwartete sie eine Überraschung. Keiner hatte ihnen einen roten Teppich ausgebreitet, keiner hat sie als Helden empfangen, wie sie es erwartet hatten und wie sie diesen Augenblick während all ihrer Jahre im israelischen Gefängnis erträumt hatten. Tatsächlich hatten sie schon beim Betreten des Hotels am ersten Abend, eine merkwürdige und irgendwie verdächtig erscheinende Atmosphäre empfunden.

Ihab al-Ashkar, ein von Natur aus lebensfroher Mensch, vergeudete keine Minute und beeilte sich, allein in einen Nachtclub in Tunis auszugehen. Drei Mal während der ersten Intifada war er der Oberste Befehlshaber der gemeinsamen Kommandozentrale in Gaza, und dies war das erste Mal, dass er Gaza als freier Mann verlassen hatte. Er war glücklich, den Traum seines Lebens erfüllen zu können, Arafat zu treffen und mit ihm die Gründung eines bereits im Entstehen begriffenen Staates zu koordinieren.

»Weißt du, was das bedeutet? Es ist das erste Mal im Leben, Menschen tanzen, Frauen tanzen, man trinkt, man isst, man amüsiert sich, und ich, Ihab al-Ashkar aus Gaza, betrachte sie, als käme ich von einem anderen Planeten.«

Um drei Uhr morgens kehrte er zum Hotel zurück und fand seine Freunde nicht, die mit ihm aus Gaza gekommen waren.

»›Wo sind sie alle?‹, habe ich gefragt. Man sagte mir: ›Man hat sie zum Verhör abgeholt. Ich ließ alles stehen und liegen und lief zur Amtsstube von Arafat. Als ich ankam, sah ich alle dort sitzen und warten, wie vor einem Prozess.

›Was macht ihr hier?‹, habe ich sie gefragt.

›Man hat uns abgeholt‹, antworteten sie.

›Und ihr seid mitgegangen wie kleine Kinder? Steht auf!‹, sagte ich zu ihnen. ›Keiner verhört hier jemanden.‹«

Es stellte sich heraus, dass Arafat alle wegen der Affäre um die Ermordung eines PLO-Aktivisten, kurz nach der Unterzeichnung des Oslo Abkommens, des Rechtsanwalts Muhamed Abu Shaban aus Gaza, verhören wollte.

»Die Leibwächter von Arafat versuchten mich zu ergreifen, aber ich begann, sie zu verfluchen, Arafat zu verfluchen und den, der ihn gezeugt hatte.«

Ihab al-Ashkar ist ein gesunder, kräftiger Mann. Als die Leibwächter Arafats ihn packen wollten, hat er sie in alle Richtungen geschleudert. »Sagt Arafat in meinen Namen, dass er sich in Acht nehmen soll!«, brüllte er mit seiner Stimme, damit Arafat auch mit eigenen Ohren die saftigen Flüche hören konnte, die er von sich gab. Danach stieg er in einen der Wagen, die auf dem Parkplatz standen, durchbrach das Tor und raste davon. Arafats Leibwächter fuhren hinterher und versuchten ihn in einer wilden Verfolgungsjagd einzuholen, die von Schüssen begleitet quer durch ganz Tunis führte.

Als Hiab von dieser filmreifen Verfolgung erzählte, die den Beginn der Auseinandersetzung zwischen Arafat und den Kämpfern vor Ort markierte, kugelte er sich vor Lachen. Der Polizeipräfekt von Tunis rief anderntags bei Arafats Büro an und bat, dass man den »Irren« aus Gaza doch beruhigen möchte. Aber Hiab war fest entschlossen, Arafats Verrücktheiten nicht nachzugeben. Er war überzeugt, dass man die Beleidigung, die er und seine Freunde erfahren hatten, nicht stillschweigend übergehen durfte. Noch in Tunesien, noch vor der Rückkehr nach Gaza musste man Arafat eine Lektion erteilen. Jahrelang hatten sie von der Führung durch Arafat geträumt und von einer Sekunde zur anderen zerplatzte dieser Traum in Tunis und wurde stattdessen zu einer realen Bedrohung.

»Am nächsten Tag kamen Arafats Leute zu mir ins Hotel und versuchten mich zu überreden: ›Komm, wir machen Sulcha bei einer Tasse Kaffee, komm mit zu Arafat.‹ Solch schöne Worte und nichts geschah. Und naiv, wie ich war, ließ ich mich darauf ein. Als ich bei Arafat ankam, fielen sie über mich her, legten mir Handschellen an und warf mich in eine Einzelzelle.«

Die schockierten Freunde von Hiab, Sami Abu Samhadana und Suffyan Abu Zaydeh, berichteten Taufik Abu Chusa in Gaza von den Ereignissen in Tunesien: »Es gibt hier ein ernsthaftes Problem, man behandelt uns wie Hunde, Hiab ist verhaftet worden.«

Auch Taufik Abu Chusa hätte es in seinem schlechtesten Traum nicht für möglich gehalten, dass seine Freunde beim ersten Besuch für ein Friedensabkommen in Tunesien so empfangen würden. Inzwischen hatte Arafat Tunesien für einen Besuch in Spanien verlassen, aber Abu Chusa gelang es, ihn in einem Hotel in Madrid zu erwischen. Als die Leute von Arafat dem Rais den Telefonhörer gaben, fackelte Abu Chusa nicht lange und drohte:

»Abu Amar, du hast drei Stunden, um Hiab freizulassen. Wenn er innerhalb von drei Stunden nicht frei ist, werden wir ganz Gaza raus auf die Straße bringen und deine Porträts vor den Augen der ganzen Welt verbrennen. Du wirst es nicht mehr wagen, nach Gaza zu kommen.«

Eine halbe Stunde nach diesem Telefongespräch befand sich Hiab außerhalb der Zelle.

Aber bereits in dieser Nacht wussten die »Männer vor Ort«, die Insassen der Gefängnisse, die Führer der Intifada, dass ihr Leben mit Arafat nicht leicht sein würde. Keiner von ihnen würde es erleben, selbst einen Posten zu übernehmen. Der Kampf der Führer vor Ort gegen die Führer von draußen begann jetzt erst, und es war allen klar wohin sich die Waage neigte. Yassir

Arafat hat den Leuten vor Ort niemals getraut, den Gefangenen, die ihr Leben für ihn opferten. Er fürchtete, dass sie einen Aufstand gegen ihn organisieren könnten, und er fürchtete, dass er seine Macht mit dem neuen Ministerpräsidenten Abu Mazen, der von den Leuten vor Ort auf Schultern getragen wurde, würde teilen müssen.

✳

Am 17. Mai 1994 kehrte Dahlan nach sieben Jahren Exil nach Gaza zurück. Nachdem er sich von den freundschaftlichen Umarmungen und seiner Ohnmacht erholt hatte, verschwendete er keine Zeit mehr und versammelte schon am nächsten Morgen die Familien der Exilanten im Vorhof des PLO-Büros in Gaza. Ich stand abseits und sah ihn in seiner Not. Die Familien der Vertriebenen schrien ihn an. »Wie ist es möglich, dass du hier bist und sie dort? Bist du wertvoller als andere?«, rief eine Frau. Dahlan wurde blass. Er schwitzte.

»Ich flehe euch an«, sagte er und machte fast einen Kniefall. »Ich verspreche euch, dass ich nicht eine Sekunde ruhen werde, bis ich sie alle hier sehe.«

Nachdem sie alle etwas Dampf abgelassen hatten, wütend darüber, dass er zurückgekommen war und ihre Angehörigen zurückgelassen hatte, trat er zu jeder Mutter und jedem Vater und zu allen, die bei diesem geladenen Treffen dabei waren, küsste sie auf die Wangen und weinte mit ihnen.

Erst danach begann er die berühmte Dahlan-Bande zu organisieren. Dabei nutzte er seinen großen Aktivposten aus, dass er ein Mitglied des »Al-Dachal und Al-Charag« war, das heißt, ein Mann sowohl aus den besetzten Gebieten (Dachal) wie aus der Diaspora (Charag).

Wegen seiner Tätigkeit im »West-Sektor« konnte Dahlan auf eine feste und treue Machtbasis in Gaza zählen, aber er kannte auch die Männer aus Tunesien sehr gut. Diese mussten sich zwar in den besetzten Gebieten in einer ihnen unbekannten

Umgebung zurechtfinden, aber dank der Unterstützung von Yassir Arafat konnten sie schnell alle wichtigen Machtzentren der neuen palästinensischen Autonomie für sich in Anspruch nehmen.

Die Al-Dachal-Leute begingen den großen Fehler, dass sie zu schnell nachgaben und nicht wagten, um Aufgaben und Posten in der Autonomie zu kämpfen.

»Wir dachten, dass sie besser sind als wir. Gebildeter, erfahrener, weltgewandter, und wir dagegen, was sind wir, wir saßen unser Leben lang im Gefängnis«, sagte mir Hisham Abu Razek. Während ihrer jahrelangen Haft empfanden die palästinensischen Gefangenen große Achtung und Respekt für die verehrten Al-Charag-Leute, deren Namen und Taten in den Gefängnissen erzählt wurden. Sie bekleideten Posten und hatten einen offiziellen Stand in der PLO-Organisation, hielten Reden bei den Treffen der arabischen Außenminister und auf Konferenzen der PLO, während die früheren Gefangenen, die Al-Dachal-Leute, nicht mehr als einen Opferausweis vorzeigen konnten, eine Bestätigung ihres großen persönlichen Opfers im nationalen Kampf gegen die israelische Besatzung. Einige Monate nach der Gründung des Palästinensischen Autonomiegebiets begriffen die Al-Dachal-Leute ihren Irrtum, aber da war es schon zu spät.

»Es stellte sich heraus, dass wir viel besser waren als sie, wir waren gebildeter als die meisten von ihnen, weil wir in den Gefängnissen studiert hatten, und was das wichtigste ist, wir kannten die Israelis. Wir kannten ihre Achillesfersen und wussten, was ihnen wirklich weh tut. Wir sahen sie als Feind, aber manchmal sahen wir sie auch als Menschen, nicht wie diese »Tunesier«, die mit vorgefertigten falschen Auffassungen über die Israelis gekommen waren.

Und das allerwichtigste: Die Männer der Al-Dachal hatten eine völlig andere Auffassung von der Macht und einem palästinensischen Staat als die Männer aus Tunesien. Die Menschen aus den besetzten Gebieten hofften auf einen demokratischen

Staat, pluralistisch nach westlichem Modell, der Israel ähnlich sein sollte, das sie aus der Nähe kennen lernen durften. Die Männer aus Tunesien strebten nach einem zentralistischen Staat nach dem Muster der arabischen Staaten.

Mitten in diesem Durcheinander und der Auseinandersetzung zwischen Dachal und Charag organisierte sich die Dahlan-Bande.

Wie es seine Art war, hielt Dahlan seinen Freunden aus der Gefängniszeit und den Menschen die Treue, die während seiner Exilzeit den Kontakt zu ihm aufrecht erhielten.

Diese vertrauensvollen Beziehungen und Kontakte haben sich bezahlt gemacht. Wer ein Freund von Dahlan ist, wird niemals enttäuscht. Wird niemals ohne Posten oder Hilfe in Notzeiten bleiben. Als Dahlan anfing, den Sicherheitsapparat unter seiner Leitung zu organisieren, bestand er darauf, auch die Verantwortung für die Grenzübergänge mit Israel zu übernehmen, eine Aufgabe, die vielleicht den wichtigsten Machtfaktor im Gazastreifen darstellt. Grenzübergänge und ein Sicherheitsapparat gewähren breiten Handlungsspielraum für die Vergabe von Jobs an Freunde.

»Wenn Dahlan nicht gewesen wäre«, sagen die Mitglieder der »Bande«, »ist es zweifelhaft, ob die Männer der Al-Dachal überhaupt ein Stück von Arafats Verwaltungskuchen bekommen hätten. Arafat umgab sich mit seinen Günstlingen aus Tunesien, die ihm nach dem Mund redeten und ihm halfen, eine zentralistische Macht zu etablieren.«

Als Arafat nach Gaza kam, stand ich auf einem Balkon, der auf den Platz des unbekannten Soldaten blickt. Wir hatten ihn von den Bewohnern gemietet, um unsere Kameras dort aufzustellen und von dort über die Ankunft des Anführers zu berichten. Auf dem Platz, der vor uns lag, sollte der neue Präsident der Palästinensischen Autonomiegebiete seine Siegesrede halten. Ein Hauch vom Mantel der Geschichte, ein historischer Augenblick – jedes Klischee würde passen, um das Ereignis zu beschreiben, bei dem Arafat, der Mann, den man mich mein Leben lang zu hassen gelehrt hatte, in seiner natürlichen Größe auf der Bühne stehen würde. Er wird die Keffija, das palästinensische Tuch, in einer seltsamen Verknotung um seinen Kopf geschlungen haben und die Menge wird ihm zu Ehren jubeln. Arafat aus dem PLO-Land in Jordanien und der Held des Libanonkrieges. Arafat, der verantwortlich ist für das Attentat bei den olympischen Spielen in München und das an der Uferstraße vor Tel Aviv. Arafat, der Mann, der im Bewusstsein der Israelis alle Attentäter geschickt hat, die je Attentate in Israel ausgeführt haben. Arafat: Selbst seinen Namen kann man kaum aussprechen, ohne sich vor dem Mann zu fürchten, dem es immer wieder gelungen ist, wie ein Phönix aus der Asche neu zu erstehen, wenn man die Trauerreden über ihn schon gehalten und ihn fast lebendig begraben hatte. Neben mir auf dem Balkon standen zwei Jugendliche und lehnten sich an die Betonbrüstung. Sie beobachteten die Menge, die den großen Platz füllte, und warteten ebenfalls darauf, den Menschen zu sehen, der ihr Leben so viele Jahre aus der Ferne beeinflusst hatte. Wenn er kommt, wird er ihr erster Präsident werden und wird ihr Leben noch viel mehr beeinflussen als in der Vergangenheit. Sie sprachen miteinander über ihre Zukunft und aus ihren Worten klang große Sorge.

Was wird sein? Was wird passieren? Es ging nicht um eine einfache Veränderung des eigenen Lebens. Die gesamte Weltordnung stand vor einer Veränderung. Als die Wagenkolonne herankam und die Menge passierte und Yassir Arafat ihnen aus dem geöffneten Mercedes zuwinkte, sagte einer der jungen Leute voller Zorn zu seinem Freund: »Sieh ihn mal an, diesen Hurensohn. Er hätte in Camp David die gleichen Ziele erreichen können, für die er jetzt unterschrieben hat. Wir hätten schon längst einen Staat haben können. Dafür sind Menschen umsonst gestorben. Umsonst hat er uns das Leben zerstört.«

Er meinte den Vorschlag Menachem Begins, eine Autonomie in den besetzten Gebieten einzurichten und gleichzeitig ein Friedensabkommen mit Ägypten zu unterzeichnen. Die Worte überraschten mich. In meiner falschen Wahrnehmung und mit dem Feindbild, das ich bis dahin hatte, dachte ich, dass sie ihren Anführer leidenschaftlich lieben, ohne wenn und aber und deshalb jubeln sie und werfen sich vor ihm auf den Boden. So ist es in der Dritten Welt, so ist es in allen arabischen Staaten. Wenn MuBarack, Assad, Saddam, Gaddafi oder irgendein anderer arabischer Führer seinen Bürgern mit der Hand zuwinkt, sieht es aus, als ob alle ihnen Liebe entgegenbringen und ihnen Erfolg und Gesundheit wünschen. Einzig und allein diese Sichtweise kannte man in Israel, es gab keine Alternative. Nur Arafat war auch unter den Einwohnern der besetzen Gebiete umstritten, und nicht nur innerhalb der islamistischen Kreise, die ihn und alles, was er repräsentierte, verachteten.

Während aber unter den Entscheidungsträgern in Israel all die vielen Jahre – bevor Arafat kam und auch danach – die Meinung herrschte, dass er große Unterstützung in seinem Volk und sogar dessen Liebe genießen würde und in der Lage wäre, alles zu erreichen. Ein Anführer, der über seinem Volk stand, der Befehle erteilte, und alle gehorchten. Man sah den Feind in Arafat, sah in ihm den Verantwortlichen für alles, für Krieg und für Frieden. Doch keiner rechnete bei der Beurteilung der Palästinenser als Volk mit der überaus wichtigen Tatsache, dass es sich nicht um eine homogene Bevölkerung handelt, die nur den Willen des Präsidenten ausführt.

Aber auch Arafat und seine Berater waren ihrerseits in falschen Auffassungen und Vorstellungen über die Israelis gefangen, die sich in den Tagen der Diaspora, im Libanon und in Tunesien, in einer langen, auf beiden Seiten blutgetränkten Geschichte herausgebildet hatten. Es bestand ein tiefer mentaler Graben zwischen den Rückkehrern aus der Diaspora, den »Tunesiern« (auch wenn nicht alle von dort kamen), und den Israelis, den neuen Partner für den Frieden.

Shlomi Eldar interviewt Bewohner von Nusseirah nach dem Angriff der israelischen Luftwaffe.

Der Photoreporter Magidi al-Arabit fotografiert während der Operation »Eiserne Hand«.

Als Arafat mit seinem ganzen Gefolge nach Gaza kam, logierten sie im neuen Hotel Palestine, dessen Inhaber über eine seltene visionäre Gabe verfügte oder aber ein unverantwortlicher Zocker war, da er am zauberhaften Strand von Gaza ein Luxushotel errichtete, ausgerechnet in der Hochzeit der Intifada. Damals dachten alle, dass der Inhaber verrückt geworden sei. Jetzt hatte er es geschafft, den ersten palästinensischen Präsidenten als Gast zu beherbergen, und sein Hotel ging in die Geschichtsbücher ein. Draußen versuchte der Sprecher des Präsidenten, Maruan Knafani, Ordnung zu schaffen unter den Journalisten, die den Präsidenten, der soeben von den Israelis - die er hasste und von denen er gehasst wurde - anerkannt worden war, hören und fotografieren wollten. Der Bruder Maruans war der bekannte, in Acco geborene Schriftsteller Assan Knafani, der 1972 in Beirut liquidiert worden war. Er war der Sprecher der Volksfront von Georg Habash, und auf den Fotos, die in den Zeitungen von Beirut erschienen sind, sieht man ihn in dessen Büro zusammen mit den Mitgliedern der »Japanischen Roten Armee«, die das Massaker auf dem Flughafen Lod Ende Mai 1972 begangen haben. Am 8. Juli verließ er sein Haus in einem Beiruter Vorort in Begleitung seiner fünfzehnjährigen Nichte. Als sie im Wagen saßen, explodierte dieser. Das Attentat wurde den Israelis zugeschrieben.

»Wer bist du?«, fragte mich Maruan.

»Ich bin israelischer Reporter«, antwortete ich.

»Und du glaubst, dass du bevorzugt behandelt wirst, weil du Israeli bist? Reicht es nicht, dass ihr die ganzen Jahre vor Ort bevorzugt wurdet?« Er sprach perfektes Englisch. Ich verstand, woher der Wind wehte. Eine neue Generation war nach Gaza gekommen, die die Mauern von Hass und Feindschaft, die jahrzehntelang gebaut worden waren, noch nicht überwunden hatte. Sie hatten - das hatte ich gelernt - nichts gemeinsam mit den Menschen aus Gaza. Die befreiten Gefangenen kannte ich sehr gut und ich habe ihre Bereitschaft erkannt, für eine echte Veränderung, für eine Versöhnung zwischen Israelis und Palästinensern zu sorgen. Aber die Macht dieser Gruppe war gering. Arafat und seine Leute hatten sie an den Rand gedrängt und bestimmten jetzt, wie die zukünftige Macht in den Autonomiegebieten verteilt werden sollte.

Am Ausgang des Sabbat, vierundzwanzig Stunden nach der Rückkehr des neuen Rais, wurden alle israelischen Journalisten zu einem ersten Kennenlernen in das Hotel gelassen, in dem er weilte. Während des Libanonkrieges traf Arafat in Beirut die israelischen Journalisten Uri Avnery und Anat Sargosti. Bevor er nach Gaza kam, haben ihn in Tunesien andere israelische Journalisten interviewt. Aber jetzt in Gaza den »Mann mit dem Bart«, wie ihn Golda Meir genannt hatte, als siegreichen Politiker, der sogar von den Israelis als Führer des palästinensischen Volkes anerkannt wurde, von Angesicht zu Angesicht zu sehen, war etwas Besonderes. Die Spannung war mit Händen greifbar. Die Frage aller Fragen für uns alle war, ob wir seine blutgetränkte Hand schütteln würden. Aber die Frage blieb hypothetisch. Arafat kam bis zum Eingang des Raumes, in dem die israelischen Journalisten saßen, blieb für einen Augenblick stehen und erblasste. Offensichtlich erschreckt durch unsere Anwesenheit, drehte er sich um und ging, ohne ein Wort zu sagen.

Sein Berater Achmed Tibi, der ihn zum Kennenlerntreffen, das dann doch nicht stattgefunden hat, begleitete, kam einige Minuten später herein und sagte verlegen, »Meine Damen und Herren, der Präsident wird sich heute mit ihnen nicht treffen können.« Und das war das erste Anzeichen, dass Yassir Arafat nicht für eine Sekunde aufhörte, Israel zu verdächtigen, geheime Pläne gegen ihn zu verfolgen, manchmal zu Recht, aber oft aus dieser falschen Feindhaltung heraus, die er während der ganzen Jahre seiner Führung beibehielt.

»Dir kann ich offen sagen«, erklärte Dahlan ungefähr ein Jahr nach Arafats Tod. »Arafat war ein Symbol. Ein großer Anführer. Aber er war nicht in der Lage, sich vom Führer einer Organisation zum Lenker eines Staates zu wandeln. Und das ist mein Hauptkritikpunkt ihm gegenüber. Als er hierher zurückgekehrt war, arbeitete er nach der Konzeption von Beirut. Er dachte, dass er immer noch Führer der PLO in Beirut ist. Nicht einer, der in das eroberte Vaterland zurückkehrt und nun ein Staat errichten muss. Das war sein größter Irrtum.«

Zwei Monate nach Arafats Ankunft in Gaza und der Einrichtung seines Elfenbeinturms in der Nähe des Stadtstrands kamen Suffyan Abu Zaydeh und Hisham Abu Razek in sein Büro. Auf ihrem Weg sahen sie auf den Hauswänden neue Parolen der Hamas, während alle Graffitis, die während der Intifada auf die Mauern geschmiert worden waren, entfernt und weiß übertüncht waren. »Ich fühlte, dass die Hamas keine Angst hatte und auch keine Grenzen antestete. Sie haben einfach Mut gefasst«, sagte Sufyan.

In dem Augenblick, als sie in das Büro von Arafat betraten, kamen auch Bargutti und Ta'awat Ta'awat von der Westbank. Als Arafat die Männer der Westbank zusammen mit denen aus Gaza sah, erschrak er.

»Was geht hier vor? Ihr seid zusammen gekommen? Macht ihr gemeinsame Sache gegen mich? Konspiration?«

So war Arafat. Er hat geteilt und geherrscht. Geteilt, weil er sein ganzes Leben lang Angst hatte, sogar von den allernächsten Menschen.

Schließlich rang sich Sufyan durch, es ihm zu sagen, »Herr Präsident, wenn nach zwei Monaten die Hamas es wagt, Parolen auf den Wänden zu schreiben, dann sehe ich, dass die Macht der Autonomieverwaltung begrenzt ist.« Arafat hörte die Kritik, war aber nicht bereit, sie zu akzeptieren.

»Wer bist du, dass du sagen kannst, wer Macht hat und wer nicht?«, herrschte er Sufyan an. Alle Anwesenden im Büro erstarrten auf ihrem Platz.

»Mein Herr«, fuhr Sufyan fort, wohl wissend, dass er nichts mehr zu verlieren hatte. Er war schließlich in Tunesien gewesen und hatte die Erniedrigung von Hiab miterlebt. »Die Menschen haben nicht erwartet, dass man hier innerhalb von zwei Monaten – bevor man eine Schule baut, eine Klasse, ein Bett in einem Krankenhaus – acht Sicherheitsapparate einrichtet und jeder Sicherheitsapparat ein Gefängnis baut und Menschen verhaften kann. Das haben wir nicht erwartet.«

Arafat kochte vor Wut. »Was? Wie viele Sicherheitsapparate, meinst du, hat Ägypten? Ha?!« »Unser Vorbild ist Ägypten?«, erwiderte Sufyan, der in der »Hohen Schule für Gerechtigkeit« aufgewachsen war und studiert hatte. »Wir haben vierzig Jahre gekämpft, um so zu sein wie die Ägypter?«

Im Büro von Arafat im Sommer 1994 zeigte sich erneut mit ganzer Macht der gewaltige mentale Graben zwischen den ehemaligen Gefängnisinsassen und der palästinensischen Führung aus Tunesien mit Arafat an ihrer Spitze. Dort wurde Sufyans politische Zukunft bis zum Ende von Arafats Führungszeit ausgelöscht. Als er beschämt und gekränkt ging, rief der Vorsitzende ihm die beleidigenden Worte nach: »Du bist Sufyan Ashrawi«, in Anspielung auf Hanan Ashrawi, die an der Spitze des Vereins für Menschenrechte in der Westbank stand.

»Nein, ich bin Suffyan Abu Zaydeh«, antwortete Sufyan und verließ den Raum.

Und in der Tat war dies das Motiv, welches Yassir Arafat in seinem Verhältnis zu den Israelis und den Palästinensern bis zu seinem Tod leitete. Er hörte nicht auf, alle zu verdächtigen, die Israelis sowieso, aber auch die meisten in seinem Umfeld. Arafat installierte ein Herrschaftssystem, wie er es kannte: als Führer einer Organisation, der alle Macht der Autonomiebehörde in seiner Hand hielt.

»Er war zur Hälfte ein Engel und zur Hälfte ein Teufel«, sagte mir einer der Al-Dachal-Leute, der es verständlicherweise vorzieht, nicht beim Namen genannt zu werden. »Er liebte es, den Eindruck eines großzügigen Spenders zu erwecken, der jedem Bedürftigen etwas gibt, als ob es das Geld seines Vaters wäre.«

Hunderte von Bitten um Unterstützung erreichten Arafats Büro und er hat sie fast immer positiv beantwortet, auch wenn er niemals die Summe gab, die notwendig gewesen wäre. Arafat hat keine funktionierenden Verwaltungsapparate aufgebaut. Alles war von seinem Willen und seinem Wahnsinn abhängig. Und die ganze Zeit über war er davon überzeugt, dass alle ihn verfolgten.

Im September 1997, vier Jahre nach seiner Ankunft in Gaza und nach einem Attentat auf einem Gehsteig in Jerusalem, bei dem fünf Israelis getötet worden waren, war er bereit, mir ein Interview zu geben, das erste Interview überhaupt für ein israelisches Medium seit seiner Rückkehr. Arafat war überzeugt, dass die Hamas und Israel sich gegen ihn zusammengetan hatten, um ihn zu Fall zu bringen. Im Verlauf der Jahre hat er diese überzogene Beschuldigung immer wieder vorgebracht, bis es so aussah, als ob er mit solchen unsinnigen Behauptungen die Kritik an seiner Person beiseite wischen wollte, die ihm vorwarf, die Führer der Hamas und die Vertreter ihres militärischen Arms nicht verhaftet zu haben. Aber ich denke, dass Arafat tatsächlich und ehrlich geglaubt hat, dass Israel versucht habe, ihn zu erniedrigen, und dass die Attentate Teil eines großen Plans wären, der vom israelischen Sicherheitsdienst und der Hamas, die Hand in Hand zusammenarbeiteten, gegen ihn ersonnen worden wäre. Seine Gefühle und Verdächtigungen zeigten sich immer ausgeprägter, besonders nach der Ermordung von Israels Ministerpräsidenten Itzchak Rabin und der Wahl von Benjamin Netanjahu, dem Gegner von Oslo, zu seinem Nachfolger.

1996, nach einer Welle von Attentaten nach der Liquidierung des Ingenieurs Jechia Hijash, verpasste Yassir Arafat die Gelegenheit seines Lebens, die Organisationen, die gegen Oslo waren, aufzulösen und zu entwaffnen. Er war in der Lage, den ersten Schritt zu machen, aber er schreckte davor zurück.

»Wir waren im Haus von Abu Mazen in Gaza«, erzählte Dahlan. »Um drei Uhr nachts gab er mir und Amin Al-Hindi, dem Kommandanten des Sicherheitsdienstes, den Befehl, alle zu verhaften. ›You have to stop this game‹, sagte er. ›Aber was hat uns Netanjahu gegeben?‹, fragte er dann und zitierte den Schlüsselsatz der Politik, den Netanjahu bei seinen Kontakten mit den Palästinensern immer wiederholte: ›Wenn ihr geben werdet, werdet ihr bekommen. Ha? Was haben wir bekommen?‹ Die Israelis machen immer alles für die öffentliche Meinung in Israel. Alles wird gemacht wegen der inneren Lage Israels. Es interessiert sie nicht, was auf der palästinensischen Seite passiert. Sie verhandeln unter sich und entscheiden unter sich, fassen Beschlüsse mit allen Parteien – wir sind für sie gar nicht vorhanden.«

Als Beispiel dafür erinnerte Dahlan an die Treffen, die zwischen Netanjahu und Arafat stattgefunden hatten. Während seiner ganzen Wahlkampagne hatte Netanjahu betont, dass er sich nicht mit Arafat treffen würde, sollte er zum Ministerpräsidenten gewählt werden. Und würde er genötigt sein, ihn zu treffen, dann würde er ihm nicht die Hand geben.

»Hat er ihm beim ersten Treffen die Hand gegeben?«

»Er hat geschüttelt, und wie geschüttelt«, erzählte Dahlan. »Und Abu Amar hat ihm sogar zwei Küsse gegeben. Yalla, da hast du es«, sagte er, als ob er ein großes Geheimnis verriet, das er schon Jahre mit sich herumgetragen hatte: Arafat hat Netanjahu geküsst!

»Ich war bei allen Treffen zwischen Netanjahu und Arafat anwesend. Der Netanjahu aus dem Fernsehen ist nicht der Netanjahu, den wir kennen. Er ist ein völlig anderer Mensch. Ausgezeichnet«, sagte Dahlan auf Hebräisch. »Ausgezeichnet. Er redet glaubhaft über den Frieden. Redet höflich mit Arafat. Er hat zu ihm geredet wie zu einem bedeutenden Führer. Aber im Fernsehen sprach er ganz anders. Und er handelte auch ganz anders. Israel war niemals aufrichtig im Friedensprozess. Niemals. Man hat mit uns verhandelt und gleichzeitig die Siedlungen ausgebaut.«

Und in der Tat, nach Beendigung der vielen Gespräche, die Benjamin Netanjahu im Verwaltungsgebäude in Gaza mit Yassir Arafat geführt hatte, stellte sich Netanjahu vor die Kameras und zählte vor uns den Journalisten die Forderungen auf, die er Arafat stellte. Außerdem auch eine Reihe von Befehlen, die Arafat ausführen sollte. Offensichtlich hatte keiner aus seinem Stab, weder die Fachleute des Auslandsdienstes noch die des Sicherheitsdienstes, ihm ein Profil dieses Mannes vorgelegt, bei dem die persönliche Ehre eine so zentrale Rolle bei Entscheidungsfindungen spielte, der seine Überlegungen danach ausrichtete, ob seine Gesprächspartner ihm die Ehre erwiesen. Jeder PLO-Mann, der mit Arafat auch nur eine Minute in seinem Leben geredet hat, hätte ihnen diese zentrale Erkenntnis mitteilen können. Bei allen Verhandlungen Israels mit Arafat und den gewählten Vertretern der Autonomieverwaltung hatten diese das Gefühl, dass sie Befehle von Israel erhielten. Herrscher und Beherrschte auch im Frieden.

»Es gab aber noch einen Grund«, ergänzte Dahlan. »Alle zwei Tage gibt es in Israel einen neuen Ministerpräsidenten und man beginnt alles von Neuem, bei null. Alles nochmal von Anfang an. Deshalb hatten Arafat und wir alle Angst und waren voller Misstrauen.«

Aber trotz der allgemein herrschenden Meinung, dass Arafat zu einer Konfrontation mit der Hamas nicht bereit war, kann man nicht die Tatsache verleugnen, dass er tatsächlich Angst hatte, dass er – wenn er diesen entscheidenden Schritt unternommen hätte – am Ende möglicherweise von beiden Seiten verlassen worden wäre. Auf der einen Seite hätte er einen Bürgerkrieg der Hamas gegen die PLO provoziert und auf der anderen Seite hätte Israel nicht hinter ihm stehen und ihm gleichzeitig weiter Bedingungen und Vorschriften diktieren können, sodass er wie Befehlsempfänger und Vollstrecker israelischer Befehle gewirkt hätte. Diese Angst setzte ihm auch zu, als er die großzügigen Vorschläge Ehud Baracks 2000 in Camp David abgelehnt hat, Vorschläge, die Israel wohl nie mehr anbieten wird. Von daher ist die rasante Entwicklung hin zu einer neuen Intifada nachvollziehbar. Aber keine der beiden Seiten hat sich vorstellen können, dass die Angelegenheit so grausam und blutgetränkt sein würde.

✳

»Nach der Camp-David-Pleite war ich in Washington mit Sahib Arikat, Denis Ross und Ahron Miller, und dem Minister für innere Sicherheit, Shlomo Ben-Ami zusammen«, erinnerte sich Mohammed Dahlan. »Wir waren im Hotel Ritz-Carlton in Washington, D.C. Ich sagte zu ihnen: ›Wenn Sharon auf dem Tempelberg einen Besuch macht, wird alles platzen. Die Lage ist angespannt zurzeit. Es zeigt sich am Horizont keine politische Konfliktlösung, das Gefühl von Enttäuschung und Niederlage ist auch auf der palästinensischen Seite vorherrschend. Ihr müsst verhindern, dass Sharons das Gelände des Tempelbergs betritt.‹ Die Israelis versuchten mich davon zu überzeugen, dass Sharons Rundgang zu unserem Vorteil sei. Das ging so: Ben-Ami sagt zu mir: ›I want to advice you. –‹Ich will Ihnen einen Rat geben.‹ Immer fängt es so an. Sie geben uns Ratschläge. Ich sagte: ›Das ist nicht gut. Wozu braucht ihr das? Ich weiß, dass Barack den Rundgang aus Sicherheitsgründen verhindern kann.‹ Ich nannte sogar das entsprechende israelische Gesetz. Ich sprach auch mit den Amerikanern, ich habe sie gewarnt, ich sagte: ›Verhindert das! Sagt Clinton, dass er mit Barack reden soll.‹ Ich flog nach Paris. Ich sprach auch dort. Als ich auf dem Weg zum Flughafen De Gaulle war, zurück nach Hause, begann die Intifada. Ich kehrte zurück. Es gab Demonstrationen auf dem Tempelberg. Fünf Menschen wurden getötet. Ich rief Shlomo Ben-Ami an. Ich habe ihn gesucht. Er war aber nicht im Lande. Ich habe alles auf den Kopf gestellt und habe ihn schließlich gefunden. Ich sagte zu ihm: ›Was geschehen ist, ist geschehen. Wir werden einen Weg finden, um die Lage zu beruhigen. Aber lasst nicht zu, dass die Unruhen nach Gaza kommen. Gaza ist ein Pulverfass. Wenn sie hier anfangen und einen oder zwei töten, ist alles verloren.‹ ›Es wird gut, wir werden es versuchen‹, antwortete man mir.

Am Samstag darauf stand ich früh auf, ich sagte wieder: ›Mischt euch nicht ein. Man wird demonstrieren – soll man. Was geht es euch an? Lasst ihnen das Gefühl, dass sie ihren Protest artikuliert haben.‹ Es gab eine Demonstration in der Nähe von Netzarim, bei der zwölf Menschen getötet wurden. Zwölf an einem Tag. Mehr als auf dem Tempelberg. Um drei Uhr nachmittags sprach Shaul Mofaz, der Generalstabschef, mit mir und sagte: ›Treffen wir uns.‹ Ich erwiderte: ›Ich kann nicht, vielleicht treffen wir uns in einem Jahr. Wir haben die Lage nicht mehr unter Kontrolle. Ihr habt gedacht, wenn ihr Gewalt anwendet, werden die Menschen Angst bekommen? So war es auch bei den Zusammenstößen am Tempelberg-Tunnel.«

Während der Ereignisse am Tempelberg-Tunnel im September 1996 blickte vierundzwanzig Stunden lang niemand auf Gaza. In der Westbank gab es an einigen Brennpunkten Ausschreitungen, während es im Gazastreifen vollkommen ruhig blieb. An diesem Morgen sprach ich mit Dahlan, damals Chef des Sicherheitsdienstes, und er erzählte mir von einem Gespräch mit Ami Ayalon, dem Chef des israelischen Sicherheitsdienstes. Er berichtete ihm, dass man sich in Gaza auf Demonstrationen zum Zeichen der Solidarität mit den neun Toten vom Vortag in der Westbank vorbereite. »Verhaltet euch zurückhaltend«, bat er. »Lasst sie demonstrieren, Druck raus lassen, und dann wird es aufhören.«

Ich stand dort, am Grenzübergang Erez, an diesem Morgen, an dessen Ende man drei tote Soldaten zählte und siebenundzwanzig tote Palästinenser. Die Demonstranten kamen tatsächlich mit Bussen und privaten PKW bis in die Nähe des Checkpoints. Sie trugen Flaggen der Palästinensischen Autonomiegebiete und Plakate gegen Israel. Die meisten von ihnen waren Jugendliche. Als sie sich der Stellung des Militärs näherten, wurden Tränengas-Granaten gefeuert. Es entstand ein großes Durcheinander. Die Jugendlichen warfen Steine auf die Soldaten. Und dann wurde der erste Schuss abgegeben. Von da an konnte man die Eskalation nicht mehr aufhalten. Das war das erste Mal, dass ich junge Leute sah, die vor bewaffneten israelischen Soldaten standen und keine Angst um ihr Leben hatte. Keine Angst vor echtem Feuer. Auf Leben und Tod. Sie warfen Steine und die Soldaten, die sich bedroht fühlten, schossen Tränengas und später echte Kugeln. Die palästinensischen Polizisten versuchten zuerst, die Demonstranten zu entfernen, aber als sie die verwundeten Palästinenser blutüberströmt neben sich fallen sahen, fingen auch sie an auf die Soldaten zu feuern. Kein Mensch konnte diese Entwicklung mehr stoppen.

Damals hätte man jedoch noch alles verhindern können, wenn man sich bei der Armee nach den Ereignissen des Vortages ordentlich vorbereitet hätte. Wenn man Betonsperren in sicherer Entfernung von den Soldaten errichtet hätte, hätte man ein Blutbad verhindern können. Drei oder vier Jugendliche kamen bis zum Parkplatz der Eged-Busse und zündeten die Busse vor den Augen der Polizisten an. Etliche Busse gingen in Flammen auf. Erst dann hat man weitere Einheiten zur Unterstützung der Soldaten geschickt. Aber es war schon zu spät. Erst am Ende des Tages haben beide Seiten das Feuer eingestellt, trotz der hohen Zahl an Toten und Verwundeten, die höher war als bei den Ereignissen während der ersten beiden Tage der Al-Akza-Intifada. Dahlan hat eine Erklärung dafür, warum damals die Kämpfe eingestellt und nicht wie auf dem Tempelberg fortgeführt wurden.

»Es gab noch einen politischen Horizont. Es sah nicht alles verloren aus, wie es nach dem Misserfolg der Camp-David-Konferenz der Fall war.«

Auch genau vier Jahre später, als die zweite Intifada ausbrach, glaubte man auf israelischer Seite, dass Yassir Arafat das Zeichen für den Beginn der Unruhen gegeben hätte. Die verbreitete Annahme, dass Arafat alles beherrsche, bestimmte die Reaktionen der Israelis in den besetzten Gebieten während der gesamten

Regierungszeit von Arafat, besonders nach dem Ausbruch der Intifada.

»Ich saß tausendmal mit Avi Dichter zusammen«, erinnert sich Dahlan. »Ich sagte ihm: ›Es ist nicht Arafat. Glaub mir, er ist es nicht.‹ Ich sagte ihnen sogar im Spaß: ›Wenn Arafat die Intifada so gut organisieren kann, dann ist alles bestens. Aus meiner Sicht ist es ein gutes Zeichen, denn es zeigt nur, dass er tatsächlich herrscht.‹ Aber sie wollten nicht hören. Sie suchten einen Schuldigen, auf den sie ihre Wut und ihren Zorn konzentrieren konnten.«

Im Verlauf der Intifada hat Arafat unzählige Fehler gemacht. Er glaubte, dass die Intifada ihm Vorteile brächte und er am Ende mit ihrer Hilfe den palästinensischen Staat gründen könnte. Er glaubte in seiner Naivität wirklich und wahrhaftig, dass Israel sich aus den besetzten Gebieten so zurückziehen würde wie aus dem Süden des Libanon, schnell und in Panik, und er, obwohl er die Intifada nicht vorbereitet hatte, die Früchte ernten würde. Arafat, sagen die, die ihm nahestanden, war weit davon entfernt, konkrete Schritte zu planen. Er wollte einfach nicht zurückbleiben und machte daher bei der Intifada mit, als diese ausbrach. Genauso hatte er es bei der ersten Intifada gemacht, als nach einem Verkehrsunfall Bewohner des Flüchtlingslagers Jabalija getroffen wurden. Er war von den Ereignissen überrascht worden, beeilte sich aber, auf den fahrenden Zug aufzuspringen, um nicht außen vor zu bleiben. Arafat hat nicht wirklich versucht, die Lage zu beruhigen. Die Intifada gab ihm das Gefühl zurück, Anführer einer Untergrund-Organisation zu sein, wie im Libanon, so wie es schon immer gewesen war. Nach dem Attentat vom 1. Juni 2001 am Delphinarium in Tel Aviv rief Arafat am Samstag um die Mittagszeit in Ramallah dazu auf, das Feuer einzustellen, hat aber selbst keinen Finger gerührt. Es war wieder die gleiche Angst, die ihn sein Leben lang begleitet hat, und ihn hinderte, entscheidende Beschlüsse zu fassen, große Beschlüsse, Beschlüsse eines Staatslenkers und nicht die eines Anführers einer Untergrundorganisation.

Aber auch Israel bewegte sich weiter in den alten ausgefahrenen Gleisen. Wenn es erniedrigt wurde, wenn man ihm drohte, wenn man es an die Wand nageln würde, würde es sich die Sache überlegen und die Ereignisse stoppen. Und nach diesem Verhaltensmuster ging Israel zuerst gegen die Einrichtungen der Palästinensischen Autonomiegebiete und ihre Sicherheitsapparate vor, aus der Überlegung heraus, dass dies auch Arafat bedrohe. Allerdings wirkte die Drohung nicht nur nicht, sondern verschlimmerte im Gegenteil die Lage derart, dass es danach an allen Ecken brannte. Dieser Teufelskreis dehnte sich noch weiter aus, weil sich jetzt auch die Mitglieder der verschiedenen Apparate einmischten, die sich angegriffen fühlten und aus einem Gefühl der Verteidigung agierten.

»Bei euch will man die glasklare Gleichung nicht verstehen: Wenn es Schießerei und Tod gibt, gibt es einen Aufstand der Palästinenser. So einfach ist das. Bei euch hat man es sich einfach gemacht: Arafat herrscht über alles, Arafat hat den Befehl erteilt. Ich gebe dir ein Beispiel. Man hat bei euch eine Untersuchung der Ereignisse im ersten Monat der Intifada durchgeführt. Eine Million Kugeln wurden in diesem einen Monat verschossen. Eine Million Kugeln! Was war mit euch los? Kämpft ihr gegen die Armee der USA? Ist das hier der Irakkrieg? Selbst die Amerikaner haben nicht eine Million Kugeln verschossen.«

Vier Monate vor seinem Tod traf ich Arafat zum letzten Interview. Die Operation »Regenbogen in den Wolken« in Rafah war beendet, die Regierung von Abu Mazen war gescheitert, es gab keinen politischen Horizont mehr und es kursierten Gerüchte über Arafats Krankheit – ein Durcheinander.

Ich rief wieder Dahlan an. »Ich möchte, dass du mit Arafat sprichst, damit er mir ein Interview gibt.«

»Ich rede nicht mit ihm«, erwiderte Dahlan. Die Beziehungen zwischen »Vater« und »Sohn« waren wegen der Zusammenarbeit von Dahlan mit Abu Mazen immer noch angespannt. Beide hatten Arafat gezwungen, auf einen Teil seiner Kompetenzen zu verzichten und eine neue Regierung aufzustellen, an deren Spitze Mahmoud Abbas, Abu Mazen, der Mann der »Jewish Agency«, stehen sollte, zu dessen Anhängern Dahlan niemals zählte. Der internationale Druck wegen der Führung der Autonomiebehörde und die Forderung nach Reformen hatten beide zusammengebracht. Abu Mazen kritisierte den Einsatz von Waffen bei der Intifada, und »Abu Fadi«, Mohammed Dahlan, erkannte, wohin der Wind wehte.

»Arafat war kein Diktator. Wenn er einer gewesen wäre, hätte er mich verhaften können, als ich ihn angriff. Wer kann so gegen einen Herrscher in den arabischen Staaten sprechen? Sogar in Israel kann man solche klaren Worte gegen den Ministerpräsidenten nicht vorbringen. Aber das Problem mit Arafat war seine Alleinherrschaft. Er war nicht bereit, Regierungsämter einzurichten und Verantwortung zu delegieren. Ich war überzeugt, dass wir innere Reformen durchführen mussten, und insbesondere die Korruption beseitigen. Die Lage hatte die Grenze des Erträglichen erreicht. Es reichte. Und dann begannen Fremde zwischen uns zu intrigieren.«

Wenn Dahlan über Intrigen und Fremde spricht, meint er seinen früheren Freund Gibril Raguv. Raguvs Sicherheitsdienstzentrale in Bitonija wurde von den Israelis bombardiert, obwohl keiner von Raguvs Männern an der Intifada teilgenommen hatte.

In Gaza sagen Dahlans Freunde, dass Arafat selbst, wie es seine Art war, Raguv zugeflüstert habe, Dahlan mit seinen guten Beziehungen zu den Israelis habe diese überredet, seine Kommandantur zu bombardieren.

Als Abu Mazen nach nur fünf Monate im Amt als Ministerpräsident zurückgetreten war, stand Muhamed ohne einen zentralen Posten bei der Autonomiebehörde da, und mit weit mehr Feinden als zuvor, vor allem Abu Amar und Gibril Raguv, der zum Chef der nationalen Sicherheitsbehörde befördert wurde, was für Dahlan ausgesprochen misslich war. Mit seinem scharfen Verstand erkannte er, dass er nicht allzu lange außerhalb des einflussreichen Kreises bleiben durfte.

Als ich mich an Dahlan wandte, damit er mir ein Interview mit Arafat vermittelte, hatten die Bemühungen um eine Versöhnung zwischen »Vater« und »Sohn« ihren Höhepunkt erreicht. Beide waren an einer Versöhnung interessiert. Dahlan brauchte einen »Leuchtturm«, dessen Licht zwar trübe war, aber wichtig, und Arafat wusste die Macht des wirklichen »Hausherrn« im Gazastreifen zu schätzen, besonders nachdem der Plan der Abnabelung von Ministerpräsident Ariel Sharon bekannt wurde.

Am folgenden Tag teilte mir Dahlan mit: »Ich habe mit Abu Amar am Telefon gesprochen. Ich habe ihn davon überzeugt, mit dir zu reden.«

Ich war überrascht von dieser Wende. Wieso hatten die beiden plötzlich mit einander gesprochen?

»Das war eine der Ausreden, um ihn anzurufen«, entschuldigte er sich. »Aber er hat eine Bedingung gestellt, dass auch ich kommen und neben ihm sitzen soll.« Hoppla, es gab also eine Versöhnung!

Als ich mit Zvi Jecheskehl, meinem Nachrichten-Kollegen vom Fernsehsender »Kanal 10«, in das Büro des Rais in der belagerten Muktaa[5] kam, wussten wir nicht, dass dies das letzte Interview sein würde. Nabil Abu Rudeina, der treue Helfer, empfing uns mit Küssen. Immer elegant im Anzug, immer schick. Diesmal, inmitten des schrecklichen Gestanks der Muktaa, bekam der Glanz einen schalen Beigeschmack.

Überall waren als Andenken die Zerstörungen geblieben, die die Bulldozer der Armee hinterlassen hatten, als sie Arafats Bewegungsradius einschränkten. Als ob es was ausgemacht hätte. Der Gang, der zu seinem Büro führte – oder was davon geblieben ist –, war in einer hässlichen grauen Ölfarbe gestrichen.

---

[5]   Die Muktaa war der Amtssitz Arafats in Ramallah.

Einst war die Muktaa die Basis der Kämpfer in Ramallah und jetzt sah sie aus wie ein Bunker, in dem sich ein besiegter Führer versteckte und auf das Ende des letzten Kampfes in seinem Leben wartete.

Nachdem die Kameras aufgestellt waren und die Helfer des Rais dafür gesorgt hatten, dass ein Foto von Jerusalem den Hintergrund bildete, kam Abu Amar. Müde und besiegt, aber dennoch verzichtete er nicht auf die Orden und Medaillen an seiner Uniform.

»Wie viele Orden du hast!« Wir mussten das einfach machen. Und er erzählte die Geschichte eines jeden von ihnen: Der ist aus Ägypten, der aus dem Libanon, und die Medaille mit dem Davidstern gab ihm Rabbi Hirsch und so weiter und so weiter. Was für eine Ehre.

»Ich bin ein Soldat. Seit 1956 bin ich Soldat«, prahlte er. Aber ich interessierte mich für den Menschen Arafat, der wie die tragische Figur König Lears in einer Version des absurden Theaters wirkte. Ein General, der sich in seiner Vergangenheit sonnte, der buchstäblich einen Fehler nach dem anderen gemacht hatte und jetzt dabei war, die Bühne für immer zu verlassen.

Ins Zimmer kam Mohammed Dahlan. Der Geruch seines teuren Aftershaves verbreitete sich im ganzen Zimmer und überlagerte die stickige Luft in der Muktaa. Ein breites Lächeln erschien auf Arafats Gesicht. Er küsste Dahlan auf die Wangen.

»Ich habe dir ein Geschenk gebracht«, sagte der »Sohn«. »Etwas, was du liebst.« Dahlan zog einen Teller hervor, der in Geschenkpapier eingewickelt war. Süßigkeiten und Baklawa, die er aus dem Gazastreifen mitgebracht hatte. Die Augen des »Vaters« leuchteten wie bei einem Kind, das einen Bonbon bekommen hat. Er bestand darauf, dass Dahlan neben ihm saß. Die ganze Zeit hielt er die Hand von »Muhamed, dem Sohn«, wie um sich zu vergewissern, dass er tatsächlich an seiner Seite war. Beide waren grenzenlos glücklich über die Versöhnung.

»Wie geht es deiner Tochter Saawa?«, fragte ich. »Hast du sie gesehen?«

Seine Unterlippe fing an zu zittern, seine Augen glänzten und er breitete seine Hände aus, als wolle er um Mitleid bitten.

»Ich möchte mit ihr telefonieren, ich sage zu ihr: ›Baba, Baba‹, aber sie kennt mich nicht. Sie weiß nicht, wer ich bin.«

Er dachte, dass wir, die israelischen Journalisten, uns mit ihm über die Hamas streiten würden und über die Al-Akza-Brigaden, und über die Korruption und über alle verpassten Gelegenheiten, die schon früher bis zum Überdruss behandelt worden waren. Er verstand nicht, warum wir uns ausgerechnet nach seinem Befinden erkundigten.

»Und wie lebst du hier? Wo schläfst du?«, haben wir gefragt.

»Ich sehe kein Tageslicht. Meine Augen sind ausgelöscht. Der Arzt hat mir gesagt, dass ich täglich eine Stunde, oder mindestens eine halbe Stunde, vor dem Fenster stehen und zulassen soll, dass die Sonne mein Gesicht streift.«

Am Ende des Interviews hielt er unsere Hände und sagte: »Kommt, esst mit mir.«

»Der Sohn«, der die Einladung hörte, warnte: »Ihr habt ein Interview bekommen, jetzt müsst ihr dafür zahlen. Das ist das Essen, das sie hier anbieten.«

Arafat nahm uns mit in sein privates Refugium: das Arbeits- und Schlafzimmer des Oberhaupts der palästinensischen Verwaltung. An der Seite standen eine Sauerstoffflasche mit einer Maske und ein einfaches Feldbett mit einer Militärdecke. Das auf dem Bett ausgelegte Laken war schmutzig.

»Meistens schläft er am Tisch ein und ich helfe ihm ins Bett, dort an der Seite«, erzählt Abu Rudeina, sein treuer Helfer.

Die Mitarbeiter verwandelten den Arbeitstisch in einen Esstisch und legten weißen Ziegenkäse auf den Tisch, Fladenbrote, Oliven, Halwa und eine undefinierbare schwarze Schmiermasse. Feldration. Und während der ganzen Zeit wollte der »Vater« von den Süßigkeiten probieren, die ihm der »Sohn« als Versöhnungsgeschenk mitgebracht hatte. »Muhamed liebt mich, er weiß, was ich mag«, flüsterte er in mein Ohr.

Man sagt über ihn, dass er ein guter Schauspieler war. Mehr als alles konnte er auf der Bühne stehen, vor einem jubelnden Publikum, das er wie ein Magnet anziehen und begeistern konnte. Seine Reden »Bis Al Kuds (Jerusalem)« und »Eine Million Märtyrer« und »Die Israelis sollen aus dem Meer von Gaza trinken« und »Heh Berg, der Wind wird dich nicht verrücken« – eine Million Rollen. Aber in diesem schmalen Raum blieb davon nichts übrig, kein Zeichen mehr von dem Spiel seines Lebens. Nur noch eine Sache war in seinem Sinn, er wollte eine ehrenvolle Erinnerung an sein Lebenswerk. Sie sollten sich erinnern und niemals seine Jugendtaten vergessen. Trotz seiner Fehler konnte er sich damit rühmen, dass es ihm gelungen war, ein ganzes Volk zu vereinen. Heute sagt niemand mehr: »Palästinenser, was ist das?«

Dahlan: »Auch wenn unsere Beziehung nicht mehr wurde, wie sie einmal war, habe ich in dem Augenblick, als ich hörte, dass er krank sei, alles stehen lassen und bin zu ihm gekommen. Ich habe mit ihm am Telefon gesprochen, er sagte zu mir: ›Ich habe Sehnsucht nach dir, vielleicht kommst du mich besuchen?‹ Ich habe alles stehen und liegen lassen und bin zu ihm gefahren. Ich sagte zu Abu Mazen: ›Ich werde ihn davon überzeugen, in ein Krankenhaus zu gehen.‹

Er sagte: ›Vielleicht wird Israel nicht damit einverstanden sein, dass ich zurückkehre.‹ ›Was dann?‹, fragte ich ihn. ›Die Hauptsache ist deine Gesundheit.‹ Danach bekamen wir Garantien, dass Israel seine Rückkehr nicht verhindern würde.

Ich saß bei ihm. Nach zwei Minuten sagte er zu mir: ›Chalas, ich bin einverstanden.‹ Er fragte mich: ›Wirst du mit mir kommen?‹ Ich erwiderte: ›Natürlich komme ich mit dir.‹«

»Weißt du, woran er gestorben ist?«, fragte ich.

»Du weißt, dass es ein Geheimnis ist.«

»Hast du die Krankenberichte gesehen?«

»Ja, ich habe alles gesehen.«

»Du weißt sicher, was man sagt, dass Arafat an Aids starb.« Das Gerücht hatte auch Dahlan erreicht. Er zeigte sich nicht überrascht und sprang nicht auf, um das peinliche Gerücht zu dementieren.

»Ich kann dir mit Sicherheit sagen, dass Arafat keines natürlichen Todes starb.« Aber er hat das Gerücht über Aids nicht bestritten.

»Er wurde vergiftet?«

»Nein. Das sage ich nicht, er starb aber keinen natürlichen Tod, und das wird eines Tages noch rauskommen.

✳

Der libanesische Intellektuelle Fuad Ag'mi beschrieb Arafats Herrschaft in seinem Buch *Der arabische Palast der Träume* wie folgt:

Der Mann, der jeden möglichen falschen Schritt gemacht hat, war der einzige Palästinenser, der seinem Volk das Prinzip der Teilung des Landes hätte beibringen können. Er wollte aber alles – vom Jordan bis zum Meer –, doch jetzt muss sich Arafat mit dem begnügen, was er erreichen konnte. Die ist die einzige Wahrheit: Arafat konnte nirgends hingehen, er hatte keine Wahl und er ergab sich den harten und unumkehrbaren Tatsachen. Aber dieser Gesichtspunkt verleugnet die zerstörerischen Verlockungen des Nationalismus. Arafat hätte wählen können und in der Wüste bleiben. Er hätte an der Politik der Vergangenheit hängenbleiben können. ... Arafat hätte auch dieses Großpalästina aus der Fantasie wählen können, mit dem eindeutigen Erbe des Veteranen-Helden: Es ist kein Wunder, dass er fast ein Jahr benötigt hat, bis er nach Gaza kam und sein Erbe forderte. Er wusste, was König Abdallah passiert war und Sadat. Sicher wusste er, dass sein politisches Leben leichter gewesen wäre, wenn er gewählt hätte, in der imaginären (reinen) Welt des politischen Maximalismus zu bleiben.

Kapitel 5

Hier ist der Hund begraben – dort ist er begraben wie ein Hund

Ihab al-Ashkar ist ein Geschäftsmann mit Glück. Er hat einen reichen Onkel, einen wichtigen Freund, der ihm geholfen hat, und vor allem ein Geschäft, dessen Waren man nicht über die Grenze bringen muss. Ohne diese Voraussetzungen hat man fast keine Chance, im belagerten Gaza erfolgreich Geschäfte zu tätigen.

Hiab, ein Bewohner des Flüchtlingslagers Shati, habe ich im November 1993 kennengelernt, kurze Zeit nachdem er fast ohne einen Groschen in der Tasche aus dem Gefängnis entlassen worden war. Wie all seine freigelassenen Freunde pflegte er in den Straßen von Gaza zu streunen, bevor die Armee sich von dort zurückzog. »Bewaffnet« mit einem Ledermantel, dem vielleicht teuersten Gegenstand in seinem Besitz, war er auf der Suche nach sich selbst. Wegen seiner Auseinandersetzung mit dem Rais in Tunesien beschloss der oberste Anführer der ersten Intifada, der Politik den Rücken zu kehren. Sein Onkel, der Milliardär Razi Abu Nachal, Inhaber der internationalen Versicherung »Trust«, gab ihm den ersten Anschub, eine Filiale der Gesellschaft in Gaza aufzubauen. Der Journalist Nahum Barnea traf Hiab, als die palästinensische Autonomie Gestalt annahm, und hörte von seinen Plänen. In seiner Kolumne schrieb er: »Eine Versicherungsgesellschaft in Gaza zu gründen ist wie die Gründung einer Tischlerei in einem Brennofen.«. Aber Hiab bewies, dass er mit besonderen Talenten der Vorausschau gesegnet war, und das nicht nur im ökonomischen Sektor.

Als die Intifada zu Ende war, die Verträge von Oslo unterzeichnet und die Bosse der PLO aus den Gefängnissen entlassen wurden und sich darauf vorbereiteten, die Herren vor Ort zu sein, drehte ich eine Reportage, in der die drei obersten Führer der ersten Intifada zum ersten Mal der israelischen Öffentlichkeit vorgestellt wurden. In fließendem Hebräisch erzählten Suffyan Abu Zaydeh, Sami Abu Samhadana und Ihab al-Ashkar von ihren Zukunftsplänen. Wir fuhren durch die Straßen von Gaza. Jeeps der Grenzpolizei passierten uns mit ohrenbetäubendem Sirengeheul. Hiab schaute in die Kamera und antwortete ohne Angst auf meine provokanten Fragen: »Arafat fürchtet sich vor euch?«

»Du machst uns Schwierigkeiten, Shlomi«, sagte er mit seinem rollenden Lachen.

»Arafat respektiert die Tatsache, dass ihr die Herren vor Ort seid?«

»Schau mal, er hat keine Angst«, antwortete er, »aber er weiß, dass wir vor Ort herrschen. Deshalb lässt er uns gewähren, er weiß, dass er uns braucht.«

»Ich hab diese Sachen mit Hiab im israelischen Fernsehen gesehen, im Gefängnis.«, sagte Hisham Abu Razek. »Ich wusste, dass nichts, was Hiab früher für die Partei getan hat, ihm jetzt zu seinen Gunsten ausgelegt würde.«

Hiab war der erste, der sich offen gegen Arafat stellte, noch bevor dieser nach Gaza kam und klar wurde, dass alles, was Hiab über ihn sagte, der Wahrheit entsprach. Arafat war ein Leuchtturm, an dessen Licht alle blühten, bis er nach Gaza kam.

Jetzt sitze ich im Büro von Hiab und befinde mich in einem Déjà-vu. Man redet wieder miteinander und bereitet sich auf den Rückzug der Israelis vor, man zieht Lehren aus der Vergangenheit und fürchtet sich vor dem, was die Zukunft bringen mag. Hiab zündet eine der kubanischen Zigarren an, die er so sehr liebt, und hört nicht auf, sich vor Lachen zu kugeln. »Noch eine Woche, du Manjak, du Nervensäge, und die Besatzung ist zu Ende.« Und er fährt fort: »Ich weiß nicht, ob du dich erinnern kannst, aber ich habe darum gebeten, dass du die Frage über Arafat stellst. Ich wollte - wie sagt man das auf Hebräisch? - mit den Glocken läuten.«

»So habe ich das nicht in Erinnerung«, sagte ich, »ich kann mich nur erinnern, dass ich dich provoziert habe.«

»Vielleicht meinst du, dass es so war. Ich wollte diese Worte sagen und Arafat warnen, und du hast mich gewarnt, hast gesagt: ›Hiab, es ist sehr gefährlich, wenn du das im Fernsehen sagst.‹ Und ich habe dir gesagt: ›Ich weiß, was ich mache.‹«

Es stellte sich heraus, dass wir uns beide nicht geirrt hatten. Ich machte mir Sorgen um die politische Zukunft von Hiab und hatte Recht. Ich wusste nichts über das streng gehütete Geheimnis, über die erste Konfrontation der Leute aus Gaza mit Arafat und seinen Männern in Tunesien, aber ich habe vermutet, dass dieser drohende Satz über Arafat ein guter Grund sei, um die »historische« Rolle des ruhmreichen Hiab Al-Askar zu beenden.

Hiab seinerseits, der vor der Ankunft des Rais und seiner zukünftigen Regierung in den besetzten Gebieten Angst hatte, sah das Unheil kommen.

»Ich bin der Einzige, der die Dinge fünfzehn Jahre, bevor sie stattgefunden haben, gesehen hat. Alles, was die PLO war und was aus ihr geworden ist. Die Korruption, das fehlende Verständnis für die Belange der Bevölkerung, den schwachen Versuch der Mitarbeiter der palästinensischen Verwaltung, sich vor Ort einzurichten, die Machtübernahme der Hamas - ich habe alles gesehen. Und ich sah in Yassir Arafat keinen Führer«, sagte er ganz offen nach dem Tod des Rais. Das war etwas, was kein Mensch zu sagen gewagt hatte, solange er lebte.

»Es stimmt, er ist das Symbol. Aber er hätte nur ein Symbol bleiben sollen, ein geistiger Führer. Er war nicht in der Lage, dem palästinensischen Volk einen freien Staat zu schaffen. Ein Führer sieht die Dinge, bevor sie passieren, und ich sehe mich als Führer«, sagte er unbescheiden, saugte an der kubanischen Zigarre und lachte lauthals. Sein Lachen verführte seine Zuhörer.

»Ich sage immer: Unser Problem war, dass ihr einen General hattet, der sich wie ein Esel benahm, und wir einen Esel hatten, der geglaubt hat, er sei ein General. Und auch nach dem Weggang von Arafat hört es nicht auf, ich meine die Denke, die Mentalität, wie unsere und eure Führer an das Problem herangehen. Ich habe gelesen, dass auch Shulamit Aloni ähnliche Worte sagt. In was für eine Situation seid ihr geraten in Israel? Gewalt ist Gewalt, Gewalt gegen einen Siedler, Gewalt gegen ein besiegtes Volk, Gewalt an den Checkpoints. Bis heute verstehe ich den Sicherheitsapparat der Israelis nicht. Kapiert ihr nicht, dass die Fabrik, die in Gaza die Selbstmordattentäter produziert, die Checkpoints sind? Wisst ihr das nicht?«

In seinem Büro hing ein Bild von Mohammed Dahlan, wie er sich über Arafat beugt und seine Hand küsst.

»Hängt das Bild hier wegen Dahlan oder wegen Arafat?«, fragte ich. Hiab kugelte sich wieder vor Lachen.

Vier Jahre nach Arafats Ankunft in Gaza drängte Dahlan Hiab, zu kommen und sich mit Arafat zu versöhnen.

»Ich sagte ihm, lass es, ich habe kein Interesse, ihn zu treffen.«

Aber Dahlan gab nicht nach, am Ende gingen sie in sein Büro. Arafat saß neben seinem Schreibtisch und hob nicht einmal seinen Kopf. Dahlan sagte: »Abu Amar, hier ist Hiab, er hat die Politik verlassen und ist jetzt Geschäftsmann, er kam, um dir guten Tag zu sagen.«

Arafat hob seinen Kopf immer noch nicht und sagte nur: »Gott soll ihn nicht erhören und keinen Satz aus dem Koran für ihn lesen nach seinem Tod.« Hiab lachte, aber manchmal fühlte er sich unwohl, da diese Worte über Arafat vielleicht seinen guten Freund Dahlan treffen könnten.

»Ich bin ein Freund Dahlans, ein persönlicher Freund, und ich bin stolz auf diese Freundschaft. Als ich ihn 1983 sah, fühlte ich und wusste vom ersten Augenblick an, dass er der Erlöser dieses Volkes ist. Ein Führer von Geburt.« Viele behaupten jedoch, dass hier nicht die Rede ist von einer interessenlosen Freundschaft. Man erzählt von Hiab, dass Dahlan ihm den Weg für seine Geschäfte geebnet hat und ihn gegenüber anderen Geschäftsleuten im Gazastreifen bevorzugt hat. Man sagt, dass er ohne den Freund nicht so weit gekommen wäre. Hiab wartete nicht ab, bis ich das erwähnte.

»Ich stehe jeden morgen um fünf Uhr auf und gehe zur Arbeit. Ich sehe mich nicht mit den Augen von anderen Menschen. Sollen sie sagen: ›Das ist der Mann von Dahlan, sein Geldwäscher, sein Finanzberater.‹ Menschen sagen viel. Ich bin ein Mensch, der in großer seelischer Ausgeglichenheit lebt, weil ich weiß, wer ich bin und was ich bin«, erklärte er.

Aber Hiabs wichtigster Aktivposten ist sein Beitrag für den nationalen Kampf, die »Tadchije«, seine Aufopferung in den israelischen Gefängnissen. Ohne solche Ausgangsdaten, ohne eine solche glorreiche Vergangenheit, ist es fraglich; ob er es sich hätte leisten können, so zu reden, und es ist fraglich, ob er mit seinen Geschäften so erfolgreich gewesen wäre.

»Auch du warst ein Anführer. Der Anführer der ersten Intifada«, sagte ich.

»Ein Anführer bleibt immer ein Anführer«, erklärte er und zündete die Zigarre wieder an, die ausgegangen war. »Ich habe aber meine Aufgabe beendet. Ich habe gegeben, was ein Bürger seinem Staat geben muss und seiner Gesellschaft. Danach habe ich meine persönlichen Angelegenheiten erledigt.«

Ich erinnere mich an den Tag, an dem er beschloss, sich aus dem Kampf um die Führung zurückzuziehen. Die Lokalpolitiker stritten sich damals nicht nur um die wichtigen Posten, sondern auch darum, wer das größte persönliche Opfer gebracht hatte. Ich traf ihn damals im Büro der PLO in Gaza und er sagte zu mir: »Das war es, ich gehe jetzt, um für mich selbst zu sorgen, in Ehren Geld zu verdienen und mich um die Zukunft meiner Kinder zu kümmern.« Und er gab mir noch einen guten Rat mit auf den Weg: »Shlomi, vielleicht nimmst du dir auch mal Urlaub von all diesen Kriegen und sorgst für deine Zukunft.«

Ich hörte nicht auf seinen Rat zu meinem Privatleben. Als er aber vor einer Katastrophe in Gaza warnte, einer ökonomischen, politischen und militärischen Katastrophe, da nahm ich seine Worte sehr ernst.

Im Frühjahr 1996 stellte er mit unumstößlicher Gewissheit fest: »Das ist das Ende des Gazastreifens. Die Wirtschaft ist am Ende und die allgemeine Katastrophe hat begonnen.«

Und als die Prophezeiung sich verwirklicht hatte, hörte man dort kein Schwanengesang, sondern das Bellen eines Hundes, der den Posten seines Lebens bekam und die wirtschaftliche Zukunft des gesamten Streifens bestimmen sollte. Ich dachte, er hätte einen Witz gemacht, aber vielleicht habe ich auch alles durcheinandergebracht. Ich dachte wirklich, er hätte gelacht. Er sagte, man habe den Karni-Übergang, die Lebensader des Gazastreifens, geschlossen, weil der Hund krank sei!!! Welcher Hund?

»Dieses Jahr ist das Jahr der Maus. Wen nennst du hier Hund?«, habe ich versucht, im Spaß zu antworten. Aber er sprach ganz im Ernst von einem Hund, der krank geschrieben war. Der Hund, dessen Aufgabe es war, alle Waren zu beschnuppern und festzustellen, dass dort kein Sprengstoff ist, kam schon seit zwei Wochen nicht mehr zur Arbeit. Jeder Mensch hat einen Ersatz. Aber für diesen Hund fand man keinen Ersatz. Und alle Händler und Unternehmer im Gazastreifen waren nur mit einer Sache beschäftigt: zuverlässige und richtige Information über die gesundheitliche Lage des schmerzlich vermissten Schnüfflers zu bekommen.

Die neuen Sicherheitsmaßnahmen, mit den kleinen Röntgenmaschinen und einem einzigen Hund, der offensichtlich nicht gesund war, wurden nach dem Attentat in der Disengoff-straße am 4. März 1996 eingeführt. Bei diesem Attentat wurden dreizehn Israelis getötet, die meisten von ihnen Kinder, die in den Straßen von Tel Aviv Purim feiern wollten. Es stellte sich heraus, dass der Selbstmordattentäter sich auf der Ladefläche eines Lastwagens versteckt hatte, der über den Checkpoint Karni gekommen war. Ministerpräsident Shimon Peres befand sich damals mitten im Wahlkampf und befahl eine komplette Wirtschaftsblockade von Gaza. Aber diese Blockade ging über die früheren weit hinaus, da sogar Mehl, Weizen und Gerste, die Hauptnahrungsmittel der armen Gazastreifen-Bewohner, nicht nach Gaza eingeführt werden durften. Gaza wirkte wie eine belagerte Stadt. Die Absperrung des Gazastreifens für den Export und Import von Waren wurde nicht nur aus Angst von weiterem Eindringen von Selbstmordattentätern auf israelisches Gebiet angeordnet, sondern auch, um ein Druckmittel auf die palästinensische Autonomiebehörde zu haben. Diese hatte nach der Liquidierung des Ingenieurs Jechije Hiash nicht genug getan, um die Attentatswelle im Herzen Israels zu stoppen.

Die Autonomieverwaltung revidierte ihre Politik, aber erst nach einem Monat, nach einer Welle von Verhaftungen und nachdem die israelische Öffentlichkeit sich beruhigt hatte, wurde die Versorgung von Gaza wieder aufgenommen. Das galt auch für die Ausfuhr, wenngleich hier die Möglichkeiten deutlich beschränkt wurden.

Das Zeitalter der offenen Grenzübergänge war zu Ende. Alle Waren, die auf hohen Paletten transportiert wurden - Möbel, landwirtschaftliche Erzeugnisse, Fliesen etc. - durften nur dann noch durchgelassen werden, wenn der auf Sprengstoff dressierte Hund, mit seiner Nase den Übergang genehmigte. Israel hatte keine Wahl. Die Übergänge zu Recht geschlossen und die Kontrollen wurden zu Recht verschärft. Da es keine entsprechend großen Röntgenapparate zur Überprüfung der Waren aus dem Gazastreifen gab, war die Methode mit dem schnüffelnden Hund seinerzeit die einzige Möglichkeit, den Übergang aufs Neue zu öffnen.

Aber eine Möglichkeit mit einem gravierenden Fehler. Für die Aufgabe wurde nur ein Hund abgestellt, der zudem in seiner

Freizeit kommen musste. Alle anderen Hunde im Dienste von Grenzpolizei, Armee und Polizei waren mit anderen Aufgaben ausgelastet, und kein Mensch kam auf die Idee, dass der ökonomische Zusammenbruch des Streifens so schlimm und für Generationen ein Unglück für beide Seiten sein würde.

Ich fuhr mit Hiab und mit Ali Al-Heik, dem Inhaber einer Fliesenfabrik, zum Terminal in Karni. Ich wollte die Situation einmal mit eigenen Augen sehen, die in meiner Fantasie so lustig gewesen war. Ich stellte mir einen sauberen Hund vor, wenn auch dünn und kränklich - so hatte man ihn beschrieben - , der auf dem Ehrensitz saß, mit einem Kran in die Höhe gehoben wurde und mit seinen Pfoten zeigte, wer Gnade erfuhr und wer in Ungnade fiel. Und alle Händler und Unternehmer knieten vor ihm. Meine Fantasie, stellte sich heraus, war gar nicht so wild. Der einzige Hund, der für diese große Aufgabe freigestellt war, der die gesamte Ausfuhr des Gazastreifens beschnüffeln musste, arbeitete auf nicht einmal einer halben Stelle und zu Arbeitsbedingungen, dass man neidisch werden konnte.

»Auch an normalen Tagen arbeitet der Hund nur eine Stunde. Er ist nicht in der Lage, länger zu schnüffeln. Er kommt für eine Stunde, schnüffelt und geht nach Hause. Atmet. Alle hoffen, dass er morgen gesund und munter zurückkommt. Jeden Tag, wenn er mit der Arbeit fertig ist, rufe ich zum Hundehalter: ›Zum Teufel mit dir, pass gut auf den Hund auf, dass er gut schläft, dass er sich nicht erkältet, nicht krank wird, dass er gut frisst, dass er morgen wie ein Löwe zurückkommt. Und wenn es Probleme gibt, zöger nicht, mich anzurufen.‹ Wir sind bereit, alles für seine Gesundheit zu tun«, sagte Abu Bacher, einer der Arbeiter im Terminal in vollem Ernst.

Wie es seine Art ist, versuchte Hiab, die Händler mit schwarzem Humor über Hunde, Katzen und Mäuse aufzumuntern. Aber keiner lachte. Schwarzer Humor ist vielleicht lustig, wenn andere die Zielscheibe sind, aber nicht in einer trostlosen Gegenwart, die eine ganze Industrie zerstörte. Heik, der Inhaber der Fliesenfabrik, stand neben uns und hörte keinem Wort zu. Er war mit einer einzigen Sache beschäftigt: wie er sein Lebenswerk retten sollte. Seit der Hund krank geworden war, war die Ausfuhr seiner Waren eingestellt worden und jede weitere Verzögerung bei der Belieferung des israelischen Marktes und der Westbank konnte seinen Ruin bedeuten. Es war nur eine Frage von Tagen, bis er bankrott war. In seiner Fabrik türmten sich Haufen über Haufen von Fliesen, die alle Eingänge versperrten und auch im Hof stapelte sich Ware, die er produziert hatte und nicht an seine Kunden in Israel liefern konnte. Wegen des Gewichts der Fliesen wurden die unteren Lagen zerdrückt und die Fliesentürme drohten einzustürzen und zu zerbrechen. Und dennoch kamen immer noch Lastwagen und luden Rohstoffe ab für die Fortführung der Produktion. Die Arbeiter wuschen die empfindlichen Teile der Maschinen unter fließendem Wasser und beeilten sich mit ihrer Arbeit. Noch mehr Fliesen kamen aus dem Inneren der Maschinen. Als ob sie alle in einem Zeitalter von extrem hoher Nachfrage und wirtschaftlicher Blüte arbeiteten. Aber die Produktion war für die Katz.

Die Maschinen arbeiteten und arbeiteten; sie weigerten sich stehenzubleiben, als ob sie sich gegen ihren Betreiber auflehnten, sie bekamen ein eigenes Leben und verweigerten den Befehl zu stoppen. Für die Fliesen, die sie produzierten, gab es und würde es keinen Käufer geben, aber die Produktion wurde fortgeführt, um die Maschinen vor dem Zusammenbruch zu bewahren. Wenn man die Produktion gestoppt hätte, und wenn auch nur für wenige Tage, hätten die Maschinen Rost angesetzt und sie wären irreparabel beschädigt worden. Heik stand vor der schweren Wahl, weiter Fliesen zu produzieren, die er nie verkaufen konnte, oder anzuhalten und damit zuzulassen, dass der Rost die fünf Maschinen fraß, die er zum Preis von zweihundertundzwanzigtausend Dollar pro Stück gekauft hatte. Wenn er stoppte, verlöre er die Maschinen, wenn er mit der Produktion weitermachte, würde er Pleite machen. Hatte er eine Wahl?

»Sieh mal«, sagte der Fabrikbesitzer Ali Al-Heik traurig, »ich habe fünf Millionen Dollar investiert, um die Fabrik aufzubauen, und der Hund hat über mein Schicksal entschieden. Wenn ein Hund über unser Leben entscheidet, heißt das, dass ein Hund uns regiert. Ein Hund regiert ein ganzes Volk!!!«

Danach schleppte er mich zu einer nah gelegenen Fabrik eines Konkurrenten, der die zweite Lösung gewählt hatte, Hände in den Schoß und alles stillgelegt. Er hatte kein Geld mehr, um Rohmaterial zu kaufen, und deshalb hat er aufgegeben, weil er ohnehin keine Chance hatte.

Abu Jabar, ein kräftiger Mann, der einen schmutzigen grauen Talar trug, saß seitlich, alleine auf einem Plastikstuhl, und betrachtete seine verrosteten Maschinen. Als er mich sah, konnte das seinen Redefluss nicht unterbrechen. Er fluchte und schrie alles an, was sich bewegte. Er hatte seinen Lebensunterhalt verloren und nur riesige Schulden waren ihm geblieben. Und alles wegen des Hundes. Des Hundes, der krank feierte.

»Sieh dir die Maschine an, jetzt kann ich sie nur noch als Schrott nach Gewicht verkaufen. Nicht als Maschine mit einem Rechner, die fünfundzwanzig Arbeiter ernährt hat. Ich habe alle nach Hause geschickt, zum Hungern, und auch ich weiß nicht, was ich morgen tun werde. Alles ist weg. Weg.«

Heik versuchte ihn zu trösten, »Allah wird dir helfen – und mir«, sagte er.

»Fast die gesamte Landwirtschaftsbranche erlebte an diesen Tagen den Anfang des Kollapses«, erzählte Salim Abu-Safia, der Direktor des Transitverkehrs im Gazastreifen. »In einer Erntesaison haben mehr als zehntausend Palästinenser gearbeitet. Zu dieser Zeit hat der Gazastreifen den gesamten Bedarf an Zitrusfrüchten für die Märkte in Jordanien und im Ausland geliefert. Hundertunddreißigtausend Tonnen in einer Saison. Die Plantagenbesitzer waren gezwungen, die gesamte Ernte bis Anfang Mai auszuliefern, denn von Beginn der zweiten Hälfte des Monats beginnt jedes Jahr der Angriff der Mittelmeerfliege. Die Zitrusfrüchte werden dann vernichtet. Kein Bespritzen, keine

Medizin hilft gegen diese Plage. Eure Plantagenbesitzer haben
dieses Problem nicht. Sie haben ihre Ware schnell durch den
Hafen von Haifa oder Ashdod weitergeleitet, und wir mussten
am Übergang warten, dass der Hund kommt oder der Hundehalter seinen Urlaub beendet. Und so hat man uns die Zitrusfrüchte einen ganzen Monat in Gaza festgehalten. Die Fliege
landete auf den Paletten, die für den Export bestimmt waren,
und alles ging dahin. Jetzt musst du ein ganzes Jahr warten in
der Hoffnung, dass die ganze Mühe, das Wachstum, die Ernte,
die Verpackung und der Transport zur Grenze nicht wieder so
enden.

Von den berühmten Plantagen von Gaza ist nicht viel übrig
geblieben. Die meisten Besitzer haben alles verloren. Und wer
den Existenzkampf überlebt hat, trotz Hund und trotz Fliege,
hat seine Plantage beim Ausbruch der Intifada und dem Beginn
der neuen Politik verloren. Von den hundertunddreißigtausend
Tonnen Zitrusfrüchten im Jahr, die die Plantagenbesitzer im
Gazastreifen exportiert haben, sind alles in allem dreißigtau-
send Tonnen geblieben.

✳

Der Grenzübergang Karni wurde nach der Unterzeichnung der
Vereinbarung »Gaza und Jericho zuerst« im Rahmen des Oslo
Vertrages im Monat Mai 1994 eingeweiht. Er war auf einer alten
Flugzeuglandebahn errichtet worden, die seinerzeit der engli-
schen Armee gedient hatte, und zwar auf der palästinensischen
Seite, nah am Grenzzaun und nicht weit vom Kibbuz Nachal
Oz. Geplant war der Übergang für Frachten, als Ergänzung zum
Bau des Seehafens in Gaza und der Eröffnung des Flughafens in
Dahanija. Der Hafen von Gaza wurde wegen des Widerstands
der Israelis niemals zu Ende gebaut, und der Flughafen in Da-
hanija wurde zu Beginn der zweiten Intifada zerstört. So blieb
der Übergang Karni das einzige schmale Sauerstoffrohr, das den
sterbenden Gazastreifen beatmete. Hunderte von Lastwagen

passierten hier täglich, brachten Waren und Rohstoffe in den Streifen und schafften andere aus ihm heraus, mit der »Rücken an Rücken«-Methode, Heckklappe an Heckklappe beim Umladen, um den Bedarf von ungefähr einer Million Menschen zu befriedigen. Aber keine noch so kreative Idee konnte das Hauptproblem lösen: Der alte Karni-Übergang hatte so funktioniert, dass der Aufbau einer Industrie sich nicht lohnte. Investoren aus Europa und den Golfstaaten waren zunächst nach Gaza gekommen, weil die billige Arbeitskraft dort alle interessierte. Als sie aber feststellen mussten, dass die Grenzvorschriften ihre Investitionen in Verluste verwandeln würde, nahmen sie Abstand von dem ganzen Plan und gingen auf die großzügigen Angebote der Autonomieverwaltung nicht ein, denen zufolge Betriebe von Steuern und Zöllen befreit sein würden.

Die Geschichte vom Versuch, einen Betrieb für Zitrussäfte aufzubauen, hatte auf alle anderen Investoren Einfluss. Sechs Millionen Dollar waren in diesen Betrieb in der Nähe der Salach-A-Din-Straße, an der Zufahrt nach Beit Lahia, investiert worden, als er im Sommer 1995 eingeweiht wurde. Die gesamte Summe zahlte die norwegische Regierung als Patin des Oslo Abkommens, mit dem erklärten Willen, die Wirtschaft des Gazastreifens wieder aufzubauen. Die Absicht war, dass dieser Betrieb für Orangensäfte andere Investoren anlocken sollte. Statt mit großen Schwierigkeiten die Orangenkisten zu exportieren, war es doch besser, qualitativ hochwertigen Saft in einem neuen Betrieb zu produzieren, in dem zig palästinensische Arbeiter beschäftigt werden konnten. Die Rohstoffe waren natürlich in Reichweite, Orangen gab es auf den nahe gelegenen Plantagen von Beit Hanun und Beit Lahia. Auch billige Arbeitskräfte konnte man in der Umgebung des projektierten Standorts anwerben und der Grenzübergang Karni war ebenfalls nicht weit entfernt.

Diese moderne Fabrik hat Yassir Arafat eröffnet. Er ging zwischen den neuen Maschinen umher, mit einer weißen Hygienehaube auf dem Kopf, und schlürfte mit Genuss vom Orangensaft »Made in Gaza«.

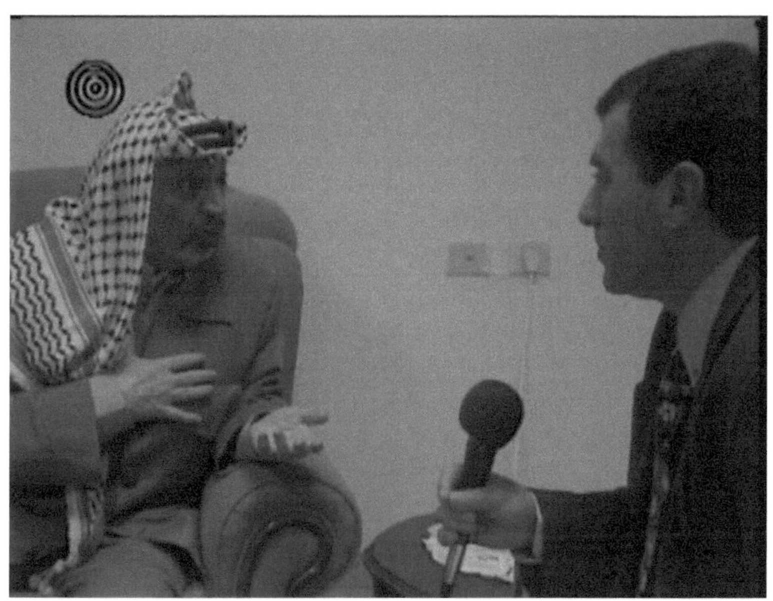

Yassir Arafat und Shlomi Eldar in Arafats Hauptquartier in Rammallah

Shlomi Eldar und Ibrahim Makdama im Gaza Gefängnis, 1999

Dutzende palästinensische Reporter fotografierten und filmten das Schauspiel aus allen möglichen Blickwinkeln, und die norwegischen Investoren lächelten voller Vergnügen – der Plan zu der Fabrik hatte allen Warnungen und allem Schwarzsehen zum Trotz umgesetzt werden können. Doch die Fabrik überlebte nur ein halbes Jahr. Ihren Direktoren gelang es nicht, die Ware, die für die europäischen Märkte vorgesehen war, zu exportieren. Denn wenn die Flaschen und Container den Checkpoint Karni passiert hatten, blieben sie im Hafen von Ashdod stecken, und so kann man keine Geschäfte machen. Ein weiteres Unternehmen ging so zugrunde, Dutzende von Arbeitern wurden nach Hause geschickt, zu den Büros der UNRWA oder zu den Hilfsstellen der Hamas, die Grundnahrungsmittel verteilten: Mehl, Reis und Zucker für jeden, der bedürftig war.

Die Übergänge Erez und Karni waren immer die Nadelöhre, durch die Attentäter hindurch mussten. Für Israel bedeuteten sie eine harte Nagelprobe. Einerseits wollte Israel nämlich die bestehende enge Wirtschaftsverbindung mit Gaza auflösen, andererseits aber wollte es weiter die Übergänge und damit Gaza kontrollieren. Ein Paradoxon, das jeder Logik entbehrt und für das es keine Lösung gibt. Aus diesem Grund hat Israel während all der Jahre der Besatzung versucht, kosmetische Lösungsansätze zu verfolgen, eine Art Feuerlöscher-Prinzip oder »Erste Hilfe«. Vor der eigentlichen Problematik verschloss man jedoch die Augen: Es gab keinen Mittelweg, es gab keine Möglichkeit, weiter die Übergänge zu kontrollieren und gleichzeitig die Verantwortung für das Schicksal der Palästinenser loszuwerden. Die Schließung aller Übergänge – zu Wasser, zu Luft und zu Land – war nicht nur keine Lösung für das Attentatsproblem, sondern es verschärfte außerdem die ökonomisch-gesellschaftliche Lage, und das war der wichtigste Faktor zur Stärkung der militanten Kräfte in Gaza. Hauptsächlich hat die Hamas davon profitiert, deren Wohlfahrtsdienste, wie gesagt, für jeden offen standen, der sie benötigte. Im Verlauf der zweiten Intifada wurden sogar die Übergänge selbst Ziele von Attentaten.

»Ihr seid ein neuer Staat, etwa fünfzig Jahre alt«, sagte Ihab al-Ashkar. »Man beschreibt euch als mächtigen Staat, nicht nur im Verhältnis zur Bevölkerung, sondern auch im Hinblick auf Wirtschaft und Kultur. Ihr seid der größte und mächtigste Staat im Nahen Osten. Ihr habt positive Eigenschaften, es gibt aber auch Negativposten in eurer Geschichte. Wie bei einem Menschen, der plötzlich sehr viel Geld hat und dann denkt, dass er damit auch die Gesundheit und das Glück kaufen kann und sogar den Geschmack des Lebens. Aber das ist nicht möglich. Du kannst nicht in deinem Haus wohnen, in einer Villa oder einem Palast, und alle deine Nachbarn haben nichts zu essen. Du kannst Menschen nicht behandeln wie Esel. Du kannst denken, dass sie Esel sind, aber du darfst dich ihnen gegenüber nicht so verhalten.«

»Dann muss ich mein Leben lang für euch sorgen?«

»Ja. Ihr sagt, dass die Menschen hier Tiere sind, ihr sagt, dass sie Terroristen sind, ihr sagt, dass der Islam die Menschen, die in diesem Gazastreifen leben, zu Raubtieren gemacht hat. Wenn ihr es satt habt, zu erobern oder zu funktionieren oder den Kontakt mit diesem unzivilisierten, unhöflichen und unerzogenen Volk aufrechtzuerhalten, dann sage ich euch: Sucht euch ein anderes Volk, das ihr erobern könnt, sucht euch ein höfliches Volk, in Belgien, oder Spanien oder in der Schweiz. Mit denen werdet ihr sicher keine Probleme haben.«

Und noch bevor ich verstanden hatte, was er meinte, verschwand das ewige Lächeln aus seinem Gesicht und er schimpfte, »Was sagst du zu einem Volk, das schon mehr als vierzig Jahre eine Besatzung erträgt, das keine Erziehung in den besten Schulen bekommen hat, das keine eigene Kultur wie alle befreiten Völker aufzuweisen hat – alles, was in unserer Gesellschaft passiert, kommt von der Besatzung. Glaubt ihr etwa nicht, dass die Besatzung solchen Einfluss hat?«

Der erste Versuch, das Problem des Warenverkehrs am Grenzübergang Karni zu lösen, wurde, wie gesagt, nach dem Attentat auf der Disengoffstraße unternommen. Damals beschloss man, den Übergang in ein Gebiet innerhalb der israelischen Staatsgrenzen zu verlegen und die Verantwortung dafür von der Armee auf die Hafenverwaltung zu übertragen. Gleichzeitig entschied man, ein Industriegebiet in der Nähe des Übergangs zu erschließen, eine Produktionsmöglichkeit für israelische Investoren, für Palästinenser, Jordanier und Ägypter, deren Ziel es war, den Palästinensern Arbeit innerhalb des Streifens zu schaffen und damit ein wenig den Knoten lockern, den Israel seit der Eroberung festgezurrt hatte. Das neue Industriegebiet wurde von der Firma »Palestine Development and Investment« (PADECO) erschlossen, die in Grundstücke und in palästinensische Firmen investierte. Der frühere Ministerpräsident Shimon Peres sammelte fünfundsechzig Millionen Dollar für den »Peace Technology Fund« von internationalen Investoren, von Israelis und Palästinensern. Dieses Geld sollte für Investitionen innerhalb der Palästinensischen Autonomiegebiete verwendet werden. Die Idee war, dass Entwicklung und Wachstum im privaten Sektor den Frieden voranbringen würden.

Der Planung zufolge sollte das Industriegebiet PADECO zehntausend Arbeiter – billige Arbeitskräfte aus dem Gazastreifen – in einundzwanzig Textilbetrieben beschäftigen. Die Beamten der Autonomieverwaltung prüften die Textilfabriken, die in Gaza tätig waren, und schlugen den Besitzern vor, ihre Betriebe in die neue Industriezone zu verlegen und dafür beim Warentransit in Karni bevorzugt zu werden. Den Betrieben in der Zone von PADECO wurde ein besonderes Terminal angeboten, über das die Ware für die Westbank oder den Hafen von Ashdod mit höchster Priorität abgefertigt werden sollte. Eine nach einhelliger Meinung verführerische Idee. In Gaza muss man Investoren nicht mit Zollerleichterungen locken. Es reicht schon die Zusage von Erleichterungen an den Übergängen. Und in der Tat knüpften israelische Fabrikbesitzer und israelische Investoren Kontakte mit palästinensischen Investoren und Besitzern von Betrieben in Gaza, um gemeinsame Projekte in Angriff zu nehmen. Einer der Betriebe, die israelische Textilfirma »Kitan«, wollte zunächst einen Näherei in Jordanien errichten, kooperierte aber schließlich mit der Firma »Bilal« in Gaza.

Drei Monate nach dem Ausbruch der Intifada beschloss der Kommandant des Südsektors, Doron Almog, israelischen Investoren wegen Lebensgefahr das Betreten des Industriegebiets zu verbieten. Gleichzeitig schlug Israel den Palästinensern vor, den Sektor in eine abgeschlossene Enklave zu verwandeln, die von einem kamerabewachten Zaun umgeben sein sollte. Wachtposten würden das abgegrenzte Gebiet kontrollieren, und es werden elektronische Eisentore gebaut, mit einer Investition von einer Million Dollar, eine Bedingung für die gemeinsame Fortführung des Sektors. Der damalige palästinensische Finanzminister, Muhamed Nashashibi, den man den »Geldwäscher« von Arafat nannte, erhielt jedoch nicht die Genehmigung des Rais für diese Investition. Er behauptete daher, dass die benötigten Finanzmittel nicht zur Verfügung stünden. Eine umstrittene Entscheidung, besonders nach Bekanntwerden der gewaltigen Investitionen, die der Finanzberater von Arafat, Muhamed Rashid, in verschiedene Grundstücke und Kapitalfonds in aller Welt getätigt hatte. Die Steuergelder der Palästinenser, wie auch Hunderte von Millionen Dollar, die von den Geberländern an die palästinensische Verwaltung geflossen sind, dienten niemals der wirtschaftlichen Entwicklung, nicht in Gaza und nicht in der Westbank.

Aber auch Israel war seinerseits letztlich handlungsunfähig. Es konnte die abgeschlossene Enklave bauen und die Millionen von Dollar von den Geldern abziehen, die die palästinensischen Behörden einnahmen. Mit den Oslo Verträgen zwang Israel die Autonomiebehörde, eine Wirtschaftsverwaltung ohne Zollgrenzen zu Israel aufzubauen. Israel kassiert von den palästinensischen Unternehmen, die Rohstoffe in Israel kaufen, drei Hauptsteuern – Mehrwertsteuer, Mineralölsteuer und Zigarettensteuer – und erhebt drei Prozent Provision auf alle Steuern, die es eingetrieben hat. In ruhigen Zeiten transferiert es das Geld auf die Konten der palästinensischen Behörden, aber während der Intifada wurden die Gelder eingefroren. Die Verwendung von einer Million Dollar für das Projekt PADECO hätte die Fortsetzung der wirtschaftlichen Tätigkeit ermöglicht, denn dies war der einzige Weg, um Arbeiter aus dem Streifen zu beschäftigen, ohne dass sie in das Gebiet von Israel einreisten.

Auch der neue Übergang in Karni, mit all seinen Einrichtungen und Befestigungen, erhielt während der Intifada den Todesstoß, nachdem herausgekommen war, dass die beiden Terroristen, die das Attentat am 14. März 2003 im Hafen von Ashdod verübt hatten, bei dem neun Israelis starben, in einem Container eingeschmuggelt worden waren, in den man zwei Innenwände eingebaut hatte. Die Scanner waren dazu bestimmt, Metalle zu entdecken und nicht Selbstmordattentäter. Und der Kopf, der einen Weg suchte, um die Grenze zu überwinden, verfolgte sein Ziel mit immer neuen Erfindungen. Infolge des Attentats hatte das israelische Sicherheitskabinett beschlossen, die Politik der Liquidierungen um eine weitere Stufe zu verschärfen. In Gaza begann man mit den Maßnahmen. Diesmal wurde beschlossen, Achmed Yassin und Abd Al-Aziz Rantisi, die Köpfe der Hamas, zu liquidieren. Der Grenzübergang wurde erst geöffnet, nachdem die wegen der Liquidierung aufgebrachten Menschen sich beruhigt hatten. Es gab keine Alternative, denn es existiert nur diese Sauerstoff-Zuleitung, mit der man den Gazastreifen am Leben erhalten kann. Ein weiterer israelischer Versuch, erste Hilfe zu leisten. Die Lageanalyse nach dem Attentat führte zu dem Entschluss, Waren nach Israel nur noch auf Paletten zuzulassen, die nicht höher als vierzig Zentimeter waren. Dem lag die Überzeugung zugrunde, dass die bestehenden Sicherheitskontrollen, auch wenn sie für ganze Container ausgelegt waren, bei niedrigeren Paletten viel effizienter und sicherer sein müssten. Der Kopf hinter den Attentaten hatte jedenfalls noch nie einen so kleinen Terroristen eingesetzt.

Wieder einmal kam ich zum Karni-Übergang. Wieder das gleiche absurde Schauspiel. Anstelle des schnüffelnden Hundes, der offensichtlich in Rente gegangen war, gab es jetzt einen transportablen Kran von Clark, der in seinen Greifarmen eine federleichte Last hielt. Vier Eierkartons oder zwei kleine Kisten, die man in der Hand tragen kann, wurden auf Paletten geladen, die teurer waren als die transportierte Ware. Die Industriellen standen dabei und schauten zu, wie das Produkt ihrer Arbeit wieder in Mitleidenschaft gezogen wurde. Aber diesmal zeigten sie mit ihrem anklagenden Zeigefinger auf die Hamas und nicht auf Israel. Der ganze Übergang war ein Unding: überall Betonmauern und moderne Scanner, aber dennoch blieben die meisten Waren liegen, da es keine vernünftigen Arbeitsabläufe gab. Und währenddessen wurde der Übergang mit noch mehr Betonmauern befestigt und noch mehr Kontrollmechanismen wurden installiert. Ein Zusammentreffen zwischen israelischen und palästinensischen Händlern jedoch war nicht mehr vorgesehen.

Fast drei Jahre lang hat Israel den Industriellen in Gaza nicht erlaubt, zu Geschäftsterminen nach Israel zu fahren. Blockade ist Blockade, und da ist es gleichgültig, wer passiert und wozu. Selbst als palästinensische Arbeiter zur Arbeit in Israel zugelassen wurden, blieben die Händler, die wieder versuchten, die Kooperation mit ihren Partnern in Israel zu erneuern, in den Augen der Zivilverwaltung verdächtig.

Achmed Bilal, der Direktor der Firma »Kitan« im PADECO-Sektor, betrieb seine Näherei in beschränkter Form weiter für die Mutterfirma in Israel, auch nachdem die meisten anderen Betriebe Konkurs angemeldet hatten und geschlossen worden waren. Mehr als zwei Jahre wurde Bilal daran gehindert, nach Israel zu fahren, um seine Geschäfte zu regeln. Ein Monat vor dem Rückzug aus Gaza traf ich ihn im Checkpoint Erez. »Jetzt habe ich eine B.M.C. (Business Men Card)«, sagte er stolz und glücklich. Eine B.M.C. ist nichts weiter als eine Magnetkarte für Geschäftsleute, mit der sie den Checkpoint passieren können. Immerzu gibt man gewöhnlichen Dingen pompöse Namen.

»Wirklich? Wie bist du von einem Abgewiesenen zu einem B.M.C.-Inhaber geworden? Das ist eine Leistung im internationalen Maßstab«, sagte ich.

Auch Ihab al-Ashkar bekam endlich die Erlaubnis, für Verhandlungen mit wichtigen Geschäftspartnern nach Israel zu reisen.

»Yuval Diskin hatte Mitleid mit mir«, lachte er.

»Das ist bis zu ihm durchgedrungen?«

»Ja.«

»Wer hat dir geholfen, dein Freund Dahlan?«

»Ja.«

»All die Jahre hat man dich daran gehindert, nach Israel zu fahren, weil man dachte, dass du dich dort in die Luft sprengen willst?«

»Sie sagten mir persönlich am Telefon: ›Wir kennen dich, wir respektieren dich und wissen, dass du Anteil am Frieden hast, aber wir ziehen es vor, dass du nicht fährst.«

»Wie kann man überhaupt Geschäftsmann in Gaza sein und Geld verdienen?«, fragte ich Hiab.

»Es gibt Geschäftsleute in viel schwierigeren Lagen. In jeder Lage gibt es Geschäftsleute. Man sagt, dass es Kriegshändler gibt. Ich bin seit zehn Jahren in diesem harten Markt, ich habe allein in Gaza Geschäfte im Umfang von hundertfünfzig Millionen Schekel gemacht. Nur in Gaza. Die Menschen wollen leben. Sieh mal hier, Menschen tragen elegante Kleider, bekannte Uhrenmarken, kurz, es sind Menschen.«

In Gaza gibt es eine nicht zu kleine Schicht von reichen Geschäftsleuten. In Israel nennt man sie »die obersten Zehntausendstel«, in Gaza ist es offensichtlich »die obere Million«. Solch große gesellschaftliche Unterschiede entstehen nur in Gegenden mit Konflikten und Kriegen.

»Bist du ein Geschäftsmann des Krieges?«

»Um Gottes willen, ich kümmere mich um Versicherungen.«

»Hast du Kunden, deren Haus oder Geschäft durch die Armee zerstört wurde?«

»Natürlich, viele. Aber die Versicherung deckt keine Kriegsschäden. Jeder in Gaza weiß das.« Aber die Verbindungen zwischen Geschäftsleuten sind offensichtlich stärker als jede Betonwand.

In einer der mächtigen Betonsäulen, die Palästinenser und Israelis im Grenzübergang Karni voneinander trennen, hat man ein Loch von der Größe eines Briefkastens geschlagen. Das ist das »Bank-Loch«, ein Name, den die Grenzer bei einer Kabarettgruppe ausgeliehen haben. Das Bank-Loch ist ein konkretes Beispiel für die Behandlung der Händler des Gazastreifens und das Verhältnis zu ihnen. Durch die schmale Öffnung kann man kaum einen Umschlag hinüberreichen, aber der Händler auf der einen Seite steckt in der Regel seinen Kopf hinein, um sich zu vergewissern, dass sein Partner auf der anderen steht. Der Partner bewegt sich etwa einen halben Meter, damit man ihn durch das Bank-Loch sehen kann. Nachdem der Händler sich überzeugt hat, dass man ihn nicht betrügt, beginnt er das Bargeld durchzureichen, auf das man sich geeinigt hat. Mit Hilfe dieses Loches wurden die direkten Geschäfte zwischen Israelis und Palästinenser gemacht, da auch die Geschäftsleute die Mauern umgehen wollten.

Die Geschäftsleute, die ihr Geld so weitergeleitet haben, sehen für einen Moment so aus, als würden sie ungesetzlichen Schmuggel betreiben. Wer steckt denn auch so Tausende von Schekel in ein Loch?

»Wir haben vorgeschlagen, dass jeder palästinensische Geschäftsmann das Geld durch die Bank direkt auf die israelische Seite überweist, in eine Postfiliale, die man dort baut. Sieben Jahre wurde die Debatte über den Bau einer Bank- oder Postfiliale geführt, und nichts hat sich bisher bewegt«, sagte Salim Abu-Safia.

Aber auch für diese Betonmauern versuchten die Zerstörer eine grausame Lösung zu finden. In der Nacht vom 13. zum 14. Januar 2005 wurde eine neue Stufe im Krieg um die Checkpoints erklommen. Drei Terroristen stellten auf der palästinensischen Seite einen Lastwagen mit Sprengstoff direkt an die Außenwand des Checkpoints. Der Sprengstoff, der im Lastwagen explodierte, schlug ein großes Loch in die Wand, durch das die drei Selbstmordattentäter der Hamas, der Volksfronteinheiten und der Al-Akza-Brigaden der Fatah in den Checkpoint eindringen konnten. Im Rahmen einer allgemeinen Zusammenarbeit schickte jede der Organisationen einen eigenen Selbstmordattentäter. Sechs Mitarbeiter des Checkpoints starben und fünf wurden verletzt, zwei davon schwer. Die drei Attentäter wurden ebenfalls getötet.

Nach dem Anschlag mit diesem Teufellaster wurde der Übergang bei Karni wieder geöffnet. Und wieder wurden noch bessere Sicherheitsmaßnahmen eingeführt. Schutzmaßnahmen, Rundumkameras und weitere Geräte zur Kontrolle der Container. Der palästinensische Finanzminister in der Regierung Abu Mazans, Salam Fiad, war bereit, ein Röntgengerät zu genehmigen, das jeden Container in geschlossenem Zustand durchleuchten kann. Tatsächlich hätte man jeden Container so in zehn Minuten abfertigen können. Zwei weitere riesige Kräne wurden aus dem gemeinsamen israelisch-palästinensischen Etat angeschafft. Aber trotz all der Erneuerungen und Erfindungen sprechen die Tatsachen doch für sich. Vor der Intifada passierten den Checkpoint Karni tausendsiebenhundert Laster täglich. Heute sind es nur noch dreihundertfünfzig bis vierhundert, wenn mit voller Kapazität gearbeitet wird. Jede Exportsparte braucht eine bestimmte Genehmigung für ihre Waren, die man nur an der Sperre durchführen kann. So wurden in der Vergangenheit täglich hundertsiebzig Laster mit Gemüse aus Gaza für die Märkte in Israel beladen. Heute passieren nur zehn bis zwölf Laster pro Tag. Die Sauerstoff-Pipeline transportiert nur so viel, dass Gaza gerade am Leben erhalten werden kann. Nicht mehr und nicht weniger.

»Ihr müsst eine sehr wichtige Sache verstehen«, sagt Ihab al-Ashkar. »Ihr seid unser Schicksal und wir sind euer Fluch.«

»Gut, dann gehen wir. Wir gehen und lassen euch allein.«

»Aus politischer Sicht, aus gesetzlicher Sicht, verlasst ihr uns nicht. Ihr seid immer noch Besatzer, besetzt den Hafen, beherrscht die Grenzen, die Checkpoints. Ihr habt uns dann immer noch nicht verlassen. Ohne die Öffnung der Grenzübergänge, ohne freien Zugang von und nach Gaza, ohne regelmäßigen Fluss beim Grenzübergang, wird es in Gaza nichts geben. Es wird Müll geben. Es wird Terror geben. Nichts Gutes wird es von hier geben. Ihr werdet sehr leiden. Ihr seid noch in eurer Anfangsphase. Fünfzig Jahre sind nichts im Leben eines Staates. Wartet mal ab, was mit euch in zwanzig Jahren passieren wird, wenn ihr mit der Besatzung hier weitermacht. Das ist wie mit einem Menschen, der glaubt, dass er mit seinem Geld den Frieden kaufen kann. So kauft man keinen Frieden. So kauft man keinen Frieden.«

Kapitel 6

Checkpoint Erez – Die Schande

Im März 2005 wurde endlich der alte Arbeiterdurchgang im Checkpoint Erez geschlossen und ein neuer Durchgang eingeweiht. Auf einer Länge von einem halben Kilometer wurden zwei Reihen Betonsäulen aufgestellt und in der Mitte schaffte man einen beleuchteten Durchgang, hoch, durchlüftet, menschlich. Der provisorische Durchgang wurde innerhalb weniger Wochen gebaut. Ich weiß nicht, ob man dort ein rotes Band bei einer Einweihungszeremonie zerschnitten hat, aber es gibt keinen Zweifel: Dies war ein Festtag für die Menschenwürde. In den Tagen, an denen ich dort über die Grenze ging, in den Nächten, in denen ich dort filmte, wurde ich Zeuge für die Demütigung des Menschen, und ich verstand, warum die Palästinenser den Checkpoint Erez »Checkpoint der Schande« genannt haben. Sie schämten sich und ich schämte mich mehr als sie. Ich habe nicht verstanden, woher sie die physische Kraft nahmen, zu überleben und die Mühen an der Grenze zu ertragen und von dort Tag für Tag zu ihrer Fronarbeit zu gehen.

Jetzt arbeitet man mit Hochdruck daran, den ständigen Übergang fertig zu stellen, den modernen und menschlichen, technisch entwickelten Übergang, den Übergang, der Antworten auf die Sicherheitsbedürfnisse Israels geben wird. Wenn die Palästinenser sich von uns trennen, werden sie wie wir einen Übergang haben, den man menschlich nennen kann, den wir aber während der achtunddreißig Jahre seit der Eroberung des Gazastreifens im Sechstagekrieg nicht zu bauen in der Lage waren.

In den »guten« Zeiten von Erez vor der Unterzeichnung des Oslo Abkommens, als es jede Menge Arbeit in Israel gab, passierten ihn mehr Menschen als den Flughafen Ben Gurion. Manchmal mehr als fünfzigtausend Arbeiter am Tag. Sogar auf dem Höhepunkt der ersten Intifada, im Jahr 1992, wurde der Grenzverkehr nicht eingeschränkt. In all den Jahren, in denen wir Gaza bis zum Friedensschluss besetzt hielten, haben wir auf ihre billige, immer vorhandene Arbeitskraft gebaut, die die Grundpfeiler des sich erneuernden Israel geschaffen hat. Aber nicht der Frieden hat den Tabur-Freihandelssektor isoliert, sondern eher der Kampf um den Frieden. Nachdem das Oslo Abkommen unterzeichnet worden war, kam es im September 1993 zu einer Mordwelle in den Straßen der israelischen Städte. Es wurde eine totale Sperre über den Gazastreifen verhängt. Nur wenige bekamen die Genehmigung, zur Arbeit die Grenze passieren zu dürfen, damit die israelischen Farmer gerettet werden konnten. Diese Regelung sollte so lange gelten, bis die Farmer »Ersatz« fanden. Die israelischen Farmer fürchteten um ihre Existenz und beschworen den Sicherheitsapparat, den Arbeitern die Genehmigung zur Arbeit zu erteilen und so die Ernten zu retten. Die meisten Farmer wurden allerdings negativ beschieden. Sie mussten den Verlust einer ganzen Ernte verkraften. Nur einige wenige, die tatsächlich nachweisen konnten, dass die Austrocknung ihrer Felder sie in den Konkurs treiben würde, bekamen von der Zivilverwaltung Ausnahmegenehmigungen. Jemand aus der Verwaltung verriet mir, dass auch Arbeiter für die Farm von Sharon genehmigt worden waren. Ich schaffte es, bis nahe an die Farm heranzukommen. Das elektrische Tor öffnete sich und ohne Zögern ging ich auf das Farmgelände, zusammen mit einem Kameramann, der sofort anfing zu filmen. Die Kamera fing palästinensische Arbeiter aus Gaza ein, die gerade Farmprodukte verpackten. In der Nähe standen

Grenzschutzsoldaten mit gezogenen Waffen. Sie beobachteten die Arbeiter, die landwirtschaftliche Waren aus einem der Lager geholt hatten und jetzt auf einen Lastwagen luden. Dieses peinliche Bild wurde gefilmt und in den Nachrichten gesendet.

In einer Regierungssitzung wurde beschlossen, sich von den fleißigen Händen der Arbeiter zu trennen. Der berühmte Tabur-Sektor wurde isoliert. Alles, was danach noch kam, waren nur halbherzige Versuche einer Wiederbelebung, die von vornherein zum Scheitern verurteilt waren. Für die Palästinenser wurde keine Lösung gefunden, weder in den Grenzen der Grünen Linie[6] noch im Gazastreifen. Sie sollten sich selbst den Kopf zerbrechen, sagte man in Israel, das sei ihr Problem. Sie seien selbst schuld. Später sollte sich jedoch herausstellen, dass es nicht nur ihr Problem war. Je mehr sich die wirtschaftliche Lage verschlechterte, desto klarer wiesen die Lagebeurteilungen des israelischen Sicherheitsdienstes darauf hin, dass es sich um eine humanitäre Katastrophe handelte, die nur der Hamas dienen würde, deren humanitäre Tätigkeit sich über alle Flüchtlingscamps erstreckte. Und jedes Mal, wenn eine pessimistische Prognose über die wirtschaftliche Lage in Gaza abgegeben wurde, hat man die Belagerung für kurze Zeit aufgehoben. Aber da gab es schon fast keine jüdischen Arbeitgeber mehr, die auf die arbeitslosen Palästinenser gewartet hätten. Denn in der Zwischenzeit, in den Tagen der Belagerung, hatten sie »Ersatz« gefunden, die Palästinenser aber fanden keinen Ersatz für ein Leben in Würde.

Der Checkpoint Erez, die Lebensader der Verbindung mit Israel, lag im Sterben und ganz Gaza mit ihm.

Nach den Angaben der Behörde für die Zusammenarbeit in Gaza verließen im Jahr 2000 24.182 Arbeiter Gaza. Dann wurde eine Sperre verhängt, die zwei Jahre dauerte. Zwei ganze Jahre Sperre. Ein »Pulverfass«, so wurde Gaza allgemein genannt. Der Gazastreifen stand wegen der Hungersnot kurz vor der Explosi-

---

6   D.h. in den Grenzen vor 1967.

on. Im Sommer 2002 waren die Voraussagen wieder düster und man beschloss im Sicherheitsapparat wieder eine »Reihe von Erleichterungen«, ehe es zu spät war. Man erlaubte etwa 5000 Arbeitern, wieder nach Israel einzureisen und dort zu arbeiten. Die Lockerung der Sperre erwies sich als eine einfache Lösung, aber ihr Nutzen auf lange Sicht war mehr als zweifelhaft. Man musste mit katastrophalen Folgen für die Zukunft rechnen.

Monid, der Taxifahrer vom Checkpoint Erez, der in Zukunft wohl nie mehr voll beschäftigt sein wird, versuchte mit seinen Freunden, den übrigen Taxifahrer, jeden zufällig vorbeikommenden Gast zu ködern. Auch er litt zwei Jahre lang Hunger. Wenn der Übergang geschlossen ist, gibt es keine Fahrgäste zum Checkpoint und auch in Gaza gibt es keine Fahrgäste, denn wer fährt schon mit einem Taxi, wenn man nicht einmal Geld für's Essen hat.

Als er mich nach langer Zeit wiedersah, überzog ein breites Lächeln sein Gesicht. Er freute sich nicht nur darüber, mich zu treffen, sondern auch über die Tatsache, dass ich ihm endlich eine Fahrt eingebracht hatte.

»Was machst du hier?«, fragte er.

»Ich bin gekommen, um Gaza wieder aufs Neue zu entdecken«, antwortete ich. Und er lachte: »Was willst du hier entdecken? Was kann man auf einem Friedhof entdecken?«

Früher hat er in Israel gearbeitet, im Karmel Schuk in Tel Aviv. Dort lernte er die israelische Gesellschaft kennen, ihre führenden Persönlichkeiten und ihre Schattenseiten.

Am Vorabend des Jom Kippur (Versöhnungstag) verkaufte er Geflügel für die Sühneopfer und die Kunden erbaten manchmal einen Segen von ihm. Er lernte, seine arabische Abstammung zu verbergen, und lernte die notwendigen Segenssprüche. Mani, wie ihn »die Juden« nannten, legte die Handfläche seiner linken Hand auf seinen Kopf, schwenkte das Sühnehuhn und murmelte wie ein Fachmann den genauen Wortlaut des Segens: »Das ist dein Ersatz, das ist der Gegenwert, das ist dein Sühneopfer. Dieses Huhn soll sterben und du wirst gutes und langes und friedliches Leben haben.« Und es gab Gesegnete, die geantwortet haben: »Es sollen alle Araber als Sühneopfer vergehen, für dich und für ganz Israel.« Und er pflegte zu lächeln, zu lächeln und zu schweigen.

Und obwohl seitdem nur zehn Jahre vergangen sind, war er sehr gealtert. Weißes Haar umrandete seine Glatze und dunkle Tränensäcke lagen unter seinen Augen, die manchmal traurig waren und manchmal lachten. Die Sperre und die Not hatten seine Lebensfreude nicht ganz gebrochen.

»Wenn du mich lachen siehst, dann nur, weil ich mich an die Vergangenheit erinnere. Über das Heute und das Morgen kann ich nur weinen. Weinen wie ein kleiner Junge, weinen darüber, wie das Leben an mir vorübergegangen ist. Wie es mir einfach so ausgelöscht wurde.«

Als man damals anfing, über Oslo und ein gemeinsames Leben für beide Seiten zu sprechen, haben israelische Freunde ihn vor der Zukunft gewarnt. Es werden über euch noch schwarze Tage hereinbrechen, ihr werdet nichts zu essen haben, such dir eine Frau mit einem israelischen Ausweis und heirate sie, riet man ihm, denn er war in ihren Augen ein Freund. Freundschaft zwischen Israelis und Palästinensern war in der Vergangenheit gar nicht so selten. »Aber ich habe nicht geglaubt, was für schwarze Tage, so schwarze. Bald wird es Frieden geben. Und sie hatten Recht, es kamen schwarze Tage, schwärzer als schwarz.«

Danach erzählte er vom Checkpoint.

»Sag mal«, fragte er, »weißt du, was hier am Checkpoint Erez jeden Morgen passiert?«

Ich wusste nicht was er meinte. Seit ich wieder nach Gaza fuhr, passierte ich den Checkpoint oft in den frühen Morgenstunden. Ich wusste nicht, dass die Uhren hier schon lange nicht mehr dieselbe Zeit anzeigten wie die Uhren an jedem anderen Ort in der Welt. Die Nacht verwandelte sich in den Tag, der Morgen wurde zur Nacht und die Dämmerung gab es gar nicht mehr. Wenn ich in den frühen Morgenstunden einreiste, gab es keinen Anzeichen mehr für die tag-nächtlichen Kämpfe um einen Laib Brot.

Die Kämpfe, die dort ständig stattfanden und von denen mir Monid erzählte.

*

Am Ausgang des Sabbats kam ich um zehn Uhr abends zum Checkpoint und ich hatte immer noch Schwierigkeiten zu glauben, was er mir erzählt hatte. Wenn sie um zehn Uhr kommen, damit sie in der Schlange für die Ausreise nach Israel einen guten Platz ergattern, wann schlafen sie dann? Wann sind sie von ihrem vorigen Arbeitstag in Israel überhaupt zurückgekommen, und wann hatten sie Zeit, sich auf den nächsten Tag vorzubereiten? Dutzende von Reportagen habe ich am Checkpoint Erez gemacht, jedes Mal, wenn die Sperre aufgehoben wurde und Arbeiter wieder zur Arbeit nach Israel gingen. Manchmal, wenn sie nach einer Sperrzeit wiederkamen, sahen sie aus wie Häftlinge, die aus der Haft entlassen worden waren und sich beeilten, in die freie Welt zu rennen. Und das ist keine Übertreibung. Im Lauf der Jahre habe ich entdeckt, dass die Ausreise nach Israel für sie jeden Preis wert war, und sie waren bereit, Hunderte von Schekel an israelische Vermittler zu zahlen, die ihnen Hilfe bei der Beschaffung von Arbeitspapieren für Israel versprachen. Diese Magnetkarte, die den Glücklichen ausgehändigt worden war, bedeutete nämlich keinerlei Garantie für Arbeit in Israel. Die Arbeiter wurden gezwungen nachzuweisen, dass sie einen »Arbeitgeber« hatten, einen israelischen Unternehmer, der sie für die Arbeit angefordert hatte. Anderenfalls war die Magnetkarte in ihren Händen wertlos.

In der Nähe der palästinensischen Stellung vor Erez hielten nacheinander volle Taxis mit verschlafenen Arbeitern, die sich gegenseitig stützten. Die Türen der Taxis öffneten sich und die Arbeiter rannten mit Kartons in den Händen los, um einen günstigen Platz in der Schlange zu ergattern.

Einen Karton für jeden Arbeiter. Jeder in einer anderen Größe. Einer bevorzugte den Karton als Kopfkissen, der andere als Matratze. Und keiner von ihnen hat geglaubt, dass er in der Nacht dort tatsächlich schlafen würde. Die Nächte von Erez waren nicht zum Ausruhen vorgesehen. Sie waren lang, hart und anstrengender als jeder Arbeitstag. Als hundert Arbeitstage. Und dennoch, fast jeder Palästinenser in Gaza hat davon geträumt, dazuzugehören, im Besitz des Privilegs, in Israel zu arbeiten. Privileg?

Erschöpft und gebrochen, bevor überhaupt der eigentliche Arbeitstag begann, beeilten sich die »Glücklichen«, ihren Karton hinzustellen und einen Platz zu erobern. Einen kleinen Platz, auf dem sie die ganze Nacht verbringen würden, bis das Zeichen gegeben wurde zur Öffnung der Tore, für die große Reise.

»Glaub mir«, sagte einer der Arbeiter, »als man bekannt gegeben hat, dass Erez wieder geöffnet wird und ich eine Erlaubnis bekommen habe, habe ich zu Hause mit den Kindern gefeiert. Ich und die Kinder und meine Frau haben ein Fest gefeiert.«

In der Nacht, als der Alptraum begann, habe ich ihn beobachtet, wie er kämpfte, keine Luft bekam und fast ohnmächtig wurde. Und dennoch hat er nicht nachgegeben, mit seinen Ellbogen drängelte er und wurde gedrängelt, sein Gesicht war errötet, schwitzend, zerknautscht. Ich schaute ihn an und dachte an das Fest. Besonders an den Grund für das Fest.

Das ist der Adel des Gazastreifens. Erwachsene Menschen, einige von ihnen sogar schon alt – oder sie sahen zumindest in der Nacht so aus –, die geglaubt haben, dass dieser »Erez-Club«, in dem sie Mitglieder waren, ihnen die Eintrittskarte zu einem guten Leben verschafft hatte. Was für ein Leben! Was für ein Adel! Wenn das der »Adel« war, was war dann der »Pöbel«, wie sah die Lage des einfachen Volkes aus?

Die meisten von ihnen legten sich auf ihre Matratzen-Kartons, schoben ihre Schuhe unter ihren Kopf, krümmten sich wie ein Fötus. Wenn man keinen Raum hat für die ganze Länge des Körpers, ist dies eine platzsparende Haltung. Der Übergang in Erez sah aus wie ein Schlafsaal für Wohnungslose, die man von den Straßen eingesammelt hatte.

✳

Ich suchte den Arbeiter, der vor allen anderen gekommen war und Erster in der Schlange war. Wer war der verzweifelte Arbeiter, der hier als Erster hergekommen war?

Er saß auf einem kleinen Stuhl, den die palästinensischen Polizisten für ihre eigene Bequemlichkeit hingestellt hatten. Als er mich und die Kamera sah, verdeckte er sein Gesicht vor mir. »Warum verdeckt er sein Gesicht?«, fragte ich seinen Nachbarn, der neben ihm saß.

»Sag ihnen, dass ich müde bin. Ich habe drei Tage nicht geschlafen, ich bin müde«, knurrte der Mann und versuchte, uns zu vertreiben.

Ich dachte, dass er Angst hat. Als ich früher einmal palästinensische Arbeiter über die harten Bedingungen am Checkpoint hatte befragen wollen, hatten sie auch Angst. Sie glaubten, dass jede Kritik an den »Behörden« von ihrer Seite dazu führen würde, dass irgendwer dort oben, der für die »Plastikkarten« zuständig war, sie identifizieren könnte und sich dann an ihnen rächen und ihre Karten einziehen würde. Und das nur, weil sie nicht dankbar waren und es gewagt hatten, Kritik zu äußern. Es war besser, zu schweigen und sich nicht in Gefahr zu bringen. Es war besser, zu leiden und nicht die einzige Möglichkeit zu verlieren, die Familie zu ernähren.

Dieser Mann hatte aber sein Gesicht nicht aus Angst vor Rache verdeckt. Er hat sich geschämt einzugestehen, dass er die Erniedrigung ertragen hatte. Er verdeckte sein Gesicht mit seinen Händen und baute eine menschliche Mauer vor seine Scham.

»Das ist der vierte Tag, seit ich die Erlaubnis bekommen

202

habe, zur Arbeit zu gehen«, sagte er endlich in einem perfekten Hebräisch. »Am ersten Tag kehrte ich krank von hier zurück. Krank. Ich schwöre dir bei Gott, krank. Ich bin nicht arbeiten gegangen. Drei Tage saß ich zu Hause, ich sah, was hier passiert und war nicht in der Lage zu gehen. Weißt du, ich habe mir gesagt: ›Meinetwegen bleibe ich hungrig, ohne Mahlzeit, aber mit Würde. Ich bleibe zu Hause.‹ Besser als das, was du hier siehst. Männer liegen da wie hingeworfen mit den Schuhen unter dem Kopf.«

»Was hast du deiner Frau gesagt?«, habe ich gefragt. Ich wusste, dass die Entscheidung gegen die einzige Arbeit einem Selbstmord gleichkam.

»Ich sagte ihr, das, was ich gesehen habe, ist hart und schwer, und ich bin es nicht gewohnt. Aber meine Frau hat mich nicht verstanden. Wie kann man ihr so etwas erklären, wie, wenn die Kinder vor Hunger weinen? Wie? Ich bin Familienvater. Ich habe zehn Kinder. Nicht eins, nicht zwei. Mit mir und der Frau sind wir zusammen – zwölf.«

Drei Tage und Nächte wurde er von Zweifeln zerrissen. Aber dann kam der Tag, an dem das neue Schuljahr begann, und er hatte keinen Cent in der Tasche. Nicht für Essen und nicht für die Bücher für seine Kinder.

»Woher willst du ihnen Nahrung holen? Woher willst du ihnen Kleider holen? Woher willst du ihnen Bücher holen? Woher?«

Ich sah seinen inneren Kampf vor meinen Augen. Der Erhalt seiner Würde gegen den Verbleib des Hungers. Die Ehre zog ihr Schwert und zwang mit einer breiten Bewegung die aufgestaute Scham vorzutreten. Der Hunger blieb nichts schuldig. Er war doch genötigt, um sein Leben zu kämpfen. Und was ist Scham schon gegenüber einem hungrigen Magen?

Und was ist Würde, wenn man nichts zum Leben hat?

Schließlich wurde der Kampf entschieden. Die Würde wurde mit Füßen zertreten. Sie unterlag dem Hunger. Versteckte sich zwischen den Fingern, die sein Gesicht verdeckten.

»Ihr bringt Thailänder, aber mit ihnen geht man nicht so um. Türken, Rumänen. Und wenn du mich fragst, wo ich gearbeitet habe? Ich habe überall im Land gearbeitet. Lastträger bei Wohnungsumzügen. Ihr baut ein Haus, haltet einen Hund in der Wohnung, stellt dem Hund ein neues Haus hin. Mit Leine und einem Halsband. Auch die, die in Hochhäusern wohnen, fahren runter mit dem Hund im Aufzug, um Pipi zu machen. Wo machen sie Pipi, sag mir, wo machen sie Pipi? Wir haben das Land gebaut, am Ende fressen wir Scheiße auf einem Karton!« Die meisten Bauarbeiter in Gaza betrachten sich als die Baumeister des Landes. »Wir haben das Land gebaut«, sagen sie mit größter Selbstverständlichkeit und zählen jedes große Bauprojekt auf, das in Israel durchgeführt worden ist, angefangen mit dem »Shalom-Turm« in Tel Aviv bis zu den Grundsteinen aller Einkaufzentren. Wir haben Beton gegossen und sind auf einem Karton geendet, sagen sie traurig – und mit schwarzem Humor – über ihre Lage. Eigentlich sind die Arbeiter von Gaza von Männern des Steins zu Männern des vielseitigen Kartons geworden, der sie überallhin begleitet. Die »Scheiße auf dem Karton« haben sie schon gefressen, noch bevor sie zum Checkpoint gekommen sind, und mit dem Karton reihen sie sich auch in die Schlange ein, um die Magnetkarte zu erhalten, die ihnen eine einzige Tür öffnet, die Tür nach Israel, das Land der unbegrenzten Möglichkeiten.

Um die Magnetkarten zu bekommen, mussten sie zum Gebäude der Direktion für Koordination und Verbindung gehen, das in der Nähe des israelisch-palästinensischen Industriegebietes lag. Dort saßen sie Stunde für Stunde außerhalb der Militärstellung auf Erdklumpen, im Sommer wie Winter, und keiner dachte daran, einen Schutz über ihren Köpfen zu bauen. Eine simple Einrichtung, die sie vor den Launen des Wetters geschützt hätte. Selbst eine einfache Wagenplane hätte genügt, eine Nylonplane, die man über ihre Köpfe gezogen hätte, um Schatten zu spenden oder einen Regenschauer abzuhalten. Die Arbeiter hätten das wohl begrüßt, es hätte ihre Würde gerettet.

Von einem Stuhl oder einer Bank hat ebenfalls kein Mensch gesprochen. Ich sah sie da sitzen, mit dem Karton in der Hand, auf Erdhaufen oder Steinen. Die Männer der Kartons versuchten, sich einen Schutz vor der Sonne zu schaffen, und schlossen einfach ihre Augen, wenn es nass wurde, und sie im strömenden Regen tropften. Im Sommer sah ich sie ohnmächtig werden. Nicht für eine Minute konnten sie die Schlange verlassen, wenn sie einmal ihren Platz eingenommen hatten. Und im Winter nass bis auf die Knochen, da es ihnen verboten war, in Mänteln dazusitzen. Man hatte Angst, sie könnten Sprengstoff verstecken. Ihre Mäntel hängten sie an den Strommasten und froren vor Kälte. Sie saßen ganz ruhig und sagten kein Wort. Wer würde es wagen, sich zu beschweren, wenn er keine andere Wahl hat? Unzähligen Reportagen habe ich über eine militärische Stellung in Gaza gemacht, die man mit minimalen Kosten in eine zivile Wartehalle hätte verwandeln können. Aber nichts geschah. Keine Bank, keine Plane und nicht ein Tropfen Mitleid.

＊

Um elf Uhr in der Nacht wurde das Drängeln schwächer, der Lärm leiser. Die Karawane der Taxis wurde gestoppt. Wer jetzt seinen Platz noch nicht eingenommen hatte, bekam keine Chance zur Arbeit zu gehen. Die Schlange reichte schon bis ans Ende der palästinensischen Stellung und es bestand keine Möglichkeit, dass noch jemand passieren würde. Um die Arbeiter herum liefen Kinder mit großen Teekesseln in den Händen und boten für einen Schekel ein letztes Getränk vor dem Schlafengehen an. Andere trugen Pappschachteln um den Hals, mit Süßigkeiten und Zigaretten im Angebot. Ich erkannte einen der Jungs, Muhamed Shafik Razek, eins der »Intifada-Kinder«, die ich gefilmt hatte, als er neun Jahre alt war. Damals erzählte er, dass er zwei oder drei Schekel pro Nacht verdiene und morgens dann Lebensmittel für seine Schwestern besorge. »Mein Vater ist arbeitslos und krank und es gibt niemanden, der die Mädchen füttert«, erzählte er. Und ich habe nicht geglaubt, dass der ganze Unterhalt der Familie an seinem Hals hängt.

Als ich ihn vier Jahre später in Beit Hanun wiedersah, zeigte er mir seine verkrüppelte Hand, die ihm die Nachtarbeit erschwerte.

»Der Soldat sagte zu mir, ich soll vom Checkpoint verschwinden, und noch bevor ich weglaufen konnte, gab er mir einen Schlag mit seinem Gewehr. Die Hand ist gebrochen und so krumm geblieben.« Aber er beklagte sich nicht. Mit einer verkrüppelten Hand hat er keine Chance, dass ein israelischer Arbeitgeber ihn nimmt, wenn er erwachsen ist. Darüber dachte er nach und darüber war er traurig: Wie der Schlag eines einzigen Gewehrkolbens ihm seine Zukunft in Israel zerstört hat. Er zeigte mir seine kleinen Schwestern, die in einem schmutzigen Zimmer saßen und Humus und Ful aus einem Blechnapf aßen. In der Tat, die Ernährung der Familie lag auf seinen Schultern. Und nun war er hier, lief immer noch durch die Nächte, und das schon seit mehr als zehn Jahren. Seit seinem neunten Lebensjahr. Der Junge war zu einem Mann geworden und die Süßigkeiten Schachtel zu einer Schachtel mit gebackenen Kuchen, die er zu verkaufen versuchte. Seine Hand war verkrüppelt, aber er hatte gelernt, mit der großen Schachtel an seinem Hals umzugehen. Ich versuchte mit ihm zu reden; er erinnerte sich an mich, aber er hatte keine Zeit für Nebensächlichkeiten. Es war die beste Tageszeit für ihn, die Zeit des Verdienens, bald würden alle Arbeiter in diesen schmalen Durchgang gedrängt, sagte er, und er hatte noch nicht alles verkauft. Auch das ist ein Maßstab für die Lage in Gaza.

Es fällt schwer zu glauben, aber diese Menschen, die auf den Kartons ausgestreckt lagen, waren und sind immer noch die wichtigste Finanzkraft von Gaza, die den Motor der Wirtschaft bewegt. Das ganze wirtschaftliche System dreht sich um die Arbeit dieser Menschen in Israel, durch die Tausende von Dienstleistern ernährt wurden: die Taxifahrer mit ihren Fahrten zum Grenzübergang, die Straßenhändler, die sich mit den Arbeitern anstellen, wenn sie ausreisen und auf sie warten, bis sie zurückkommen, um ihnen ihre Ware zu verkaufen.

Jeder Arbeiter, der eine Arbeitserlaubnis bekommt, muss seine Verwandten ernähren, Eltern, Brüder oder Cousins, die kein Glück hatten, da sie auf der »Ablehnungsliste« standen und deshalb keine Arbeitserlaubnis für Israel erhalten haben. Auf den Schultern dieser Arbeiter ruht fast das gesamte Leben im Gazastreifen.

Als alle Betriebe, die in Gaza gegründet worden waren, nach kurzer Zeit ruiniert waren, hauptsächlich wegen der Schwierigkeiten bei der Ein- und Ausfuhr an den Checkpoints, zählten die Arbeiter, die in Israel beschäftigt waren, zu den »oberen Zehntausend«. Sie bekamen zwar nur den Mindestlohn in Israel oder sogar noch weniger, aber auch das Wenige, was sie bekamen, galt in Gaza als Vermögen. Als die Arbeitslosenzahlen im Gazastreifen siebzig Prozent überschritten, stellten sie die Hauptkaufkraft. Die Händler und die Importeure von Nahrungsmitteln und anderen Artikeln buhlten um sie. Als ihre Kaufkraft abebbte und ihr Broterwerb verschwand, war das auch der Ruin der Händler und Dienstleister, die ebenfalls zu Bedürftigen wurden. Das Finanzwesen kollabierte, weil der Sauerstoff im Gazastreifen zu Ende ging.

Um viertel nach zwei in der Nacht beginnt die Fahrt der Karusselle, der Drehkreuze. In weniger als einer Stunde werden sie ihre erste Runde drehen. Eine kurze Runde. Abgezählt und grausam. Die Starken werden weiterkommen, die Schwachen und Müden werden zurückbleiben, weil die beiden Drehkreuze am Ende der Bahn die Spreu vom Weizen trennen. Der diensthabende Soldat entscheidet per Knopfdruck über eine weitere Runde, als ob eine Flüssigkeit durch einen engen Flaschenhals ausgeschüttet würde. Fünftausend Arbeiter, zwölftausend Arbeiter, sogar zwanzigtausend Arbeiter müssen erfahren, dass Ordnung und abermals Ordnung herrscht und das Drehkreuz einen einheitlichen Takt hat, den man nicht ändern kann. Man kann es nicht beschleunigen.

Die ersten Arbeiter am Kopf der Schlange wurden in den
»ärmlichen Ärmel« gesteckt. So wurde das armselige Terminal
genannt, an dessen Ende kein Flugzeug wartete. Sein Boden
ist asphaltiert, seine Decke aus Wellblech, es sieht aus wie ein
Hühnerstall und es gibt dort fast keine Luft zum Atmen. Die
Öffnungen der Klimaanlage an der Decke sind mit Metallgit-
tern abgedeckt, die kaum einen Luftstrom nach innen zulassen.
Sogar für die Luft hat man hier eine Sperre gebaut.

Die erste Reihe der Arbeiter ging an der Wand des »Ärmels«
entlang auf die Reise. Sie schlurften laut. Die Stimmen ihrer
schleppenden Füße hörten sich wie ein Echo an, wie aus einer
anderen Zeit, von einem anderen Ort, von einem anderen Leiden. Die Neonlampen an der Asbestdecke beleuchteten spär-
lich den Weg dort unten, den sie entlanggingen. Sie und die
Schatten, die sie verfolgten, bewegten sich vorwärts, angelehnt
an die Backsteinwand. Am Ende des Gangs sah man auf einmal
die sich bewegenden Drehkreuze, den Schrecken der Arbeiter.
Ein gleißender Lichtstrahl tauchte sie in helles Licht. Dort würde die Zeit des Wartens zu Ende sein und der Kampf um das
Recht auf Arbeit beginnen. Jeder Arbeiter weiß, dass bei dem
Kampf um die Drehkreuze alles entschieden wird. Um vier Uhr
morgens fahren die Busse, weil auch die Zeit ein Spieler ist in
diesem Spiel des Überlebens. Wer seinen Weg mit Einsicht be-
rechnet hat, schafft es bis zum Bus. Wer fällt, wird das Morgengrauen des Tages in Israel nicht erleben. Die »Arbeitgeber«, die
israelischen Unternehmer, werden ärgerlich sein und den Satz
sagen, den jeder von ihnen mit israelischem Akzent auszuspre-
chen gelernt hat: »Es gibt Tausende wie dich, die dafür sterben
zu arbeiten.« Und so wurde die »Lebenskarte« verspielt, die Magnetkarte, die die letzte Chance war, in »Würde« seinen Lebensunterhalt zu verdienen. Als man in Israel über eine Erleichterung bei der Ausgabe von Arbeitserlaubnissen für Tausende von
palästinensischen Arbeitern diskutierte, wurde eigentlich über
eine Erleichterung auf dem Papier gesprochen. Von zwölftausend Arbeitern, manchmal in einer einzigen Nacht, gelang es

nur dreitausend, zum Arbeiten nach Israel zu gehen, die anderen mussten zurückbleiben. Wer nicht clever und in guter körperlicher Verfassung war, wer keine Kraft in den Muskeln hatte, wer nicht mit ganzer Kraft andere zurückdrängen konnte, wer nicht mit starken und erfahrenen Freunden zusammenarbeitete, die ihn als einen aus der Gruppe beschützten, hatte keine Chance zu überleben. Keine Chance. Auf der »Bahn ohne Erbarmen« drehte sich das Drehkreuz-Roulette und hatte keinen Gott. Jeder, der überleben wollte, musste drängeln und schubsen, sich in die Menge werfen, wie ein Los auf den Spieltisch. Dieses Roulette hat schon Tausende zu Fall gebracht. Ein Klick und die Runde ist zu Ende. Wer Glück hat - wird durchkommen in die Abteilung der Überlebenden. Wer durchfällt - wird morgen sein Glück in einer neuen Runde wieder versuchen.

Die ersten Arbeiter im Zentrum des Lichtstrahls warteten auf das Zeichen. Auf das Klick, auf den Startschuss. Aber dann kamen mehr Arbeiter und noch mehr Arbeiter. Das Roulette-Karussell wollte sich nicht drehen. Wie ein mächtiger Felsen, der den Eingang zu einer Höhle verschließt. Die als Erste gekommen waren, wurden weggedrängt und an die Eisenpfeiler gequetscht, durch die man zur Startlinie gelangt. Sie klebten an den Pfeilern und von hinten kamen noch mehr schlurfende Reihen, die den Raum völlig ausfüllten, bis auf den letzten Platz. Die Männer an den Pfeilern konnten sich nicht wegbewegen und schwankten hin und her. Neben ihnen standen die Frauen, die ihr Gesicht mit einem Schleier verdeckten und jedes Mal erschraken, wenn sich ihnen eine Gruppe Männer entgegen wälzte. »Wir wollen essen, wollen essen«, schrie uns eine Frau an. Sie wollten essen, das ist die ganze Geschichte. Und dann hörte man ein Klick. Klick. Das Roulette-Karussell wurde für eine Sekunde geöffnet und sie stürzten sich hinein. Die verschleierten alten Frauen rannten in Richtung der Kontrollpunkte. Und dann hörte man wieder: klack, klick, geschlossen. Zwei Arbeiter blieben in den Rädern des Drehkreuzes hängen. Die eine Hälfte ihrer Körper steckte auf der israelischen Seite, die andere auf der palästinensischen, und sie konnten sich nicht bewegen. Sie krampften ihre Körper zusammen und harrten in ihrem Gefängnis aus. Die Chance, mit dem nächsten Klick sicher hinüberzukommen, war ein guter Grund, ruhig zu bleiben. Noch eine Minute, zwei Minuten. Fünf Minuten Maximum und sie sind drin, im Gelobten Land.

✻

Wir sind schockiert von dort weggegangen. Ein Staat darf es sich nicht erlauben, so mit Menschen umzugehen. Nicht im Vorgarten und nicht im Hinterhof. Wenn der Staat Israel nicht darauf vorbereitet ist, Arbeiter aus dem Gazastreifen zu empfangen, dann ist eine Sperre die bessere Lösung. Es wäre vorteilhafter, andere Lösungen zu finden. Es ist mir nicht gelungen, die Bilder dieser Nacht zu verdrängen. Ich habe nicht verstanden, wieso sie nach einer solchen Reise immer noch zur Arbeit gehen. Woher nehmen sie die Kraft, in der Nacht zurückzukommen zu noch einer Runde und in der nächsten Nacht zu einer weiteren Runde und immer wieder ... wieso brechen sie nicht zusammen?

Als die Bilder gesendet wurden, war ich von der Reaktion der Zuschauer überrascht. Der übliche Hass auf die Araber verwandelte sich in eine große Scham. So hat man es mir berichtet. Nur im Sicherheitsapparat waren die Dinge wie immer. Die Antwort, die ich dort bekam, lautete: Es gibt keine andere Wahl, man muss die Kontrollen noch schärfer machen. Damit man die Kontrolle über die Kontrolle behält, ist es unbedingt notwendig, die Kontrollierten in kleinen Gruppen zu »versenden«, sagten sie. Im Militärslang werden die Palästinenser am Checkpoint nicht durchgelassen, sondern »versendet«. Und keiner dachte daran, dass man sie vielleicht anders »versenden« könnte. Keiner dachte daran, dass von lebenden Menschen die Rede ist, deren Ärger und Demütigung uns eines Tages zum Nachteil werden könnte.

Hiab al-Aschkar erklärt Yassir Arafat vor dessen Eintreffen in Gaza: »Wir sind die Herren vor Ort!« November 1993

Sami Abu Samhadana und Sufyan Abu Zaida, Netzarim 1993

Am Tag nach der Sendung über den Checkpoint Erez rief mich der Direktor des staatlichen Rundfunks, Joseph Barel, an und tadelte mich wegen der Ausstrahlung der »nicht ausgewogenen« Bilder. »Ich hätte dich schon früher bremsen müssen und dir nicht erlauben dürfen, alles zu senden, was dir in den Sinn kommt«, sagte er. Und bevor er den Hörer auflegte, ergänzte er noch: »Ich verbiete dir, dich weiter mit den Angelegenheiten der Palästinenser zu beschäftigen.«

✳

Ein Jahr später kehrte ich zum Checkpoint Erez zurück. Diesmal nicht im Auftrag des staatlichen Fernsehens, das verpflichtet ist, die offizielle Linie Israels zu vertreten, besonders in Krisenzeiten. Diesmal kam ich als Reporter von Kanal 10, einem privaten Nachrichtensender, zu einer weiteren Nachtwache in Erez. Ich suchte mit einem prüfenden, unvoreingenommenen Auge nach den Wurzeln des Wahnsinns der Intifada, die ein Sammelbecken für Selbstmordattentäter war. Eine Nacht im Checkpoint Erez ist nur ein Beispiel zur Veranschaulichung, wie man Menschen mobilisieren und sie auf unmenschliche Missionen schicken kann.

Im Sommer 2003 gab es wieder eine Proklamation zu einer Reihe von Erleichterungen für die Palästinenser. Wieder dasselbe Ritual der Zickzack-Politik, die israelische Regierungen und der Sicherheitsapparat während der gesamten Intifada verfolgt haben. Wieder einmal wurde eine besorgniserregende Prognose der Sicherheitsdienste über die Arbeitslosigkeit und die sich daraus ergebende Lage im Gazastreifen vorgelegt. Und wieder antworteten die Fachleute mit einem großen Geschrei, das ein immer gleiches Bild beschwor: eine Tonne Dynamit.

»Wenn es nicht wesentliche Erleichterungen im Gazastreifen geben wird, kann das Pulverfass explodieren«, sagte Generalstabschef Bugi Yaalon bei einer Sitzung der Regierung. Und wieder war ich an derselben Stelle: am Checkpoint Erez.

Ich dachte nicht, dass sich die Situation geändert hätte im Vergleich zu den Bildern, die ich ein Jahr zuvor gedreht hatte. Was konnte sich schon ändern? Was konnte schon schrecklicher werden? Aber dieses Mal waren die »Erleichterungen« des Sicherheitsapparates gegenüber den Palästinensern viel nachhaltiger, weil die Lage viel schlimmer war als ein Jahr zuvor. Im Gazastreifen herrschte beinahe Hunger, wie die Direktoren der Zivilverwaltung berichteten, und auf der Basis ihrer Empfehlungen wurden Arbeitsgenehmigungen für zwölftausend Arbeiter ausgestellt, die fünfunddreißig Jahre alt waren und älter. Zwölftausend, fast doppelt so viele, wie wir im Jahr zuvor gefilmt hatten.

Als wir ankamen, stellte sich heraus, dass die Uhr um zwei Stunden zurückgestellt worden war. Statt um zehn bildete sich die Schlange schon um acht. Am Ende eines Arbeitstages in Israel, um vier Uhr am Nachmittag, blieben ihnen alles in allem nur noch drei Stunden, um sich auf den nächsten Tag vorzubereiten. Essen, ruhen, schlafen, waschen. Eine solche Arbeitswoche rund um die Uhr arbeitet man an keinem anderen Ort in der Welt. Tausende von Arbeitern, die im Süden des Gazastreifens wohnten, verließen ihr Heim und mieteten mit anderen zusammen ein Zimmer. Es gab unter ihnen auch solche, die nirgendwohin zurückkehrten. Sie blieben einfach am Checkpoint für die Schlange von morgen.

Um elf Uhr in der Nacht rückte man an der palästinensischen Stellung die Plastiksperren beiseite. Das Zeichen für den Gang zu den sich bewegenden Drehkreuzen wurde gegeben.

Der große Druck ließ ihnen keine andere Wahl, und sie begannen, den »Ärmel« zu füllen. Von Anfang bis Ende. Tausende. Tausende. Magjedi, der Kameramann, und ich standen neben dem beleuchteten Flaschenhals, neben den Karussellen, die Gefahr, zertreten zu werden, war bis zum Schmerz fühlbar. Zu der Stelle, an der wir standen, kamen mehr und mehr Arbeiter, die an uns gequetscht wurden. Sie wankten unter dem Druck der Massen hinter ihnen. Ein lautes Grummeln erfüllte die Luft. Ein schrecklicher Lärm, der sich anhörte, als ob ein Unglück nahte. Wie ein Erdbeben, wie ein bevorstehender Sturm. Nach einer halben Stunde war die Luft verbraucht. Ich versuchte, mich auf die Zehenspitzen zu stellen, um atmen zu können, aber es hat nicht geholfen. Um mich herum wurden Männer und Frauen ohne Gnade gedrückt und gequetscht. Magjedi und ich hielten uns aneinander fest und schützten uns gegenseitig, damit wir nicht zu Boden gerissen wurden. Eine Frau schrie zu mir herüber: »Film das! Film das! Damit die ganze Welt das sieht!« Ein Schüttelfrost durchfuhr mich.

»Film das! Film das! Damit die Welt das sieht!« Worte, die aus einer anderen Welt stammen, aus einer anderen Zeit. Die Kamera konnten wir schon nicht mehr heben. Es blieb nicht einmal Platz für eine Fliege, und wenn doch, dann wäre sie bestimmt erstickt. Ich konnte mich nicht bewegen, konnte nicht raus aus dem »Ärmel«. Ich ahnte, dass wir in der Masse gefangen sein würden, wenn sich die Drehkreuze erst in Bewegung setzten. Wir würden mit den anderen in Richtung Ausgang gedrängt, könnten aber nicht mit ihnen gehen, da wir keine Magnetkarte für den Durchgang hatten. Blieben wir einfach stehen oder versuchten wir, nach draußen gedrängt zu werden, würden man uns niedertreten. Ich beschloss, auf die Säulen des Drehkreuzes zu klettern, ich hängte mich an eine der Säulen und schob mit aller Kraft meinen Körper aus der Masse heraus. Die Säule war nass vor Schweiß, und ich war überzeugt, dass ich abrutschen und ihnen vor die Füße fallen würde. Ich schloss meine Augen, trat mit meinen Füßen und kämpfte, um mich von den Menschen um mich herum zu befreien. Schließlich fand ich mich auf dem Karussell sitzend. Magjedi gelang es, mir die Kamera zu reichen, ehe er verschwand. Erst später habe ich ihn wieder entdeckt. Er hing an einem der Luftschächte, die an der Asbestdecke befestigt waren. Wir beide hatten das Gefühl, dass wir gerettet waren. Wir hatten Glück. Von meinem erhöhten Standpunkt aus sah ich den »Ärmel« fast bersten vor Menschen. Soweit das Auge reichte, sah man die Köpfe der Arbeiter dicht gedrängt wie in einer Streichholzschachtel. Eine neblige Dunstwolke stand über ihnen und drohte ihnen die Luft zu rauben. Die ganze Nacht standen sie schwankend da. Einst schliefen sie auf Kartons, jetzt kämpften sie um jedes bisschen Sauerstoff, der immer weniger wurde. Wie können sie das Nacht für Nacht durchstehen? Wie können sie nach den Strapazen der Einreise noch arbeiten?

Ich sah ihre gequälten Gesichter, ich sah Menschen trotz des Gedränges im Stehen einschlafen. Ich sah, wie sie sich mit letzter Kraft mühten, um zu den Luftschächten an der Decke zu gelangen. Freunde in einer Gruppe halfen sich gegenseitig beim Klettern. Und dann hingen sie da wie Clowns an den Netzen vor den Öffnungen. Ich saß mit der Kamera in der Hand oben auf dem Drehkreuz und hatte Angst, mich zu rühren. Wenn die Drehkreuze anfingen, sich zu bewegen, und die Massen losstürzten, um sich zu retten, dann würden sie, so fürchtete ich, dem Druck nicht standhalten und ich würde hinunterstürzen. Aber ich hatte keine Wahl. Oben hatte ich eine faire Chance, nicht zerdrückt zu werden. Ich sah Arbeiter ohnmächtig werden. Ich sah, wie man Verwundete wegschaffte. Menschen wurden gewürgt, fielen zu Boden und wurden böse gequetscht. Über die Köpfe der Stehenden hinweg reichte man Wasserflaschen, um mit dem Wasser die Ohnmächtigen wecken zu können. Es gab aber keine Möglichkeit, eine Trage durchzureichen. Die Verwundeten hob man über die Köpfe der Arbeiter und reichte sie von Hand zu Hand weiter, von Hand zu Hand, wie man Eimer in einer Menschenkette weiterreicht. Nicht einmal Verwundete konnte man hier mit Würde zu transportieren. Ich saß auf dem Drehkreuz und überlegte, was ich an ihrer Stelle gemacht hätte. Ich kenne nicht einen Menschen, der in ihrer Lage ist. Ich kenne nicht einen einzigen Menschen, der so um sein Leben kämpft. Ich kenne niemanden, der so gedemütigt wurde und dabei so gleichgültig blieb. Niemanden.

Einen Monat danach wurde Achmed Ibrahim A-Sheich, ein Vater von fünf Kindern, getötet. Der erste Märtyrer, den der

Checkpoint gefordert hat, aber nicht der letzte. Ein abzusehender Tod. Ein Tod, den man hätte verhindern können. Hat man auch den Toten von Hand zu Hand weitergereicht, von Hand zu Hand, über die Köpfe der Arbeiter hinweg?

Und wo ist der Mann, der sein Gesicht bedeckte? Kämpft er auch dort unten, wird gewürgt und schämt sich?

»Wo machen sie Pipi?«, fragte er damals, und erst jetzt habe ich die Bedeutung seiner Worte verstanden. Wie werden die einfachen, trivialen Dinge hier als Schatz angesehen. Wasser, Nahrung, Pipi. Luft zum Atmen, Schlaf in der Nacht, Ruhe, Mitleid. Mitleid.

Auf der anderen Seite sah ich die Stellungen der Soldaten. Sie beobachteten das Geschehen mit Hilfe von kleinen Kameras, die seitlich aufgestellt waren. Sie waren verantwortlich für das Drücken des Knopfes, das das Kreuz zum Drehen bringt. Sie herrschten über das »Versenden«. Sie konnten natürlich nichts ändern. Das lag nicht in ihrer Verantwortung, auch nicht in der Verantwortung ihrer Offiziere. Demütigungen in dieser Größenordnung liegen in der Verantwortung des Staates. In der Verantwortung dessen, der an der Spitze steht. Aber seit die Bilder im Kanal 1 gesendet worden sind, vor einem Jahr, hat kein Mensch daran gedacht, dass man etwas tun muss, um die Bedingungen des Übergangs zu verbessern. Auch der Ministerpräsident nicht. Auch der Verteidigungsminister nicht. Und nicht der Generalstabschef. Und nicht nur aus moralischen Gründen. Auch aus sachlichen Gründen, die dem Vorteil beider Seiten dienen.

Jahrelang hatte ich immer wieder die Flüchtlingslager besucht und die Armut gesehen, in der die Menschen dort lebten, aber erst hier, auf der Säule des Drehkreuzes habe ich erkannt, wie wenig ich die Brisanz der Lage verstanden hatte. Wie sehr der Hunger keine Metapher ist, sondern tatsächlich gefühlt wird, existiert. Richtiger Hunger, der zum Krieg führt.

»Ihr drängt uns zum Selbstmord«, sagten mir verzweifelte Palästinenser, und ich war sauer auf sie. Die Heiligung des Todes der Märtyrer war in meinen Augen eine unverzeihliche Sünde. Von dort oben sah ich Tausende drängen, stehende Tote, schreitende Tote. Laufende Tote. Tote. Die Aristokratie des Mittelstandes in Gaza. Und wenn der Adel untergeht, was wird dann das Volk sagen? Die Frage ist nicht, was es sagen wird, sondern was es machen wird!

✳

Die Erklärung vonseiten der Armee war immer die gleiche: Sicherheitsaspekte haben immer Vorrang. In der nahen Stellung zum Übergang Erez – »Schild 12« war ihre militärische Bezeichnung – sprengte sich die Attentäterin Rim Al-Riashi in die Luft und tötete drei Soldaten, einen Polizisten und einen Zivilisten, fünf Israelis, die in dem Gebäude für die Ausgabe der Genehmigungen gearbeitet hatten. Der überdachte Schuppen, der in »Schild 12« nicht gebaut wurde, ist nur ein Beispiel für die Allgegenwärtigkeit von »Sicherheitsbedenken«. Der Schuppen wurde vor dem Attentat nicht gebaut und auch nicht danach. Eigentlich bestand gar kein Zusammenhang zwischen dem Schuppen und irgendwelchen Sicherheitsaspekten, aber Palästinenser behandelte man eben genauso: unmenschlich und mit einer widersprüchlichen Politik an den Checkpoints bis hin zu völligen Sperren, und das wusste die Hamas gut für sich auszunutzen.

Zu keiner Zeit wurde ein Beschluss gefasst, in dem man festgehalten hätte, dass aufgrund der Sicherheitslage – wegen der Versuche der Hamas, des Islamischen Dschihads oder der anderen Organisationen der Opposition – sich die Politik in Bezug auf die Übergänge ändern oder gar zur Diskussion gestellt würde. Alle israelischen Regierungen wandten die gleiche Methode an: Sie ignorierten das Problem oder suchten einfache Lösungen. Nach einem Attentat schloss man den Übergang für eine bestimmte Zeit, bis sich die Gemüter in Israel beruhigt hatten und die öffentliche Meinung mit einer Reihe von »Erleich-

218

terungen« einverstanden war, bis wieder eine düstere Prognose von den Sicherheitsdiensten, was in den besetzten Gebieten zu erwarten war, den Entscheidungsträgern keine andere Wahl ließ. Das Dilemma blieb das gleiche Dilemma. Wenn man die Übergänge schloss, verhinderte man vielleicht Attentate, aber man schuf bei vielen ein Potential für zukünftige Anschläge.

Nach dem Attentat in »Schild 12«, das Rim Al-Riashi, verheiratet, Mutter von zwei Kindern, durchgeführt hatte, veröffentlichte die Hamas eine CD, auf der sie zu sehen ist, bevor sie sich selbst in die Luft sprengte. »Ich wollte schon immer die erste Frau sein, die ihr Leben für Allah opfert. Mein Glück wird vollkommen sein, wenn Teile meines Körpers in alle Richtungen fliegen«, sagte sie voller Freude. Aber es stellte sich heraus, dass es nicht ihr Lebenstraum war, eine Märtyrerin zu werden. Rim Al-Riashi war offensichtlich in eine Liebesaffäre verstrickt. Nachdem sie bei ihrem Verrat erwischt worden war, wurde sie von der Hamas gezwungen, ihren Namen und die Ehre ihrer Familie zu reinigen. In der traditionellen palästinensischen Gesellschaft wird eine Frau, die beim Fremdgehen erwischt wird, zum Tode verurteilt. Und Riashi hatte offensichtlich nichts zu verlieren. Es war aus ihrer Sicht vorteilhafter, als Märtyrerin zu sterben, als gesteinigt zu werden. Diese kaltblütige Ausnutzung einer Zwangslage durch die Attentatsplaner funktionierte auch im Fall von Wufa Ibrahim Bass im Juni 2005. Die junge Frau im Alter von einundzwanzig Jahren verbrannte sich das Gesicht bei der Explosion einer Gasflasche in ihrem Haus und wurde im Krankenhaus Soruka in Beer Shewa behandelt, wo die Ärzte um ihr Leben kämpften. Eine Abteilung der Al-Akza-Brigaden der Fatah im Norden des Gazastreifens hat sie überzeugt, dass sie nichts zu verlieren habe. Mit den Narben im Gesicht habe sie keine Chance, einen Bräutigam zu finden, der bereit wäre, sie zu heiraten. Wufa Bass wurde überredet, ein Attentat auszuführen, mit Hilfe von Dynamitstrümpfen, die man auf ihrem Körper befestigte, und zwar wahrscheinlich im Krankenhaus, wo sie eine hingebungsvolle Pflege erhielt. Das Attentat konnte verhindert werden, da der Sicherheitsdienst davon erfuhr, dass eine Attentäterin über Erez geschickt werden sollte. Zwei Tage, bevor sie kam, wurde Erez komplett gesperrt und es wurden Tests durchgeführt, um festzustellen, ob die zuletzt ergänzte Kontrolleinrichtung tatsächlich ohne Pannen funktionierte. An einem Sonntag wurde der Übergang wieder geöffnet. Wie erwartet, kam Wufa Al-Bass. Sie hatte eine Genehmigung von der Verwaltung in Gaza, über Erez nach Israel einzureisen. Die junge Frau, die die verbrannten Partien ihres Gesichtes zu verdecken pflegte, wartete zusammen mit allen anderen Inhabern einer Genehmigung neben der palästinensischen Stellung. Die Kontrolleure auf der israelischen Seite wiesen ihre palästinensischen Kollegen an, sie durchzulassen. Als sie sich allein in der provisorischen Umzäunung befand, wurde ihr klar, dass sie verraten worden war. Wufa Al-Bass versuchte noch, die Dynamitladung an ihrem Körper zu sprengen, aber der Zünder funktionierte nicht und sie wurde gefangen genommen. Drei Stunden nach ihrer Verhaftung wurde der Übergang wieder geöffnet. Ein solches Attentat hätte Erez für Monate gesperrt.

Im Verlauf der Intifada-Jahre gab es sechs Attentate am Checkpoint Erez und in der Halle, in der die Genehmigungen ausgeteilt wurden. Seit der Unterzeichnung der Oslo Verträge – besonders aber während der Intifada – versuchten die Hamas, der Islamische Dschihad und die anderen Organisationen, die sich gegen jeden Vertrag mit Israel aussprachen, alles, um Attentäter aus Gaza heraus zu schleusen. Im Gegenzug wurden nach und nach alle Übergänge gesperrt. Anders als in der Westbank war eine Sperre des Gazastreifens effektiv. Der Grenzzaun, der um den Streifen herum gebaut worden war, stellte sich als äußerst wirksam heraus. Ein Eindringen nach Israel war praktisch unmöglich geworden. Sperre ist Sperre.

Als einziges Mittel blieben Aktionen gegen die Sperren selbst, mit denen man zwei Fliegen mit einer Klappe schlagen konnte.

Ein Attentat auf die israelischen Soldaten, die die Übergänge bewachen, war gleichzeitig ein Attentat auf die Arbeiter,

die in Israel arbeiteten, aber nach Auffassung der Hamas die
Pflicht hatten, die wirtschaftliche Abhängigkeit des Streifens
von Israel zu beenden, das ihre billige Arbeitskraft doch nur
ausnutzte. Die palästinensischen Arbeiter wurden zu Geiseln
in dem grausamen Spiel, das die Hamas spielte. Am Samstag,
dem 6. März 2003, kamen vier Selbstmordattentäter in zwei
Jeeps, die in den Farben der israelischen Armee um gespritzt
wurden, bis zu der palästinensischen Stellung, die die Trennli-
nie zwischen israelischer und palästinensischer Seite markiert.
Hier sprengten sie sich in die Luft. Zwei der palästinensischen
Polizisten wurden getötet. Dem Vorgehen der Hamas gegen
die Checkpoints in Erez und Karni, dem einzigen Übergang
für Frachten, schien eine langfristige Strategie zugrunde zu liegen. Die Hamas zielte auf eine dauerhafte Sperre ab, die einen
wirtschaftlichen Kollaps im Gazastreifen verursacht hätte. Jede
Verschlechterung der Lage wirkte zugunsten der Hamas. Und
Israel hat tatsächlich so gehandelt, wie es die Planer des Attentats wollten.

Um diesen Teufelskreis zu durchbrechen, hätte Israel mutige
Entscheidungen treffen müssen. Eine Möglichkeit wäre es gewesen, eine komplette Sperrung des Gazastreifens zu verhängen,
eine endgültige Trennung, auf der anderen Seite aber die Grenze für Waren und Rohstoffe zu öffnen und so den Fortbestand
der kleinen und großen Industriebetriebe im Gazastreifen zu
gewährleisten, die dann aufgeben mussten. Die Probleme beim
Warenexport über die Checkpoints verursachten den Investoren und den Inhabern der Betriebe große Verluste. Sie waren
daher genötigt, die Betriebe zu schließen und neue Investiti-
onsfelder an anderen Orten zu suchen. Die Menschen in Gaza
jedoch blieben arbeitslos und frustriert, vor allem aber hungrig
und schließlich feindselig.

Eine andere Möglichkeit, die die israelischen Politiker gehabt
hätten, wäre eine grundlegende Erweiterung der Übergänge gewesen. Mit einer einmaligen finanziellen Investition hätte man
alle primitiven Kontrollmechanismen, die seit Jahrzehnten

nicht modernisiert worden waren, ersetzen können. Der Magnometer, der bekannte Metalldetektor, der jedem israelischen Bürger bekannt ist, entsprach nicht mehr den aktuellen Gegebenheiten und sicherlich nicht der Anzahl der jeden Morgen passierenden Arbeiter. Aber kein Mensch dachte an moderne, effektive und sogar sichere elektronische Scanner. Zig Zähler, die zwar vorhanden waren, deren Einbau aber eine einmalige Investition von einigen Millionen Dollar erforderte. Genau das Modell, welches jetzt im neuen Checkpoint mit einer ärgerlichen Verspätung aufgebaut wird. Keine einzige Regierung in Israel hat Geld oder Gedanken investiert, nicht in den Checkpoint Erez für die Arbeiter und nicht in den Checkpoint Karni für Waren. Niemals wurde eine klare politische Entscheidung getroffen, wie Israel sich positionieren sollte. Als endlich das neue Kontrollsystem eingeführt wurde, war man von dessen Effizienz so überzeugt, dass der Checkpoint Erez bereits drei Stunden nach Wufa Al-Bass' Versuch, mit Sprengstoff an ihrem Körper zu passieren, wieder geöffnet wurde.

Der Checkpoint Erez ist nicht nur ein Übergang für Arbeiter. Er ist der einzige Ort, an dem man in den Gazastreifen einreisen oder aus ihm ausreisen kann. Hier passieren auch die Honoratioren wie Minister oder Parlamentarier, die besondere Ausweise haben: »Freier Durchgang – VIP«. Hier passieren Diplomaten und die Vertreter der karitativen Organisationen aus der ganzen Welt. Auch Journalisten genießen den Status, ein geehrter Gast zu sein. Hier passieren schließlich auch andere Glückspilze: Händler und Fabrikanten, die eine Genehmigung erhalten haben, und Schwerkranke, denen es gestattet wurde, zur ärztlichen Behandlung in einem der israelischen Krankenhaus auszureisen. Dies ist der einzige Ort auf der Welt, wo sich jemand, der an einer unheilbaren Krankheit leidet, als Glückspilz betrachten kann. Der palästinensische Zivilrat reicht eine

Anfrage bei der Direktion der Verbindungsstelle in Israel ein, die Anfrage wird unter »Sicherheitsaspekten« überprüft. Der für den Südsektor verantwortliche General entscheidet dann von Fall zu Fall über Erleichterungen oder Hemmnisse für den Grenzübertritt der Kranken. In Gaza muss man auch wissen, wann man an Krebs erkranken darf. Im Jahre 2004 verließen Gaza nur 2500 Kranke. 2500 Kranke bei einer Gesamtbevölkerung von 1.200.000 Menschen.

Im April 2004 wartete ich auf meiner Rückreise nach Israel im Checkpoint Erez. In meiner Nähe lag eine ältere Frau auf einer Trage. Neben ihr stand ihr Mann, der sie begleitete. Er stand geduldig und wartete auf die Anweisungen des Ausrufers, der immer wieder unklare Worte in sein Mikrofon schrie. Er sprach natürlich Hebräisch, aber selbst ich hatte Probleme, seine Worte zu verstehen. Die Stimme, die aus dem kleinen Lautsprecher ertönte, war undeutlich, wirkte aber bedrohlich und beängstigend. Die Frau auf der Trage hob immer wieder ihren Kopf. »Sie brennt vor Fieber und Schwäche«, erklärte ihr Ehemann. Immer wieder flüsterte sie in sein Ohr, dass er ihren Kopf anhebe, da sie sich übergeben müsste. Er kümmerte sich mit Hingabe um sie. Rückte das Kissen unter ihrem Kopf gerade, glättete die Decke, unter der sie lag. Machte sich Sorgen. Insbesondere sorgte er sich, dass das Geschrei sie erschrecken könnte. Wawa! Wawa! Nach hinten! Er hat nichts verstanden. Wawa! Wawa! Bestätigungen! So ging es fast zwei Stunden lang. Als ich dem erregten Ausrufer sagte, er solle den Vorgang beschleunigen, erhielt auch ich seine Wawa-Wawa-Rufe.

Eine Journalistin der Washington Post kam in den Checkpoint. Sie näherte sich der Trage und versorgte die Kranke. Hob den Kopf der Kranken, wusch ihr Gesicht mit Wasser und schaute mit Schrecken auf die Tore und den bedrohlichen Lautsprecher.

Nach einer Stunde öffnete sich endlich das Tor. Aber nur die Journalisten durften passieren. Die Frau auf der Trage und ihr besorgter Ehemann wurden angewiesen zu warten. Wir passierten die Drehkreuze und versuchten an das Mitgefühl der Soldaten zu appellieren.

»Soll doch der Ehemann allein durch und die Kranke dalassen.«

»Was hat er gesagt?«, fragte der Ehemann.

»Das nur du durchgehen sollst.«

Er schaute auf seine Frau, murmelte in ihr Ohr einige Worte und passierte das Drehkreuz.

Wau! Wau! Was für ein Reinfall!

»Was?«, fragte der Mann.

»Was willst du?«, schrie ich den Ausrufer an.

»Er soll den Handschuh nehmen und seine Frau damit unter den Kleidern kontrollieren.«

Den weißen Handschuh habe ich sehr gut gekannt. Der Soldat hatte seine Hand in den Handschuh gesteckt und ihn über meinen Körper und meine Sachen gleiten lassen. Danach wurde im Detektor geprüft, ob auf dem Handschuh Spuren von Sprengstoff haften geblieben waren. So primitiv waren die Kontrollen.

Der Ehemann nahm den Handschuh und ging zur Trage. Er führte seine Hand über seine Frau.

Wau! Wau! Darrrunterr!

»Was?«, schrie ich. »Was sagst du?«

»Er soll die Decke hochheben und die Hand darunter schieben!«

Der Ehemann hob die Decke an. Seine Frau krümmte sich auf der Trage. Wir alle senkten den Kopf und schauten zu Boden. Der Mann führte den Handschuh über die Frau und ließ nicht ein Körperteil aus. Als er sie wieder zudeckte, war er verlegen wegen der Verletzung ihres Schamgefühls, sie weinte still. Er sah mich an und sagte: »Danke«. Danke wofür? Drei Stunden Warten und er sagt noch danke!

Einen Monat später wurde in Erez ein neues Gerät eingeweiht, das ohne Körperkontakt funktioniert. Der Ausrufer schrie einfach: »Wakaf! Wakaf! Halt! Halt!« Und: »Laf! Laf! Dreh dich! Dreh dich!« Das reichte. »Du kannst passieren.«

Ein tolles Gerät. Wieso hat man nicht früher daran gedacht?

✳

Ich stand abseits und schaute eine Stunde lang zu, wie sie den alten Durchgang abbauten. Die palästinensischen Arbeiter, die für das israelische Verbindungsbüro arbeiteten, kletterten auf hohe Leitern und nahmen die Netze ab, die die Luftschächte bedeckten. An einigen Netzen blieben noch die Mäntel von Arbeiter hängen, die sich dort einmal festgehalten hatten, als ihnen die Luft zum Atmen knapp wurde.

Ich wollte mit meinen eigenen Augen sehen, wie die Schächte geöffnet wurden und saubere Luft von draußen in den »Ärmel« eindringen konnte. Nachdem man die erste Reihe der Netze abmontiert hatte, spürte man einen starken Luftzug. Ich sog meine Lungen voll. Ich nahm einen der hängenden Mäntel und suchte nach Hinweisen auf seinen Besitzer. Die palästinensischen Arbeiter musterten mich an, als wäre ich ein Irrer. In der Tasche des abgenutzten Mantels steckten die Visitenkarte eines israelischen Bauunternehmens und ein verblichenes Foto von einem Mädchen in einem grünen Kleid. Ich weiß nicht, ob im Rahmen der neuen Reihe von »Erleichterungen« auch der Besitzer des Mantels, der Vater des Mädchens in dem grünen Kleid, eine Arbeitserlaubnis, einen Passierschein für den neuen Übergang bekommen hat. Den Übergang, der Antworten gibt auf die Fragen von morgen.

Kapitel 7

Die Wüste Netzarim

Samstagabend. Mitte November 1994. Um viertel nach elf Uhr abends landete ein Herkules-Hubschrauber auf dem Landeplatz des Soruka-Krankenhauses in Beer Shewa. Mehr als drei Stunden hatte das Rettungsteam auf diesen Moment gewartet, mit einer Trage und voll banger Erwartung. Als der erste Lichtstrahl am Himmel zu sehen war und der Lärm des Hubschraubers die Nacht über Beer Shewa durchdrang, atmeten sie auf, weil sie jetzt sicher waren, dass es dem Team vor Ort nach fast drei Stunden Kampf gelungen war, das Leben des Verwundeten zu retten, ihn zu stabilisieren und ins Krankenhaus zu bringen.

Erst eine Woche war vergangen, da in der Mittagstunde dieses langen verfluchten Freitags drei Soldaten an derselben Kreuzung getötet worden waren, der Kreuzung von Netzarim. Als der Hubschrauber gelandet war und seine Rotoren zum Stillstand gekommen waren, rannten die Gelandeten und die Wartenden gemeinsam mit der Trage in Richtung des Krankenhaus-Schockraums. Als sie aber zweihundert Meter vom Tor des Krankenhauses entfernt waren, blieben sie jäh stehen. Die rennende grüne Einheit zerstreute sich. Einige von ihnen blieben aber und beobachteten mit Sorge die Ärzte und die Helfer in Uniform, die sich um den Verwundeten kümmerten. Deren nicht nachlassende Bewegungen waren schnell und präzise. Noch eine Bewegung und noch ein Funke Hoffnung, der erloschen ist. Jeder Druck auf das Herz wurde von einem schrillen Quietschen der Trage begleitet, das dumpfe Schlagen eines Herzens, das schwächer wurde, sich aber weigerte aufzugeben.

Ein heiliger Krieg auf Leben und Tod.

Aber nach und nach hörte das Quietschen auf. Kein Herzschlag mehr. Alles blieb stehen. Todesstille. Sogar die Motoren des Hubschraubers schwiegen in dieser Minute. Das Team, das seitlich gewartet und mit Sorge die Wiederbelebungsversuche verfolgt hatte, näherte sich der Trage. Mit gesenkten Köpfen schoben sie sie zum Krankenhaus. Nicht rennend, sondern langsam gehend. Nicht in den Schockraum, sondern in den Leichenraum. Das Knarren der Räder zerriss mich. Ich legte die Kamera zur Seite. Ich versuchte den Augenblick aus meinem Gedächtnis zu tilgen, den Augenblick, in dem sie den Wettlauf um das Leben aufgegeben hatten, den Augenblick, in dem das Leben einer Familie zerstört worden war. Bald würden Soldaten in Uniform kommen, würden an die Tür der Familie Dadon klopfen und die bittere Botschaft überbringen: »Gil fiel in Erfüllung seiner Pflicht.«

»Erfüllung seiner Pflicht«. Der vierte Soldat, der in einer Woche bei der Verteidigung von Netzarim getötet worden war.

Viele Monate lang behielt ich den gedrehten Film und schaute ihn nicht an. Die letzten Minuten von Gil Dadon. Ich bewahrte die Kassette wie ein Heiligtum. Mit Bedauern hörte ich, dass er einen zweijährigen Sohn hinterlassen hatte, der Jarden hieß, eine Frau und trauernde Eltern, Margalit und Eli. Ich sah den Vater schreien bei der Beerdigung: »Habt Erbarmen mit unseren Kindern! Habt Erbarmen mit unseren Kindern!« Aber auch sein Protest verhallte. Er wurde langsam schwächer und schwächer, als die Medien das Interesse für seinen Schmerz verloren hatten und sich um den Schmerz anderer kümmerten, die nach ihm kamen. Monatelang hat Eli Dadon jeden Stein in Netzarim umgedreht, um zu verstehen, wie die letzten Minuten seines Sohnes verlaufen sind und wie er getötet wurde. Sein Protest schien aussichtslos. Seinen Sohn konnte er nicht mehr retten, und auch Netzarim wird er nicht räumen können. Ich beobachtete aus der Ferne, wie er versucht hat, alles, was mit seinem Sohn zu tun hatte, zu sammeln und zu bewahren. Aber die Filmkassette habe ich ihm nicht gegeben. Wenn ich um einen Soldaten, den ich nicht kannte, getrauert habe, wie würde er reagieren beim Anblick jener Szene, in der man den Tod seines Sohnes sieht?

Vor einigen Monaten las ich in der Zeitung eine kleine Notiz:

Margalit Dadon, die ihren Sohn vor zehn Jahren bei einer Militäraktion in Gaza verloren hat, bittet die Öffentlichkeit um Mithilfe bei der Auffindung der persönlichen Gegenstände ihres Sohnes, die aus ihrem Haus gestohlen wurden. Vor zwei Tagen verschafften sich Einbrecher Zutritt zu ihrem Haus in Rishon Le-Zion und stahlen Schmuck und andere wertvolle Gegenstände. Unter anderem leerten die Einbrecher eine Gedenk-Kommode, die zum Andenken an Gil errichtet worden war.

»Militäraktion«. Nach zehn Jahren erinnerte sich kein Mensch mehr daran, dass Gil Dadon bei der Verteidigung einer Siedlung tödlich verletzt worden war, von der einige wenige geglaubt hatten, dass sie zum Erbe unserer Vorväter gehöre – ein Glaube, der am Eingang zum Schockraum eines Krankenhauses sein Ende fand.

Netzarim wurde als Nachal-Standort (Noar Chaluzi Lochem – Kämpfende Pionier-Jugend) am Vorabend des Purimfests 1972 gegründet, ein Jahr vor dem Jom-Kippur-Krieg. Als die Siedlung herangewachsen, fast im Bar-Mitzwa-Alter war und Wurzeln geschlagen hatten, wandelte sich der Nachal-Standort zu einer dauerhaften Siedlung an einem widersinnigen Ort: mitten im Herzen der Stadt Gaza. Das Herz erwies sich stärker als der Verstand, die Vernunft und die Voraussicht, und das auch noch nach der Unterzeichnung des Osloabkommens. Denn damals beschloss man, Netzarim zu ... erweitern. Dieses Projekt nannte man Netzarim B. Zu den Steinhäusern und den roten Dächern, die typisch sind für alle Kibbuzim des Shomer Hazahir, der linken Jugendbewegung, kamen Wohnwagen hinzu, die zuvor Einwanderer aus den Staaten der ehemaligen Sowjetunion aufgenommen hatten. Der harte Kern der Gründer, die kämpfende Pionierjugend und Mitglieder der Mapam und Mapai (linke Parteien), verließ die Siedlung und an seiner Stelle kamen andere, die von ganzem Herzen in brünstig davon träumten, eine Stadt zu gründen. Und das ausgerechnet im »Hals der Araber«. Die Augen des Staates, die nach dem Jom-Kippur-Krieg ein wenig geöffnet worden waren, schlossen sich wieder zum Schlaf. Mal sehen, wer zuerst aufwacht.

Kurze Zeit nach Unterzeichnung des Oslo Abkommens kam ich mit Suffyan Abu Zaydeh und Sami Abu Samhadana bis vor die Mauern von Netzarim. Genau in diesem Augenblick durchschritt Noach Kinareti, der für Siedlungsfragen zuständige Berater des Ministerpräsidenten, das Tor zur Siedlung. Damals haben wir noch die Möglichkeit geprüft, Netzarim im Rahmen des Armee-Rückzugs aus dem Streifen zu räumen und die Siedlung zusammen mit Kfar Darom in die Gush-Katif-Enklave zu verlegen. Die Gründe lagen auf der Hand. Anders als die Siedlungen von Gush Katif, die im Süden des Gazastreifens einen geschützten Block bilden, liegt Netzarim inmitten der Wohngebiete von Hunderttausenden von Palästinensern. Um es zu verteidigen, muss die Armee enorme Mittel investieren.

Damals benutzte man noch Begriffe wie »Mittel«, als ob nur von einer finanziellen Investition die Rede gewesen wäre. Und in der Tat drehte sich die öffentliche Diskussion, die sich an dieser Frage entzündet hatte, nur darum, ob Israel Millionen in die Verteidigung von fünfundzwanzig Familien, die in Netzarim wohnten, investieren sollte. Kein Mensch sprach von dem Einfluss, den Netzarim auf den Friedensprozess und auf das Leben von Hunderttausenden von Palästinensern haben würde. Kein Mensch sprach von der Lebensgefahr, in die sich die Verteidiger begeben würden. Die belebte Netzarim-Kreuzung verwandelte sich in einen Brennpunkt, an dem im Lauf der Intifada zahllose Palästinenser und israelische Soldaten in bitteren Schlachten, die man vielleicht mit etwas Vernunft und Einsicht hätte vermeiden können, getötet wurden. Aber die Empfehlung von Kinareti, Netzarim zu räumen, verschwand in der Schublade. Ministerpräsident Itzchak Rabin entschied sich für den Bestand von Netzarim, da er keinen Präzedenzfall einer Räumung schaffen wollte. Die Armee schob noch eine rein militärische Begründung nach: Die Siedlung würde als Militärbasis für Notfälle dienen. Wenn der Frieden in Frage stehe, könne man von hier aus, von Netzarim, Panzer und gepanzerte Fahrzeuge schnellstmöglich ausrücken lassen. Die Minuten, die man im Falle einer Mobilmachung einsparen könne, würden letztlich viele Kriegsjahre vermeiden.

Einmal mehr hatte militärisches Denken die zivile Vernunft besiegt, und das auf lange Sicht.

Lange Zeit konnte ich mit meinen Aufnahmen für das Fernsehen die Lage von Netzarim inmitten des Gazastreifens und die gewaltige Anstrengung, die zu seiner Verteidigung notwendig war, nicht wirklich veranschaulichen. Auch mit Abertausenden von Bildern kann man die Größe eines Punktes nicht verdeutlichen, der zur Achillesferse der israelischen Politik geworden ist. Das Fernsehen hat keinen Entfernungsmesser.

»Netzarim wird für euch wie Yamit werden, wie Sinai«, warnte mich Sami Abu Samhadana, als wir am Tor der Siedlung standen.

Seine apokalyptische Prophezeiung klang noch in meinen Ohren, als ich im Sommer 2003 die Stellungen am Suez-Kanal besuchte, anlässlich des dreißigsten Jahrestags des Jom-Kippur-Kriegs. Ich spazierte allein zwischen den Stellungen am Ufer des Kanals herum. Man hat dort so viel Beton gegossen, so viel Blut vergossen. Und wofür?

Auf die sagenhafte Bar-Lev-Linie, die aussah wie ein verkleinertes Modell der Pyramiden, schrieben die Ägypter mit großen Buchstaben: »Welcome to Egypt.« Die Bar-Lev-Linie, die mit Erde, Blut, Schweiß und Tränen gebaut wurde, ist ein prächtiges ägyptisches Tor geworden. Prächtig, hässlich und Nerv tötend.

Ich stieg in die Stellungen hinab, die tief in der Erde lagen. Ich sah die Karten der Luftwaffe und die Wachlisten der Soldaten, die die Ägypter sorgfältig aufbewahren. Ich habe auch die Schreie der Soldaten gehört. Es gibt keinen Israeli, der diesen Krieg erlebt und nicht einen Schüttelfrost bekommen hat, als er die furchterregenden Stimmen im Rundfunk hörte. Die Rufe nach Hilfe, die Rufe, die nicht geholfen haben. Ich sah die Geräte. Ich habe sie berührt. Ich zitterte und ging hinaus. Aus der zeitlichen Entfernung hat die Torheit noch lauter geschrien, lauter als damals die Soldaten.

Wir standen und betrachteten die Siedlung. Sufyan Abu-Zeidas Herz war verbittert wegen des weiten Platzes, auf dem man palästinensische Flüchtlinge aus Jabalija hätte unterbringen können. Sami Abu Samhadana stellte Vergleiche an zwischen dem grünen Paradies innerhalb der Siedlung und der Todeswolke, die immer über Shabora schwebt.

»Warst du einmal in der Siedlung?«, fragte ich Sami.

»Nein, aber ich hab sie im Fernsehen gesehen. Nach all dem, was man uns gezeigt hat, sieht sie aus wie ein Paradies.«

»Paradies?«

»Ja, aber vollständig umzäunt. Wie ein Gefängnis.«

Ein grünes Gefängnis in Gaza war Netzarim bis zum letzten Tag. Rundherum begrenzt von Zäunen und Wachtürmen. Um nach Hause zu gelangen, waren ihre Siedler gezwungen, mit gepanzerten Fahrzeugen zu fahren, in bewachten Wagenkorsos, die entlang der langen Achse von Checkpoint Karni bis Netzarim fuhren. Jedes Mal, wenn ein solcher Korso vorbeifuhr, wurde der palästinensische Verkehr aus allen Richtungen gestoppt. Alle Hauptstraßen wurden für sie »beschlagnahmt«, für eine Stadt, die niemals entstehen sollte.

Welcher Sinn lag in der Heiligsprechung dieser Erde? Hat denn tatsächlich jemand geglaubt, dass dort eine Stadt entstehen würde?

Ja, Shlomo Kostinar, der Geschäftsführer der Siedlung; wiederholte unzählige Male: »Netzarim ist hier, und es wird eines Tages eine große Stadt in Israel werden.«

»Wo ist die Stadt und wo ist Israel?«, pflegte ich ihn zu fragen.

Jetzt, wo Sufyan und Sami an meiner Seite waren, erkannte ich ihn aus der Ferne und rief ihn zu uns heran, die zwei »Araber« zu treffen, die soeben aus dem israelischen Gefängnis befreit worden waren. Kostinar, ein angenehmer Mensch, hat während all der Jahre unserer Bekanntschaft die Gründe für sein Festhalten an der Siedlung mit größter Höflichkeit zu erklären versucht. Nicht erhitzt und ohne Diffamierungen. Mit Überzeugung. Er pflegte sich zu entschuldigen, dass er so ist. »Obwohl ich rothaarig bin«, pflegte er zu sagen. Wir sprachen auf zwei unterschiedlichen Ebenen, auf zwei parallel verlaufenden Linien. Ich habe versucht zu verstehen, was in seinem Kopf vorgeht, aber er hat nicht versucht, mich zu verstehen. »Du wirst mich nicht davon überzeugen, dass ich oder mein Sohn deine unlogischen Träume und Fantasien bewachen sollen«, sagte ich, und er blieb bei seiner Position. Verzichtete nicht auf die Chance, Sami und Sufyan darzulegen, dass er Recht hatte.

»Du fühlst tatsächlich, dass du hierher gehörst, dass dies deine Heimat ist?«, fragte Sami Shlomo.

Und dieser antwortete: »Dies ist meine Heimat und ich gehöre hierher. Im Verlauf der ganzen Geschichte lebten hier Juden. In Gaza hat es schon immer eine jüdische Gemeinde gegeben – bis 1929. Hätten die Araber sie nicht vertrieben, würden die Juden noch heute hier wohnen. Juden, die hier wohnten, die aus Gaza vertrieben wurden.«

Sami blickte Kostinar mit einem erstaunten Blick an, legte seine Hand auf die Schulter von Sufyan und bemühte seine eigene Überzeugungskraft: »Wenn du dein Rückkehrrecht praktizieren willst, lass uns das Gleiche machen. Erlaub auch der anderen Seite, nach Haifa und Jaffa zurückzukehren.« Sufyan hat wie üblich versucht, die Diskussion über das Recht der Väter in logische und zeitgemäße Bahnen zu bringen. »Wir reden nicht über Geschichte, nicht über Träume. Wir reden von der Realität. Und die bittere Realität ist, dass du hier bist und ich hier bin. Es gibt ein palästinensisches Volk und ein israelisches Volk. Du kannst nicht über Geschichte reden und die Gegenwart vergessen. Wer beschlossen hat, diese Siedlungen zu bauen, hat es nicht getan, weil dies ein Teil von Israel ist. Man hat geglaubt, dass dies ein Hindernis für den Frieden sein wird.«

Wie eine sich selbst erfüllende Prophezeiung wurde Netzarim zu einem beiderseitigen Hindernis für den Frieden. Die Siedlung wurde zum Ziel Nummer eins für Attentate, die von den Oslo Gegnern, der Hamas und dem islamischen Dschihad, vom ersten Tag des Armeerückzugs an geplant wurden.

Am 12. Mai 1994, dem Morgen nach dem Rückzug, fuhr ich nach Netzarim. Die schmale Straße von der Blutkreuzung, der Netzarim-Kreuzung, verlief neben der Siedlung entlang. Acht Monate vergingen von dem Tag, an dem Oslo Verträge unterzeichnet wurden, bis zum Tag des Rückzuges und der Entscheidung, Netzarim bestehen zu lassen, aber es wurde überhaupt keine Anstrengung zu seiner Verteidigung unternommen. Offensichtlich hatte weder in der Armee noch in den Sicherheitsgremien jemand daran gedacht, dass man sich gut vorbereiten müsste, um die Siedlung verteidigen zu können.

Ich kam in die Nähe des Tores, wo wir damals gestanden hatten, Sufyan, Sami und ich. Ich filmte die verwaiste Siedlung aus der Ferne. Plötzlich rief jemand laut:»Shlomi! Shlomi!« Drei Soldaten standen auf der Straße in der Nähe des Tores zur Siedlung, und nur eine kleine Betonsperre trennte sie von der offenen Straße. Einer der Soldaten winkte mit seiner Hand. Wir gingen aufeinander zu.

»Shalom«, sagte er. »Ich bin der Sohn von Jakob Achimair.« Und ergänzte: »Ich mache Reservedienst.«

Ich kannte ihn nicht, machte mir aber Sorgen um sein Wohl. »Sag mal«, fragte ich ihn, »wer hat euch so auf die Straße gestellt, so vollkommen im Freien?« In meiner Vorstellung sah ich wie in einem Film einen vorbeirasenden Wagen, der sie überfuhr. Dafür hätte man nicht einmal Waffen gebraucht.

Er sah mich erstaunt an. Was für eine Frage war das denn? Er stand dort nicht freiwillig. Das war die Rundum-Verteidigung von Netzarim.

»Man kann euch sehr leicht abschießen«, warnte ich und er antwortete: »Wir tun, was man uns befohlen hat.«

Soldaten auf der Kreuzung.

Am nächsten Tag um halb sieben in der Frühe führte der islamische Dschihad in der Nähe des Checkpoints Erez ein aus seiner Sicht einfaches Attentat aus. Zwei Soldaten, die an dem Wachpunkt neben einer mickrigen Betonsperre standen, wurden erschossen. Kurz darauf wurde die Straße nach Netzarim zum ersten Mal für den Verkehr gesperrt. Von irgendjemandem wurde offensichtlich die Tatsache verstanden, dass man die Siedlung befestigen musste.

Netzarim wurde immer größer, nicht mit Gebäuden und nicht mit Siedlern, sondern an Grund und Boden und an Befestigungen, Mauern und Türmen. Es wurde mit hochentwickelten Nachtsichtgeräten ausgestattet. Aber gegen die Blindheit gab es kein Mittel. Wir erkannten aus nächster Nähe nicht, was in Netzarim geschah, der kleinen Siedlung, die auf das Meer blickt und nach und nach zu einer Militärbasis geworden ist, die größer und größer wurde und vollständig dazu mobilisiert, einen Traum zu bewachen, der in Blut, Tränen und Zerstörung ertränkt wurde. Der Traum von einigen wenigen, der sich immer mehr ausgedehnt hat und schließlich über große Gebiete herrschte.

Die meisten Häuser der Palästinenser, die auf Netzarim blickten, wurden zerstört. Hier und da blieben von Kugeln durchlöcherte Ruinen in einer Wüste stehen, die die Bulldozer geschaffen hatten. Auf dem Dach eines dieser Häuser hissten die Bewohner die Flagge von Kanada. Der Hausbesitzer, Taleb Jamil, ein Palästinenser mit kanadischer Staatsbürgerschaft, verließ zwar sein zerstörtes Haus, glaubte aber, dass er mit dem Hinweis auf seine Staatbürgerschaft den Rest retten könnte. Die prächtige Villa, in der der »Einwanderer aus Kanada« sein ganzes Vermögen investiert hatte, sah aus wie das Überbleibsel eines Tornados. In den Wänden, die in Richtung Netzarim zeigten, waren große Löcher erkennbar, die Zeichen von Granaten, die man auf das Haus geschossen hatte.

Als ich ihn neben dem Tor des Hauses traf, das allein übrig geblieben war im Meer der Zerstörungen rundherum, erzählte er, wie er seine Ehefrau auf den Rücken getragen hatte, wie er weggelaufen war vor dem Schrecken der Kanonen und Panzer. »Drei Stunden waren wir im Haus gefangen, unter ständigem Beschuss. Meine Frau und ich. Ich rief das Rote Kreuz an, die kanadische Botschaft, die Organisation für Menschenrechte. Aber niemand war in der Lage, das Feuer einzustellen. Ein Krankenwagen, der gekommen war, um uns zu holen, wurde von einer Salve getroffen. Dabei wurde ein Mitglied der Wagenbesatzung getötet. Schließlich habe ich begriffen, dass ich hier sterben würde, mitten in diesem prächtigen Haus, wenn ich meine Frau und mich nicht in Sicherheit brächte.« Sie sprangen unter Beschuss aus dem zweiten Stockwerk und flüchteten.

Mehr als zehn Jahre dauerte die Aktion »Verteidigung von Netzarim«, bis sie vom Mittel zum Ziel wurde. Die israelische Auffassung war, weiterzumachen, sich weiter um jeden Preis in Netzarim zu halten, damit - Gott behüte - die Palästinenser die israelische Handlungsweise nicht als Schwäche interpretierten. Die Aktion hat rund um Netzarim die Netzarim-Wüste geschaffen, wie die Palästinenser das Gebiet bezeichnen, und ihre reifen Früchte hat die Hamas geerntet. Die Wüste hat sich in kürzester Zeit bis zu den nahen Wohnsiedlungen ausgedehnt, die von den meisten Bewohnern verlassen wurden. Die Besitzer der Häuser, die zerstört wurden, und der landwirtschaftlichen Flächen, die verwüstet wurden, suchten einen Ausweg und fanden den Weg zur Hamas. Fast alle wandten sich mit der Bitte um Hilfe an die Wohlfahrtsorganisation der Hamas.

So entstand eine Festung, und alle Wege führten dorthin. Die Verbindungsstraße, die den Süden und den Norden des Gazastreifens verband, die Salach-A-Din-Straße, verwandelte sich in eine wichtige Militärachse, auf der Palästinenser nicht fahren durften. Sie wurden gezwungen umzukehren und die Vororte von Gaza zu umfahren, um so in den Süden oder Norden des Gazastreifens zu gelangen. Khan Yunis und Rafah entfernten sich voneinander zu einer Strecke von mehreren Stunden Autofahrt, deren Dauer natürlich auch von der Wartezeit an den Sperren abhängig ist. Es gibt keine Gesetze und es gibt keine Regeln. Manchmal dauert es zwei Stunden, manchmal sogar zwei Tage. Der Checkpoint Netzarim wird alle paar Tage gesperrt, und mit ihm auch der berühmt-berüchtigte Checkpoint Abu Hola.

Um die Siedlung im Herzen von Gaza beschützen zu können, glaubte man bei der Armee, dass man den gesamten Verkehr der Palästinenser durch den Streifen kontrollieren müsse, da möglicherweise bewaffnete Brigaden von einer Seite zur anderen verlegt würden. Manchmal wurde der Checkpoint Netzarim ohne vorherige Warnung dicht gemacht, und die glücklichen Bewohner von Dir al-Balah, die in der Stadt Gaza Arbeit hatten, wurden genötigt, eine Wanderung am Strand entlang nach Hause zu unternehmen. In den Nachmittagsstunden liefen sie auf der Wasserlinie, weil ein Marsch im Sand ermüdet, und umgingen die Sperre die für den Durchgang des Armeekorpses errichtet worden ist. Nur, dass Armeekorps dort überhaupt nicht passierten. Die ganze Angelegenheit hing nur ständig wie eine Wolke der Torheit über Netzarim. An einem der Tage des Opferfests fuhr ich für eine Reportage nach Khan Yunis. Als ich von dort zurückkam, wurde der Checkpoint Abu Hola gesperrt. Eine bekannte Sache. Es war zwei Uhr nachmittags, die Sonne stand im Zenit. Um uns herum versammelten sich mehr und mehr palästinensische Wagen, die vom Süden des Streifens in den Norden wollten, mit Geschenkportionen von Schafs- und Kalbsbraten, die zu Ehren des heiligen Fests geschächtet worden waren. Aber Festfreude ist nicht aufgekommen. Als die Sonne unterging, versammelten sich Tausende von Palästinensern am Checkpoint Abu Hola, festlich gekleidete Kinder und Erwachsene, die die festliche Familienmahlzeit verpasst hatten, auf die sie sich gefreut hatten. Der Gestank des faulenden Fleisches verbreitete sich über die ganze Gegend. Wie der Geruch des Todes, der nicht nachlassen wollte. Und erst um elf Uhr in der Nacht, nach fast neun Stunden, wurde die Sperre aufgehoben, ohne dass man erfahren hätte, warum sie eingerichtet worden war, und ohne zu wissen, warum sie beendet wurde. Wieder ein Festtag für die Katz.

✳

Ich kam zum Haus der Familie Jabar. Ich hatte die Tochter Intissar gekannt, die eine Woche zuvor getötet worden war. In ihrem Zimmer im zweiten Stock hatte man ein großes Loch in den Teppich geschnitten, der den Boden bedeckt hatte. Wo jetzt das Loch war, war der große Blutfleck gewesen, der sich in Intissars Zimmer ausgebreitet hatte.

Sie war die Cousine des Kameramanns, der bei mir war. An einem Abend ging sie zu ihm, um ihn zu trösten, weil sein Bruder plötzlich an einem Herzinfarkt gestorben war. Als es dunkel wurde, riet man ihr zu bleiben und dort im Haus zu übernachten. Sie sollte sich nicht in einer Gegend in Gefahr begeben, in der es nicht eine Minute Ruhe gab. Aber sie weigerte sich. Seit ihr Vater einen Hirnschlag erlitten hatte, pflegte sie ihn mit Hingabe. Um Mitternacht begann die Aktion einer Eliteeinheit, die aus Netzarim kam und sich in einem der Häuser des Viertels einquartierte. Der Zeitpunkt für die Aktion war seltsam gewählt: Es war der Todestag Arafats. In Israel hatte man beschlossen, Zurückhaltung zu üben, da jede Militäraktion eine gewalttätige Kettenreaktion verursachen konnte, und das zu einer Zeit, in der alles so brüchig war. Unruhen und kriegerische Auseinandersetzungen waren das Letzte, was Israel zu diesem Zeitpunkt brauchen konnte.

Aber die Entscheidung war gefallen. Eine Eliteeinheit erhielt den Auftrag, den Gegner zu lokalisieren, der Raketen auf Netzarim schoss. Die Einheit bemächtigte sich eines zweistöckigen Hauses. Im Militärjargon bezeichnet man eine solche Beschlagnahmung eines Hauses für Beobachtungszwecke und die Positionierung von Scharfschützen als »Schwarze Witwe«. Die »Witwe« bezog Stellung in dem Haus gegenüber dem Haus von Familie Jabar.

Als die ersten Schüsse fielen, brachte Intissar ihren Vater vom zweiten Stock in das Erdgeschoss, weil sie Angst hatte, er könnte getroffen werden. Danach ging sie wieder nach oben in sein Zimmer, um seine Decke zu holen. Als sie nicht zurückkam, kroch ihr Vater die Treppe in den zweiten Stock hinauf und fand sie in ihrem Blut liegend. Offenbar hatte sie aus dem Fenster zu der »Witwe« hinübergeschaut und war von einer Kugel in die Stirn getroffen worden.

Ihr Vater saß im Rollstuhl und weinte. »Intissar ist gegangen – warum habe ich sie nur gebeten, die Decke zu bringen?« Er quälte sich selbst. Aber Intissar war nicht die Einzige, die von Scharfschützen getroffen wurde. Auch der Sohn der Nachbarn, der sechzehnjährige Achmed, wurde erschossen. Auch er blickte wohl aus dem Fenster seines Zimmers und wurde getroffen.

Achmed, so erzählt seine Mutter, war ein Einzelkind. Er wurde den Eltern nach zwölf Jahren Kinderlosigkeit geboren. Sein Vater starb im Jahr zuvor, und die »Schwarze Witwe« löschte die einzige Lichtquelle, die seiner verwitweten Mutter geblieben war.

Jetzt blicke ich auf die Überreste von Netzarim und mache die Rechnung. Keine finanzielle Rechnung. Eine Rechnung von Leben und Tod.

Eine Rechnung, die lebende Menschen machen. Wie viel hat es uns gekostet? Wie teuer kam uns der Traum von einer

Stadt, die nicht entstehen sollte? Seit dem Attentat, bei dem drei Soldaten getötet wurden, an diesem verfluchten Freitag, dem 11. November 1994, wurden zweiundzwanzig Soldaten und Soldatinnen bei der Aktion »Schutz von Netzarim« getötet. Eine Verteidigung, die über die Ehre und einen Traum wachen sollte, die zusammen verflossen sind. Nichts ist von ihnen übrig geblieben.

Hundertsiebenundachtzig Palästinenser wurden seitdem getötet, nach der Liste der palästinensischen Märtyrer, deren Todesort Netzarim war. Ich habe keine Möglichkeit, anhand dieser Listen mit Tausenden von Intifada-Toten zu prüfen, wer von ihnen ein Attentat geplant hatte und wer getötet wurde, nur weil er dort wohnte oder zufällig vorüberging. Hundertsiebenundachtzig Familien und Tausende von Obdachlosen fanden ein warmes und beschützendes Haus bei der Hamas. Aber auf diese Daten muss man auch anders blicken. Wenn Israel aus Netzarim herausgegangen wäre, hätte es nahezu keine Reibungspunkte in Gaza gegeben. Nicht auf den Nord-Süd-Straßen und nicht auf den Straßen von Ost nach West. Nicht in der Nähe von Netzarim und nicht weiter entfernt. Die Operation »Schutz von Netzarim« wäre zwölf Jahre zuvor erfolgreich beendet worden. Vielleicht wäre Gaza nicht auferstanden. Seine Bewohner hätten keinen Grund gehabt. Ein Tag nach dem Ausbruch der Unruhen in Jerusalem wurden in Netzarim zwölf Palästinenser getötet, die ganz Gaza in Brand stecken wollten. Dort wurde der Knabe Muhamed Al-Durah gefilmt, wie er um sein Leben kämpft, und sein Vater Jamal, der das Leben seines Sohnes nicht schützen konnte. Dort, auf der Netzarim-Kreuzung, schloss sich Gaza am 30. September 2000 der Intifada an und übernahm ihre Führung auf eine Art, die es kannte: wie kochende Milch auf dem Feuer. Ruhig und friedlich, und plötzlich gibt es eine heftige Explosion.

Eine Woche vor dem Rückzug kam ich zusammen mit Ihab al-Ashkar, um zu sehen, wie die Räumung beginnt. Um sehen zu können und nicht vom Feuer der Soldaten getroffen zu werden, mussten wir in angemessener Entfernung stehen bleiben. Die Kräne hatten schon die Container angehoben, die öffentlichen Zwecken oder als Wohnungen für jetzt im Aufbruch begriffenen Soldaten gedient hatten. Hiab sagte, dass man hier die Lagerhallen des Hafens von Gaza bauen würde, vielleicht – in der Zukunft. Vielleicht. Wir standen abseits und schauten auf die Wüste, die übrig geblieben war und auf das blaue Meer. Aus der Ferne sah man die Ruinen der »Zwillingstürme«. Ja, auch Gaza hatte Türme, die eingestürzt sind. Diese gleichen Türme, etwa fünfhundert Meter von Netzarim entfernt, hat der Bauunternehmer Abu Raani errichten lassen, der als Bauarbeiter in Israel angefangen hat und ein reicher Bauunternehmer geworden ist. Seine Idee war es, Wohnhochhäuser für die Mitarbeiter des »Sicherheitsdienstes« zu bauen. Er ließ drei gleiche Gebäude nach dem bekannten Vorbild errichten, dessen Ende ebenfalls bekannt ist. Aber Abu Raani wusste nicht, dass es ihm nicht gelingen würde, das Bauprojekt seines Lebens bewohnbar zu machen. Die Intifada brach aus, kurz bevor seine Mieter einziehen konnten, und die Hochhäuser, die offensichtlich als Stellungen für Scharfschützen und Beobachter dienten, wurden von Tausenden von Kugeln und Granaten durchlöchert. Sie wurden niemals bewohnt. Welcher Irre würde auch eine Wohnung im Teufelskreis von Netzarim kaufen? Aber er beschloss abzuwarten. »Ich bin sicher, dass der Krieg eines Tages zu Ende gehen wird und ich werde die Schäden reparieren können. Eines Tages wird der Frieden kommen. Er wird noch kommen.« Das sagte er mir damals.

Aber das Attentat in Netzarim im Oktober 2003, bei dem zwei Soldatinnen und ein Soldat getötet wurden, kam vor dem Frieden. Die Armee beschloss, die Zwillingstürme zu sprengen. Noch ein Hindernis, das bei der Verteidigung von Netzarim im Weg stand. Oberst Joel Strik, der Kommandeur der Einheiten im Norden des Gazastreifens, kommentierte diese Entscheidung: »Die Gründe für die Aktion in dieser Nacht waren komplex, der Nebel war aus unserer Sicht unvermeidbar, aber das Ergebnis ist eine inakzeptable Situation. Man muss etwas tun, um das Eindringen von Attentäter in unsere Siedlungen zu verhindern.«

In dieser Nacht erschütterten zwei gewaltige Detonationen Gaza. Die Zwillingstürme fielen in sich zusammen. Aber die Sicherheit von Netzarim war nach wie vor nicht gewährleistet. Immer würde sich eine Bresche finden lassen. Seit man die ganze Gegend im Umkreis von zwei Kilometern eingeebnet hatte, gab es überhaupt keinen Grund mehr, auf einen Turm zu steigen. Von jedem Punkt aus sieht man Netzarim, seine Häuser und Türme und die Bewegungen der Siedler und Soldaten. Immer aber sah man dort mehr Soldaten als Siedler. Auch jetzt, als Hiab und ich die Räumung beobachteten, eine Woche vor dem Rückzug.

»Weißt du«, sagte er, »wenn ein Gefangener aus dem Gefängnis frei kommt, schickt man ihn zur Untersuchung ins Krankenhaus und danach in die Reha. Wenn die Armee und die Siedler von hier weggegangen sind und die Besatzung aus unseren Augen verschwunden ist, müssen wir beide in die Reha. Wir in ein reguläres Krankenhaus und ihr in ein Irrenhaus. Ist es nicht schade um das ganze Blut, das hier vergossen worden ist wegen eines nicht nachvollziehbaren Wahnsinns?« Und ich konnte mir nicht verkneifen, die Suez-Kanal-Linie und die Befestigungen, die man dort sah, mit den gewaltigen Befestigungen und Türmen zu vergleichen, die man hier im Lauf der Jahre gebaut hatte. Vielleicht werden die Palästinenser in dem Hafen, den sie hier bauen wollen, auf die Lagerhallen schreiben: »Welcome to Palestine.«

Kapitel 8

Kinder werden erwachsen

Ich erinnerte mich an die Gesichter von allen, an jeden auf diesem Bild. Viele Hundert Male sah ich sie auf dem Redaktionstisch. Der fette Junge mit den Zähnen eines Kaninchens, der wütende Junge, der allein Kriegslieder sang, und der dunkelhaarige, der mich »Soldat« nannte, weil jeder Israeli, jeder Jude in seinen Augen ein Soldat war. Der kleinste von allen hielt sich mit seinen kleinen Händen am Zaun fest. Er trug ein Hemd, auf dem in Hebräisch geschrieben stand: »Solomon-Schule«. Auch sein Freund trug ein »hebräisch-pionierhaftes« Hemd und darauf stand geschrieben: »Hankin-Schule«, benannt nach dem zionistischen Landaufkäufer, der zu Begin des 20. Jahrhunderts Tausende Dunam Boden von den arabischen Grundbesitzer gekauft hat.

»Solomon« schrie: »Warte, warte, wenn ich groß bin, werde ich auf euch schießen, auf euch alle. Ihr schießt auf uns und ich werde es euch zurückzahlen, wenn ich groß bin.« »Hankin« stand neben ihm und machte mit seinen Händen Schießbewegungen und jubelte dem Kind zu, das mit voller Stimme sang.

Der »Sänger« schob mit seinen Ellbogen die Kinder um ihn herum zur Seite. Sie sollten ihn nicht stören bei dem Lied, dessen Worte nur die Kinder im Flüchtlingslager laut singen:

Mit dem Schwert und den Granaten,
Mit den Kugeln der Freiheit und dem Märtyrer,
Mit dem Dschihad und der Kraft und dem Empfinden,
Mit dem Wasser, mit dem man Blumen gießt,
Werden wir kämpfen, werden wir alle kämpfen wie Hus-
  sein in der Schlacht von Karbala.

Zwei Monate vor Unterzeichnung des Oslo Vertrags kam ich mit einem Filmteam zu der entferntesten Stelle, von der aus ich noch das Leben im Flüchtlingslager beobachten konnte. Der Zaun, der Juden und Araber trennt, wurde etliche Meter von den Häusern von Khan Yunis entfernt gezogen. Das Flüchtlingslager grenzt hier an die Siedlung Newe Dekalim. Ich stand dort eine gute Stunde mit dem Filmteam. Ich war schockiert über die Art und Weise, wie hier Menschen am Ende des 20. Jahrhunderts leben. Es war meine erste Chance, aus der Nähe in die engen Gassen zu blicken, deren Ende ich nur erahnen konnte. Bis dahin hatte ich die Gassen von Jabalija, vom Flüchtlingslager Shati und vom Lager Khan Yunis nur auf dem Fernsehbildschirm gesehen, in Nachrichtensendungen über Soldaten in Schutzkleidung, die Verfolgungsjagden in den schmalen Gassen durchführten. Die Kinder standen die ganze Zeit neben dem Zaun, sangen, fluchten, provozierten, und ich blickte auf einen Mann, der am Ende der Gasse auf dem Sand saß und seine drei Kinder umarmte, denen er so ein Gefühl von Wärme vermittelte. Die ganze Zeit über schauten sie auf die Kinder, die mit den Juden spielten. Als einige Kinder das Treffen am gesperrten Zaun sprengen wollten und Steine auf uns warfen, befreite er sich aus der Umarmung seiner Kinder und beeilte sich, sie aufzuhalten. Schande, Schande sei über euch. Und kehrte schnell wieder um, seine Kinder in den Arm zu nehmen. Ich winkte den Kindern zum Abschied und war sicher, dass der Tag kommen würde, an dem ich den Zaun passiere.

Ich kehrte wieder dorthin zurück, vier Jahre nachdem der Vertrag zwischen den Israelis und den Palästinensern unterzeichnet worden war und es so schien, als ob die Mauern des Hasses einen Riss bekommen hätten. Ich suchte die Kinder der Intifada, weil ich sehen wollte, was der Frieden aus ihnen gemacht hatte.

Der fette Junge mit den Kaninchenzähnen stand am Ende der Lagergasse. Er erkannte mich sofort. Er lächelte so breit, dass alle Zähne zu sehen waren.

»Nun, ich habe euch gesagt, dass ich zurückkehre.«

Das »Kaninchen« steckte seine Hand in die Hosentasche, zog ein Bonbon heraus und gab ihn mir. Ich erinnere mich an das befreite Lachen der Anwesenden. Die Kinder, ich und Abu Haron, ein PLO-Aktivist, der mich in den Gassen des Lagers begleitet hat, das ich unbedingt von der anderen Seite sehen wollte. Ich öffnete langsam das Wickelpapier des Bonbons. Ich war sicher, dass sie irgendeinen Bubenstreich vorbereitet hatten, für den Feind, der den Zaun passiert hat. Vielleicht war es ein Feuerwerkkörper, eingepackt in Bonbonpapier. Vielleicht Kot von Ziegen, die im Lager herumliefen.

Es war aber tatsächlich ein Bonbon. Ich schämte mich, dass ich sie verdächtigt hatte.

»Du hast das Friedensbonbon gewonnen«, strahlte Abu Haron.

»Bonbons statt Steine«, vervollständigte ich den Optimismus.

Abu Haron stand abseits und amüsierte sich, verstand aber nicht, wie dieser komische »Beziehungskomplex« zwischen mir und den Kindern des Lagers entstanden war. Woher soll er auch? Er war schließlich im Gefängnis, als ich auf der anderen Seite des Zauns stand.

»Wo ist Hassan?«, fragte ich die Kinder. Sein Gesicht hatte ich besonders im Gedächtnis behalten, wie er damals in sicherer Entfernung vom Zaun stand und seine Freunde anfeuerte. Damals hob er seine Faust und schrie: »Es leben die Brigaden!«

Und alle antworteten im großen Chor: »As A-Din, As A-Din!!!«

Sie führten mich zum Haus von Hassan. Wir riefen ihn, als wir vor seiner Haustür standen. Er erschien. Das Gesicht, dasselbe Gesicht, aber der Ausdruck eines Erwachsenen hatte die kindliche Ausgelassenheit verdrängt. Weil hier die Kindheit schneller vergeht, schneller als an jedem anderen Ort der Welt.

»Kennst du mich noch?«, habe ich gefragt.

»Kann mich erinnern«, antwortete er mit tiefer Stimme, die durch nichts an den Gesang der Brigaden erinnerte.

Ein Krieg war zu Ende. Ein anderer Krieg stand vor der Tür. Dazwischen gab es Frieden, aber nichts änderte sich. Die Gassen blieben eng, das Kloakenwasser strömte weiter auf die Straße. Der Zaun blieb an seinem Platz stehen.

»Ich werde nicht heiraten, bis alle Siedler hier raus sind. Auch wenn ich hundert werde, werde ich nicht heiraten. Ich will keine Kinder in die Welt setzen, solange die da uns mitten im Gesicht stecken.« Sagte es und richtete seinen Blick auf die Häuser der Siedler.

Als ich auf die Reihe der Ruinen blickte, wollte ich ihn fragen, ob er nach unserer Trennung seine Heiratspläne geändert hatte. Aber das Haus, in dem er gewohnt hatte, war zerstört. Hassan wohnte hier nicht mehr. Die Ruine an dem Platz, die einst sein Zuhause gewesen war, bestand nur noch aus einem Haufen von Ziegeln, Metallteilen und Staub und hatte sich mit allen Ruinen ringsherum vereinigt. Ich empfand Traurigkeit, und nicht nur wegen der gewaltigen Zerstörung. Es tat mir leid, dass der Lebenspfad, der für sie bestimmt war, sich nicht änderte. Ich wusste, dass die Kinder von gestern, heute »Soldaten« waren, sie lebten im Untergrund, in der Armee ihrer Fantasie, genauso, wie sie es gesungen hatten.

Der Stacheldraht, neben dem sie sich gedrängt hatten und auf den sie geklettert waren, war jetzt auseinandergenommen und die Pfähle herausgerissen und von den Bulldozern niedergewalzt. Was sollte auch ein anachronistischer Zaun, ein Zaun, dessen Zeit vorüber war, im Zeitalter von Granaten und Kassamraketen noch nützen? An seiner Stelle erhob sich jetzt eine gewaltige Betonmauer, die Newe Dekalim von Ferne vollständig verbarg.

Ich stand auf dem Bürgersteig, einen Schritt von der Linie der Zerstörung entfernt und blickte auf das Viertel, das hier einmal gestanden hatte.

Anstelle der ersten Häuserreihe, in der die Kinder gewohnt hatten, standen Inseln von Ruinen, die wie eine Szenerie aus einem Kriegsfilm aussahen. Es schien mir, dass ich wieder das Singen der Kinder hörte, Lieder, die keine Kinderlieder sind.

In der Allee der Ruinen tauchen plötzlich Menschen auf, die darin wohnen. Kein anderer Ausdruck könnte dieses »Darin« beschreiben, das kein Haus ist und kein Schutz. Man kann nicht verstehen, was sie dort machen. Eine alte Frau kommt heraus und trägt eine Matratze auf ihrem Kopf, ein Junge fährt auf seinen Fahrrad zwischen den Haufen, als ob diese Landschaft das Natürlichste und Normalste auf der Welt wäre. Ein Eselreiter zieht einen Wagen mit Heu hinter sich her. Der Klang der Glocken begleitet sie auf dem gewundenen Weg, der zwischen den zerstörten Häusern verläuft. Ein einsamer Klang des Lebens im Flüchtlingslager – in der Atmosphäre des Todes.

Ich betrachtete den jungen Mann, der auf dem Bürgersteig saß, stöberte in meinem Gehirn und versuchte mich an seinem Gesicht zu erinnern. Ich hatte keinen Zweifel, das war er. Nicht den Hauch eines Zweifels. Ich verglich das Gesicht von heute mit dem Foto der »Intifada-Kinder« von damals. Die Kinder, die ich hinter dem Zaun von Newe Dekalim aufgenommen hatte. Es war der Sänger, der erwachsen geworden war. Er sah mich an und brummte: »Geh runter vom Bürgersteig! Steh nicht hier rum! Geh sofort runter!« Ich verstand nicht, was er wollte, bis er hinzufügte: »Ich kann den Geruch eines Juden nicht ertragen, den Geruch, den du an dir hast.«

Ich ging runter von »seinem« Bürgersteig. Magjedi, mein Freund, der palästinensische Kameramann, der mich begleitete, lächelte verlegen, umarmte mich und sagte im Spaß: »Ich rieche aber einen Armenier.«

Ein elfjähriger Junge, mit grünen Augen, der auf seinem Fahrrad auf der Khan-Yunis-Straße fuhr, schleppte mich zu einem Test, dessen Ergebnis im Vorhinein bekannt ist. Jahrelang begleitete ich eine Gruppe von Kindern, die während der Intifada geboren wurden, in sie hineinwuchsen, die kämpften und sich quälten. Die Kinder der Intifada sind keine Kinder. Gealterte Kinder, wie im Lied der israelischen Gruppe »Kaweret«. Jedes von ihnen spricht die Sprache eines Greises, der an seinem Körper erfahren hat, wie das Leben ist. Sie konfrontierten mich mit einer komplexen Weltauffassung, die sie in ihren wenigen, so langen Lebensjahren gebildet hatten. Jeder Tag war wie ein Jahr. Ihre Sprache brannte wie Feuer. Kinder, die in den Lebensstrudel geworfen waren und schnell alt wurden.

Sein Vater arbeitete in Israel. Die Tore des Himmels standen damals offen. Fast fünfzigtausend Arbeiter aus dem Gazastreifen gingen damals zur Arbeit nach Israel und hielten die armselige Wirtschaft aufrecht. Es ist schwer zu glauben, aber das waren ihre schönen Tage. Die schrecklichen Tage versteckten sich hinter den Toren der Hoffnung. Als die Tore des Friedens geöffnet wurden, wurden die Tore des Erbarmens geschlossen und mit ihnen alle Checkpoints.

»Weißt du«, sagte der Junge stolz, »mein Vater hat mir dieses Fahrrad gekauft, weil ich der Beste in der Klasse war.«

Der Beste in der Klasse. Auch mein Vater benutzte diese Begriffe, Erster in der Klasse sein. Vor allen.

Auch mir hat man ein Fahrrad gekauft, als ich ein »gutes« Zeugnis nach Hause brachte. Was für ein Stolz.

Er strahlte vor Glück. »Ich habe die besten Noten und mein Vater hat sich das Geschenk vom Mund abgespart und mich überrascht.«

Als er sagte »vom Mund abgespart«, wurde sein Gesicht traurig, der Glanz seiner grünen Augen erlosch, und ohne dass ich ein Wort sagte, hielt er mir einen Vortrag. Herzzerreißend, wie es nur Kinder können, die schnell erwachsen werden:

»Der Lebensunterhalt ist schwer; man braucht Geld, um Nahrungsmittel zu kaufen und unseren Hunger zu stillen – schwer, es ist ein schweres Leben.«

Er blickte mich direkt an: »Ihr seid satt, wisst nicht, was Hunger ist. Bei euch wirft man sogar Lebensmittel weg. Bei euch herrscht Luxus.« Luxus. Luxus. Er wiederholte das Wort und die Bewegung seiner Hände verstärkte es noch. »Wir, wenn wir Brot auf dem Boden finden, heben es auf und essen es. Aber ihr, ihr habt viel Geld. Was würde ich darum geben, wenn wir auch so viel Geld hätten wie ihr, was würde ich darum geben, Betriebe zu haben.« Sagte das Kind auf seinem Fahrrad und seufzte einen großen Seufzer, in dem die ganze Traurigkeit der Welt enthalten war: »Schau mal, bei euch verkauft man sogar Blumen. Aber wir haben keine Blätter und keine Blumen. Wir haben gar nichts.«

Er bewegte das Pedal seines Fahrrads und ich beglückwünschte ihn zu seinem Erfolg und bewunderte das Geschenk. »Viel Spaß mit dem Fahrrad!«

Aber der Spaß war schon weit von ihm entfernt. Das Strahlen auf seinem Gesicht erloschen. Es schien, als mache er sich Vorwürfe wegen des Geschenks, wegen des Opfers, das sein Vater für sein Lernen bringen musste.

Ich rief Mahar Kachil an, einen Bekannten von Rechtsanwalt Muhamed Abu Shaban, der ein ehrgeiziger PLO-Aktivist war. Ich kannte beide kaum. Kachil traf ich nur ein einziges Mal per Zufall. Er erzählte mir von einem Lied, das seine Tochter über die Kinder der Intifada geschrieben hatte – seine Tochter Nivin, die sieben Jahre alt war.

»Ich bereite eine Reportage über Kinder vor und brauche Hilfe.«

»Komm zum Schifa-Hospital, es ist voll mit verwundeten Kindern, da hast du die Reportage.« Damit entließ er mich.

Ich konnte nicht zum Schifa-Hospital fahren. In jenen Tagen machte ich meine ersten Gehversuche im Gazastreifen und wagte es nicht, mein israelisches Kamerateam zu gefährden, allein in der verbotenen Stadt, auf dem Höhepunkt der ersten Intifada. Da hatte ich eine Idee.

»Vor einer Woche hat es doch eine Aktion der Armee gegeben, um im Rimal-Viertel mutmaßlichen Terroristen zu fangen. Ich habe gehört, dass dort Häuser zerstört wurden und die Bewohner in Zelten wohnen. Ich werde auf dich neben der Siedlung Nisanit warten und du wirst einige Kinder aus dem Viertel dorthin bringen, deren Häuser zerstört wurden.« Kachil war einverstanden und schlug sogar vor, auch seine Tochter mitzubringen, die das Kinderlied singen würde, von dem er mir erzählt hatte.

Wir verabredeten uns für den Nachmittag am Strand von Nisanit im Norden des Streifens. Das war der einzige Ort, der mir einfiel, wo beide Seiten sich in Sicherheit treffen konnten.

Bevor ich hinfuhr, sah ich mir die Aufnahmen der Militäraktion an. Mein Kollege, der Reporter Beni Liss, der sich dem damaligen Kommandeur der Armeestreitkräfte, Oberst Yom Tov Samia angeschlossen hatte, hatte die Aufnahmen gedreht. Er stand auf dem Dach eines Gebäudes, das auf die Häuser des Viertels blickte. Die Häuser standen unter schwerem Feuer. Von dem Dach wurden Granaten auf die Häuser geschossen, in denen sich angeblich ein Gesuchter versteckte. Im Hintergrund hörte man die ganze Zeit über die Geräusche der Kampfhubschrauber. Ein großes Feuer erfasste die Wohnhäuser. Der Gesuchte wurde getötet. Am Ende der Aktion zählte man zwanzig zerstörte Häuser.

Ich verstand schon, dass der Treffpunkt, den ich vorgeschlagen hatte, ein idyllischer Strand, eigentlich lächerlich war. Das Blau des Wassers und der Sand bildeten einen völlig absurden Hintergrund. Ich konnte aber nichts mehr ändern.

Kachil kam mit seiner Tochter und zwei weiteren Mädchen, Amana und Nuhil. Man sah ihnen an, dass sie aus einem herzlichen, liebevollen Elternhaus stammten. Die Kleine trug ein weißes Malmala-Kleid und hielt die Hand der Großen fest, zur Sicherheit. Die ruhigen Wellen des Meeres passten nicht zu dem Sturm der Gefühle, der in den beiden Mädchen tobte, deren Welt an einem Tag zerstört worden war. Wir gingen am Strand entlang, um eine Einstellung zu finden, die es nicht gab.

»Es fing um fünf Uhr morgens an«, erzählte Nuhil, die Große. »Man hat uns voneinander getrennt. Die Männer für sich und die Frauen für sich und auch die Kinder für sich. Die Männer führte man ab. Später hat man uns auch weggebracht. Und dann fing um halb sieben das Bombardement an.«

Die kleine Amana stand da und es bewegte sich kein Muskel in ihrem Gesicht. Als sie aber dachte, dass ihre Schwester die Wucht des Schlages, der sie wie ein Sturm an einem klaren Tag getroffen hatte, nicht zutreffend beschreibt, mischte sie sich ein: »Wir gingen zum Krankenhaus, meine Brüder, meine Mutter und mein Vater. Wir waren alle krank. Mutter ist herzkrank. Sie konnte das alles natürlich nicht aushalten, konnte das Bild des zerstörten Hauses nicht ertragen. Auch Vater ist zusammengebrochen. Ich sah ihn ohnmächtig auf dem Boden. Und da wurde auch ich ohnmächtig.«

Meine Tochter Keren war damals im Alter von Amana. Was wäre geschehen, wenn man ihr Zuhause zerstört hätte? Wie hätte ich sie beschützt? Wäre sie wie ein Flüchtling im Zelt eingeschlafen, auf einer Matratze, die als Ersatz für das warme Bett gespendet wurde, das ich ihr erst vor kurzem gekauft hatte?

»Hilft euch jemand?«, fragte ich.

»Was heißt hier Hilfe?«, fragte die Große, »Ein Sack Mehl, ein Sack Reis ...«

»Und ein Sack Zucker«, ergänzte die Kleine. »Wird uns das ein Haus bauen? Nein, wird es nicht.«

Nivin, die Tochter von Kachil, die mit ihrem Vater gekommen war, umarmte beide Schwestern. Das Lied, das sie in der Klasse gesungen hatte, bekam plötzlich Haut und Knochen. Eine wahre Geschichte aus dem Leben. Sie stellte sich neben dem verlassenen Bus auf der Strandlinie von Nisanit. Ihr langes Haar wehte im Wind. Ein schönes Mädchen. Jetzt bildeten der

Sand und das Meer und der Wind keine widersprüchliche Kulisse für den Gesang.

Bevor wir uns trennten, sagte ich ihnen, dass es mir sehr leid tut. Aber aus welchem Grund auch immer hat meine Anteilnahme sie verärgert. Ich sah es auf ihren Gesichtern. Sie stiegen in Kachils Wagen. Ich streckte meine Hand zum Abschied aus. Sie ergriffen sie nicht. Stumme Tränen flossen aus Amanas Augen. Sie weigerte sich, mir ihren Schmerz zu zeigen. Mir, dem Feind.

Ich wollte meine Hand auf ihre Schulter legen, trat dann aber zurück. Ich war nicht der Mann, von dem sie Trost empfangen wollte. Als sie abfuhren, folgte ich Kachils Wagen mit meinem Blick und winkte trotz allem zum Abschied, bis sie am Horizont verschwanden. Ich wischte mir eine Träne weg. Ich kann das Leid von Kindern nicht ertragen.

Das Bild von den beiden, wohlbehütete Mädchen am Strand, deren Welt vernichtet worden war, hat mich viele Tage lang verfolgt. Ich sah sie vor meinen Augen, sogar in den stürmischen Tagen, die danach kamen. Der Rückzug der Armee, die Rückkehr der Vertriebenen, Gefangenen, neue Polizisten, historische Versöhnung – eine ganze Welt stand Kopf in Gaza,

Hisham Abu Razek, der »zornige Junge« aus Rafah, kehrt zurück in das gefängnis von Gaza zusammen mit Sufyan Abu-Zaida

Sufyan Abu Zaida, Gaza Gefängnis 1994

aber Amana und Nuhil am Strand kehrten immer wieder zu
mir zurück, wie sie sich weigerten, mir die Hand zu schütteln,
als ob ich ihr Haus und ihre Welt eigenhändig zerstört hätte.
Als ich sie vier Jahre später wiederfand, wohnten sie im Rimal-Viertel in Gaza, einer »vornehmen« Gegend mitten in der
Stadt. Einer Gegend für Reiche. Das Haus, das fast gänzlich
zerstört war, hatte man renoviert und die Zeichen der Verwüs-
tung und des Feuers waren nicht mehr sichtbar. Ich klopfte an
die Tür. Bei mir war ein palästinensisches Kamerateam, das
mit mir nach den Kindern von 1993 gesucht hatte. Die Mutter
der Mädchen öffnete. Ich stellte mich vor und sie sagte kein
Wort. Öffnete die Tür, setzte uns ins Wohnzimmer und beeilte
sich, den großen Sohn zu rufen. Es war das erste Mal, dass ein
Jude ihr neues Haus betrat. Beim letzten Mal waren es Soldaten, die in einer stürmischen Nacht eindrangen und sie in Zelte
verfrachteten. Als der Sohn ins Zimmer kam, begrüßte er uns
freundlich, machte uns aber im selben Atemzug klar, dass das
Team und ich gehen sollten.

»Du bist Shlomi, sehr angenehm«, sagte er, und nachdem
die Freundlichkeiten und die Glückwünsche für den Wiederaufbau gesagt waren, erklärte ich ihm, dass ich die Mädchen
sprechen wollte.

»Sie sind schon keine Mädchen mehr«, sagte er und gab mir
zu verstehen, dass jetzt, wo sie erwachsen waren, er sich für ihre
Ehre und Keuschheit verantwortlich fühlte.

Nach meiner Berechnung war Nuhil schon achtzehn und
Amana dreizehn. »Nuhil ist verlobt und wir sind nicht daran
interessiert, diese Tragödie wiederaufzuwärmen.« Er wollte den
Fall abschließen. Aber Worte halfen nicht.

Er war fest entschlossen, es nicht zuzulassen, dass wir seine
Schwestern sahen. Wir verließen das Haus. Aber als die Tür
hinter uns ins Schloss fiel, öffnete sich plötzlich ein Fenster.
Die kleine Amana blickte heraus und flüsterte mir zu: »Shlomi,
komm heute Abend und sprich mit Papa.« Und beeilte sich, das
Fenster wieder zu schließen.

In dem kurzen Moment hatte ich sehen können, dass sie zu einer Frau wurde. Dreizehn Jahre alt und schon eine Frau. Ziemlich erwachsen für ihr Alter. Die moderne, aber zarte Brille hatte ihre großen, klugen und ernsthaften Augen nicht verdeckt. Mit einem Blick hatte sie mich von Kopf bis Fuß geprüft. Dieselben brennenden Augen, an die ich mich noch erinnern konnte, die das lodernde Feuer zeigten, das in ihrem Inneren brannte. Ich wusste, dass die Hartnäckigkeit des Bruders einen Grund hatte, konnte aber nicht erkennen, warum Amana darauf bestanden hatte, dass wir uns trafen. Was verheimlichte er? Was wollte Amana erzählen?

Am Abend kehrte ich zu dem Haus im Rimal-Viertel zurück. Draußen war es dunkel. Der Vater der Familie saß im Wohnzimmer. Er konnte sich kaum aus dem Sessel erheben. Sein Gesicht war eine starre Maske. Er sah krank aus. Müde. Erzählte, dass er von überall her Gelder geliehen hat, um das Haus zu renovieren und die Familie wieder zusammenzuführen. Aber dann, im Gegensatz zu allen Vorhersagen, gab es eine wirtschaftliche Flaute im Gazastreifen. Die Blockade und die Ausgangssperren wiederholten sich oftmals und wurden schließlich zum Alltag. Er konnte die Darlehn nicht zurückzahlen, die er bekommen hatte. Der Frieden hatte ihm nicht nur nicht gut getan, der Frieden hatte ihn erwürgt. Dann bekam er noch einen Herzinfarkt. Seine Frau bekam einen Herzinfarkt, als das Haus zerstört wurde, und er, als es renoviert wurde und die Wirtschaft zusammenbrach.

Ich wollte auf meine Idee verzichten. Ich fand mich mit dem Gedanken ab, dass ich Amana und Nuhil nicht mehr sehen würde. Aber plötzlich wandte sich der Vater an den Sohn und wies ihn an, den Mädchen zu sagen, dass sie sich vorbereiten sollten. Ich weiß nicht, was ihn dazu brachte, seine Meinung zu ändern. Vielleicht glaubte er, dass Israel ihn für die Zerstörung des Hauses und das Leid der Familie entschädigen würde, wenn die Mädchen die Geschichte der Familie erzählten.

»Ich habe nur eine Bedingung«, ergänzte er. »Erwähnt auf

keinen Fall die dritte Tochter.« Es entstand ein bedrückendes Schweigen. Der Bruder, der sich bisher nicht am Gespräch beteiligt hatte, verriet das Geheimnis der Familie, das die Verlobung von Nuhil hätte beeinflussen können. »An dem Tag, als man unser Haus zerstört hat, schlief die mittlere Schwester bei ihrer Tante, die ihr in Mathematik geholfen hat. Sie wusste von nichts. Als sie am nächsten Tag nach Hause kam, die Zerstörung sah und die Verfassung der Familie, bekam sie einen Schock. Sie brach zusammen. Seitdem ist sie in therapeutischer Behandlung.«

Amana und Nuhil betraten den Raum. Wir begannen zu drehen. Amana kam als Erste und drückte meine Hand. Der palästinensische Kameramann Ashraf Al-Rul, der bei mir war, verstand den Grund der Erregung nicht. Er konnte nicht verstehen, dass dieser Händedruck eine Art Versöhnung war, die mit Schmerz vermischt war. Nicht zwischen ihr und mir, sondern zwischen ihr und Israel. Nuhil kam dazu und reichte auch ihre Hand. Und Amana übernahm wieder das Wort. »Ich freue mich, dass du gekommen bist«, sagte sie. »Ich wollte mich bei dir entschuldigen, dass ich dir damals nicht die Hand gegeben habe, aber ich wollte auch, dass du die Fortsetzung der Geschichte erfährst.« Beide sahen gepflegt aus, wie damals. Jetzt, wo ich die Wohnung gesehen hatte, wusste ich, dass ich mich nicht geirrt hatte. Sie kamen tatsächlich aus einem herzlichen, liebevollen Haus. Nuhil hielt die Hand ihres Vaters, Amana saß neben ihr und beobachtete mich neugierig. Ich suchte die Ähnlichkeit zwischen den Mädchen am Strand und den beiden Frauen, die mir gegenübersaßen. Ich suchte den Unterschied, die Narben und Kratzer an der Seele. Äußerlich war ihnen nichts anzusehen. Sorgfältig angezogen. Nuhil, die Ältere, sah in der Tat aus wie eine Braut, die auf die Hochzeit wartet, ihr Gesicht rosa geschminkt, ihre Lippen mit einem kräftigen Rot. Sie saß ruhig und etwas verlegen auf ihrem Platz. Amana sah älter aus, sehr verschieden von dem Mädchen, das sich an seine große Schwester angelehnt hatte. Die ganze Zeit bewegte sie sich unbehaglich hin und her. Wartete auf die Gelegenheit zu explodieren. Wie damals, wie ein schlafender Vulkan. Und ich wusste nicht, wo ich anfangen sollte. Was sollte ich sagen? Was sagt man? Wie geht es euch? Wie fühlt ihr euch? Wie habt ihr die Jahre erlebt?

Amana hat angefangen. »Das war eine unbeschreibliche Sache«, erzählte sie ruhig, langsam. »Der Schmerz und die Qualen werden immer in uns bleiben. Das werden wir nie vergessen. Wir kannten das wahre Gesicht der Menschen. Wer uns geholfen hat und wer nicht. Wer uns zur Seite stand und wer nicht. Nicht nur unser Haus wurde zerstört, auch unsere Herzen, wir wurden zerstört, verfolgt, bis wir zusammenbrachen. Vater und Mutter wurden krank. Standen allein Tag und Nacht. Seitdem haben wir keinen schönen Tag mehr in unserem Leben gesehen. Nur schlaflose Nächte, Schmerzen und Qualen.« Sie unterbrach sich für einen Augenblick, biss auf ihre Lippen und sah mich nicht an.

Nuhil nahm allen Mut zusammen und sagte, »Seit damals warte ich. Jahre. Ich wusste, dass du wiederkommen wirst. Und die ganze Zeit dachte ich daran, was ich dir sagen werde, wenn du wiederkommst. Ich will dir etwas sagen, was ich damals, am Strand, als ich noch ein Mädchen war, nicht gewagt habe zu sagen. Ich bete, dass jeder, der irgendwann einmal daran gedacht hat, eine Waffe auf einen Palästinenser zu richten und ihn zu verletzen, und diese Wunde dessen Leben zerstört hat, seine Kinder zerstört hat, seine Mutter und seinen Vater, zum Tode verurteilt wird. Ich möchte ihn zum Tode verurteilen.«

Stille breitete sich im Zimmer aus. Alle Familienmitglieder schauten mich an, um meine Reaktion zu sehen. Ashraf Al-Rul nahm sein Auge von der Kameralinse, ebenfalls neugierig auf meine Antwort. Ich räusperte mich verlegen und sagte kein Wort. Ich wusste, dass jeder Satz, den ich hätte sagen können, überflüssig war.

Einige Wochen später sah ich Nuhil im Büro für Menschenrechte in Gaza, wo ihr Verlobter arbeitete. Sie machte uns be-

kannt und sagte: »Wir waren sehr überrascht, dass du die un-
angenehmen Worte, die ich gesagt habe, gesendet hast. Aber
das war meine Ansicht. Ich habe sie nicht geändert, auch nicht,
nachdem ich mich gesehen habe, wie ich das im israelischen
Fernsehen sage.«

An diesem Abend, nachdem ich das Haus der Familie Salach
verlassen hatte, eilte ich zur Wohnung von Kachil. Ich musste
eine alte Schuld begleichen. Nachdem ich damals die Szene mit
den beiden Schwestern am Strand von Nisanit abgedreht hatte
und seine Tochter das Lied der Kinder sang, bat ich ihn, mich
in das Schifa-Hospital in Gaza zu begleiten, wo nach seinen
Worten unzählige Kinder behandelt wurden, die vom Feuer
der Armee getroffen worden waren. »Ich kann dir nicht versprechen, dass der Weg zum Shifa-Hospital, ins Zentrum der Stadt
friedlich verlaufen wird«, sagte er, »aber wenn du es schaffst,
zum Krankenhaus zu kommen, dann garantiere ich dir, dass
dir dort nichts passieren wird, auch wenn die Verwundeten von
Israelis getroffen wurden.« Ich rief den Sprecher der Armee im
Südabschnitt an und äußerte eine eigentlich unlogische Bitte
– eine Begleitung des Militärs zu einem palästinensischen Krankenhaus, um dort Kinder zu filmen, die von israelischen Kugeln
getroffen worden waren.

Zwölf Jahre sind seitdem vergangen, und bis heute kann ich
nicht begreifen, was den Sprecher der Armee dazu gebracht hat,
meiner unverschämten Bitte zu entsprechen. Ich kann nicht
verstehen, warum ich die Absurdität des Ganzen nicht erkannt
habe. Im Angesicht von bewaffneten Soldaten, die hinter mir
die Gänge des Krankenhauses entlang marschierten filmten wir
verwundete Kinder in überfüllten Behandlungsräumen. Und
was dachten die Verwundeten, als ein israelischer Journalist
sie nach den Umständen ihrer Verwundung befragte, während
eine Militärwache hinter ihm stand?

Eines der Kinder, dessen beide Beine nach einer Operation
in Gips waren, sah mich und den Soldaten an und sagte ohne
Furcht: »Ihr glaubt, dass wir Hunde sind? Man schießt auf uns

ohne Unterschied? Oder ihr glaubt vielleicht, dass wir Wild zum Jagen sind? Was glaubt ihr denn zum Teufel?«

Aus dem eingegipsten Bein des Kindes, das neben ihm lag, ragte eine Eisenstange hervor, die die Platinen, die man in seinem Knie eingepflanzt hatte, stabilisierten. Sein älterer Bruder kam zornig auf mich zu: »Was machst du?«

»Drehe eine Reportage über Kinder, die verwundet wurden.«

»Dann bitte ich, dass du uns nicht störst. Die Lage hier ist schwer. Es gibt hier Tausende in dieser Lage.«

»Tauende? Es gibt Tausende?« Es fiel mir schwer, das zu glauben.

»Du willst mir weismachen, dass du ein Mann der Medien bist, der beim Fernsehen arbeitet, und hast keine Ahnung, dass Tausende verwundet wurden?«

Nein, ich habe das nicht gewusst. Das Wissen um die palästinensischen Verwundeten während der ersten Intifada, war keine Information, die die israelische Öffentlichkeit interessiert hat. Um bei der Wahrheit zu bleiben: Die Zahl der israelischen Verwundeten hat die palästinensische Öffentlichkeit auch nicht interessiert. Keine Seite zählt die Toten und den Schmerz der anderen Seite.

Nach der Übertragung dieser Reportage im Sommer 1993, zwei Monate vor der Ratifizierung des Oslo Abkommens, rief mich der Sprecher der Armee an und sagte: »Ich bin stolz darauf, dass ich Anteil an der Übertragung dieser Reportage habe.« Ich wusste, dass er nicht allein die Entscheidung getroffen hatte. Mit Sicherheit bekam er die Erlaubnis vom Kommandanten des Südabschnitts, General Natan Vilnai, der mir auf dem Höhenpunkt der ersten Intifada, überraschend geholfen hat, ein nicht leichtes Bild zu zeigen. Das Bild der anderen Seite. Wusste er damals schon, dass das Abkommen im fernen Oslo zusammengestrickt wurde? Vielleicht. »Die Kinder der Intifada« wurde im Juli 1993 gedreht, als die Israelis und die Palästinenser sich gegenseitig schon letzte Papiere für das Abkommen übermittelt haben. Die Insassen der Gefängnisse bekamen schon einen

Hinweis aus Tunis, dass in Kürze mit den Israelis ein Vertrag unterschrieben würde. Mahmud Dahlan, der in Tunis für den Gazastreifen verantwortlich war und für die Durchführung der Intifada, machte das Abkommen davon abhängig, dass man auch ihm erlauben würde zurückzukehren, und Natan Vilnai öffnete mir zum ersten Mal ein Fenster, das Leiden des Feindes zu sehen und zu zeigen.

Eine völlig andere Antwort erhielt ich vom Vater von Nivin, Mahar Kachil. Er rief mich wutentbrannt an. »Schäm dich! Du hast gesagt, dass all unsere Kinder Terroristen sind, dass alle eines Tages Gesuchte sein werden.« Und noch bevor ich antworten konnte, legte er auf.

Ich wusste, warum er wütend war. Es war das erste Mal, dass Bilder von palästinensischen Kindern, die von israelischem Feuer getroffen worden waren, im israelischen Fernsehen gesendet wurden. Auf Anordnung meiner Direktoren und Redakteure wurden nach der Reportage zwei Interviewpartner vorgestellt, um für Ausgewogenheit zu sorgen, aber ihre Worte wurden von mir als reiner Euphemismus verstanden. »Die Kinder«, sagte ein bekannter Nahostexperte, »werden von den Erwachsenen als Vorhut geschickt, weil sie wissen, dass die Armee sich gegenüber Kindern zurückhält.« Das ist die bei uns herrschende Meinung. »Die Palästinenser, und das ist bekannt, opfern ihre Kinder. Verstecken sich hinter ihren Kindern, weil sie feige sind. Sie nutzen unser Erbarmen und unser gutes Herz«, sagte er, als ob er was davon verstünde.

Und ein Soziologie-Professor sekundierte mit einer Beobachtung aus seinem Fachbereich. »Diese Kinder beanspruchen die Befehlsgewalt in ihren Familien, nachdem die Familienstruktur in der Intifada zusammengebrochen ist. Die Kinder entledigen sich der Autorität ihrer Eltern und verwandeln sich in echte Helden.« Und die unweigerliche Folge ist: »Sie werden Terroristen, Gesuchte, Märtyrer.«

Einige Monate später zeigte ich Nivins Gesang erneut in der Nachrichtensendung des Fernsehens. Am selben Tag, früh am

Morgen, rief mich Kachils Frau an und teilte mir bitter weinend mit: »Mahar ist ermordet worden.« Sie bat mich, zu der Beerdigung zu kommen. Ich legte den Hörer auf und wusste, dass ich nicht gehen würde. Einige Tage zuvor war der Anwalt Abu-Shaban ermordet worden, der von Kachil verehrt wurde. Kachil rief mich an und bat mich, zur Beisetzung zu kommen.

Als ich dort ankam, fiel er um meinen Hals mit einem bitterlichen Weinen. »Siehst du, was man ihm angetan hat?«

»Wer hat was getan? Warum hat man was getan?«, fragte ich. Aber er schwieg und zog mich an der Hand.

»Komm, komm, sieh dir Shaban an«, sagte er und ließ mir keine Wahl. Ich habe noch nie die Sitte verstanden, eine Leiche öffentlich aufzubahren, aber ich wusste nicht, wie man meine Weigerung interpretieren würde, die Leiche des Ermordeten zu sehen, den ich kaum gekannt hatte.

Als ich das Haus verließ, erschienen fünf Maskierte und schossen in die Luft. Ich erstarrte. Zum ersten Mal sah ich maskierte Bewaffnete in nur wenigen Schritten Entfernung. Mahar bemerkte mein Schrecken. »Mach dir keine Sorgen«, sagte er selbstsicher. »Du bist mit mir, es wird dir nichts passieren.«

Aber für seine Sicherheit gab es keine Deckung. Einige Tage später kamen die Mörder auch zu ihm. Unbekannte drangen in das Friseurgeschäft ein, wo er arbeitete und schossen ihn in den Kopf. Es stellte sich heraus, dass Kachil von seinem Cousin, Kamal Kachil, ermordet wurde, einem Hamas Mitglied. Er ermordete ihn, weil er ihn im Verdacht hatte, mit den Israelis zu kooperieren. Die guten Kontakte, die er mit mir und anderen Israelis geknüpft hatte, weil er glaubte, dass die Stunde des Friedens gekommen war, reichten aus, um ihn als Kollaborateur zu verdächtigen, und dafür zahlte er mit seinem Leben. Jetzt, mit einer Verspätung von vier Jahren, kam ich in Kachils Haus. Seine Witwe öffnete die Tür. Sie erinnerte sich an mich. Sie hatte nicht vergessen, dass ich nicht zur Beisetzung gekommen war. Aber sie hinderte mich nicht daran, Nivin zu sehen, das schöne Mädchen. Jetzt fügte sie weitere Strophen zu jenem Lied hinzu:

Wie schade, Vater,
wie schade um die Welt.
Es gibt schon keine Nachrichtensendung ohne Schießerei.
Ich sehe einen kleinen Jungen, aber er singt nicht.
Einen Jungen in meinem Alter, der sein Lachen verlor.
Auch mein Lachen ging verloren.
Wie schade Vater, wie schade.

Ich fand sie fast alle, die Kinder von 1993, mit Ausnahme von Ahmed.

Ich drehte mit dem palästinensischen Kamerateam in allen Flüchtlingslager. Ich zeigte den Menschen das Bild des Kindes. Vielleicht kannte ihn jemand, vielleicht erkannte ihn jemand.

Seine Augen waren hellbraun und er sprach wie alle, wie ein Greis.

Ich fragte ihn, ob es Kinder gibt, die töten oder Selbstmord begehen wollen.

Und so hat er geantwortet: »Töten, nicht töten, das ist mir egal, ich sorge nur für mich selbst. Sie werden getötet werden, man wird auf sie schießen, töten, schlachten. Alles was kommt, kommt von Gott. Wir sind doch sowieso alle schon tot.«

Ich frage mich, ob Ahmed noch am Leben ist.

Kapitel 9

Der allmächtige Vermittler und die kämpfende Familie

Samir Mashrahawi verfügt über das seltene Talent, zuhören zu können. Er blickt den anderen mit seinen großen braunen Augen an, sendet eine Art warmer Energie in die Augen seines Gegenübers, schüttelt leicht den Kopf und vermittelt den Eindruck, dass er sehr wohl versteht und sich mit dem Standpunkt dessen, der ihm gegenüber sitzt, identifiziert. Erst nachdem der Sprecher ihm alles offenbart hat, erzählt Samir seine eigene Version, findet Gemeinsamkeiten und zieht daraus die Gegensätze. Als ob er sich mit einer Ladung Dynamit beschäftigen würde, die jeden Augenblick explodieren kann. Eine Sekunde vor Ablauf der Zeit hat er fachmännisch das Zündkabel durchtrennt.

Seine weitverzweigten Verbindungen knüpfte Salim zwischen Gefängnismauern. Sie sollten sich für ihn als ein Schatz erweisen, den man nicht mit Gold aufwiegen kann. »Ich habe mit ihnen allen zusammengesessen, ihnen zugehört und versucht, das Gemeinsame und Trennende zwischen uns zu finden. Ich habe ihrem Schmerz zugehört, der auch mein Schmerz war.«

Er hörte aber auch weiterhin allen Gegnern zu, den bewaffneten und den »politischen«, den Mitgliedern aller Organisationen, auch nachdem ihre Freunde aus der PLO, die mit ihnen während der Intifada gekämpft hatten und mit ihnen zusammen im Gefängnis gesessen hatten, ihnen den Rücken zukehrten, offen mit den Israelis paktierten und sie beiseitedrängten.

Aber die meiste Macht und den größten Einfluss erwarb er auf dem Höhepunkt der »Jagdsaison«, der Liquidierung von Anführern der Hamas und des Islamischen Dschihad. Nur er hatte zu ihnen einen direkten Zugang, und das dank seines geduldigen Zuhörens in der Vergangenheit.

Ismail Hanije, der Direktor des Büros von Scheich Ahmed Yassin, pflegte als Frau verkleidet in sein Haus zu kommen. Von dort gingen sie gemeinsam zu sicheren Treffpunkten. Sie nahmen an Klärungsgesprächen teil oder bemühten sich um die Lösung von Problemen, die zwischen den palästinensischen Autonomiebehörden oder der PLO und der Hamas aufgetreten waren. Manchmal kam der Leibwächter von Mahmud Az-Zahar, gab dem Leibwächter von Samir ein Zeichen, dass »es etwas gibt, worüber man reden muss«, und sie folgten ihm zu einem Versteck.

Der Dialog, den er mit ihnen aufgebaut hatte, war nahezu die einzige Möglichkeit der palästinensischen Behörden und besonders der PLO, die Bewegung aufzuhalten. Diese Bewegung sah im Verlauf der Intifada die Gelegenheit gekommen, den endgültigen Zusammenbruch der sich auflösenden Autonomiebehörde herbeizuführen und Machtpositionen der PLO einzunehmen, die, wie es schien, das Ende ihres Einflusses erlebte.

Als ich die Fakten über die geheimen Kontakte, die Samir tagtäglich mit den Anführern der Hamas hatte, in der Samstagsbeilage der Zeitung *Jedioth Achronot* veröffentlichte, brachen diese Kontakte völlig ab. Einige Stunden nach der Veröffentlichung erhielten die Führer der Hamas eine entsprechende Information oder lasen sogar selbst die israelische Zeitung. Ismail Hanije und Mahmud Az-Zahar waren stocksauer darüber, dass Samir Mashrahawi, alias Abu Bahsal, die Methoden ihrer Arbeit und deren Tarnung einem israelischen Reporter bekannt gemacht hatte, und das zu einer Zeit, als sie tatsächlich gefährdet waren, von den Raketen der Apache-Hubschrauber liquidiert zu werden. Als ich nach der Veröffentlichung der Reportage Samir in seiner Wohnung besuchte, war er über sich selbst verärgert, dass er so offen gesprochen und nicht daran gedacht hatte, dass eine Aufdeckung seinen Kontakten derart schaden würde.

»Ich bin überzeugt, dass der Ärger vergehen wird«, versuchte ich ihn zu beruhigen. Aber er fühlte, dass er seine »historische Aufgabe« wegen eines Lapsus eingebüßt hatte, als er seiner Zunge freien Lauf ließ. Der Abbruch der Kontakte dauerte einige Wochen, bis man Samirs Dienste als allmächtiger Vermittler wieder brauchte.

Eineinhalb Wochen nach der Liquidierung von Scheich Ahmed Yassin am 3. April 2004 führte Samir seinen Erben Abd Al-Asis Rantisi in eine Wohnung in Gaza. Dort wartete Mohammed Dahlan. Das Treffen diente dazu, den neuen Führer zu überzeugen, mit Klugheit zu handeln und Israel nicht aus Rache für den Mord an Scheich Ahmed Yassin mit Selbstmordattentätern in Brand zu setzen.

»Rantisi saß uns gegenüber und nahm jedes Wort auf. Plötzlich sah ich, dass dieser militante Mann, der immer mit Eskalation und Feuer drohte, sich irgendwie änderte. Als ob er jetzt als Anführer auf einmal verstand, dass auf ihm die Verantwortung für die ganze Organisation lag und er sich nicht mehr so verhalten konnte wie früher. Dahlan sprach über die Anbindung der Bewaffneten der zz al-Din Al-Kassam an die Sicherheitsapparate der Autonomiebehörde. Sie waren bereit, über die Entwaffnung des militärischen Arms der Hamas zu sprechen, sich an der Führung zu beteiligen und zu einer politischen Bewegung zu werden.«

Als Rantisi um zehn Uhr abends das Treffen verließ, verbreitete sich das Gerücht, dass Israel ihn liquidiert habe. Eine Nachricht darüber wurde sogar in einer israelischen Nachrichtensendung gebracht und in Internetforen verbreitet. Samir rief mich erschrocken an, um festzustellen, ob die Nachricht zutraf. Er fühlte sich schuldig, weil das Treffen, das er organisiert hatte, vielleicht zur Liquidierung des Erben geführt hatte.

»Die Nachricht ist nicht echt«, beruhigte ich ihn, ohne zu wissen, dass er selbst sich erst wenige Minuten zuvor von Rantisi verabschiedet hatte. Zwei Wochen später, am 17. April 2004, wurde Rantisi am Abend des Sabbats von einer Rakete, die auf seinen Wagen abgeschossen wurde, getötet.

»Und du willst wissen, was all diese Liquidierungen bewirkt haben«, erklärte Samir. »Sie haben nicht nur die Hamas dramatisch gestärkt, sondern es gibt jetzt – wegen der inneren Debatten und der Spaltung der Führung – auch niemanden, der die schicksalhaften Entscheidungen fällen könnte, dem alle gehorchen würden. Für uns bei der PLO ist es ein großes Problem, aber für euch ist es ein noch größeres Problem.«

✳

An der Wand des Gästezimmers in seinem Haus hängen zwei große Bilder aus zwei Welten, die voneinander entfernt sind wie Himmel und Erde. Das eine ist das Foto eines »Shahid«, einige Sekunden nachdem die Panzermine, die er an seinem Körper versteckt hatte, bei einem Arbeitsunfall an der Philadelphia-Kreuzung explodiert war. Und das andere ist das Bild einer idyllischen Strandlandschaft, eine Momentaufnahme von einem Strand auf Hawaii oder Bora Bora oder irgendeinem anderen Ort, für den Menschen sterben würden, um dort leben zu können. Das Paradies der Welt und die Hölle von Rafah liegen dicht beieinander. Zu dem Bild »Der Shahid und seine Sprengladung« wurde eine Widmung hinzugefügt: »Für Abu Bassal, den Teuersten der Menschen, ein Geschenk von den Brigaden«. Das verzauberte Paradies hat ihm kein Mensch gewidmet. Es ist einfach ein Bild, das zeigt, dass es eine andere Welt gibt, nah, aber unerreichbar.

Die Geschichte von Samir ähnelt der Geschichte der meisten palästinensischen Führer der Intifada, die ihre Stellung auf den palästinensischen Straßen im Kampf gegen die israelische Besatzung erworben haben. Als sie festgenommen wurden und in den Gefängnissen lange Haftstrafen antreten mussten, begann für sie ein langer Prozess, an dessen Ende sie an die Chance einer israelisch-palästinensischen Koexistenz glaubten. Nach ihrer Freilassung, nach der Unterzeichnung der Oslo-Verträge wurde der persönliche Preis, den sie bezahlt hatten, zu einer Urkunde, mit der sie winkten, um ihre Aktivitäten gegenüber den Gegnern des Abkommens zu rechtfertigen.

»Er behauptet, dass er im Gefängnis saß – ich auch. Er kämpfte gegen die Besatzung, die Israelis – ich auch.«

Aber diese Urkunde wurde wertlos und ihr Opfer nichtig, als die zweite Intifada ausbrach. Jetzt galten sie als einfältig und wurden aufgefordert, einen weiteren Preis zu zahlen, einen Preis, um sich reinzuwaschen von dem Irrtum, mit dem sie ihr Volk führten. Durcheinander und frustriert wurden Samir und seine Freunde genötigt zu entscheiden, wohin sie sich wenden wollten. Ob sie an einem zerplatzten Traum festhalten oder den Traum vielleicht in einer Schublade verschließen und sich den Kämpfenden anschließen wollten.

»Zum ersten Mal wurde ich 1982 verhaftet«, erzählte mir Samir in aller Offenheit seine persönliche Geschichte. »Ich habe in der Schule gelernt. Es gab Demonstrationen gegen die Besatzung. Man sperrte mich für fünfundvierzig Tage ein. Das war mein erstes Mal. Mein Vater zahlte eine Geldstrafe und hat mich so aus dem Gefängnis geholt. Das zweite Mal war 1984. Ich war im Gefängnis von Gaza in Untersuchungshaft. Ich wurde beschuldigt, Mitglied der PLO zu sein. Ich habe natürlich geleugnet und wurde freigelassen. Das dritte Mal wurde ich im März 1985 eingesperrt und zu zwei Jahren Haft verurteilt. Die Anklage lautete diesmal wieder Mitgliedschaft in der PLO und Besitz von Waffen. Im März 1987 wurde ich aus der Haft entlassen, zwei Monate bevor die erste Intifada ausgebrochen ist.

Mein Vater und meine Mutter beschlossen, dass ich heiraten müsse. Weißt du, sie haben geglaubt, dass ich vernünftig würde, wenn ich heiratete. Ich würde Verantwortung fühlen und ihnen keine Probleme mehr machen. Ich habe mich verlobt.

Meine Verlobte und ich standen kurz davor, den Hochzeitstag zu bestimmen. Wir beschlossen, eine gemeinsame Hochzeit mit meinem jüngeren Bruder Mohammed zu veranstalten, der auch verlobt war.

Aber im Oktober, in den wir unseren Hochzeitstermin gelegt hatten, floh eine Einheit von sechs Gefangenen vom Islamischen Dschihad aus der Haft. Die Armee hat sie nach einer Verfolgung in der Nähe des Viertels Sag'ija liquidiert. Das hatte natürlich Einfluss auf die Situation in Gaza. Es gab Demonstrationen und Beerdigungen, und wir beschlossen, die Hochzeit aus Ehrerbietung für die Menschen auf Januar 1988 zu verschieben. Dann brach die Intifada aus. Wir haben wieder und wieder Ersatztermine für die Hochzeit festgelegt. Wir wussten natürlich nicht, dass die Intifada fünf Jahre dauern würde, und jedes Mal haben wir gesagt: ›Noch ein wenig. Noch ein wenig. Einen Monat, zwei Monate, die Lage wird sich stabilisieren, die Dinge sich beruhigen, und dann wird man eine Hochzeit feiern können.‹ Nachdem wir begriffen hatten, dass es sich um eine Intifada handelte und es jeden Tag Tote gab, war uns klar, dass wir keinen Zeitpunkt bestimmen können, weil die Lage sich niemals beruhigen wird. Wir beschlossen, im März mit einer bescheidenen Zeremonie zu heiraten. Weißt du, bei uns ist es üblich, dass der Bräutigam am Kopf des Hochzeitszuges geht, um die Braut zu holen. Ich ging nicht. Mein Vater, Gott erbarme sich seiner, ging und brachte die Braut, ohne Brautkleid, ohne Blumen, ohne alles. Weil es unangenehm war, wenn die Menschen auf der Straße eine Braut im Brautkleid sahen. Wie sieht das auch aus, die gehen feiern und sich freuen, trotz der Lage. Die Braut meines jüngeren Bruders Mohammed war aus Khan Yunis. Plötzlich erfuhren wir, dass es in Khan Yunis eine Ausgangssperre gab. Meine Eltern hier in Gaza wollten beide Hochzeiten gleichzeitig feiern. Wie sollte ich heiraten, und mein Bruder nicht? Wir beide waren doch schon seit Jahren auf diese Hochzeit vorbereitet. Mein Vater sagte zu meinem Bruder: ›Hör zu, damit du nicht traurig bist und dich nicht benachteiligt fühlst, werde ich die Braut bringen, ganz egal, was passiert.‹ Sie gingen zusammen, kamen aus Richtung des Viertels Al-Amal (die Hoffnung) nach Khan Yunis. Dort wohnten meine Cousins aus der Familie der Braut. (Inzwischen wurden übrigens alle ihre Häuser durch Bulldozer zerstört. Sie hatten sechs Häuser, nicht eines blieb übrig.) Mein Vater und mein Bruder hatten Glück, trotz der Ausgangssperre waren keine Armeeeinheiten in der Gegend, und so gelang es ihnen, zum Haus der Braut zu gelangen. Mein Vater klopfte an die Tür, aber keiner wollte ihnen öffnen. Man wartete zwar auf den Bräutigam, aber wegen der Ausgangssperre sagten sie: ›Das war es, keiner wird kommen. Es gibt keine Hochzeit.‹ Sie dachten, dass es Israelis waren, die an ihre Tür klopften. Mein Vater schrie und klopfte lauter, bis sie die Tür schließlich öffneten. Sie waren überrascht. Sie sagten: ›Wir haben nicht gedacht, dass ihr kommt.‹ Mein Vater sagte zu ihnen: ›Es reicht, wir wollen es beenden, es dauert schon zu lange.‹ Mein Vater bat, dass man der Braut das Brautkleid anziehe. Wenn man sie unterwegs anhielt, wollte er den Soldaten sagen: ›Wir haben eine Hochzeit und wir waren verpflichtet, mit der Braut rauszugehen.‹ Die Armee hat sie tatsächlich gefasst. Sie sagten zu den Soldaten: ›Wir sind aus Rafah und haben uns im Weg geirrt. Wir wussten nicht, dass es eine Ausgangssperre gibt.‹ Die Soldaten sahen meinen Vater und die Braut an und sagten: ›Yalla, geht weiter, und ihr sollt viel Glück haben.‹

Schließlich kamen sie nach Hause und wir haben die Hochzeit ausgerichtet. Alles war ruhig, keiner hörte irgendwas, um uns herum starben doch Menschen in der Intifada, Menschen trauerten. Es war unangenehm. Was würden die Nachbarn über uns denken? Das Ereignis erinnerte mehr an eine Beerdigung als an eine Hochzeit. Außerdem war einer meiner Brüder noch im Gefängnis, und all das hat natürlich auf die Stimmung gedrückt. Meine Mutter weinte, statt sich zu freuen. So habe ich geheiratet.

Am vierten Tag nach der Hochzeit wachte ich um elf Uhr vormittags auf ...«

Ich musste grinsen, als ich die Stunde des Aufwachens hörte. Seit ich Samir Mashrahawi kannte, wusste ich, dass er früh am Morgen nur schwer aufsteht. Alle seine Häftlingskameraden von damals sind Frühaufsteher, um halb sechs morgens, eine Gewohnheit, die ihnen aus dem Gefängnis geblieben ist, und nur er öffnet seine Augen nicht vor ein Uhr mittags. Samir begriff den Grund für mein Grinsen und erzählte weiter von seinem tiefen Schlaf:

»Wir wohnten in einem Haus, auf einer Etage, ich hatte ein Zimmer, mein Bruder Mohammed, der auch ein frischgebackener Ehemann war, hatte ein Zimmer und mein lediger Bruder Ziad hatte auch ein Zimmer. Am vierten Tag nach der Hochzeit stand ich auf und fand sein Zimmer demoliert vor, ein riesengroßes Durcheinander. ›Was ist passiert?‹, fragte ich. Meine Mutter weinte, aber jetzt fing sie an zu lachen, weil ich von dem ganzen Durcheinander nichts gehört hatte.

Es stellte sich heraus, dass die Armee gekommen war und Ziad mitgenommen hatte. Und ich hatte nichts gehört.

Wir haben eine Sitte, eine Feier eine Woche nach der Hochzeit. Am siebten Tag, in der Nacht, hat die Armee das Haus besetzt. Es kam ein Nachrichtenoffizier, er hieß Abu Adnan. Auch mein Vater heißt Abu Adnan, weil mein älterer Bruder Adnan heißt. Jemand polterte laut an die Zimmertür. Davon wachte ich auf, meine Frau natürlich an meiner Seite. Ich öffnete verschlafen die Tür, und Abu Adnan stand da und sagte zu mir: ›Sabah al Chir, Nu? Wie war die Hochzeit?‹ ›In Ordnung. Was gibt's?‹ ›Komm mit uns‹, sagte er. Ich fragte ihn: ›Warum?‹ Er antwortete: ›Es geht nicht nur um dich, wir holen auch deinen zweiten Bruder, Mohammed.‹

Meine Mutter fing an, Abu Adnan zu verfluchen: ›Ihr seid keine Menschen, ihr habt keine Menschlichkeit‹, und andere Flüche in diesem Stil. Erst drei Tage vorher hatten sie meinen Bruder Ziad mitgenommen. Ein Bruder von mir ist seit 1985 in Haft, verdammt, vier Brüder in Haft. Meine Mutter griff den Offizier an, begann, mit ihren Fäusten auf ihn einzuschlagen.

Ich hielt sie fest und sagte: ›Mach dir keine Sorgen, Mutter, ich habe nichts getan. Ich komme bald wieder.‹ Unterwegs fragte ich Abu Adnan: ›Kannst du mir erklären, warum du mich mitnimmst? Habe ich etwas getan? Habe ich mich geirrt? Seit ich vor einem Jahr aus dem Gefängnis gekommen bin, habe ich nichts getan.‹ Und er sagte: ›Stimmt es, dass du mal in Haft warst? Das ist es. Chalas. Das reicht.‹ Und er fügte ein Sprichwort auf Arabisch hinzu: ›Umar al Assa ma Bintassa.‹ (›Es ist typisch für das Leid, dass es niemals vergessen wird.‹)

Wir erreichten das Gefängnis von Kezioth. Da begriffen wir, dass man ein neues Gefängnis eröffnet hatte und Menschen, die früher schon einmal verhaftet worden waren, in Bussen dorthin brachte, um es zu füllen. Man wollte eine Art Testlauf für das neue Gefängnis machen. Für fast alle Gefangenen gab es keinen Grund, sie erneut zu verhaften. Sechs Monate saß ich unschuldig im Gefängnis von Kezioth in Administrativhaft.

Am Anfang war es dort sehr schwer. Es handelte sich nicht um ein zentrales Gefängnis mit einer vorhandenen Struktur, einer Organisation, einem minimalen Lebensstandard und bewährten Routinen. In Kezioth saß ich sechs Monate mit einer Unterhose. Kannst du das glauben? Sechs Monate in derselben Unterhose. Ich pflegte sie zu waschen, zu trocknen und wieder anzuziehen. Nach den sechs Monaten, als ich wieder freigelassen wurde, sah meine Unterhose wie eine Damennetzstrumpfhose aus. Fließendes Wasser gab es nicht, es gab nur große Becken, die man mit Eimern gefüllt hat. Wir konnten uns nur einmal in der Woche waschen oder einmal in zehn Tagen duschen, wenn man gerade dran war. Wir bildeten ein Komitee, das die Reihenfolge für die Duschen organisieren sollte. Es gab nichts zu essen. Wir bekamen nur die Konservenbüchsen aus Kampfrationen. Und das alles stand unter einem Regime des Grauens. Alles dort ähnelte den Straßen von Gaza während der Intifada. Man brachte neue Gefangene in Bussen, mit Waffengewalt. Die Armee kam in Jeeps mit Wasserwerfern, um Demonstrationen aufzulösen – schade um die Zeit«, sagte er auf Hebräisch. »Schade um die Zeit.« Die Gefangenen hatten Steine auf die Soldaten geworfen, und diese antworteten mit Gas. Intifada. So war es sechs Monate lang.

»Im September wurde ich freigelassen. Nachdem ich zwei Monate draußen war, bekam ich das Angebot aus Tunesien, Mitglied der vereinigten Intifada-Führung zu werden. Zusammen mit mir wurden Rashid Abu Shabach, Talal Abu Switan, der heute in Norwegen lebt, und Mussa Abu Al-Nabi ernannt. Jedes Mal, wenn Anführer der Intifada eingesperrt wurden, hat man neue ernannt. Nach drei Monaten bekam ich eine Ladung von der Muchbáarat[7] zu einer Untersuchung. Ich ging nicht hin. Ich wusste, dass es zum Gefängnis führt, dann Schluss, warum sollte ich also gehen? So wurde ich zu einem Gesuchten. Der Offizier der Muchbáarat, Abu Adnan, kam zu uns nach Hause und nahm meinen Vater und meine Brüder Adnan, Adal, Ziad, Mohammed, Himad, Hisham und Baha mit – zusammen sieben. Mein Bruder Sami war damals bereits in Haft. Er brachte sie in das Haus, in dem die Armee damals untergebracht war, und sagte zu meinem Vater: ›Ihr könnt alle gehen, nur einer bleibt hier. Und wenn Samir sich nicht innerhalb von zwei Tagen stellt, komme ich und verhafte noch einen, bis ich dich und seine Mutter und seine Braut mitnehmen werde.‹ Mein Vater sagte zu ihm: ›Wir wissen nicht, wo Samir ist.‹ Eigentlich wusste ich, was da vor sich ging, aber ich habe mich nicht gestellt. Sie behielten Mohammed in Haft, nach zwei Tagen holten sie Himad und danach Ziad und danach Hisham, aber das brachte alles nichts. So kam jeder an die Reihe, bis ich wusste, dass mein Vater der Nächste sein würde. Mein Vater war für mich ein Vorbild. Ich habe ihn verehrt. Als ich hörte, dass er an der Reihe war, hat mich das sehr getroffen. Ich ging zur Armee, um mich selbst zu stellen, damit sie meinen Vater nicht verhafteten. Ich fuhr mit einem Peugeot 404 hin,

---

[7]   Einer der vielen Sicherheitsdienste Arafats.

als alter Mann verkleidet. Ich trug eine weiße Jalabija[8], und auf meinen Kopf legte ich eine Keffiah, wie die Beduinen von Beer Shewa. Mussa Abd Al-Nabi, mein Freund und Partner in der gemeinsamen Führung der Intifada, kam mit mir mit. Ich sah meinen Vater und meine Brüder, die darauf warteten, in das Gebäude hineingelassen zu werden. Ich schickte Mussa vor, damit er meinen Vater riefe, den ich sprechen wollte. An seiner Stelle kam einer meiner Brüder.

›Was machst du hier?‹, fragte er.«

»Ich sagte: ›Ich will mich stellen. Ich will nicht, dass sie Vater demütigen. Ich will nicht daran denken, dass jemand ihn schlagen könnte, die Hand gegen ihn erheben könnte. Ich meinerseits habe kein Problem, aber Vater? Um Gottes willen.‹

Mein Bruder sagte zu mir: ›Was ist mit dir los? Dein Vater ist wie alle. Werd nicht schwach. Geh! Geh!‹

Dann kam mein Vater, ich küsste ihn. Ich sagte zu ihm: ›Ich bin gekommen, um mich zu stellen. Damit du nicht gedemütigt wirst, Vater.‹

Er fragte mich: ›Sag mal, wenn du dich stellst, für wie lange wird man dich einsperren, deiner Meinung nach?‹

Ich antwortete ihm: ›Zehn Jahre, ich war doch Kommandeur der Intifada. Jeder, der in der Intifada aktiv war, hat nach meinem Befehl gehandelt. Was wird man mir dann geben, zwei Monate vielleicht?‹

Mein Vater küsste mich und sagte: ›Ich bin dein Vater. Denkst du, dass du mehr Manns bist als ich? Geh, und Gott wird es dir leicht machen.‹

Man hat meinen Vater verhaftet. Er war drei, vier Tage in Haft, danach sagten sie zu ihm: ›Wir wollen seine Mutter, sie soll kommen.‹ Sie holten meine Mutter, sie war dort einen Tag. Jetzt, dachte ich, wird meine Frau an der Reihe sein. Ich brachte sie zum Haus ihrer Eltern und sagte zu ihnen: ›Wenn jemand fragt, dann sagt, dass wir uns scheiden lassen wollen. Dieser Bursche

---

8   Das Gewand, das Männer im Orient tragen.

Samir taugt nichts. Er wird die ganze Zeit gesucht und ist nicht zu Hause. Schluss! Wir sind an ihm nicht mehr interessiert, an diesem Burschen.‹ Ich wollte sie beschützen, dass man sie nicht verhaftet und demütigt. Und so kam Abu Adnan alle zwei Tage in das Haus meiner Eltern in Gaza, sah sie essen – krach, kippte er das Tablett um. ›Wo ist Samir? Ihr habt Samir nicht geholt? Dafür werdet ihr noch bezahlen.‹ Man hat auf sie einen ungeheuren Druck ausgeübt, wollte sie zwingen, dass ich mich schließlich selber stelle. Schließlich merkte Abu Adnan, dass meine Frau nicht da war. Er fragte meinen Vater: ›Wo ist seine Frau?‹ Er antwortete: ›Ihre Eltern sind gekommen und sagten: Schluss! Sie wollen keine Verbindung mehr zu Samir. Sie wollen diese Ehe trennen.‹

Da sagte Abu Adnan: ›Nein, nein, das kann nicht sein, wir werden sie versöhnen.‹ Er sagte zu meinem Vater: ›Komm, zeig uns, wo ihre Eltern wohnen.‹ Mein Vater weigerte sich, da schossen sie eine Kugel zwischen seine Füße, um ihn zu ängstigen. Sie sagten: ›Wir wollen, dass du mit uns kommst, weil Samir eine Pistole hat. Wenn er sieht, dass du bei uns bist, wird er nicht auf uns schießen.‹ Mein Vater hatte keine Wahl und musste mit ihnen gehen. Als sie das Haus erreichten, kam der Vater meiner Frau vor die Tür. Sie sagten zu ihm: ›Salam, hier ist der Vater von Samir, und wir kommen als Jaha. Du weißt doch, was Jaha ist?‹ Fragte er und beeilte sich zu erklären: ›Jaha ist eine Abordnung, die Sulcha, eine Versöhnung, zwischen zwei streitenden Parteien herbeiführt.‹

Sie sagten zu meinem Schwiegervater: ›Wir sind als Jaha gekommen, um zu versöhnen. Wir wollen Samirs Frau nach Hause bringen. Was du als Bedingung für eine Versöhnung nennst, sind wir bereit zu machen.‹

Mein Schwiegervater erklärte: ›Ich bin nicht interessiert, ich kenne Samir nicht mehr und will nichts über ihn hören. Lasst mich in Ruhe.‹

Und Abu Adnan sagte: ›Das gibt es nicht. Sie muss mit uns kommen. Wenn sie nicht will, werden wir sie mit Gewalt mitnehmen.‹

Schließlich hatte ihr Vater keine andere Wahl. Sie hatten eine Soldatin dabei und sie nahmen meine Frau mit. Sie verfrachteten sie in einen Wagen und brachten sie zum Haus meiner Eltern zurück. Sie ließen sie vor dem Haus aussteigen und sagten zu meinem Vater: ›Gruß an Samir. Sagt ihm, dass wir ihm seine Frau zurückgebracht haben.‹ So, als ob dieser Film bekannt wäre. Das bedeutete, keine Tricks mehr. Wir wissen alles. Wenn er nicht innerhalb von vier Tagen zurückkommt, nehmen wir seine Frau. Mein Vater schickte mir eine Botschaft, um mich an einem geheimen Platz zu treffen.

Er fragte mich: ›Was sagst du dazu? Sie wollen deine Frau verhaften.‹ Ich sagte zu ihm: ›Sollen sie! Sie haben dich auch verhaftet. Ich werde mich nicht aufregen, wenn sie meine Frau jetzt abholen. Sie ist wie alle anderen. Und ich bin sicher, dass meine Frau stark ist.‹ Und er: ›Was hältst du davon, heute nach Hause zu kommen? Abu Adnan sagte doch – vier Tage. Er wird diese Nacht sicher nicht kommen. Deine Mutter will dich sehen, auch deine Frau will dich sehen.‹ Damals hatte ich noch keine Kinder. Meine Frau war schwanger mit meinem Erstgeborenen, Bassal. Er war die Frucht meiner eiligen Besuche als Gesuchter. Ich sagte meinem Vater: ›In Ordnung.‹ Aber ich wusste, dass ich nicht kommen würde.

In dieser Nacht kamen sie ins Haus. Mein Vater sagte zu Abu Adnan: ›Du hast vier Tage gesagt.‹ Abu Adnan antwortete: ›Nein. Ich bin hier nur vorbeigekommen und sagte zu mir, ich springe mal rein und sage guten Tag, damit ihr nicht vergesst, Samir zu erinnern. Und da ich schon einmal hier bin: Kommt doch alle morgen in die Kommandantur, im Gebäude der Zivilverwaltung.‹

So gingen sie alle hin, Tag für Tag, warteten dort den ganzen Tag, und erst nachts hat man sie gehen lassen. So ging das ungefähr einen Monat lang. Bis Juli 1989 stand ich auf der Fahndungsliste. Ich war in Beit Lahih, und mit mir waren Mussa Abd Al-Nabi und Ahmed Abu Tachan, Gott sei ihm gnädig, der dich in der Nacht in Jabalija bewacht hat und den die Armee getötet hat. Um drei Uhr morgens haben sie das Haus umstellt, sind eingedrungen und haben uns drei verhaftet. Den ganzen Weg über gab es Schläge und Blut. Danach brachten sie Ahmed nach Kezioth und mich und Mussa Abd Al-Nabi ins Gefängnis nach Gaza. Ich bekam fünf Jahre, und Mussa bekam drei Jahre. Später wurde ich der Sprecher der Gefangenen. Dort hast du mich zusammen mit Hisham gesehen.«

Ich erinnerte ihn an die Geschichte mit der Tür, die sich öffnet und schließt, ein Gleichnis des Friedens, das er damals in seiner Zelle erzählte, damals, als ich ihn im Gefängnis von Gaza besuchte, zur selben Zeit wie Moshe Shachal, der Minister für innere Sicherheit.

»Ja«, antwortete er. »Und ich kann mich erinnern, dass ich dir damals im Gefängnis, als du neben dem Gitter gestanden hast, gesagt habe, dass die Koexistenz als Grundlage für den Frieden im Gefängnis beginnt. Zwischen Gefangenen und Wärtern hat dort der Dialog begonnen. Wir haben entdeckt, dass wir einen Menschen als Gegenüber haben. Er ist zwar unser Feind, aber wenn du anfängst zu reden, entdeckst du, dass er Vater von Kindern ist, dass er Gefühle hat, Hoffnungen. Er hat das Gleiche bei dir entdeckt. Es gibt eine Möglichkeit zur Koexistenz – wir sind hier, ihr dort. Und man kann an einer gemeinsamen Zukunft für die nächste Generation bauen. In den Gefängnissen entstanden die Anfänge eines Geflechts von menschlichen Beziehungen. Du erzählst dem Wärter private Dinge und du siehst, dass er dadurch zum Nachdenken gebracht wird. Die unmögliche Situation, in der wir leben, hat ihm tatsächlich wehgetan. Du erzählst ihm, wie man dich verhaftet hat, wie man deine schwangere Frau verhaftet hat, wie dein erster Sohn geboren wurde – und du bist in Untersuchungshaft.«

Während er sprach, flossen Tränen aus seinen braunen Augen. Abu Bassal, ein harter Bursche, der keine Gefühle zeigt. Die Tränen überraschten mich, aber ihn noch mehr. Aber er ließ die Tränen nicht den Lauf seiner Geschichte unterbrechen.

»Die Leute vom Roten Kreuz kamen zu Besuch. Sagten zu mir: ›Glückwunsch, ein Sohn ist dir geboren.‹ Ein Sohn ist dir geboren! Plötzlich verwandelte ich mich von einem einfachen Samir zu Abu Bassal.‹ So heißt mein Erstgeborener. In dieser Minute fühlte ich, dass das Leben weitergeht. Du bist verhaftet, nicht verhaftet, bist im Gefängnis, Menschen leben weiter. Es gibt ein Leben, und das geht weiter.

Und so fing ich an, dem Wärter zu erklären, dass ich nicht die Absicht habe, ihn ins Meer zu werfen oder ihn zu vernichten. Und ich fühlte, wie eine persönliche Beziehung entstand, trotz der komplizierten Situation zwischen Häftling und Wärter. Er fing an zu fragen: ›Nun, wie fühlst du dich? Wie geht es den Kindern? Ist zu Hause alles in Ordnung?‹ Die Wärter interessierten sich für die Lage, für die Probleme, und du kannst mir glauben, wir haben versucht, uns gegenseitig zu helfen. Füreinander zu sorgen. Einmal sagte ein Wärter: ›Man hat andere befördert und mich nicht.‹ Und einmal saß bei uns in der Zelle ein Wärter, ging sogar in die Dusche, weil wir fühlten, dass wir Freunde sind. Plötzlich kam der Gefängnisdirektor. Wir hörten ihn kommen. Suffyan Abu Zaydeh ging ihm entgegen und nahm ihn mit irgendeiner Begründung in eine andere Zelle, damit der Wärter nicht dabei erwischt wird, wie er sich mit Sicherheitsgefangenen anfreundet. Diese Dinge sehen vielleicht einfach aus, hatten aber eine große Wirkung.«

In der Tat maßen die palästinensischen Gefangenen dem Durchbruch in den Beziehungen zwischen Gefangenen und Wächtern große Bedeutung zu. Dieses Beziehungssystem hat die Basis für den Frieden gelegt, denn es ist von einer Gruppe von Gefangenen die Rede, die Führungslehrgänge absolviert und einen gewissen Einfluss auf die Entwicklung der Ereignisse hatte.

Sami Abu Samhadana erzählte mir auch von einem Polizisten in Kezioth, mit dem er während des Golfkrieges von 1991 regelrechte Debatten führte.

Ich hatte ihm die ganze Zeit gesagt: ›Jetzt wird Saddam Raketen auf euch schießen, und hoffentlich werdet ihr fühlen, was wir tagtäglich in den besetzten Gebieten fühlen.‹ Aber als die Raketen in Richtung Israel abgeschossen wurden, als ich hörte, dass eine Rakete in Haifa gelandet war – dort wohnte dieser Polizist –, fing ich an, ihn in der ganzen Einrichtung zu suchen. Ich machte mir Sorgen um sein Wohl und das Wohl seiner Familie. Er hieß auch Sami. Ich rief im ganzen Flügel: ›Sami! Sami!‹ Und alle Gefangenen schlossen sich mir an und riefen seinen Namen. Als er auf unser Rufen nicht antwortete, sagten wir den anderen Wärtern: ›Sagt Sami, dass Samhadana ihn dringend sucht.‹ Das klang merkwürdig. Wieso suchte Sami einen Wärter? Was hatte er mit ihm? Aber der Wärter war auf Urlaub in Haifa. Am nächsten Tag, als er wieder zurück in Kezioth war, erzählten ihm alle, dass Sami ihn gesucht und sich um ihn Sorgen gemacht hatte. Er war überrascht und sagte zu mir: ›Was ist mit dir, die ganze Zeit hast du mich verflucht und mir gesagt, hoffentlich fallen die Raketen auf euch, jetzt machst du dir Sorgen um mich?‹ Ich antwortete ihm: ›Als ich dich verflucht habe, sprach ich auf der breiten, nationalen Ebene. Aber die private Ebene, zwischen Mensch und Mensch, das ist etwas ganz anderes. Dich kenne ich, deshalb habe ich mir Sorgen um dich und deine Familie gemacht.«

Als Sami Mashrahawi im März 1994 aus dem Gefängnis in Gaza entlassen wurde, ging ich mit ihm wegen der Aufnahmen für die Reportage vor dem Gefängnis umher. Er stand auf dem Bürgersteig mit Blick auf das Gefängnis. Plötzlich erkannte er einen der Wächter, der damit beschäftigt war, wegen des Abzugs eine Antenne auf dem Dach des Gebäudes abzubauen. Samir unterbrach seinen Redefluss, seine Augen blitzten und er fing an, laut zu schreien: »Tuvia! Tuvia!« Aber Tuvia hörte nichts. Der Lärm der Stadt war stärker als die sehnsüchtigen Rufe von Samir.

Er gab aber nicht auf. Er überquerte die Straße, lief zum Tor des Gefängnisses und rief Tuvia weiter zu. Es war ein seltsames Schauspiel.

»Du hast Sehnsucht nach einem Wärter?«, fragte ich erstaunt.

»Jahrelang habe ich ihn jeden Morgen und jeden Abend gesehen. Wir hatten eine Beziehung zueinander«, antwortete er. Und als er bemerkte, dass ich den Grund für diese Sehnsucht nicht verstand, entließ er mich mit einer Handbewegung. »Nun gut, es gibt Dinge, die kann man nicht erklären.«

Die Intifada konnte aber auch die privaten Brücken zwischen Israelis und Palästinensern zerstören. Als die F-16-Flugzeuge ihre Angriffe flogen, hat kein Mensch sich erinnert, nicht an Sami, nicht an Tuvia und an keinen anderen Freund. Alle waren sie mit der Frage beschäftigt, wie man es den Israelis zurückzahlen konnte.

✳

Die meisten Gebäude des palästinensischen Sicherheitsdienstes, die in der Vergangenheit die wimmelnden und überschäumenden Büros von Mohammed Dahlan beherbergten, wurden durch die Bombardierungen der Luftwaffe zerstört – aufgrund der in Israel verbreiteten Annahme, dass die Männer des palästinensischen Sicherheitsdienstes für die Planung und Durchführung des Terrors verantwortlich waren. Die Hauptanschuldigungen wurden gegen Rashid Abu Shabach erhoben, den Nachfolger von Dahlan in der Führung des Sicherheitsdienstes, und zwar mit der Begründung, dass er verantwortlich sei für die Planung des Attentats auf den Kinderbus von Kfar Darom im Monat November 2000. Bei diesem Attentat wurden zwei israelische Lehrer getötet und drei Kinder verloren ihre Beine.

Erst nahezu fünf Jahre später hat Israel diese Anschuldigungen zurückgenommen, nachdem Saliman Abu Mutlak, ein ranghoher Angehöriger des Dienstes, an der Gush-Katif-Kreuzung festgenommen und vom israelischen Inlandssicherheitsdienst fast drei Monate lang verhört worden war. Mit seiner Freilassung wurde der Paragraf in der Klageschrift, der die Planung des Attentats betraf, durch einen anderen Paragrafen ersetzt. Abu Shabach und die Führungsgruppe des palästinensischen Sicherheitsdienstes, so wurde behauptet, hätten nichts getan, um das Attentat zu verhindern. Aber selbst diese Vorwürfe wurden offenbar nie bewiesen, denn seit Rashid Abu Shabach zum Kommandeur des Sicherheitsdienstes in Gaza und in der Westbank ernannt worden ist, pendelte er unter der Woche zwischen Gaza und Ramallah und benutzte für seine Reisen ohne Probleme israelische Strassen. Kein Mensch bestreitet jedoch, dass einige der Mitarbeiter des palästinensischen Sicherheitsdienstes sich »an der Intifada beteiligten«.

»Alle, alle Dienste beteiligten sich an dem, was man die ›Rückgabe‹ an die Israelis nannte«, erzählte Sami Abu Samhadana. »Die Israelis töteten zu Beginn der Intifada Dutzende, besonders in der Gegend von Netzarim, in Salach A-Din (die Hauptstraße des Streifens, die bei der Armee Tanzar-Achse genannt wird) und in Rafah. Dutzende Tote jeden Tag, die meisten Kinder und Jugendliche. Beim palästinensischen Sicherheitsdienst dienten Palästinenser mit einer aktiven kämpferischen Vergangenheit, die nicht abseits sitzen und die Ereignisse als bloße Zuschauer erleben wollten. Jeder, der eine Gelegenheit hatte, es den Israelis heimzuzahlen, und diese nicht ausgenutzt hat, wurde als Feigling betrachtet. Als Angsthase.«

»Auch die Israelis haben die Kontrolle verloren«, ergänzte Samir. »Die Logik, nach der sie gehandelt haben, war mangelhaft. Sie haben sich nicht entschieden, wie sie mit der Intifada umgehen sollen, ob sie die Verwaltungsstrukturen zerstören oder nur die Bewaffneten und ihre Führer treffen wollten. Sie haben nicht einmal entschieden, ob sie sich auf die Opposition konzentrieren wollen, die Hamas und den Dschihad, die die großen Attentate durchgeführt haben. Aus ihrer Sicht waren alle ein Ziel für den Angriff. Wenn der Hamas ein Selbstmordattentat in Tel Aviv durchgeführt hat, haben sie eine Anlage der Autonomiebehörde angegriffen. Auch wenn der Angriff in der Westbank stattgefunden hat, haben sie Gaza angegriffen. Ohne nachzudenken. Und das hat letztlich alle für die Intifada mobilisiert.«

Mitten im Krieg, im Sommer 2002, kamen wir eines Abend im Schutz der Dunkelheit zu dem zerstörten Flügel der Kommandantur des palästinensischen Sicherheitsdienstes, der auf einem kleinen Hügel lag, den man »Hügel der Winde« nennt. Und die Winde stürmten dort in der Tat, wie sie sonst in Gaza niemals stürmen. Sami bat mich, einen guten Freund von ihm zu treffen, der nach seinen Worten am Rande des Absturzes stand. »Ich fühle, dass er umkehren will. Vielleicht schaffst du es, seine Meinung zu ändern«, sagte er und verriet mir nicht, um wen es sich handelte.

»Was meinst du mit ›umkehren‹?«, habe ich gefragt.

»Verstehst du nicht?« Er sprach in Rätseln und ließ mich selbst die notwendige Schlussfolgerung ziehen.

Wir schritten in den dunklen Gängen der Ruine, die von dem Gebäude des palästinensischen Sicherheitsdienstes übrig geblieben ist. Um uns herum sah alles aus wie nach einem Erdbeben, das ganze Gebäude wie Kartenhäuser einstürzen lässt. Nur kleine und besonders stabile Mauerreste standen noch auf ihrem Fundament. Der Geruch von Feuer lag noch in der Luft, ein Zeichen, dass die Bombardierung erst kurze Zeit zuvor geschehen war.

»Wenn dieser Ort gefährlich ist, warum sind wir hierher gekommen?«, artikulierte ich eine logische Frage – und meine Befürchtungen.

»Man wird ihn nicht zweimal bombardieren«, antwortete er mit einem Lächeln und fügte zynisch hinzu: »Du weißt offensichtlich nicht, dass du unser menschlicher Schild bist?«

Er öffnete eine Tür und ich sah einen Menschen allein im Zimmer sitzen, in sich selbst versunken.

»Das ist Abu Bassal, Samir Mashrahawi!«, schrie ich überrascht von der Nicht-Überraschung.

Als Samir mich sah, brachen wir beide in Lachen aus.

»Wir kennen uns schon lange. Du hast uns reingelegt?« Ich versuchte zu verstehen, was Sami geplant hatte.

Auch Samir schaute ihn mit offensichtlichem Spott an: »Alles in allem hast du nur Shlomo gebracht.« Als er bemerkte, dass ich beleidigt war von »alles in allem«, beeilte er sich, das zu korrigieren. »Ich kenne ihn schon länger als du, noch aus den Tagen der Haft und danach.« Und auf Hebräisch fügte er hinzu: »Wir sind sogar Freunde.«

Erst nachträglich habe ich den Grund des Treffens verstanden, das Samhadana geplant hatte. Samir Mashrahawi stand kurz davor, in den Kreis der Aktivisten gegen Israel zurückzukehren, und Sami dachte, dass ein Treffen mit mir, mit dem »guten Juden«, dem »ehemaligen Freund«, ihn dazu bringen würde, seine Entscheidung noch einmal zu überlegen. Vielleicht würde es mir gelingen, ihn zu überzeugen, dass es noch Hoffnung gab. Dass nicht alle Israelis verrückt geworden waren. Schließlich hat jede Seite das über die andere gedacht - sie spinnen. Spinner. So interpretierte jede Seite die offensichtlich nichtrationalen Reaktionen des anderen. Wir unterhielten uns über die Lage, über ihre rapide Verschlechterung und das allumfassende Misstrauen, das auf beiden Seiten entstand.

»Ihr macht aber gar nichts«, sagte ich zu Samir. »Die Hamas schickt Selbstmordattentäter, die in unseren Straßen explodieren, und ihr beobachtet das einfach von außen.«

Samir lächelte sein bekanntes Lächeln. »Ich sitze hier und mich kann jede Sekunde eine Rakete von eurem Hubschrauber erwischen. Und du willst, dass ich herumlaufen und die Hamas drankriegen soll? Klingt das logisch für dich? Kann ich jemanden schicken, der das in meinem Namen tut?«

Am Abend, als ich die Aufnahmen für die Reportage beendet hatte, verabschiedete ich mich von Samir. »Pass auf dich auf.« Ich wusste, dass er den Satz in seiner Doppeldeutigkeit verstand.

»Habe ich deine Meinung geändert? Habe ich dich überzeugt, nicht in den Kreis des Terrors zurückzukehren?« Ich fragte Samir, als ich ihn auf dem Höhenpunkt der Vorbereitungen für den Rückzug der Armee aus Gaza traf. Er bewegte sich unbehaglich hin und her. Zuerst wegen des Wortes »Terror«, das ich benutzt hatte und dann auch wegen der Beichte selbst.

»Ich gebe zu«, antwortete er, als ob wir Richter und Angeklagter wären, beeilte sich aber, in perfektem Hebräisch - und gespickt mit Bildern von Krieg und Frieden - die Gründe und Umstände zu erklären, derentwegen er sich mitten auf einer Brücke über tosendem Wasser befand. »Wir standen vor unserem Volk, das uns in die Augen schaute und von uns Antworten verlangte, warum wir es in diese Lage gebracht hatten. Wir, die wir ihnen eine Taube versprochen hatten, einen Staat versprochen hatten, der so sein würde wie Singapur, wir haben sie dreist belogen. Wo ist Singapur und wo ist die Taube, haben sie uns gefragt. Denn statt der Taube kamen die Flugzeuge, um zu bombardieren.«

»Wenn das so ist, dann standest du vor der Entscheidung, ob du ein Gesuchter sein willst, als ich zu dir kam?«, fragte ich.

»Ich war beim palästinensischen Sicherheitsdienst, habe den Friedensprozess überwacht, das Abkommen, die palästinensische Verpflichtung gegenüber den Israelis. Und ich habe geglaubt, dass wir einen Staat brauchen und Unabhängigkeit und die Israelis Sicherheit. Das ist das Wesentliche des Abkommens. Als die Intifada begann, wurde alles zerstört. Auch die Gedanken in meinem Kopf über Koexistenz wurden weggefegt. Ich habe die Richtung gewechselt. Ich habe den Sicherheitsdienst verlassen.«

»Und was hast du gemacht?«

Samir streckte sich auf seinem Sessel und antwortete ungeschminkt: »Ich schloss mich der Intifada an. Was willst du, dass ich dir sagen soll?«

»Nun, wenn das so ist, wie habe ich ihn dann beeinflusst?«, fragte ich Sami Abu Samhadana, als ich von der Rolle erfuhr, die Samir gespielt hat.

»Du hast ihn positiv beeinflusst«, antwortete er.

»Wie?«

»Ich weiß, wie er später auf Ereignisse reagiert hat. Er war ruhiger. Samir ist einer der klügsten Menschen, die ich kenne. Klüger als ich. Vielleicht der klügste von allen bei der PLO, und er hat einen großen Einfluss auf Jugendliche. Wenn er beschlossen hätte, die Fronten zu wechseln, ich denke, es wäre schwierig geworden, ihn zurückzuholen. Ich habe ihn aufgehalten, bevor er in dieses Durcheinander eingestiegen ist. Krieg, Intifada – das ist Durcheinander. Es gibt keinen anderen Ausdruck. Ich war in diesem Film. Ich weiß, was dort passiert. Der Wert eines Menschen sinkt da ziemlich. ›Macht nichts‹, sagst du. ›Sollen sie sterben.‹ Du kannst kaum einen Menschen kontrollieren nach einem Mord, nach einem Selbstmord oder einem bewaffneten Überfall. Du kannst die Jungs kaum beherrschen. Ich dachte, dass zumindest Samir davon abzuhalten wäre, nicht durch eine totale Trennung von dem, was vor Ort geschieht, aber durch Distanzhalten. Ich gebe zu, dass das Treffen damals mit dir nicht der einzige Grund war, dass er sich beruhigt hat. Es gab noch einige andere Gründe, die ich aber nicht erklären kann, aber einer von ihnen war das Treffen mit dir.«

»Hast du Attentate geplant?«, fragte ich Samir.

»Ich bin nicht so weit gegangen«, verteidigte er sich und versuchte, seine Zweifel wie ein Alibi vor mir auszubreiten, den Zwiespalt, der ihn an jenen Tagen fast zerrissen hat. »Ich habe meine Meinung nicht drastisch geändert. Aber ich müsste lügen, wenn ich sagen sollte, dass die Ereignisse mich nicht beeindruckt haben. Unsere ganze Generation, die an eine Koexistenz geglaubt hat, erhielt eine schallende Ohrfeige. Das Verhalten der israelischen Regierung und der Armee, die völlig unverhältnismäßig reagiert haben, gab den Anhängern von Verhandlungen einen schweren Schlag, also der Fraktion der PLO, die an Frieden und einen Dialog mit den Israelis geglaubt hat, während gegenüber die Falken der Hamas standen und die anderen, die an der Fortführung eines bewaffneten Widerstandes festhalten wollten.

»Unser Standpunkt wurde so sehr geschwächt, dass die PLO als Bewegung an der Intifada teilnehmen musste, um sich selbst zu schützen und ihre Glaubwürdigkeit zu bewahren. Wenn die PLO nicht an der Intifada teilgenommen hätte, gäbe es die PLO heute nicht mehr. Wir waren wie die palästinensische kommunistische Partei, ohne Einfluss und Macht, aber von der Idee eines Friedens beseelt, und die Hamas war die Partei, die das palästinensische Volk heute führt.«

Diese Entschuldigung führen alle Intifada-Führer im Mund. Die Älteren der PLO merkten in den ersten Monaten, wie die Führung vor Ort ihnen aus den Händen glitt und die Führer der Straße die Macht übernahmen. Die Hamas selbst saß ganze vier Monate abseits auf der Mauer und schaute den Ereignissen zu. Am Anfang sah es aus wie ein Volksaufstand, aber tatsächlich waren es Schießereien auf den Straßen und an den Kreuzungen, die hauptsächlich kriminelle Gruppen durchgeführt haben, Autodiebe, die sich in den Augen der anderen als nationale Beschützer aufspielten und nicht einfach nur als armselige Diebe gelten wollten.

Als jede Gruppe von Bewaffneten sich als Teil der Al-Akza-Brigaden ausgab, versuchte Samir Mashrahawi Ordnung unter den Streitenden herzustellen und organisierte tatsächlich die Bewaffneten der Al-Akza-Brigaden unter einem Dach, wie es Yassir Arafat gewünscht hat.

Sufyan Abu-Zaida: »Wir haben Erfahrung mit der vorigen Intifada, wir wussten, wenn das Durcheinander beginnt, wird jeder irgendeine kleine Einheit bilden, sich zum ›Gesuchten‹ erklären und anfangen, Attentate zu begehen. Um Ordnung zu schaffen, damit es nicht so wird wie bei der ersten Intifada, wurde beschlossen, dass wir von der PLO alle, die vor Ort ›aktiv‹ sind, organisieren. Der Beschluss wurde gefasst, um die Lage zu kontrollieren, wir wollten eine einheitliche Organisation gründen, damit nicht jeder selbst entscheiden konnte, dass er ein Krieger ist.«

Die allgemein anerkannten Talente Samirs wurden eingespannt, um zwischen den Gruppen zu vermitteln, damit sie nicht alles machten, was ihnen in den Sinn kam und die Dinge außer Kontrolle gerieten. Wegen dieser Tätigkeit wurde er zum Gesuchten. Sami fürchtete, dass Samir von der Vermittlungsarbeit in die Führung wechseln würde.

✳

Ich traf Abu Machmud, den Führer der Al-Akza-Brigaden. Als ich darum gebeten habe, ihn und die Truppen unter seiner Führung filmen zu dürfen, mobilisierte er innerhalb von wenigen Minuten Dutzende Bewaffnete, die auf ihn in einem Orangenhain in Bein Hanun gewartet hatten. Dort trainierten sie wie eine reguläre Armee. Sie führten Waffenübungen und einfache militärische Abläufe einer Schützeneinheit vor.

Abu Machmud ließ sich unvermummt filmen. »Eure Armee kennt mich sehr gut. Ich habe nichts, was ich verbergen könnte.« Und seine Soldaten führten jeden seiner Befehle mit großer Disziplin aus.

Er hatte sie alle in den Flüchtlingslager gesammelt, Jugendliche, die arbeitslos waren. Die Mobilisierung für die Armee der PLO, wie sie die Brigaden sahen, war für sie eine seltene Gelegenheit, der Tatenlosigkeit zu entfliehen und zu fühlen, dass sie einen wichtigen und ehrenvollen Anteil am neuen nationalen Kampf hatten. Die meisten von ihnen hatten höhere Schulen, auch Universitäten und andere Hochschulen besucht, waren Ingenieure oder Informatiker. Das Studium der Informatik war damals sehr populär in Gaza. In dem Gespräch, das sie mit mir führten, zeigten sie beeindruckende Kenntnisse in allen Lebensbereichen. Es gab eine gewaltige Diskrepanz zwischen dem Mann mit der Maske, der hohle Parolen über die Widerstandkraft der Brigaden von sich gibt, und den Worten, die sie mit unverhülltem Gesicht sagten, als sie aussahen wie jeder andere auch. Jemand sagte mir: »Ich habe die Wahl, ein Dieb zu sein oder ein Bewaffneter. Ein

Bewaffneter zu sein ist ehrenvoller, für mich und für meine Familie.«

Ihr Kommandeur Abu Machmud gab zu, dass die Mobilisierung seiner Soldaten begann, nachdem die Hamas ihre Macht im ganzen Streifen gezeigt hatte. Die Bewaffneten der As A-Din Al-Kassam »beherrschten« alle Beisetzungen der Märtyrer und patroullierten mit ihren Waffen in den Straßen. Als treuer PLO-Aktivist stellte er sich der Herausforderung, bevor es zu spät war. Nur zwei Jahre nach dem Ausbrechen der Intifada, als sie fühlten, dass ihre Macht zunahm und ihre gesellschaftliche Stellung gestärkt wurde, begannen sie mit Absprachen und einer Zusammenarbeit mit den anderen bewaffneten Organisationen, hauptsächlich den Brigaden der As A-Din Al-Kassam. Jedoch war die Intifada damals schon nicht mehr unter Kontrolle. Das Geschöpf triumphierte über den Schöpfer.

»Wir haben die Kontrolle verloren«, gab auch Samir Mashrahawi offen zu. »Wir haben die Ziele der Intifada nicht im Voraus festgelegt. Wollten wir einen Rückzug auf die Grenzen von 1967 oder eine Verbesserung bei den Verhandlungen mit Israel oder sogar die Übernahme der Ziele von einigen Organisationen, die am großen Ziel festhielten – der Befreiung ganz Palästinas, vom Meer bis zum Jordan?

Bei der PLO gab es ein ziemliches Durcheinander. Maruwan Bargutti zum Beispiel argumentierte, dass man Israel zwingen müsse, zu den Grenzen von 1967 zurückzukehren. Es gab andere, meiner Meinung nach Klügere, die von der Verbesserung der Verhandlungsbedingungen mit den Israelis sprachen. Wenn wir dieses Ziel akzeptiert hätten, hätten die Mittel der Intifada anders ausgesehen. Es bestand keine Notwendigkeit für Attentate in Tel Aviv und Jerusalem. Wir hätten den Volkscharakter der Intifada beibehalten sollen. So haben wir unsere wahre Stärke verloren, die in der öffentlichen Meinung der Welt sehr wichtig war. Wenn wir als Volk angesehen worden wären, das keine Waffen hat, schwach ist, das gegen eine mächtige Armee kämpft, mit all ihren Waffen, hätten wir mehr Sympathien gewonnen. Das hätte uns einen Vorteil verschafft. Aber das lag in der Verantwortung der Führung, die versagt hat.«

»Wenn du sagst ›Führung‹, meinst du dann Arafat?«

»Ja, das ist richtig. Abu Amar und die ganze politische Führung der PLO. Das war ihre Verantwortung. Wir hätten die Intifada nicht den Bewaffneten überlassen dürfen.«

Und in der Tat, die Auseinandersetzung über den Charakter der Intifada und das Gefühl, dass ihre Kontrolle ihnen aus den Händen glitt, artikulierten die PLO-Aktivisten immer wieder in den Sitzungen des Revolutionsrates der PLO in Gaza und in der Westbank. Diejenigen, die sich um die Zukunft Sorgen machten, sprachen über die Stärke der Macht, die auf die Bewaffneten der PLO übergegangen sei, aber hauptsächlich darüber, dass die Hamas die Intifada benütze, um ihre Interessen voranzutreiben.

Im Juli 2002, nach einer Serie von Attentaten im Parkhotel in Netanja und in dem Restaurant »Maza« in Haifa, bat Sami Abu Samhadana um die Erlaubnis, vor den Aktivisten reden zu dürfen.

»Ich denke«, sagte er, »dass die Hamas uns auf einen Weg zerrt, von dem es kein Zurück mehr gibt. Ich denke, dass diese Attentate mitten im Herzen der israelischen Bevölkerung ein Kriegsverbrechen sind.«

Aus dem Gebäude der PLO in Gaza gab es keine Reaktion. Sami Abu Samhadana nennt die Attentate der Hamas Kriegsverbrechen? »Ich meine das, was ich gesagt habe«, erklärte er. »Ich sage auch, dass die Aktivitäten eurer Armee in der Operation ›Schutzschild‹ und im Krieg in Jenin ebenfalls Kriegsverbrechen waren. Aber ich habe von unserer Seite gesprochen. Wir dürfen keine Attentate auf dem Gebiet von Israel begehen. Wir dürfen keine Zivilisten töten. Wir dürfen keine Kinder töten. Das dürfen wir nicht! Das dürfen wir nicht! Das muss klar sein, ich bin für bewaffneten Widerstand gegen eine Armee und Siedler, die auf meinem Land sitzen, aber die Ermordung von Kindern – das ist eine andere Geschichte. Das ist von meinem

Standpunkt aus – und ich habe keine Angst es zu sagen – ein Kriegsverbrechen.«

✳

Kurz vor dem Rückzug der Israelis habe ich Sami Abu Samhadana intensiv gesucht. Das war keine leichte Aufgabe, weil er die Nummer seines Handys alle zwei Wochen wechselt, aus Angst, dass der Geheimdienst ihn abhört oder sogar seine Bewegungen verfolgt, um ihn zu liquidieren. Bis seine Bekannte und Freunde mir die Nummer gaben, die sie gerade hatten, hatte er sie schon wieder geändert.

Schließlich hat er mich von sich aus angerufen und wie üblich fing er mit einer Frage an: »Wo bist du, Mensch?«

Das letzte Mal, als ich an seiner Seite saß, auf dem Höhepunkt der »Jagdsaison« im Mai 2004, hörten wir plötzlich den Lärm eines näher kommenden Hubschraubers. Sami wurde ganz blass und sprang mit einem Furcht erregenden Blick in seinen Augen von seinem Sitz. »Sie wissen, dass du hier bist?«, fragte er erschrocken.

»Wer?«, wunderte ich mich.

»Die Armee, der Geheimdienst. Bei euch. Wirklich, wissen sie dass du hier bist?«

Die Bekanntschaft zwischen uns dauert schon lange Jahre. Er öffnete sein Herz und seine Familie vor mir. Als aber der Lärm des Hubschraubers sich bedrohlich näherte, hatte er keinen Gott. Auch ich war in seinen Augen verdächtigt. Der Hubschrauber kam immer näher, es schien, als ob in einer Sekunde eine Rakete den Ort in Splitter zerfetzen würde. Es ist Sami gelungen, auch mich mit seiner Panik anzustecken. Aber dann flog der Hubschrauber an uns vorbei und verschwand. Niemals war das Geräusch eines sich entfernenden Hubschraubers so angenehm in meinen Ohren. Sami wischte sich den Schweiß aus dem Gesicht, nahm einen Schluck aus dem Wasserglas auf seinem Tisch und sagte kein Wort. Er war verlegen. Auch ich fühlte mich unwohl wegen der Schreckensminuten, mehr noch wegen des Verdachts.

Vielleicht wegen dieser Minuten gab er meiner Bitte nach und hat mich mit seinem Bruder in Verbindung gebracht. Jamal Abu Samhadana war der Kommandanten der »Volkskomitees«, einer bewaffneten radikalen Gruppe, die Kämpfer aufnahm, die die PLO, die Hamas, den islamischen Dschihad und die Volksfront verlassen oder dem früheren palästinensischen Sicherheitsdienst angehört und sich für die Intifada »gemeldet« hatten.

Ich kam auf dem Höhepunkt der »Jagdsaison« nach Rafah, sechs Wochen, nachdem Jamal einem Liquidierungsversuch entgangen war. Eine aus einem Hubschrauber abgeschossene Rakete verfehlte auf der Straße von Rafah nach Khan Yunis nur knapp den Wagen, in dem er saß. Ich betrat mit dem Kamerateam dasselbe Zimmer, in das mich Arafat Abu Shabak geführt hatte, der Knabe, der mich anlässlich meines ersten Besuches im Flüchtlingslager Shabora zwölf Jahren zuvor bei der Einfahrt nach Rafah in Empfang genommen hatte. Der Raum sah noch genauso aus, als ob die Zeit dort eingefroren war. Dieselben Stühle, derselbe alte Fernsehapparat, sogar dieselben Menschen, außer einem, der ruhig und in sich versunken in einer Ecke des Zimmers saß. Er trug eine Militärmütze, die seine Augen verdeckte. Seine großen Handflächen, die hervortretenden Muskeln – wie ein müder Arbeiter, der am Ende eines harten Arbeitstages nach Hause gekommen ist. Jamal Abu Samhadana sah zu alt aus, um ein Gesuchter zu sein, der im Untergrund lebt. Niemals hätte ich gedacht, dass das der Mensch ist, den Armee und Geheimdienst ununterbrochen suchten.

Er sieht seinem Bruder nicht ähnlich. Sami hat vor Jahren den Kampf zu Gunsten von Geschäften hinter sich gelassen, während er es noch nicht aufgegeben hat, vor Hubschraubern und Raketen zu fliehen und nach Verstecken zu suchen. Arafat bemerkte, dass ich den Mann betrachtete, der dort an der Seite saß, mit der Zigarette zwischen seinen Fingern in sich versunken, und sagte: »Das ist der Bruder von Sami.«

Dr. Sufyan Abu Zaida, Universität Exeter 2005

Die palästinensische Polizei fährt zum ersten Mal in Rafah ein, Mai 1994

Plötzlich regten sich Lebenszeichen auf Jamals unrasiertem Gesicht. Er schob die Mütze aus der Stirn und zeigte seine Augen. Ich setzte mich an seine Seite. Ich wusste nicht, was ich zum ihm sagen sollte. Was soll ich ihn denn fragen? Wie es ist, ein Gesuchter zu sein? Hast du keine Angst? Wen hast du heute getötet? Schließlich fragte ich, ob er nicht müde sei.

Jamal war überrascht von der Frage. Ein Lächeln breitete sich auf seinem Gesicht aus, ein Lächeln, das so unschuldig aussah wie das eines jungen Burschen, der verlegen wurde durch etwas, das ihn unerwartet getroffen hatte. Es schien, als hätte er kein Interesse an diesem »Schauspiel« mit dem israelischen Fernsehen. Offensichtlich machte er wegen der persönlichen Bitte seines Bruders mit.

»Sieh mal«, mischte sich Arafat ein und befreite ihn aus seiner Verlegenheit, »er darf an keinem Ort länger bleiben. Kommt, lasst uns hier schnell rausgehen.« Wir gingen in den Obstgarten. Dort warteten schon seine bewaffneten Soldaten, die Mitglieder der »Volkskomitees«, die unbegrenzt über die Enklave Rafah herrschten. Manchmal wird sie »die Enklave von Abu Samhadana« genannt, nach der mächtigsten Familie in der Stadt, aber hauptsächlich nach dem mächtigen Mann, der an meiner Seite ging.

Die meisten Schießereien und Attentate gegen die Stellungen der Armee entlang der Achse werden den Einheiten der »Volkskomitees« zugeschrieben, an deren Spitze Jamal steht, in Zusammenarbeit mit den Einheiten von As A-Din Al-Kassam und den Jerusalemer Truppen des islamischen Dschihad. Jamal Abu Samhadana schreibt man die Planung und Durchführung von zwei Höllenattentaten in Rafah zu. Das Attentat auf das gepanzerte Truppenfahrzeug, bei dem im Mai 2004 fünf Soldaten getötet wurden; und das Attentat im Tunnel nahe der israelisch-ägyptischen Grenze, bei dem fünf Soldaten im Dezember 2004 von einem beduinischen Spähtrupp getötet wurden.

Im Obstgarten setzte sich Jamal, schälte eine Orange, die er von einem der Bäume gepflückt hatte, und erzählte mir mit of-

fenem Gesicht die Geschichte seiner großen Familie, die sich
für den Kampf gegen Israel freiwillig gemeldet hatte – seit dem
ersten Tag der israelischen Besatzung des Gazastreifens im Juni
1967.

»Wir sind ursprünglich Beduinen aus Beer Shewa. Bis heute
wohnen dort meine Cousins, in Tel Arad und in der Nähe von
Omer. Wir emigrierten 1948 nach Rafah, und seitdem hörten
die Probleme nicht auf. Mein Vater wurde das erste Mal 1967
verhaftet, wurde in Sarafend verhört und anschließend wieder
freigelassen. 1970 wurde mein Vater wieder verhaftet, zusammen mit meinem älteren Bruder Hassan, der einer der ersten
Fedayin[9] war. Danach war mein Bruder Sagar an der Reihe,
der damals fünfzehn Jahre alt war. Im Jahre 1975 wurde er im
Libanonkrieg getötet. Danach wurden meine zwei Schwestern
Aida und Hitam verhaftet, danach Sami, danach ich, danach
Tarek, Gott sei mit ihm, danach verhafteten sie meine Mutter
und die Ehemänner meiner Schwestern. Tatsächlich wurden
alle verhaftet. Einundzwanzig Familienmitglieder wurden verhaftet. Mein Vater hatte einundzwanzig Kinder, Söhne und
Töchter, und manchmal waren nur drei von ihnen zu Hause.
Die anderen waren im Gefängnis oder sie flüchteten in ande-
re Länder – Katar, Saudi-Arabien, Lybien, Kanada, Amerika,
Deutschland – oder sie wurden getötet. Zwei meiner Brüder
sind Märtyrer, Sagar und Tarek.«

Sein Bruder Sami fügte seinen Teil noch hinzu: »Einmal
war ich in Untersuchungshaft, es fragte mich einer, den man
Nimer nannte. Er sagte zu mir: ›Sag, Sami, warum hasst du
uns so sehr?‹ Ich hatte eine solche Frage nicht erwartet. Ich
begann, ihm zu antworten, und stellte fest, dass ich ihn umso
mehr hasste, je mehr ich ihm antwortete. Ich fing an aufzuzählen: ›Ihr habt unser Haus zerstört, meinen Vater verhaftet,
meine Mutter und meine Schwestern verhaftet, meine Zukunft
zerstört.‹ Und so stellte ich fest, dass ich vom Privaten ins All-

---

9   Palästinensische Widerstandskämpfer.

gemeine gewechselt war, von ›du‹ zu ›ihr‹. ›Ihr habt mein Land
besetzt, mein Volk ...‹ und er sagte: ›Es reicht, ich habe verstanden.‹«

Am Ende dieser Unterhaltung, die mit Jamal im Obstgarten
gedreht wurde, beobachtete ich ihn, wie er einen Blick auf die
gewaltige Trennmauer der Philadelphia-Achse warf. Ich sagte zu
ihm: »Bald wird Israel hier rausgehen ...« Und noch bevor ich
den Satz beendet hatte, schluchzte er auf und bedeckte sein Gesicht mit seinen Händen. Als er verstand, dass er seine Tränen
nicht verstecken kann, ließ er sie ohne Scham fließen. Seine
Männer waren geschockt. Abu Ateja – das war sein Kampfna-
me – weinte. Vielleicht hatten sie noch nie den Härtesten von
allen in einem Augenblick der Schwäche gesehen. Er warf ihnen
einen Blick zu, lächelte verlegen und sagte: »Das ist Gottes Wil-
le.« Und wischte die Tränen ab wie ein sich schämender Junge.

Das war seltsam. In der Regel verstecken sich Bewaffnete hinter einer beängstigenden Maske und heben ihre Männlichkeit
hervor, ihren Mut und ihre Härte. Und ausgerechnet dieser
Mensch, der an Dutzenden und vielleicht sogar Hunderten von
Angriffen beteiligt war, der Angehörige meines Volkes getötet
hatte, vergoss Tränen vor mir. Ich wollte für ihn keine Empa-
thie empfinden. Fließende Tränen sind Zeichen eines empfind-
samen Moments, für den Weinenden und für den Zeugen. Es
war ein Moment, den ich nicht herbeigesehnt hatte. Tränen
eines Bewaffneten, es gibt keinen überraschenderen Gegensatz.

Einige Monate später – die Tränen waren in die ganze Welt
gesendet worden – kam bei einem Treffen mit seinem Bruder
Sami plötzlich Jamal ins Zimmer. Ich hatte ihn nicht erwartet.
Ich dachte, dass er sich noch immer wegen der Raketengefahr
in Rafah versteckte und dass er Angst hatte, seinen Kopf zu
zeigen. Aber im Sommer 2005 geriet die Intifada in eine Phase der Erwartung. Die bewaffneten Organisationen nannten
es »Taheida«, Beruhigung, und alle warteten ab, ob Israel sich
tatsächlich aus dem Gazastreifen zurückzog. Auch Jamal nahm

einen kurzen Urlaub, verließ Rafah für einige Zeit und schlenderte in Gaza umher. Hier stand er neben mir, mit demselben jugendlichen Lächeln, in einem blumigen Hemd, ohne Mütze. Er sah aus wie jemand, der den Krieg beendet und sich auf den Rückzug vorbereitet hatte. Samis Ehefrau, die in Soziologie promoviert hat, kam ins Zimmer. Das Thema ihrer Forschungsarbeit lautete: »Der Einfluss der Intifada auf den Stand und die Gesundheit der palästinensischen Frauen«. Als sie mich mit Jamal sah, sagte sie zu ihm: »Ich will dir die Wahrheit sagen: Ich habe es nicht gemocht, als du angefangen hast, vor Shlomis Kameras zu weinen. Du hättest dich beherrschen sollen. Du bist doch ein Mann, oder etwa nicht?«

Jamals versuchte sich zu verteidigen: »Das waren Tränen der Freude und des Sieges.«

»Ich weiß, du hast gesagt, dass wir zum Friedhof gehen und den Krieger sagen sollen, dass wir ihretwegen so weit gekommen sind. Aber wenn die Krieger Tränen vergießen, was sollen wir, die Frauen sagen? Wer soll unser Vorbild sein?«

»Ich muss dir was sagen«, unterbrach ich in ihr Gespräch.

»Tfadal, bitte sehr«, antwortete er.

»Als wir uns vor einigen Monaten trafen, habe ich meine Arbeit nicht ordentlich gemacht.«

Er sah mich überrascht an. »Ja«, sagte er. »Als du die Reportage gesendet hast, sah ich, dass neben dir jemand vom Geheimdienst saß. Sie wollten das ganze Material über mich?«

»Nein, nein, es gab niemanden vom Geheimdienst. Neben mir im Studio saß Amos Malka, der frühere Chef des Nachrichtendienstes. Aber das hat nichts damit zu tun. Ich habe meine Arbeit schlecht getan, weil ich damals nicht wusste, dass du beteiligt warst an dem Attentat in Gush Katif, bei dem die Familie Chatuel ermordet wurde, die Mutter und ihre vier Töchter. Tali war im achten Monat ihrer Schwangerschaft. Wie konntest du Kinder töten?«

Jamal ließ sich nicht verwirren. »Wenn ich gewusst hätte, wenn ich irgendeine Nachricht von der Einheit bekommen hätte, hätte ich sie daran gehindert, dieses Attentat auszuführen. Diese Kleinen waren ein Opfer. Wir wussten, dass das eine Straße ist, die von Siedlern und von der Armee benutzt wird. Wir haben dort militärische Ziele angegriffen. Sie wurden beschossen, bevor man sie überhaupt gesehen hat. Die Schabab[10] schossen und liefen. Als Erstes kam ein Wagen von CNN. Sie konnten einfach nicht wissen, dass es um Kinder ging. Ich bin sicher, sie wussten nicht, dass sie Kinder getötet hatten. Und ich will dir die Wahrheit sagen, Kinder töten ist keine männliche Tat. Als ich gehört habe, dass Kinder getötet wurden, habe ich mich geschämt.« Ich sah aber keine Trauer in seinen Augen. Sie blieben trocken. Und sogar das jugendliche Lächeln zeigte sich ohne Verlegenheit. Sami, sein Bruder, hatte bereits gesagt, dass in der Hektik des Kampfes Menschenleben billig sind und man darüber keine Tränen vergießt.

»Wie wirst du feiern?«, fragte ich Sami, bevor ich ging, weil ich nicht sicher war, ob ich ihn vor dem Rückzug noch sehen würde. Er würde sicher wieder seine Telefonnummern ändern.

»Bei der ersten Gelegenheit, bei der man aus Rafah raus kann, werde ich ins Ausland gehen. Ich bin der Erste, der dort ankommen wird. Wir werden nach Europa gehen, uns dort die Zeit vertreiben. Das wär's. Zeit vertreiben, Zeit vertreiben, Zeit vertreiben. Ich habe mindestens dreißig Tage und Nächte nötig. Besoffen. Verstehst du?«

In den stürmischen Tagen der Intifada hat Israel gegenüber Yassir Arafat und der palästinensischen Führung behauptet, dass sie nichts tue, um dem Terror Einhalt zu gebieten. Die palästinensischen Sicherheitsapparate haben die Bewaffneten der PLO und der Al-Akza-Brigaden gestoppt, haben aber nichts gegen

---

[10] Jugendliche Widerstandskämpfer.

die in Furcht erregender Weise wachsende Macht der Hamas-Bewegung getan. Als die Hamas mit dem Wiederaufbau ihres militärischen Arms begonnen hatte und ihre wachsende Stärke täglich vor dem Volk und aller Welt in den Straßen von Gaza demonstrierte, hofften die Führer der PLO im Gazastreifen, dass irgendwer sie aufhalten würde, sie auf ihren Platz stellte, denn schon im ersten Jahr der Intifada war es klar und deutlich, dass die Hamas die Führung und den Einfluss auf der Straße an sich zu reißen drohte. Der Grund für die PLO, die Tätigkeit der Hamas zu unterbinden, war nicht die Sorge um die Sicherheit der Israelis, sondern die viel größere Sorge um die dahin schmelzende Macht der gesamten PLO-Bewegung. Der Kampf gegen Israel war zwar ein bewaffneter nationaler Kampf, aber die Früchte dieses Kampfes waren in jeder Hinsicht politisch. Alle wussten, dass in dem Moment, da die Intifada beendet war und der Sturm vorüber, derjenige, der die politische Macht innehatte, alles gewinnen und auch die tatsächliche operative Macht besitzen würde. Aber alle Sicherheitsdienste, die die Bewaffneten oder diejenigen, die Attentate geplant hatten, stoppen sollten, wurden vollkommen aufgerieben. Die PLO-Führung konnte nichts dagegen unternehmen, selbst als sie merkte, dass die Hamas mit allen Mitteln versuchte, Chaos zu schaffen und sich an keine Vereinbarung mehr hielt, dass sie Selbstmordattentäter schickte in der Hoffnung und mit dem erklärten Willen, durch die Reaktion Israels die völlige Auflösung der palästinensischen Autonomiebehörde zu erreichen, ja vielleicht sogar die Liquidierung Yassir Arafats. Die Motivation war durchaus vorhanden, aber die Mittel nicht.

Zwölftausend Polizisten leisten ihren Dienst im Gazastreifen. Sie haben zweitausendsiebenhundert Waffen, die die Autonomiebehörde 1994 erhalten hat, als nach dem Oslo Abkommen die ersten Polizisten ihren Dienst aufnahmen. Seitdem hat Israel nicht gestattet, dass auch nur ein einziges Gewehr in das autonome Gebiet eingeführt wird. Auch in Phasen der Ruhe, vor dem Ausbruch der Intifada, hat Israel den palästinensischen Sicherheitsdiensten nicht erlaubt, sich besser zu bewaffnen und ihre alten Bestände zu modernisieren. Zu gleichen Zeit liefen die Kämpfer aller Organisationen mit den modernsten Waffen in den Straßen umher. Waffen aller Sorten und Arten, die durch die Tunnel in den Streifen eingeschmuggelt worden waren. Die Befürchtung Israels, dass die Waffen gegen die israelischen Soldaten gerichtet werden könnten, war berechtigt, allein das Resultat war, dass alle Organisationen, und an ihrer Spitze die Hamas, sich Waffen, Munition und Sprengstoff beschafft haben. Attentate wurden ohne Störungen weiterhin ausgeführt, und die palästinensischen Polizisten blieben bei ihrer schlechten und veralteten Bewaffnung, mit der sie in den Augen der Kämpfer in den Straßen zu Witzfiguren wurden.

Die Waffen, die sich im Lager der Autonomiebehörde befinden, sind seit mehr als zehn Jahren nicht gepflegt worden. Ein Teil davon kam mit den Palästinensern aus dem Libanon in den Streifen, Waffen also, die den Libanonkrieg überstanden hatten und im Vergleich zu den neuen Waffen, die die Kämpfer benutzten, wie archäologische Fundstücke aussahen. In der Basis der Polizeirekruten zeigte mir der Waffenoffizier die Waffenkammer und die Munition, die ihnen nach fast zwölf Jahren geblieben waren. »Wir lassen die Rekruten inzwischen nicht mehr mit echter Munition üben«, sagte er.

Man kann zwar davon ausgehen, dass es im Gazastreifen keinen jungen Mann gibt, der noch keine Erfahrung mit Waffen hat, und auch, dass es keinen gibt, der nicht schon außerhalb der Polizeiübungen Erfahrungen gesammelt hat. Aber unter diesen Bedingungen ist die immer wieder von den palästinensischen Behörden gestellte Forderung, die Hamas zu entwaffnen und ihre Mitglieder zu verhaften, nichts als ein Lippenbekenntnis für die israelische Öffentlichkeit.

Aber das war nicht der einzige Grund für die Tatenlosigkeit. Als Flugzeuge und Hubschrauber Gaza aus der Luft angegriffen haben, entstand allgemein der Eindruck, dass Israel alle angreift und keinen Unterschied macht zwischen Bewaffneten und Zivilisten, zwischen der PLO und der Hamas – alle waren ein leichtes Ziel zur Liquidierung. Wer würde es in einer solchen Lage wagen, einen Bewaffneten zu verhaften, der sich als Freiheitskämpfer ausgibt? Wer würde es wagen, sich der Gefahr auszusetzen, als Kollaborateur beschimpft zu werden, der für die Interessen Israels arbeite und die Not seines eigenen Volkes in einer solchen Lage vernachlässige?

Und in der Tat, nach kurzer Zeit blieb in Gaza kein Mensch mehr abseits des Kampfes. Wer sich nicht freiwillig bei der Hamas, dem islamischen Dschihad, den Kämpfern der PLO oder bei einer anderen kleinen Organisation meldete, unterstützte sie in anderer Form. Mit Ermutigung und Stärkung – nur um es den Israelis heimzuzahlen für ihre wahllosen Angriffe. Mit diesen Angriffen lieferten wir den bewaffneten Organisationen ein sicheres Alibi, eine Art Gütesiegel, das ihnen geholfen hat, in der öffentliche Meinung Palästinas zu bestehen, von der sie angeklagt worden waren, Attentate gegen unschuldige israelische Zivilisten durchzuführen. »Auch ihr greift Zivilisten an, auch ihr habt Kinder getötet.« Um die Wahrheit zu sagen, hatte ich darauf keine kluge Antwort.

Die Angriffe aus der Luft nahmen zu, auch die diversen Aktionen auf dem Boden forderten eine große Anzahl Toter und Verwundeter. Ein gewaltiger Schaden entstand für die gesamte Infrastruktur. Und parallel dazu wuchs die Zahl der Freiwilligen, die sich zum Kreis der Kämpfer meldeten. Der Gazastreifen wurde ein Zentrum des Machtkampfes. Nach Schätzungen gab es dort am Vorabend des israelischen Rückzugs mehr als fünfzigtausend Bewaffnete. Die Truppen der As A-Din Al-Kassam der Hamas, die Truppen der Al-Akza Gefallenen der PLO, der Jerusalem-Kompanie des islamischen Dschihad, die Volksfront mit Jamal Abu Samhadana an der Spitze, die Einheiten der Abu-Rish-Gefallenen und noch weitere kleine Gruppen – dazu noch alle möglichen kleinen Banden, die während der Intifada zu Einfluss gekommen waren, Sippen, die kleine Armeen führten –, alles in allem mehr als fünfzigtausend Kämpfer, die man nur sehr schwer entwaffnen konnte. Vielleicht wäre es sogar eine völlig unmögliche Aufgabe.

Eine der bewaffneten Sippen, die Familie Dogmush, versuchte sogar dem Kommandant der Sicherheitsdienste, Rashid Abu Shabach, zu zeigen, wer die Geschäfte im Gazastreifen kontrollierte, wer die wahre Macht hatte. Abu Shabach bestellte einen Familienangehörigen zu einer Verwarnung in das Büro des Sicherheitsdienstes in Gaza. Das Treffen platzte. Stattdessen kamen Dutzende bewaffnete Kämpfer, die das Feuer auf das Büro eröffneten. Eine weitere bewaffnete Gruppe derselben Sippe stellte sich neben dem Haus von Abu Shabach auf und begann, in dessen Richtung zu schießen. Erst nach achtundvierzig Stunden war das Scharmützel beendet und man saß bei einer Sulcha[11] zwischen der Familie Dogmush und dem Sicherheitsdienst über einer Tasse Kaffee. »Ihr dürft nicht die Arbeit des Sicherheitsdienstes behindern und wir werden euch nicht entwaffnen.«

Wenn Israel von Abu Mazen und der palästinensischen Führung verlangt hat, den Bewaffneten die Waffen wegzunehmen, wussten alle Entscheidungsträger bei der palästinensischen Autonomiebehörde und in Israel um diese Tatsachen. Abu Mazen kann die Bewaffneten nicht entwaffnen. Sogar sein Vorgänger Arafat, der eine breite Legitimation genoss, konnte die vielen Waffen aus den langen Jahren der Intifada nicht einsammeln lassen. Der Golem erhebt sich über seinen Schöpfer und hält ihn an der Gurgel gepackt. Die Forderung an Abu Mazen und die palästinensische Verwaltung ist realitätsfern, und sie wird dennoch immer wieder vor jedem Schritt, der als israelischer Verzicht gedeutet werden kann, als leere Worthülse in den Raum gestellt, auch zur Beruhigung der öffentlichen Meinung in Israel.

Abu Mazen ist daran interessiert, die enorme Bewaffnung und die Anarchie, die diese Bewaffnung fördert, zu unterbin-

---

[11] Versöhnung.

den, um seine Regierung zu stärken und die Machtzentren in seine Hände zu verlagern. Aber mit zweitausendsiebenhundert armseligen Gewehren weiß er, dass er eine Armee von fünfzigtausend Bewaffneten, die vom Krieg lebt, nicht besiegen kann.

Bei einem Treffen mit Ministerpräsident Ariel Sharon am 21. Juli 2005, zwei Monate vor dem Rückzug, bat Abu Mazen, die palästinensische Polizei mit Gewehren und Munition auszurüsten. Die Bitte wurde abschlägig beschieden.

Abu Mazen sagte zu Sharon: »Wir benötigen eine bessere Ausrüstung. Ich weiß, dass du befürchtest, dass Waffen, die ausgehändigt werden, gegen euch verwendet werden, aber das, was war, ist nicht das, was sein wird.«

Und Sharon entgegnete: »In der Politik ist Pluralismus wichtig. Aber eine politische Instanz, die Waffen besitzt, ist nicht erwünscht.« Und er fasste zusammen: »Ihr seid stärker, als ihr denkt. Jedesmal sagt ihr, dass ihr schwach seid, und bringt uns dazu, Dinge zu tun, die wir nicht wollen.«

Beide Seiten, die Palästinenser wie die Israelis, richten sich hauptsächlich nach innenpolitischen Beweggründen. Es geht darum, die öffentliche Meinung zufrieden zu stellen, das eigene Ego und die nationale Ehre, denn keiner will der Unterlegene sein.

Kapitel 10

Bereitet euch auf die Kassamraketen vor

»Bevor wir dorthin fahren, muss ich etwas erzählen«, sagte er und schwieg für eine Minute, suchte einen Weg und Worte, mir ein Geheimnis zu erzählen, dass er bewahrte.

Es war unser erstes Treffen nach langer Zeit. Wir saßen uns gegenüber und eine große Verlegenheit überdeckte die Freundschaft, die einmal gewesen war und von der nichts mehr übrig blieb. Mehr als fünf Jahre war er mein Kameramann. Zusammen erlebten wir die Tage des Armeerrückzugs aus Gaza und zusammen schufen wir eine fruchtbare israelisch-palästinensische Dokumentation, die Tausende von Bildern der neuen Struktur der palästinensischen Autonomie zeigte, die vor unseren Augen entstand und korrumpiert worden ist. Als die zweite Intifada ausgebrochen war und ich zurückgekehrt bin, um über das Geschehen in Gaza zu berichten, rief ich ihn an und schlug ihm vor, wieder mit mir zu arbeiten. Er weigerte sich jedoch. Im Frühjahr 2002 führte die Armee in Jenin die Operation »Schutzschild« durch und ich plante, für die zweite Runde der Intifada nach Gaza zurückzukehren.

»Ich arbeite nicht für das israelische Fernsehen«, sagte er, und noch bevor ich seine Worte kapiert hatte, legte er den Hörer auf. Kurze Zeit vor dieser Unterhaltung drehte er für eine ausländische Fernsehgesellschaft einen Schusswechsel zwischen bewaffneten Palästinensern und Soldaten der Armee an der

Gush-Katif-Kreuzung. Das Schlachtfeld wurde immer größer und erreichte schließlich die Stelle, wo er seinen neuen Jeep geparkt hatte. Ein Hubschrauber der Armee schoss eine Rakete ab und zerstörte den Jeep völlig und damit das Wenige, was von unserer Freundschaft noch übrig war. Ich war sehr verärgert über ihn. Nun gut, unsere gemeinsame Arbeit und langjährige Freundschaft warern durch eine mörderische Intifada zerstört worden, aber hatte er denn auch vergessen, dass ich Gott und die Welt auf den Kopf gestellt hatte, um ihn zur Behandlung in ein Krankenhaus in Israel zu bringen, als er an einer Herzkrankheit litt? Hat er denn meine große Sorge um seine Gesundheit vergessen?

Nach einigen Monaten hat er angerufen, um sich zu entschuldigen und zu erklären, dass er nicht mich persönlich meinte, sondern die Tatsache, dass er sich in der augenblicklichen Situation nicht erlauben kann, mit einem israelischen Journalisten zusammenzuarbeiten. Die Tage waren nicht mehr euphorisch wie einst. Jede Ecke wird jetzt von Wellen von Hass überspült. Ich sagte ihm, dass ich seine Entschuldigung akzeptiere, aber eigentlich konnte ich ihm nicht wirklich vergeben. Als ich ihn nach mehr als drei Jahren besuchte und darum bat, zu seinem Cousin Adnan Al-Rul mitgenommen zu werden, dem Erfinder und Entwickler der Kassamraketen, war er sofort einverstanden und ergriff die Gelegenheit, um ein Unrecht wiedergutzumachen.

»Ich möchte die Persönlichkeit des Mannes aufzeichnen, dessen schreckliches Vermächtnis immer noch über Sderot schwebt«, erklärte ich.

»Ich werde niemals vergessen, dass du dich um mich gekümmert hast, als ich am Herzen erkrankt bin«, antwortete er und ich habe nichts hinzugefügt.

Er trank aus seiner Kaffeetasse, und als er die Tasse auf dem Tisch abgestellt hatte, zeigte er auf ein großes Bild, das seitlich von seinem Schreibtisch an der Wand hing. »Jetzt kann ich es dir sagen, du hast Adnan schon gesehen.«

Ich prüfte sorgfältig das Bild, eines dieser Bilder, die man als Erinnerung an die Märtyrer anfertigt. Am Rand wurden die Bilder von Scheich Achmed Yassin und Abd Al-Asis Rantisi eingefügt, im Zentrum des Bildes war Adnan Al-Rul zu sehen, und an seiner Seite seine beiden Söhne und sein Neffe, die bei Verfolgungsjagden auf ihn getötet worden waren.

Ich war nicht sehr überrascht von der Eröffnung. Ich nahm an, dass wir im Lauf der Jahre, in denen ich immer wieder in seinem Haus zu Besuch war, in denen wir in den Straßen herumliefen, Demonstrationen sahen und über stürmische Beisetzungen berichteten, sicherlich auch Adnan Al-Rul getroffen haben. Vielleicht hat er auch mir die Hand gedrückt, als er die Hand seines Cousins schüttelte, und ich habe nur nicht gewusst, dass er das ist. So sehr achtete einer der von den Israelis meistgesuchten Menschen auf seine Anonymität und sein Geheimnis.

»So wirst du ihn nicht erkennen.« Er zeigte wieder auf das Bild. »Damals sah er anders aus. Du hast ihn gesehen, bevor er vergiftet wurde.«

»Vergiftet?«, fragte ich.

»Was, du hast nicht gewusst, dass er vergiftet wurde?«

Nein, ich habe nicht gewusst, dass er vergiftet wurde, und habe mich an sein Gesicht nicht erinnert. Auf dem Bild sah man einen Mann von etwa fünfzig Jahren, mit beginnender Glatze. Er ähnelte eher einem Bankangestellten oder einem Freiberufler als einem Gesuchten, dem Kopf hinter Hunderten von Attentaten und der Entwicklung von Kampfmitteln, die noch heute bei den Brigaden der As A-Din Al-Kassam vorhanden sind. Zu Recht wurde er der »Nachfolger von Jichje Hiash[12]« genannt. Nach dem dritten – erfolgreichen – Versuch, ihn zu liquidieren, schrieb die Armee Folgendes über seine Taten:

Seine Talente bei der Herstellung von Sprengeinrichtungen wurden genutzt, um Attentate in Israel auszuführen. So wird ihm die

---

[12] Ein Bombenbauer, den die Israelis liquidiert haben.

Attentate, die Israel erschüttert haben. Aber mehr als alles wurde der Name Adnan Al-Ruls von der Hamas hochgehalten, weil
er derjenige war, der die befestigten Grenzen von Gaza mit der
Entwicklung der Kassamrakete durchbrochen hatte, die nicht
nur einmal die »Rakete von Adnan« genannt worden ist.

»Wann habe ich ihn getroffen?«, habe ich schließlich gefragt.

»Kannst du dich an Abu Hussa erinnern?«

Ja, ich konnte mich an Abd Rabu Abu Hussa erinnern.
Am 9. Oktober 1994 waren wir unterwegs, um eine Einheit
der Hamas zu filmen, die sich in einem Orangenhain in Gaza
versteckt und dort trainiert hatte. Abu Hussa war beteiligt an
der Planung, Entführung und Ermordung der Soldaten Awi
Sassportas und Ilan Saadon. Das waren die ersten militärischen
Aktionen der Hamas, zu Beginn ihres Bestehens unter der Führung von Scheich Achmed Yassin. Awi Sassportas war der erste
israelische Soldat, der durch eine der As-A-Din-Al-Kassam-Brigaden verschleppt wurde. Er wurde am 16. Februar 1989 an
der Hodija-Kreuzung entführt, in der Nähe des Gazastreifens.
Seine Leiche wurde nach drei Monaten entdeckt. Ilan Saadon
wurde drei Monate später entführt und seine Leiche wurde
nach vielen Mühen erst nach sieben Jahren gefunden. Sieben
Jahre Nachforschungen. Nach der Entführung und Ermordung
der beiden Soldaten wurde Scheich Achmed Yassir verhaftet
und wegen der Erteilung des Befehls angeklagt. Er wurde zu
lebenslänglicher Haft verurteilt. In seiner Zelle im Gefängnis
von Ashkelon hat er immer wieder behauptet, dass er nicht
wisse, wo die Leiche begraben worden sei. Saadons Mutter bat
damals die Gefängnissverwaltung, dass man es ihr ermöglichen
solle, an Yassirs Herz zu appellieren, damit er die Lage des Gra-

bes verriet. Sie glaubte, dass ihr Flehen ihn erweichen würde, konnte aber kein einziges Wort aus ihm herausbringen. Yassin versprach lediglich, er werde versuchen, die Sache zu klären.

Als wir die Abu Hussas Orangenplantage erreichten, habe ich ihn damals gefragt, ob er den Schmerz einer Mutter verstehen könne, die ihren einzigen Sohn begraben möchte. Ich habe ihm erzählt, dass ich im Haus der Mutter gewesen sei, die nur noch für den Augenblick lebte, in dem sie ihren Sohn begraben konnte. Abu Hussa behauptete aber fest, dass er nicht wisse, wo Saadon verscharrt wurde.

»Glaub mir«, sagte er, »wir haben keinen Grund, dieses Wissen geheim zu halten. Die Mitglieder der Einheit, die Ilan getötet haben, sind nach Ägypten geflohen und kein Mensch hat mit ihnen noch Kontakt.«

Danach veranstaltete Abu Hussa mit seinen Männern eine Waffenübung vor laufender Kamera und wir fuhren davon mit einer Dokumentation über eine Einheit der As A-Din Al-Kassam in ihren Anfängen, bevor der militärische Arm der Hamas die Herrschaft über die gesamte Bewegung an sich gerissen hat und ihre weiteren Wege und Taten bestimmte.

Als ich mich mit der Diskette des Interviews mit Abu Hussa auf dem Weg nach Jerusalem befand, kam die erste Nachricht über die Entführung des Soldaten Nachschon Waksmann. Die Nachrichtenagentur Reuters in Gaza hatte eine Videoaufzeichnung erhalten, die Waksmann und hinter ihm Bewaffnete der Hamas zeigte. Waksmann sagte mit zittriger Stimme: »Die Jungs von der Hamas haben mich entführt.«

Die Entführer haben die Diskette absichtlich dort abgeliefert, damit man in Israel glaubte, er würde als Geisel in Gaza festgehalten.

Das Interview, das ich mit Abu Hussa gemacht hatte, wurde noch am selben Abend gesendet. Als Reaktion auf die Sendung wurde in einer Kabinettssitzung Kritik geäußert: wieso ich zu Abu Hussa gehen konnte, während Armee und Geheimdienst es nicht schafften, ihn zu verhaften. Abu Hussa und seine Leute waren überzeugt, dass ich in meiner Überheblichkeit ihre Nicht-Liquidation der Armee zum Vorwurf gemacht hätte.

Zwei Tage danach, während des Sturms um die Entführung von Waksmann, fuhren wir wieder zur Orangenplantage von Abu Hussa. Diesmal hatte sich uns ein Mitfahrer angeschlossen. Es war der Cousin. Er saß auf dem Vordersitz des roten Subaru. Ein Messer schaute aus seiner Hose hervor. Erst jetzt, mit einem Abstand von mehr als zehn Jahren, erzählte mir Maruwan, wer er wirklich war, und nannte den Grund für sein Kommen.

»Abu Hussa und seine Freunde waren verärgert, dass du während der Sendung gesagt hast, wieso die Armee sie nicht liquidiert hat, und erwarteten dich, um mit dir abzurechnen. Adnan Al-Rul kam mit uns, um Abu Hussa und seine Freunde zu warnen, dass sie ein Problem mit ihm haben würden, wenn sie dich anrühren.«

Ich erinnerte mich an Abu Hussa, wie er neben einem kleinen Feuer hockte, eingehüllt in einen grauen Mantel und mit der Zubereitung von Kaffee beschäftigt. Um ihn herum standen seine bewaffneten »Untertanen«. Als wir an der Lichtung der Plantage angekommen waren, ging Adnan ein Stück voraus und wir folgten ihm. Abu Hussa und der Cousin umarmten sich. Nachdem sie einen Schluck von dem Kaffee getrunken hatten, den Abu Hussa zubereitet hatte, entfernten die beiden sich zu einem Gespräch. Als sie zurückkamen, sagte Abu Hussa zu mir: »Malish, alles in Ordnung.«

Heute verstehe ich, dass »alles in Ordnung« bedeutet hat: Verzeihung und Begnadigung. Wieso habe ich es damals nicht verstanden?

Ich stellte die Kaffeetasse zur Seite und betrachtete noch einmal das Bild der Märtyrer mit Adnan in der Mitte. Ich schwieg. Was sollte ich sagen? Zugeben, dass Adnan, der für den Mord an Hunderten von Israelis verantwortlich war, womöglich mein Leben gerettet hat?

»Jetzt will ich dir etwas erzählen, was ich dir damals nicht gesagt habe«, sagte ich und berichtete ihm von dem Dilemma, das mich damals beschäftigte. Die Sekretärin des Direktors der Rundfunkanstalt, Motti Kirschenbaum, rief mich nach der Sendung an und sagte mir, dass der Sicherheitsdienst sich dort gemeldet und gefragt habe, ob ich bereit wäre, Fragen nach dem Aufenthaltsort von Abu Hussa zu beantworten. So wurde Abu Hussa zu einer geschützten journalistischen Quelle und ich – zu einem Journalisten, dessen Moral die Prüfung bestanden hatte, der nicht bereit war, bei der Befreiung eines entführten Soldaten mitzuwirken. Das war ein unerträgliches Dilemma. Ich wusste, dass ich mein Leben in Gefahr brächte, wenn ich ihnen Informationen lieferte, weil man mich dann als Mitarbeiter des Sicherheitsdienstes ansehen würde, der das Vertrauen, das man ihm entgegenbrachte, missbrauchte. Andererseits war vielleicht jede kleinste Information das Ende eines Fadens, der zu dem Ort führen konnte, an dem Waksmann versteckt wurde, den seine Entführer mit Mord bedrohten, falls Israel ihre Forderung nach der Befreiung von Gefangenen nicht erfüllte. Meine Antwort war, dass es nicht meine Aufgabe sei, der Armee, der Polizei oder dem Geheimdienst Informationen weiterzugeben. Es ist nicht die Aufgabe eines Journalisten. Wenn der Geheimdienst und der Sicherheitsdienst und andere überzeugt waren, dass Abu Hussa irgendwie mit Waksmanns Entführung zu tun hatte, waren sie durchaus in der Lage, ihn auch ohne mich zu finden. Am Ende der Befreiungsaktion in Bir Nabbala stellte sich heraus, dass Abu Hussa tatsächlich mit der Entführung von Nachschon Waksmann nichts zu tun hatte, was meinen schweren inneren Konflikt in ein ganz anderes Licht stellte.

Am Samstagabend, genau um acht Uhr, dem Zeitpunkt, zu dem das Ultimatum ablief, das die Entführer von Waksmann gestellt hatten, stand ich auf dem Dach des Hotels Palestine in Gaza und bereitete mich auf eine Live-Übertragung vor. Neben mir stand Achmad Tibi und hatte die Botschaft verkündet, dass man sich über die Verlängerung des Ultimatums geeinigt habe. Als diese Nachricht über die Verlängerung des Ultimatums gesendet wurde, war Nachschon Waksmann schon nicht mehr am Leben. Seine Entführer hatten ihn während der missglückten Befreiungsaktion der Eliteeinheit Sajeret Matkal getötet. Jahrelang überlegte ich, woher das Wissen um die Verlängerung des Ultimatums gekommen war? Nach den Informationen, die veröffentlicht wurden, waren die Entführer von Waksmann in Bir Nabbala vollkommen von der Welt abgeschnitten, ohne jegliche Kommunikation, damit man ihr Versteck nicht findet. Achmed Tibi und das Knessetmitglied Talab Al-Sana kamen zwar nach Gaza, führten aber ihre Gespräche mit Mahmud A-Zahar vor den Augen der Fernsehkameras, was in meinen Augen sinnlos und nicht ernst gemeint aussah. Wenn A-Zahar irgendeine Information oder Verbindung zur Entführung hatte, wäre er sicherlich nicht so vor die Kameras aus der ganzen Welt getreten.

Jamal Abu Samadana, heute der älteste Gesuchte im Gazastreifen, der Kommandeur der Volksfront, sagte mir später:

»Ich werde dir ein Geheimnis verraten. Die Entführer waren in der Westbank, aber die Führung der Hamas handelte damals von Gaza aus. Mich schickte der palästinensische Sicherheitsdienst, der unter der Führung von Mohammed Dahlan stand, um sie zu überzeugen, Waksmann freizulassen und ihm nichts anzutun. Die, die mich sehr gut kannten, sahen ein, dass Israel keine Gefangenen freilassen würde, und suchten einen Ausweg, die Sache zu beenden. Aber dann wurden sie von der dilettantischen Aktion der Armee überrascht.«

»Wie war die Verbindung zu den Entführern, wenn das Ultimatum tatsächlich verlängert worden wäre?«, fragte ich.

Jamal lächelte über die naive Frage. »Es gab Fernsehen. Alles war im Fernsehen und sie haben es gesehen.«

Auch Abd Al-Ptach Al-Sitri, der damals einer von den Führern des militärischen Arm der Hamas war, behauptet, dass es eine Entscheidung gab, Waksmann nicht zu töten, auch wenn das Ultimatum verstreichen sollte.

Man muss natürlich diese Informationen mit Vorsicht genießen und mit viel Abstand auf sich wirken lassen, aber Tatsache ist, dass nach der Ermordung von Waksmann die Hamas auf das Druckmittel des »Entführens und Verhandelns« verzichtet hat, weil ihre Anführer und die Kommandeure des militärischen Arms der Partei endlich begriffen hatten, dass Israel seine unnachgiebige Politik, im Fall einer Entführung mit einem Ultimatum niemals nachzugeben, beibehalten würde.

Als die Nachricht über die Ermordung Waksmanns durch seine Entführer bekannt wurde, stellte sich heraus, dass einer der drei Täter der Bruder meines Freundes Ahmed Jadallah war, einem Fotoreporter der Nachrichtenagentur Reuters. Ich habe mit ihm niemals darüber gesprochen. Ich hätte eine Million Fragen über die Umstände der Entführung, die das ganze Land erregt hat und als Trauma im kollektiven Gedächtnis Israels geblieben ist. Aber wie fragt man einen Freund über seinen Bruder, den Terroristen?

Nach elf Jahren habe ich es dann doch gewagt. Vielleicht war der Schmerz stumpf geworden, vielleicht waren wir nach Tausenden von Toten und Verletzten auf beiden Seiten immun geworden, hatten uns daran gewöhnt, waren erwachsener geworden, und vielleicht versuchten wir beide die Wurzeln der Dinge zu finden, die uns so weit gebracht hatten.

Und er erzählte:

»Mein Bruder Salach ist der zweite Märtyrer in unserer Familie. In der ersten Intifada schleuderte er zusammen mit meinem Bruder Jabar Steine auf eine Patrouille der Armee im Vorort Scheich Raduwan. Die Soldaten haben auf sie geschossen und Jabar wurde am Bein verletzt. Salach hat ihn aufgehoben und ist mit ihm auf den Armen weggelaufen. Die Soldaten haben sie verfolgt. Salach war gezwungen, Jabar abzulegen und sich zu verstecken. Er beobachtete seinen Bruder und die Soldaten, die bei ihm standen, ohne Hilfe zu leisten, sah, wie er langsam verblutet ist. Wenn man ihm nur einen Druckverband angelegt hätte, wenn man versucht hätte, die Blutung zu stillen, hätte er überlebt. Aber er starb. Auch Salach starb mit ihm. Seit er gesehen hat, wie sein Bruder vor seinen Augen im Sterben lag, hat er sich verändert. Man konnte mit ihm nicht mehr reden. Er fühlte sich für Jabars Tod verantwortlich. Er hat sich niemals verziehen, dass er ihn nicht retten konnte.

Monate, bevor Waksmann entführt wurde, kam Salach eines Tages nach Hause und verkündete: ›Das war's, seit heute bin ich ein Gesuchter.‹ Und das war es auch. Er verließ das Haus. Meine Mutter weinte bitterlich, flehte ihn an, dass er bleiben solle. ›Es reicht, dass Jabar gestorben ist‹, sagte sie zu ihm. ›Ich will nicht, dass auch du stirbst.‹ Aber er war entschlossen. Und so hörten wir zwei Monate nichts von ihm. Wir dachten, dass er nach Ägypten geflohen war, wie alle anderen Gesuchten. Als Nachschon Waksmann entführt wurde, kam eine Diskette der Entführer zu Reuters. Obwohl die Entführer vermummt waren, habe ich Salach sofort erkannt. Seine Stimme, das Hemd, das er liebte – ich wusste, dass er es ist. Am selben Tag hat man mich und meinen Vater verhaftet. Die palästinensische Polizei kam in unser Haus und hat uns verhört. Aber wir haben natürlich nichts gewusst.«

Ich sah Achmed nach der Ermordung von Waksmann – peinlich berührt senkte er seinen Blick.

»Eines Tages kamen trauernde israelische Familien im Rahmen des Projektes ›Volk zu Volk‹ (People to People) nach Gaza, zu einem Versöhnungstreffen zwischen Israelis und Palästinensern. Ich wartete im Al-Wawacha-Saal, wo das Treffen stattfinden sollte. Ich hatte geplant, es für meine Arbeit zu fotografieren. Einer meiner Freunde rief an und sagte, ›Achmed, lauf weg! Lauf schnell weg! Der Vater von Nachschon Waksmann ist mit der Delegation auf dem Weg, lauf weg, damit er dich nicht sieht und tötet.‹ Ich beschloss zu bleiben. Zu bleiben und mich der Realität zu stellen.

Als sie kamen, stand ich in der zweiten Reihe, damit er mich nicht sieht und ich ihn nicht sehe, damit unsere Augen sich nicht treffen. Aber nach und nach begann ich, verstohlene Blicke auf ihn zu werfen. Den Vater des Soldaten sehen, den mein

Bruder entführt hat. Schließlich geschah das Unvermeidliche, man hat uns miteinander bekannt gemacht. Yehuda Waksmann sagte zu mir, ›Nachdem mein Sohn ermordet worden war, wollte ich meinen zweiten Sohn schicken, um dich zu töten. Ich wollte unbedingt Rache. Aber dann dachte ich‹, sagte Waksmann, ›dass dann der Sohn von Achmed kommen wird, um mich und meinen Sohn zu ermorden – wie ein Schneeball aus Blut. Und so habe ich davon abgelassen.‹« Achmeds Augen waren feucht, als er von dieser Begegnung erzählte. Sie tauschten Telefonnummern und hielten auch danach den Kontakt zueinander.

»Ich sagte zu Waksmann – und die Worte habe ich heute noch im Kopf: ›Das war früher. Jetzt muss man in die Zukunft blicken. Auch die Zukunft ist wichtig.‹«

Die Zukunft hielt für Achmed noch die schwerste Herausforderung seines Lebens bereit. Als er im Winter 2003 im Flüchtlingslager Djaballija fotografierte, landete eine Panzergranate wenige Meter von ihm entfernt. Vierzehn Palästinenser starben, Achmed wurde lebensgefährlich verletzt:

»Ich sah die Granate auf mich zukommen. Ein Riesenloch wurde neben mir gerissen und ich sah die Menschen um mich herum umfallen. Ich werde nicht vergessen, wie alle anfingen zu zappeln. Weißt du, wenn man ein Huhn schlachtet, zappelt es eine Minute lang so, ehe es stirbt. Mir ging's genauso. Ich verabschiedete mich in Gedanken von meiner Frau und meiner Tochter, und eine Sekunde, bevor ich das Bewusstsein verlor, erinnerte ich mich an den Reporter, der in Afrika verwundet wurde und zwei seiner Freunde getötet wurden. Er fotografierte sich selbst, wie er verwundet am Boden lag. Mit dem letzten Rest meiner Kräfte hob ich die Kamera und fotografierte die Hölle. Das war das Foto meines Lebens.«

Das Foto von Achmed wurde als eins der besten Pressefotos aus dem Jahr 2003 mit dem World Press Photo Award ausgezeichnet. Als er lebensgefährlich verletzt im Krankenhaus lag, wurde Achmed in der ganzen Welt als einer der besten Fotoreporter berühmt. Er wurde im Hadassa-Krankenhaus in Ein Kerem behandelt, nachdem die Nachrichtenagentur Reuters gedrängt hatte, ihn in ein Krankenhaus in Israel zu überführen, trotz des Widerstands des Sicherheitsdiensts, der seine familiäre Herkunft nicht vergessen konnte.

»Ich öffnete meine Augen und sah die israelischen Ärzte um mich herum. Das war seltsam. Ich war allein, alle redeten Hebräisch. Nach der Operation legte man mich in ein Mehrbettzimmer. Neben mir lagen ein Soldat, der bei einem Attentat der Hamas in Hebron verletzt worden war, ein Siedler aus Kirjat Arba, der beim selben Attentat verletzt wurde, und ein älterer Jude mit Bart aus Amerika, der sein Bein gebrochen hatte – wir alle in einem Zimmer. Am ersten Tag hat jeder vor jedem Angst gehabt. Keiner hat gesprochen. Wir haben höchstens einander mit den Augen zugezwinkert, mit einer Kopfbewegung. Nicht mehr. Später sind wir dann morgens aufgewacht mit: › Sabach al-Chir,‹»Marchaba‹, ›Shalom.‹

Als erster genas der Siedler. Nach einigen Tagen konnte er vom Bett aufstehen und kam zu meinem Bett. Irgendwann hat er mir dann sogar Tee gemacht. Gab mir zu trinken. Es kamen seine Freunde, die Siedler aus Hebron, und er hat mich ihnen vorgestellt. Wir fingen an, uns anzufreunden. Wir haben die dicke und gepanzerte Mauer zwischen uns zum Einsturz gebracht, die stärkste Mauer von allen, die seelische Mauer.

Es kam schließlich so weit, dass seine Mutter gekommen ist und mir etwas zu essen mitbrachte, mir half, mich im Bett aufzusetzen und zu essen. Wir haben sogar Spaß gemacht. Ich pflegte zu ihm zu sagen: ›Was hast du in Hebron zu suchen? Bist du verrückt? Du hast Tel Aviv und du kapselst dich dort ab? Aber wenn du darauf bestehst‹, habe ich zu ihm gesagt, ›dann nimm doch Hebron und ich werde mich freuen, nach Tel Aviv zu gehen.‹

Wir wurden sehr gute Freunde. Und der verwundete Soldat sagte zu mir: ›Es reicht, ich habe es mir überlegt. Ich will nicht mehr in den besetzten Gebieten dienen, ich habe dort nichts zu suchen und soll mit Araber wie dir kämpfen.‹ Ich sagte ihnen: ›Guckt uns an, Freunde, trotz des Schmerzes und des Leides von jedem von uns haben wir eine gemeinsame Sprache gefunden. Ist es logisch, das wir sie draußen nicht finden können?‹«

Aber draußen herrschte eine andere Sprache. Nach zweieinhalb Wochen im Hadassa-Krankenhaus finanzierte Reuters eine Reha in London. »Die Israelis waren nicht einverstanden, dass ich über den Flughafen Ben-Gurion ausreise. Reuters schlug vor, einen Hubschrauber am Hadassa-Krankenhaus landen zu lassen, der mich nach Jordanien fliegen sollte und von dort nach London. Schließlich fand man einen Kompromiss. Mitarbeiter des Sicherheitsdienstes haben mich zum Flughafen begleitet. Ich saß in einem Rollstuhl, mein ganzer Körper voll mit Schläuchen und Eisen. Am Flughafen bestanden sie darauf, eine Leibesvisitation durchzuführen. Sie wollten sogar den Rollstuhl untersuchen. Sie haben versucht, mich hochzuheben, aber der Schmerz war grauenhaft. Ich fing an zu schreien. Einer der Burschen des Sicherheitsdienstes ging dazwischen. ›Das ist unmenschlich‹, sagte er zu ihnen. ›Was wollt ihr denn finden? Das ist ein Rollstuhl aus Hadassa. Es steht drauf: Hadassa. Ich bin jedenfalls nicht bereit, das zu tun‹, stellte er fest. Und er hat mich auch tatsächlich nicht durchsucht. Ich werde nicht vergessen, wie er sich dafür eingesetzt hat, dass man mir nicht weh tut. Auch in hundert Jahren werde ich mich an sein Gesicht und seine Stimme erinnern. Schließlich kamen zwei von ihnen und hoben mich hoch, um mich zu durchsuchen. Der Bursche vom Sicherheitsdienst sah mich voller Mitleid an und sagte die ganze Zeit: ›Fuck, fuck.‹«

»Du hast dich verändert«, sagte ich. Ich sah die innere Ruhe, die ihn durchdrang, den klugen Gesichtsausdruck, den man erst mit langjähriger Erfahrung erreicht.

»Natürlich habe ich mich verändert. Ich bin älter geworden, klüger. Ich habe den Sinn des Lebens verstanden.«

Ahmed Jadallah wurde zum Leiter der Abteilung Nahost bei der Nachrichtenagentur Reuters ernannt. Wenn Israel sich aus Gaza zurückzieht, wird auch er zu seinem neuen Büro in Abu Dabi reisen, um diese Führungsposition ganz auszufüllen. Er hat die Stelle wegen seiner klugen Sicht auf den Nahen Osten bekommen. Wegen seines Wissens, dass es ein Leben gibt nach dem Tod.

✳

Wir hielten vor dem Haus der Familie Al-Rul. Es gab keine Zweifel, dass wir richtig waren. Ein großes, beleuchtetes Schild, das dem Bild in Maruwans Büro ähnelte, war vor dem Haus aufgestellt worden, ähnlich dem Bild, das hängt.

»Ich habe ihnen nicht gesagt, dass wir kommen. Ich wollte keine Überraschungen, dass einer von der Familie sich ungewollt auf dein Kommen vorbereitet.« Das war eine interessante Umschreibung seiner Befürchtung, dass jemand von den Al-Ruls versuchen könnte, sich an mir zu rächen.

»Geh, finde heraus, wie dort die Stimmung ist«, antwortete ich mit einem Lächeln.

Er stieg aus, und noch bevor er die Tür des Wagens zugeschlagen hatte, hatte er es sich überlegt. Er kehrte um und sagte: »Lass mal. Es wird nichts passieren. Komm.«

Wir stiegen die Treppe hoch. Die Tür des Hauses stand offen und von Innen kamen uns angenehme Gerüche von Gebäck entgegen. Um Muchamad, die Schwester von Adnan, war über eine elektrische Platte gebeugt und buk Pittas. Um sie herum saßen Kinder und schauten auf das Wunderwerk, wie der Teig auf der Platte Form annahm, sich mit Luft füllte und mit einem leichten Dampfzischen zerplatzte.

»Das ist Shlomi«, sagte Maruwan, »mein Freund.«

»Sei gesegnet«, hat sie geantwortet. Aus ihrer Reaktion habe ich entnommen, dass sie über mein Kommen unterrichtet war, aber Maruwan bekam es mit der Angst zu tun, kurz bevor wir

318

das Haus erreichten, und fürchtete, dass er womöglich einen Fehler gemacht hatte, als er seine Familie über mein Kommen unterrichtete und diese womöglich jetzt zu Hause lauerte, um den Tod des »heldenhaften Cousins« zu rächen, und eigentlich hatte er schauen wollen, ob alles in Ordnung war.

»Weißt du, Shlomi hat Adnan gekannt. Er hat ihn sogar verteidigt.« So hat mich Maruwan vorgestellt. Ich habe nichts gesagt.

»Sei gesegnet«, sagte sie wieder. Wir betraten das gepflegte Wohnzimmer. Auch dort hing ein Bild von Adnan, als ob er Präsident einer Republik wäre, die ihres Präsidenten mit einem gewaltigen Personenkult gedachte.

Das Wohnzimmer wurde mit einer großen Schiebetür abgeschlossen, dahinter wurde ein kleines Arbeitszimmer sichtbar, in dessen Mitte ein Computer stand. Eines der Kinder bestaunte den Bildschirm und hackte auf Tastatur und Maus herum. Interessant, dachte ich, welche Computerspiele man hier bei der Familie Al-Rul spielt.

»Adnan und ich sind zusammen aufgewachsen«, begann Maruwan, um das Eis zu brechen. Er legte zwei Finger aneinander, um die Nähe zu verdeutlichen, die zwischen ihnen geherrscht hatte.

»1980 bin ich mit meinem Bruder Kamal nach Ägypten gegangen, um zu studieren. Als der Vater von Adnan hörte, dass wir zum Studium ins Ausland gehen, fragte er, ob Adnan sich uns anschließen könne und so vielleicht auch etwas lernt. So sind wir drei Studenten von Gaza nach Kairo gegangen. Wir mieteten uns eine Wohnung. Nach einem Tag verschwand Adnan, als ob ihn die Erde verschluckt hätte. Zwei Monate haben wir nichts von ihm gehört. Gar nichts. Das war damals nicht wie heute, wo es Telefon und Handys gibt. Wir haben einfach nicht gewusst, wohin er verschwunden war. Nach zwei Monaten ist er plötzlich wieder aufgetaucht und hat erzählt, er sei bei Freunden gewesen. Das war seltsam. Welche Freunde hatte er in Ägypten? Wann hatte er sie kennengelernt? Und warum hat er nichts gesagt?

Nach seiner Rückkehr fing er an, religiöse Lieder zu hören, mit Inbrunst zu beten, und wenn wir Um Kulthum hörten, hat er jedes Mal das Zimmer verlassen. Interessierte sich nicht mehr für sie. Eine Woche später sagte er dann, dass er kein Interesse mehr am Studium habe und dass er nach Gaza zurückkehren möchte. Erst Jahre danach habe ich verstanden, dass er dort in Ägypten mit den ›Moslembrüdern‹ Kontakt aufgenommen hatte und diese ihn vollkommen verändert haben.«

Um Muchamad hörte der Beschreibung still zu und lächelte. Sie schien nicht zu glauben, dass unter den »Moslembrüdern« dort in Kairo das Schicksal von vielen entschieden wird, auch nicht das Schicksal ihrer Familie.

»Eigentlich«, sagte sie, »hätte Adnan in Spanien studieren müssen. Ein Jahr bevor er nach Ägypten ging, ist er vom Ben-Gurion-Flughafen nach Spanien geflogen. Er machte einen Zwischenstopp in Paris, verpasste aber den Flug nach Madrid. Da er kein Bargeld hatte und die Sprache nicht verstand, wusste er nicht weiter, verlor seine Orientierung und beschloss nach Gaza zurückzukehren.«

Ja, dachte ich, Gott findet sich in den kleinsten Dingen. Wenn diese Geschichte stimmte. Wenn er den Flug nach Madrid nicht verpasst hätte, hätte er sich ein Jahr später in Ägypten gar nicht verändert, vielleicht hätte es dann keine Kassam gegeben, vielleicht weniger Attentate. Weniger Dynamit. Disengoff, Beit Lid. Vielleicht. Vielleicht.

Sogar bei der langen Suche nach ihm, die seit der ersten Intifada angedauert hatte, stellt sich das »vielleicht« noch ein und wird zu einer Bahn voller Blut auf seinem Weg zur Spitze der Hamas.

Um Muchamad zeigte auf ihre Brust und machte eine Wiegenbewegung: »Ich habe ihn großgezogen. Ich.« Ihre Mutter war sehr jung gestorben, und die ältere Schwester, die mir gegenüber saß, beschrieb die Etappen und Meilensteine auf Adnans Weg seit dem Tag, an dem sie die Rolle der fehlenden Mutter eingenommen hatte. Wie im Film, ein Bild nach dem anderen, Szene auf Szene. Unzählige Szenen zeigten die blutgetränkte Bahn, die er auf seinem Weg zur Spitze beschritten hatte.

Als Adnan aus Kairo zurückgekommen war, meldete er sich beim Islamischen Dschihad und begann zunächst damit, die Zellen der Bewegung in Gaza aufzubauen. Nach einiger Zeit wurde er zum Meistgesuchten im Gazastreifen. Nach dem ersten Versuch ihn zu fassen, verließ er den Islamischen Dschihad und ging zur Hamas über.

1987, ein Jahr vor dem Ausbruch der Intifada und der Gründung der Hamas-Bewegung, startete die Armee den ersten Versuch, ihn mit den damals gängigen Methoden zu fassen. Eine Einheit Soldaten besetzte das Haus der Familie im Muraka-Viertel, in der Nähe von Netzarim. Jeder, der im Haus war oder dorthin kam, wurde darin gefangen gehalten, und das alles in der Annahme, dass am Ende auch Adnan selbst kommen würde.

»Zuerst nahmen sie Omar mit, den Bruder von Adnan«, erzählte sie. Omar Al-Rul wurde zu einer lebenslänglichen Gefängnisstrafe verurteilt und sitzt in Ashkelon.

»Alle Kinder wurden im Haus festgehalten. Der große Junge, Bilal, war damals fünf Jahre alt. Was für ein Geschrei das war! Alle schrien und weinten. So hat man sie drei Tage und Nächte festgehalten.« Plötzlich unterbrach sie ihre Erzählung und versank in Erinnerungen.

»Muchamad, der Sohn von Adnan, war damals im Bauch. Die Frau von Adnan war schwanger.«

Fünfundzwanzig Jahre später, im Juni 2003, kehrte die Armee zurück zum Haus in Muraka. Der Sohn Muchamad war im Kampf getötet worden.

Jetzt wischte seine Schwester ihre Tränen mit dem Taschentuch fort und erzählte weiter:

»Es gab dort einen drusischen Soldaten. Das war ein Mensch. Am dritten Tag hat er sich gegen alles, was dort geschah, aufgelehnt. Wir hörten ihn zu seinen Vorgesetzten sagen: ›Ich bin nicht bereit, fünfzig Menschen im Haus einzusperren, so ohne Nahrungsmittel.«

Und Adnan ist nicht gekommen. »Er war in der Gegend. Die ganze Zeit war er dort. Er erhielt Informationen über das, was im Haus passierte, aber er wollte nicht kommen und kämpfen und uns befreien. Er hatte Angst, dass die Kinder verletzt würden. Bis sie schließlich aufgaben und uns frei ließen.«

»Weißt du«, fügte sie hinzu, »nachdem wir das Haus verlassen hatten, kamen Siedler aus Netzarim und besetzten das Haus. Fünf Tage saßen sie in unserem Haus, bis die Armee sie mit Gewalt entfernte. Wir kamen und sahen, dass man uns das Haus auf den Kopf gestellt hatte. Und dabei sagt man noch, dass sie menschlich sind. Was ist das für eine Menschlichkeit?«

»Sie«, die Juden, »sie«, das bin ich. Die ganze Zeit suchte sie in meinen Augen ein Zeichen von Mitleid, von Verständnis, von Anteilnahme an ihrem Leid und Schmerz. Jedes Mal, wenn sie eine Träne vergoss, senkte ich meinen Kopf auf das Heft, in dem ich das Treffen dokumentierte. Sie öffnete ihr Herz, bevor ich mein Herz vor ihr verschloss. Sie sprach über Bilal und Muchamad, der noch nicht geboren war. Und doch wurde sein Schicksal schon damals beschlossen. Ich dachte an das Purimfest auf dem Disengoffplatz, an die Verkleidungen der Kinder, die auf dem Platz verstreut lagen. Als sie ihre Hand an ihr Herz legte und sich vor Kummer und Trauer hin und her bewegte, dachte ich an Beit Lid. An diesen verfluchten Sonntagmorgen. Ich sah nicht, dass sie auch mit »ihnen« litt, mit den Opfern ihres Bruders, des Ingenieurs.

✳

Im Jahr 1987 fühlte Adnan, dass sich der Ring um seinen Hals schloss. Er floh über Rafah aus Gaza und begab sich auf eine »Reise der Berufsausbildung und Fortbildung« nach Afghanistan, in den Sudan und schließlich nach Syrien. Nach einem Jahr schlossen sich ihm auch seine Frau und die Kinder an.

»Dort in Syrien lebte er unter falschem Namen, da auch die Jordanier und Syrer ihn suchten. Auch dort wurde nach ihm gefahndet. Zum Teufel, Gott soll diese Araber vor den Juden zu sich nehmen! Du kannst das schreiben. Die Araber sind schlimmer als die Juden.«

1994, nach der Einrichtung der palästinensischen Autonomiebehörde, kehrte er auf dem Seeweg nach Gaza zurück.

Und wie eine Mutter, die stolz ist auf ihren Sohn, fügte sie hinzu: »Er fing an zu arbeiten. Er war doch klug und stark. Er brachte allen bei, wie man arbeitet.« Arbeitet, sagte sie. Und er hat gearbeitet. Mit ganzer Kraft hat er daran gearbeitet, den Friedensprozess zu zerstören, der gerade begann, Gestalt anzunehmen.

Zusammen mit Jichje Hiash, dem »Ingenieur«, spezialisierte er sich auf die Entwicklung von Kampfmethoden und Kampfmitteln für die Brigaden: Feuerwaffen, Handgranaten und andere Sprengkörper. Außerdem produzierten sie auch Sprengkörper. In der Hierarchie der Bewegung erlebte er nach der Liquidierung von Hiash am 15. Januar 1996 und der mörderischen Welle von Attentaten, mit der Israel im Anschluss überzogen wurde, einen rasanten Aufstieg. Das eiserne Triumvirat aus Gaza – Muhamed Daff, der Kommandant des militärischen Arms der Hamas, Abd Al-Ptach Al-Sitri, sein Stellvertreter, und Adnan Al-Rul, der Erbe des Ingenieurs – waren nicht bereit, auf Rache zu verzichten. Bei vier Höllenattentaten – auf zwei Busse in Jerusalem, auf die Sammelstelle für Soldaten in Ashkelon und am Vorabend des Purimfests auf dem Disengoff-Platz in Tel Aviv – wurden mehr als sechzig Israelis getötet und Hunderte verwundet. Das Attentat auf dem Disengoff-Platz hat eigentlich der Islamische Dschihad ausgeführt, aber die Sprengladung, die der Attentäter an seinem Körper trug, war in einem Lastwagen in Karni über die Grenze transportiert worden und stammte aus der Produktion von Adnan Al-Rul.

Die Attentatswelle entzündete in Israel eine Debatte darüber, ob die Liquidierung von Hiash dieses Blutbad danach überhaupt wert war. Haben Ministerpräsident Shimon Peres und Karmi Gilon, der Leiter des Sicherheitsdienstes, der wegen der Schlussfolgerungen der Schmagar-Kommission über die Umstände des Mordes an Itzchak Rabin kurz vor der Entlassung aus dem aktiven Dienst stand, die später bekannten Folgen dieser Liquidierung von vornherein in Kauf genommen? Haben die Verantwortlichen auf der politischen, militärischen und geheimdienstlichen Ebene Israels diese unumkehrbare Entscheidung sorgfältig genug bedacht, die dem zarten Pflänzchen der Oslo-Verträge den Todesstoß versetzte? Gab es einen anderen Weg, dem Israel aber keine Chance geben wollte?

»Ja, es gab einen anderen Weg. Aber Israel hat wie üblich aus bestimmten politischen Erwägungen heraus eine Entscheidung getroffen, die eine wirklich einmalige Chance zunichte gemacht hat«, stellt Samir Mashrahawi fest, der in jenen Tagen mit dem militärischen Arm der Hamas über dessen Auflösung und Eingliederung in den Sicherheitsapparat der palästinensischen Autonomiebehörde verhandelt hat.

Die Idee stammte von Mohammed Dahlan, dem Leiter des Sicherheitsdienstes in Gaza, der das israelische Modell anwenden wollte, also die Auflösung der jüdischen Untergrundorganisationen bzw. ihre Umformung zu einer einzigen legalen Organisation nach der Gründung des Staates in 1948.

Auch wenn der Plan nicht ganz dem Modell der Gründung der israelischen Armee entsprach, die auch die Soldaten und Offiziere der Untergrundarmeen in ihre Reihen aufnahm, hat Dahlan vorgeschlagen, alle Führer des militärischen Arms der Hamas, des As A-Din Al-Kassam, in den palästinensischen Sicherheitsapparat aufzunehmen, ihnen allen hohe Offiziersränge zu verleihen und sie nach und nach zu übernehmen. Der Vorschlag basierte auf der Annahme, dass diese Führer, die eine gewisse Stellung und Macht innehatten und zudem Anerkennung bei den Sympathisanten der Hamas erworben hatten, sich schwer von bisher genossenen Annehmlichkeiten trennen würden. Die Umwandlung ihrer »persönlichen« Macht in eine

auf einem hohen Offiziersrang in der »Volksarmee« basieren-
de Macht, würde - so hoffte Dahlan - ein Anreiz sein, eine
ehrenvolle Lösung sein, die sie würden annehmen können.
Vom Standpunkt Dahlans und seiner Leute lag hier zugleich
eine Lösung, die es ihnen ermöglichen würde, die Aktivitäten
der Hamas-Führer aus der Nähe zu kontrollieren, falls sie vom
»rechten Weg« abkommen sollten.

Rückwirkend kann man natürlich kaum die Chancen eines solchen Versuchs einschätzen. Es bleibt unbeantwortet, ob
Daff, Hiash, Al-Rul und die anderen rückfällig geworden wären, denn die Liquidierung von Jichje Hiash hat alles zunichte
gemacht.

»Nach der Vereinbarung, die wir getroffen haben, sollten
sie ihre militärischen Aktivitäten vollkommen einstellen und
die Vereinbarungen der palästinensischen Autonomiebehörde mit den Israelis im Rahmen der Osloverträge anerkennen.
Im Gegenzug hätten ihre Stellung und persönliche Sicherheit
der Stellung entsprochen, die man den Gesuchten der PLO
gewährt hatte, als man sie in die palästinensische Polizei einband«, erzählte Mashrahawi. »Im Beirat saßen Muhamed Daff,
Abd Al-Ptach Al-Sitri, Adnan Al-Rul und Salam Abu Mahruf
aus Khan Yunis. Ich war auch dabei. Zunächst gaben sie eine
positive Antwort. Wir begannen also mit den Verhandlungen
über die Einzelheiten des Vertrages, ja wir begannen sogar, ein
schriftliches Dokument zu formulieren. Ich kann mich sehr
gut erinnern, dass ich Muhamed Daff gefragt habe, ob Hiash
sich verpflichten würde, mit den Attentaten aufzuhören. Und
er antwortete mir mit diesen Worten: ›Wir sind einverstanden
und Hiash ist sogar überzeugter als ich.‹

Unter den Gesuchten war Hiashs Lage die kompliziertes-
te. Wegen der Jagd, die Israel auf ihn machte, floh er in den
Gazastreifen, weit entfernt also von seiner Familie, die in der
Westbank wohnte. Dauernd suchte er Leute, die ihm Nacht-
asyl gewährten und ihm beim tagtäglichen Leben behilflich waren, während er im Versteck saß. Es kann sein, dass er einem

Vorschlag ›ins Licht zu treten‹, nicht widerstehen konnte. Er versteckte sich im Haus seines Freundes aus der gemeinsamen Studienzeit an der Universität Bir Zait, Ussama Chamed, dem Cousin des Geschäftsmanns Kamel Chamed.

Die ganze Zeit hat Dahlan Arafat über die Kontakte Bericht erstattet, und dieser bat ihn, die Israelis über den sich herauskristallisierenden Vertrag zu unterrichten, damit sie nicht etwas anstellten, das die Verhandlungen aussetzen würde. Mohammed Dahlan informierte also die Israelis und erklärte ihnen sogar die Ziele seines Vorgehens. Wenn sein Plan tatsächlich umgesetzt werden könnte, würde das wirklich historische Dimensionen haben, da damit den Attentaten des militärischen Arms der Hamas ein Ende setzen wäre. Natürlich erforderte die Situation auch eine Nichtangriffsgarantie von den Israelis. Die Israelis sagten: ›Kein Problem.‹ Aber in Bezug auf Muhamed Daff und Jichje Hiash waren sie zu keinem Zugeständnis bereit. ›Wir werden sehen, werden die Sachlage prüfen‹, lautete die Antwort. Dahlan versuchte seinen israelischen Gesprächspartnern zu erklären, dass es keine halbe Vereinbarungen geben könne – alle oder keiner.

Und dann begannen wir die Einzelheiten der Vereinbarung schriftlich zu fixieren.

1. Die As-A-Din-Al-Kassam-Brigaden verpflichten sich zu einer endgültigen Feuereinstellung.

2. Die Bewaffneten der Hamas akzeptieren die Grundsätze der palästinensischen Autonomie und ihre Gesetze.

3. Die Bewaffneten werden dem Sicherheitsapparat der palästinensischen Autonomiebehörde angeschlossen und mit den Waffen der Behörde bewaffnet.

4. Der Status der Kassam-Brigaden entspricht dem der PLO-Falken, die sich entwaffnet haben und die Grundsätze der Autonomiebehörde akzeptiert haben.

5. Israel verpflichtet sich, alle Verfolgungen einzustellen. Die Mitglieder der Kassam-Brigaden sind sicher und können ein geordnetes Leben innerhalb der Autonomiebehörde führen.

Inzwischen«, fuhr Mashrahawi mit seiner Schilderung über die Entwicklung der Dinge fort, »war etwas passiert. Itzchak Rabin wurde ermordet und alle Kontakte auf Eis gelegt, denn in diesen Tagen gab es niemanden, mit dem man reden konnte. Wir warteten auf den Augenblick, in dem wir die Angelegenheit abschließen konnten, da schon alles für die Unterzeichnung vorbereitet war.

Mohammed Dahlan erzählte mir, dass er seine israelischen Kollegen einige Male gewarnt hat, sie sollten Hiash nicht liquidieren – aus Angst, dass dadurch ein Flächenbrand ausgelöst würde, den man nicht mehr würde löschen können.

Zwei oder drei Wochen, bevor Hiash erledigt wurde, war ich bei einer Sicherheitskonferenz in Erez. Zu Ende des Treffens befanden sich alle bereits im Aufbruch. Ich sagte zu meinen Kollegen: ›Wartet noch einen Augenblick. Bevor ihr geht, will ich euch etwas sagen. Ich höre von der Basis, dass ihr kurz davorsteht, Jichje Hiash zu liquidieren.‹«

Er hat den Israelis nicht erklärt, was diese »Basis« war, aber Dahlan meinte geheimdienstliches Material, das die Abhörabteilung des palästinensischen Geheimdienstes gesammelt hatte, hauptsächlich durch das Abhören von Telefonaten. Alle Informationen deuteten auf die Absicht des israelischen Sicherheitsdienstes, Hiash zu liquidieren. Dahlans Kollegen, die auf der gleichen Führungsebene tätig waren, haben seine Worte energisch zurückgewiesen. »Nein‹, sagte man mir. ›Wieso denn? Wir wissen nicht, wo der Ingenieur ist‹«, erzählte er. »Ich habe sie gewarnt, dass die Liquidierung von Hiash ein Erdbeben verursachen würde. Ich schlug ihnen vor: ›Weiht mich ein, und ich werde für Hiash eine Lösung finden, ich werde ihn nach Ägypten einschmuggeln und ihr werdet nichts mehr von ihm hören.‹«

Die Flucht nach Ägypten war eine oft angewendete Lösung für die Palästinenser, die mit Zustimmung und Schweigen der Hamas gemacht wurde. Ein Gesuchter, der gespürt hat, dass der Ring um seinen Hals enger wird, floh durch die Tunnel von

Rafah nach Ägypten und von dort in den Libanon, nach Syrien oder in andere Länder.

Bei einem dieser Treffen war auch Sami Abu Samadana zugegen.

»Wir trafen uns mit Kapitän Dan, dem Sicherheitsdienst-Kommandanten des Südabschnitts und sprachen über die Aufhebung der Verfolgung von Gesuchten. Ich kann mich erinnern, dass wir ihn in der Sache der Brüder Abu Sita aus Khan Yunis überzeugt haben. Aber als wir den Namen des Ingenieurs Jichje Hiash erwähnten, fingen die Israelis an, unruhig in ihren Sesseln hin und her zu rutschen, sagten, wir werden sehen, wir wissen nicht, Worte in dieser Art. Als wir rausgingen, sagte ich zu Dahlan, mein Bauch sagt mir, dass sie etwas für Hiash vorbereiten. Ich hatte keinen Zweifel daran.«

Eine Woche später, am Abend des Sabbats, fand ein weiteres Koordinierungstreffen der Sicherheitsorgane statt. Dahlan hat erneut seine Warnungen ausgesprochen.

»Ich fühle, dass ihr dabei seid, etwas zu unternehmen. Überlegt es euch zweimal, bevor ihr Hiash liquidiert.«

An einem Sabbatabend im Januar 1996 wurde Hiash liquidiert – mit Hilfe eines Handys, das ihm sein Onkel Ussama Chamed mit der Begründung gegeben hatte, dass er ihm einen Job im Handel organisieren wolle, und in der Zwischenzeit könne er mit seiner Familie in der Westbank telefonieren.

»Ich war der Erste, der in das Haus kam, in dem Hiash liquidiert worden war«. erinnert sich Mashrahawi. »Bei mir waren Sami Abu Samadana und Mohammed Dahlan. Sogar die Nachbarn wussten nicht, was im Haus passiert war. Muhamed Daff hatte mich angerufen und mir gesagt: ›Man hat Jichje Hiash erledigt.‹

›Was sagst du?‹, wunderte ich mich. Daff sagte: ›Wir haben die Leiche versteckt und später werden wir ihn begraben.‹ Ich sagte zu ihm: ›Verbirg nichts, nimm die Leiche nach Shiffa mit. Wir werden ihm ein angemessenes Begräbnis bereiten. Auch die Autonomiebehörde wird sich beteiligen.‹ Im Haus sah ich

Ussama Chamed, der erzählt hat, der Vater von Jichje habe angerufen und mit ihm reden wollen. Er sagte zu ihm: ›In Ordnung, ich gebe ihm das Telefon.‹ Jichje konnte nur sagen: ›Hey Vater, wie geht es dir?‹, und das Handy explodierte.

Muhamed Daff sagte zu mir: ›Es gibt keine Vereinbarung. Wir können das nicht ohne eine Reaktion übergehen. Es geht nicht.‹ Und ich meldete das an Dahlan und Abu Amar. Arafat versuchte mich davon zu überzeugen, die Gespräche fortzuführen: ›Versucht es, vielleicht ist es nicht das Ende‹, sagte er. Aber ich sagte zu Arafat: ›Nein, ich kann nicht! Kann nicht. Es gibt keine Chance mehr.‹ Danach habe ich weder Daff noch irgendeinen anderen von ihnen gesehen.

Bis heute verstehe ich nicht, wie man bei euch funktioniert. Ich bin mit einer Vereinbarung gekommen, die dir Frieden und Sicherheit bringt, und mir als Palästinenser bringt sie politischen Fortschritt. Das hätte ein gemeinsames Interesse für beide Seiten sein sollen. Aber das Motiv des Sicherheitsdienstes war, Hiash zu liquidieren, um das Fiasko bei der Ermordung von Rabin zu vertuschen, nachdem die Schmagar-Kommission vorgeschlagen hatte, Gilon zu entlassen. Wenn die Vereinbarung umgesetzt worden wäre, wären wir nicht in die Lage gekommen, in der wir jetzt sind. Das ganze Oslo-Abkommen sähe anders aus.« So sehen Mohammed Dahlan und Samir Mashrahawi die blutgetränkte Geschichte jener Tage.

Nach der Liquidierung setzte sich der Chef des Sicherheitsdienstes, Karmi Gilon, mit Mohammed Dahlan zusammen und forderte von ihm, dass die palästinensische Autonomiebehörde Hamas-Aktivisten festnehmen solle, wenn sie versuchen sollten, die Liquidierung des Ingenieurs zu rächen.

Ich sagte zu Gilon, und auch zu Schimon Peres, der selbst mit mir gesprochen hat: ›Jetzt sucht einen anderen, der euch hilft. Ich kann nichts mehr machen.‹«

Sami Abu Samadana, der von Arafat beauftragt wurde, die Liquidierung zu untersuchen, sagt, dass Israel die Liquidierung von Hiash schon eine Woche früher geplant hätte, aber wegen einer technischen Panne sei das Handy nicht explodiert. Chamed kam, um das Telefon sozusagen zur Reparatur zu bringen, und man gab es ihm zwei Tage vor der Liquidierung zurück.

Abd Al-Ptach Al-Sitri, der damalige Stellvertreter von Muhamed Daff, bekleidet heute eine gehobene Stellung bei einem der Sicherheitsdienste in Gaza – ein Beweis dafür, dass der geplante Schritt tatsächlich alle höheren Kommandanten des Militärarms der Hamas dazu hätte bringen können, den Weg des Terrors zu verlassen.

»Zwischen August 1995 und Januar 1996 hat die Hamas nicht ein einziges Attentat in Israel durchgeführt. In der ganzen Phase der Kontakte und Verständigung zwischen uns, die ja sogar zur Ausarbeitung eines Vertrages geführt hatten, waren wir überzeugt, dass wir uns in den Sicherheitsapparat einfügen müssen. Wenn Israel diese Tat nicht begangen hätte, drei Tage nur, bevor Karmi Gilon seinen Posten als Chef des Sicherheitsdienstes verlassen hat, hättest du heute alle hier getroffen – Daff und Adnan Al-Rul und sogar Jichje Hiash hätte hier mit Hingabe gearbeitet.«

»Woher weißt du das? Vielleicht hätte es nicht funktioniert?«, habe ich gefragt.

»Und woher willst du wissen, dass es nicht passiert wäre? Diese Liquidierung und das, was danach kam, hat doch Oslo erledigt«, hat er immer wieder betont. »Ich saß bei dem Treffen direkt neben Jichje Hiash, der bei den Gesprächen das Wort führte. Wir haben beschlossen, das anzunehmen. Die militärische Phase in unserem Leben zu beenden und uns einzufügen. Aber nachdem ihr ihn erledigt hattet, sind wir durchgedreht. Wir waren gezwungen, gezwungen zu reagieren. Wir fühlten, dass alle Vereinbarungen nichtig waren, und nichts hat uns mehr interessiert.«

Die Liquidierung von Hiash war, wie gesagt, der Startschuss für eine Welle von mörderischen Attentaten in Israel. Bei vier Attentaten in Jerusalem, Tel Aviv und Ashkelon wurden einundsechzig Israelis getötet. Hunderte wurden verwundet. Das Oslo-Abkommen war Makulatur, das Vertrauen der israelischen Öffentlichkeit in den ganzen Friedensprozess mit den Palästinensern steckte in der Krise, Schimon Peres verlor bei den Wahlen und Benjamin Netanjahu, ein Gegner des Oslo-Abkommens, wurde zum Ministerpräsidenten gewählt.

Nach der Welle der Attentate führte die palästinensische Autonomiebehörde eine Welle von Verhaftungen durch. Das betraf Angehörige der politischen Führung und des militärischen Arms der Hamas. Es war eine historische Gelegenheit für Yassir Arafat, die Hamas zu entmachten. Weniger als eine Woche nach der Liquidierung von Hiash, am 20. Januar 1996, wurde Arafat bei den ersten demokratischen Wahlen in den palästinensischen Autonomiegebieten zum Präsidenten gewählt. Die Liquidierung von Hiash hat die Wahlen nicht im Geringsten beeinflusst, eine Tatsache, die auf die traditionell starke Position von Arafat hinweist. Die Unterstützung seiner politischen Entscheidungen war jetzt viel breiter als diejenige, die er während seiner Jahre als Kommandant erfahren hat. Die beispiellose Verhaftungswelle, die auf seinen Befehl stattgefunden hat, erfuhr eine breite Unterstützung unter den Palästinensern, die in die islamischen Bewegungen diejenigen gesehen haben, die versucht haben, das Oslo-Abkommen aus rein eigennützigen Erwägungen zu torpedieren, und deren Bestreben nur darin lag, die legitime Position der palästinensischen Autonomieverwaltung zu unterminieren. Arafat fürchtete einen Bürgerkrieg, aber noch mehr fürchtete er, dass er für sein großes Ziel keine israelische Unterstützung bekommen würde. Am 29. Mai dieses Jahres war Regierungswechsel in Israel. Arafat zweifelte, ob die neue Regierung von Benjamin Netanjahu tatsächlich mit dem »Frieden der Mutigen« fortfahren würde, den Rabin und Peres unterzeichnet hatten. Er ängstigte sich vor einem Schritt, der ohne Zweifel eine bewaffnete Auseinandersetzung zwischen den Organisationen zur Folge gehabt hätte. Vielleicht hätte er sich auf eine Auseinandersetzung mit der Regierung von Netanjahu vorbereiten sollen, von der Stimmen laut wurden, die die Auflösung der Autonomiebehörde forderten und möglicherweise auch die Vertreibung von Arafat selbst aus dem Gazastreifen.

Als Netanjahu und Arafat sich zum ersten Mal im Rahmen der Koordinierungs- und Klärungsgespräche in Erez trafen, war nicht das Thema ihrer Gespräche von Interesse. Die Frage aller Fragen war, wie Netanjahu sich verhalten würde, nachdem er im Vorfeld stets behauptet hatte, dass er Arafat nicht die Hand gäbe, selbst wenn er sich im Rahmen seines Mandats mit ihm treffen müsste. In dieser Lage weigerte sich Arafat, den Schritt seines Lebens zu wagen und die Hamas, die sich auf einem politischen Tiefpunkts befand, aufzulösen. Er saß auf seinem hohen Ross, hörte nicht auf den Ratschlag von Dahlan und gab nicht den Befehl, bis die Gunst der Stunde vergangen war.

✳

Um Muchamad konnte sich sehr gut an die Tage der Ausgangssperre erinnern und sparte nicht mit ihrer Kritik an den »Kollaborateuren«, die mit Israel zusammengearbeitet hatten.

»Glaub mir, sie sind schlimmer als die Juden«, sagte sie und meinte diejenigen, die Adnan verhaftet hatten. »Er war damals eingesperrt bei Amin Al-Hindi, dem Leiter des Verwaltungsapparates des allgemeinen Sicherheitsdienstes. Wir gingen jeden Tag hin, um ihn zu besuchen und ihm etwas zu essen zu bringen. Schließlich behandelte ihn Raid Al-Chaldi, der Offizier des Nachrichtendienstes von Al-Hindi, wie einen gewöhnlichen Gefangenen. Er steckte ihn in eine Zelle, und keiner durfte ihn sehen. Adnan bat, dass wir ihm eine kleine Säge mitbringen, um das Gitter abzusägen. Wir baten um die Erlaubnis, ihm Nahrungsmittel bringen zu dürfen, und wir legten die Säge, gut versteckt, in einen Fisch. Adnan begann, das Gitter zu zersägen, jede Nach ein wenig, und tagsüber strich er Schokolade über den Sägeschnitt, damit man sein Tun nicht entdeckt. Das ging mehr als zwei Wochen so. An dem Tag, als er fertig war, nahm er die Laken von seinem Bett und band sie aneinander. Er hat sich an ihnen abgeseilt und ist raus aus dem Gefängnis. Der Wärter draußen sah ihn und fragte: ›Wer bist du?‹ Er antwortete: ›Ich bin Jamal Al-Rul.‹ Das ist sein Cousin, der damals in der Muchbara gearbeitet hat. Ein Wagen wartete auf ihn. So ist er geflohen. Amin Al-Hindi drehte durch. Schließlich mischte sich Dahlan ein. Adnan ging zu ihm und stellte sich. Er wurde danach von Dahlans Truppe übernommen.«

Eigentlich hat Dahlan seinen ursprünglichen Plan durchgeführt, wenn auch nur in einer kleinen und geheimen Version. Nach acht Monaten, in denen die Gesuchten der Hamas im Gefängnis von Gaza, in den Zellen des Sicherheitsdienstes in Tel Al-Haue, dem Hügel der Geister, festgehalten worden waren, verstand Dahlan, dass man sie über kurz oder lang nicht weiter in Haft behalten könne. Arafat, wie gesagt, war vor dem großen Schritt, der Auflösung der Hamas, zurückgeschreckt. Die von Dahlan geplante Zwischenlösung war die heimliche Integration der Führer des bewaffneten Arms der Hamas in die Reihen des Sicherheitsdienstes der Palästinenser. Dafür bekam er von Arafat grünes Licht, besonders für die Absicht, das eiserne Triumvirat – Daff, Al-Sitri und Adnan Al-Rul – in seinen Einflussbereich zu bringen. Sie hatten den Eindruck, für die nationale Idee mobilisiert zu werden, und Dahlan seinerseits konnte ihre Aktivitäten aus der Nähe beobachten.«

»Wie viele Leute seid ihr gewesen?«, fragte ich Sitri.

»Etwa dreißig Bewaffnete.« Das war damals der ganze militärische Arm der Hamas.

Die Zahl stimmt ziemlich genau mit den Informationen überein, die der Sicherheitsapparat damals hatte. Insgesamt fünfunddreißig, die einen ganzen Staat irregeführt haben. Fünfunddreißig Bewaffnete, denen es gelungen ist, Wahlen in Israel zu manipulieren.

Ich ging also in das Büro von Al-Sitri, der widerwillig meiner Bitte nachgekommen war, ihn zu treffen. Er drückte meine Hand so fest, dass ich nur mit Mühe einen Schmerzenslaut unterdrücken konnte. Er saß hinter einem großen Schreibtisch, und die ganze Zeit versuchte ich ihn mir vorzustellen, nicht in der Gestalt eines Büroangestellten, sondern als maskierten Gesuchten, der stolz seine Waffen in den Händen hält. Die fantastische Gestalt, dachte ich, hat mehr zu ihm gepasst, aber das Aussehen eines Beamten hat ihn offensichtlich am Leben erhalten. Er bat mich, dass ich nicht schreiben solle, wo und in welcher Stellung er Dienst tue. Obwohl er seine Waffen mehr als zehn Jahre zuvor abgegeben und an der Intifada nicht teilgenommen hatte, hat er immer noch Angst, Israel könne versuchen, die Rechnung zu begleichen, die es mit ihm als der Nummer zwei der As-A-Din-Al-Kassam-Brigaden noch offen hat.

Von den Führern des militärischen Arms, die damals in den As-A-Din-Al-Kassam-Brigaden gewirkt haben, wurden Hiash und Al-Rul liquidiert, wurde Muhamed Daff bei einem Versuch, ihn zu töten, schwer verletzt – er hat noch heute unter den Folgen zu leiden – und nur A-Sitri ist gesund und unverletzt und dankt vielleicht Gott dafür.

»Ich interessiere mich sehr für deine persönliche Geschichte«, sagte ich zu ihm. »Ich würde gern wissen, wie es war zu konvertieren, wie es dir gelungen ist, die Fronten zu wechseln.« Al-Sitri lächelte nur, beugte sich hinter seinen Schreibtisch, zog einen dicken Packen von Computerausdrucken hervor und zeigte sie mir von Weitem, ohne dass ich den Text hätte einsehen können.

Auch ich lächelte. Ja, auch er schreibt ein Buch.

»Ich kann es nicht zulassen, dass du meine Geschichte verdirbst«, sagte er. Es gelang mir nicht, seine Hartnäckigkeit zu überwinden. Er wollte weiter die Rechte an der Geschichte des Mannes halten, der Stellvertreter von Muhamed Daff bei den

As-A-Din-Al-Kassam-Brigaden gewesen war und die Fronten gewechselt hatte.

»Gott liebt dich. Er liebt dich sehr, dieser Gott«, platzte er plötzlich in meine Richtung heraus. »Du weißt, dass ich dich schon lange kenne, noch bevor du mich kennengelernt hast? Du warst schon 1994 auf unserer Abschussliste, in der Zeit von Waksmann. Ich kenne dich seitdem. Kenne dich sehr gut. Du warst in der Al-Wuchada-Straße und hast überlebst. Was dich gerettet hat, war die Achtung, die wir vor Journalisten haben. Mehr kann ich dazu nicht sagen.«

»Ich habe schon immer gesagt«, antwortete ich, »dass der Beruf des Journalisten in Gaza tausendmal mehr anerkannt ist als in Israel.«

Er lachte, war aber nicht bereit zu verraten, was seine Freunde und ihn veranlasst hatte, nicht abzudrücken, als ich in ihrem Visier war. Als ich sein Büro verließ, habe ich lange über seine Worte nachgedacht. Ich fragte mich, ob der Finger am Abzug wohl sein Finger war? »Ich habe dich gut gekannt, noch bevor du mich kennengelernt hast«, sagte er. »Und du hast Glück, dass Gott dich wohl beschützt hat.«

Ja. Vielleicht war er es. Ich habe den Blick in seinen Augen gesehen. Ich fühlte den Druck seiner rechten Hand, die vielleicht die auf mich gerichtete Kalaschnikow gehalten hatte. Oder vielleicht war er das, der den Befehl gab das Feuer einzustellen? Ich werde das vielleicht niemals herausfinden.

»Wie kommt es, dass Muhamed Daff und Adnan Al-Rul, zwei Achsen des eisernen Triumvirats, rückfällig geworden sind, und du außerhalb der Intifada geblieben bist?«, habe ich gefragt.

Al-Sitri schwieg und schwieg, überlegte lange, wie er antworten soll. Vielleicht war es ihm unangenehm, dass die beiden anderen auf den palästinensischen Straßen berühmt geworden waren, während er im Hintergrund geblieben war, ein Beamter im palästinensischen Sicherheitsapparat.

»Ich kann dir darauf nicht antworten. Das hat viele Gründe, einschließlich des inneren und äußeren Zustands der Hamas.

Aber ich weiß, dass ich auch auf meinem heutigen Posten meinem Volk diene.« Und schwieg.

Chalad Mishal, der Leiter der politischen Abteilung der Hamas, der in Damaskus sitzt, hat einen Anschlag des Mossad im Auftrag von Netanjahu überlebt. Er drängte die Führer der Bewegung ständig, ihre Positionen und Aktionen zu radikalisieren. Bei allen Gesprächen mit den Führern sowohl des militärischen als auch des politischen Arms der Hamas hörten PLO-Leute Beschwerden ihrer Kollegen und Freunde, die mit ihnen zusammen in den Gefängnissen gesessen hatten, dass die Auslands-Hamas sie dränge, alle Vereinbarungen zu brechen.

»Wir haben festgestellt, dass es uns gelungen ist, sie mit unseren Argumenten zu überzeugen, aber sie konnten die Beschlüsse nicht realisieren.« Das erzählten mir die Verhandlungsführer aufseiten der PLO. »Was für eine Rolle spielt das für Mishal?«, fügten sie hinzu. »Er sitzt dort in Damaskus, weit weg von den ›Djanas‹ (das war die Bezeichnung, die die Palästinenser den unbemannten Flugzeugen der israelischen Luftwaffe gaben, deren knatternde Motorengeräusche ein Zeichen für eine nahe Liquidierung waren) und spielt mit ihrem Leben.«

Am 14. Mai 2000 kam ein neuer-alter Spieler nach Gaza: Salach Shachada. In der Vergangenheit zählte er zu den Führern der Hamas-Bewegung, deren Mitbegründer er war. 1987 wurde er gefasst und zu dreizehn Jahren Haft verurteilt. Im Gegensatz zu seinen Freunden vom militärischen Arm, die ihre revolutionäre Tätigkeit allein im militärischen Kampf im Untergrund sahen, war Shachada sowohl politischer wie auch religiöser Anführer, was sicher eine Ursache in seiner Nähe zu Achmed Yassin hatte, und natürlich in seiner militärischen Begabung.

Salim Abu Safia, der heute im Auftrag der palästinensischen Behörden für die Übergänge in Gaza zuständig ist, fuhr mit seinem Wagen zum »Ashal«-Gefängnis in Beer Shewa, um den

»Du brauchst dich nicht zu fürchten, es sind unsere Soldaten«. Ein palästinensischer Polizist beruhigt ein erschrecktes Kind bei der Einfahrt nach Rafah, Mai 1994

Amana und Nuhil, die Mädchen der Intifada, 1993

freigelassenen Shachada abzuholen und ihn nach Hause, nach Gaza zu bringen. Abu Safia selbst wurde 1996 freigelassen, nachdem er zwölf Jahre in Haft gewesen war, weil er Mitglied der vereinigten Kommission der ersten Intifada war. Während seiner Haft befreundete er sich mit Shachada, eine Freundschaft, die bis zu dessen Liquidierung andauerte.

»Wir fuhren in Richtung Gaza, als plötzlich das Handy klingelte. Am Apparat waren S. und D., die Kommandanten des südlichen Abschnitts des israelischen Sicherheitsdienstes.

›Na, ist Shachada bei dir?‹, fragten sie. ›Ja‹, habe ich ihnen geantwortet. ›Er ist mit mir auf dem Weg nach Hause.‹ ›Sag ihm einen schönen Gruß‹, sagte S., in dem perfekten sicherheitsdienstlichen Arabisch, das er beherrschte. ›Sag es ihm selber‹, erwiderte ich. Ich gab Shachada das Handy und er sprach mit ihnen. ›Denk an dein Versprechen‹, sagten sie zu Shachada. ›Du hast dich verpflichtet, nicht mehr zum Terror zurückzukehren.‹ ›Ja‹, antwortete ihnen Shachada. ›Es wird schon werden.‹

Sie wünschten ihm eine gute Fahrt, er solle auf sich aufpassen und das Gespräch war beendet. Wir fuhren in Gaza ein – zu einer Massenbegrüßung, die man ihm zu Ehren vorbereitet hatte.«

Aber Shachada brach sein Wort. Sieben Monate hielt er sich von jeder politischen Aktivität fern, versuchte ein normales Leben zu führen, bis er nachgegeben hat. Seine Freunde in der Hamas haben einen enormen psychischen Druck auf ihn ausgeübt. Auch Scheich Achmed Yassin hat ihn nicht geschont, der ja als sein Schüler galt. Zwei Monate nach Ausbruch der zweiten Intifada, im November 2000, wurde Shachada zum Kommandeur des militärischen Arms der As-A-Din-Al-Kassam-Brigaden ernannt und Muhamed Daff zu seinem Stellvertreter. Adnan Al-Rul, der Dritte in diesem eisernen Triumvirat, war nach wie vor mit der Entwicklung seines »Babys« beschäftigt, einer selbst produzierten Rakete, die einfach alle Hindernisse würde überwinden können, die die Hamas zuvor davon abgehalten hatten, Sprengsätze oder Selbstmordattentäter nach Israel zu schicken.

Auch nach Ausbruch der Intifada und nach dem Wiederaufbau des militärischen Arms der Hamas erkannte das neue »eiserne Triumvirat« noch nicht, dass diese Ereignisse ein Beweis dafür waren, dass alle Vereinbarungen nichtig und sie aus dem Spiel heraus waren. Die gesamte Führung der Hamas, die politische und militärische gleichermaßen, war überzeugt, dass dies ein zeitlich begrenztes Machtspiel zwischen Abu Amar und dem neuen Ministerpräsidenten Ehud Barack sei. In der Tat waren ihre Lagebeurteilung und die daraus gezogenen Schlüsse nicht weit von der Wahrheit entfernt. In der Vergangenheit war es zu schwerwiegenden und blutigen Ereignissen gekommen – wie zum Beispiel nach der Öffnung des Tempeltunnels, als die Ausschreitungen in der Westbank und in Gaza drei Tage lang andauerten. Jetzt aber entglitt die sich schnell wandelnde Lage jeder Kontrolle, besonders wegen der knallharten Reaktionen der Regierung Barack. Barack dachte, dass mit der Methode »Basta und Schluss« die Palästinenser die von ihnen erwartete Lehre ziehen würden. Sie sollten schnellstens von der Ernsthaftigkeit seiner Absicht überzeugt werden, die Eskalation der Gewalt mit Gewalt zu beenden.

In einer ersten Phase wurden die palästinensischen Sicherheitsapparate in Gaza ausgeschaltet. Um der israelischen Öffentlichkeit zu zeigen, dass die Armee eine unmittelbare Antwort auf die Attentate im Gazastreifen parat hat, wurden Polizeistationen und Gebäude des Sicherheitsdienstes aus der Luft angegriffen. Der Leiter des allgemeinen Sicherheitsdienst in Israel, Avi Dichter, nannte diese Aktionen »Immobilien-Angriffe«, nachdem er aus dem Dienst ausgeschieden war. Die Mitarbeiter des Sicherheitsdienstes haben die Palästinenser von den bevorstehenden Luftangriffen informiert und ihnen sogar die Ziele des jeweiligen Angriffs genannt.

Nachdem alle Sicherheitssysteme der Palästinenser zusammengebrochen waren, gab es niemanden mehr, der die erneute Wiederherstellung der Hamas aufhalten konnte. Die »Mitarbeiter des palästinensischen Sicherheitsapparates« – Daff, Al-

Rul und ihre Freunde – haben auch die von ihren erwarteten Schlussfolgerungen gezogen und begannen bald damit, den militärischen Arm wiederherzustellen. Nach der Welle der Attentate 1996 waren viele Angehörige des militärischen Arms verhaftet worden, der danach nur noch auf Sparflamme gearbeitet hat.

Am Ende der Regierungszeit von Ehud Barack, am Vorabend der Wahlen von 2001, trafen sich die Israelis und die Palästinenser zu einem Gipfeltreffen in Taba am Ufer des Roten Meeres. Es ging um den »Clinton-Vorschlag«, der darauf abzielte, den Konflikt durch eine endgültige Vereinbarung unter Verzicht auf alle zuvor getroffenen Zwischenvereinbarungen zu lösen. Barack hoffte darauf, seine Position im Hinblick auf die bevorstehenden Wahlen stärken zu können, wenn es gelang, eine Einigung zu erzielen. Aber es war bereits zu spät. Es gab schon zu viele Akteure auf dem Schlachtfeld.

»Dahlan rief mich aus dem Büro von Präsident Arafat«, erzählte Salim Abu Saffiah, der zu den Leuten Dahlans gehörte und der Verantwortliche für alle Grenzübergänge im Gazastreifen war. »Er bat mich, dass ich Salach Shahada suche. Nach den Informationen, die uns vorlagen, hatte Shahada schon den Befehl zu Selbstmordattentaten in Israel erteilt. Meine langjährige Freundschaft mit ihm hat sich ausgezahlt und innerhalb kurzer Zeit hatte ich ihn gefunden. ›Hilf mir bitte und verhindere das Attentat‹, habe ich ihn angefleht. Shahada antwortete: ›Nur weil du mich bittest.‹ Er rief seine Leute an, die schon in Israel waren. In meiner Gegenwart hat er angeordnet, alles zu stoppen. Seine Leute erklärten ihm aber: ›Es geht nicht. Der Mann ist schon unterwegs.‹ Aber er schrie sie an, sie müssten ihn aufhalten und die Sprengladung entschärfen. Ich habe verstanden, dass das Attentat in Kfar Saba stattfinden sollte.«

Am 22. Juli wurde Shahada durch eine umstrittene Aktion liquidiert. Eine F 16 warf eine Bombe von einer Tonne Gewicht auf ein Gebäude im Drajg-Viertel, die ihn und noch weitere sechzehn Palästinenser tötete. Unter den Opfern waren auch die Ehefrau von Shahada, seine vierzehnjährige Tochter und dreizehn weitere Zivilisten. Zehn von ihnen waren Kinder.

»Einige Monate vor der Liquidierung haben wir einen Dialog mit der Hamas geführt, mit dem Ziel, einen Waffenstillstand zu erklären«, erzählte Samir Mashrahawi. »Die Intifada geriet außer Kontrolle, und wir dachten, dass man alles einstellen, einen Waffenstillstand erklären und die Israelis treffen müsse. Vielleicht sogar die Verhandlungen wieder aufnehmen müsse. Möglicherweise hätten wir etwas erreichen und zum Ausgangspunkt des Dialogs zurückkehren können. Das hätte uns den Schmerz und das Blut und alles erspart.«

Die Verhandlungsdelegation der PLO bestand aus Rashid Abu Shabach, dem Leiter des palästinensischen Sicherheitsdienstes in Gaza, Samir Mashrahawi, dem Verantwortlichen für die Kontakte der PLO zu allen anderen palästinensischen Organisationen, Achmed Chalas, dem Sekretär der PLO im Gazastreifen und zwei hochgestellten Mitgliedern der PLO aus dem Streifen, Secharja Al-Ara und Abd Al-Rachman Chamad. In der Hamas-Delegation waren alle höheren Ränge der politischen Führung vertreten – Abd Al-Asis Rantisi, Ismail Abu Shnab, Ismail Hanije, Machmud A-Sahar. Manchmal nahm auch Salach Shahada an den Verhandlungen teil.

»Shahada war verantwortlich für den militärischen Arm und er wurde überzeugt, dass man Waffenstillstand, Hodana, schließen müsse. Ich kenne ihn noch vom Gefängnis. Scheich Achmed Yassin hat sogar öffentlich mitgeteilt, dass er dazu bereit sei. Wir haben das so hingestellt, als wären wir daran interessiert, den Israelis eine Chance zu geben. Sie sollten beweisen können, dass auch sie ein Interesse hatten, alles einzustellen. Ich erinnere dich daran, dass wir vom Sommer 2002 reden. Das war drei Jahre, bevor der Waffenstillstand in den besetzten Gebieten proklamiert wurde und bevor überhaupt jemand von einem Rückzug aus Gaza gesprochen hatte. Wir hatten sogar schon ein Treffen organisiert, bei dem über den Zeitpunkt der Veröffentlichung diskutiert wurde und über eine gemeinsame

Pressekonferenz von uns und der Hamas. Und dann kam die Liquidierung.« Die Liquidierung von Shahada und der Tod der Zivilisten waren wie Öl auf das Feuer der Intifada.

Zwei Tage nach der Liquidierung fuhr ich mit Suffyan Abu Zaydeh, der aus England zu Heimaturlaub gekommen war, und Samir Mashrahawi zum Drajg-Viertel. Im Sturm der Gefühle über das, was ein »Massaker an Kindern« genannt wurde, habe ich es ohne den Schutz und die Hilfe meiner Freunde nicht gewagt, mit einem Kamerateam dorthin zu fahren. Die zerstörte Parzelle in Drajg entwickelte sich zu einem Wallfahrtsort für die Bewohner des ganzen Streifens. Schüler aus den Ferienkolonien kamen in Begleitung ihrer Lehrer zu Erkundungsrundgängen, um eine Erklärung über den mörderischen Charakter des »zionistischen Judenstaates« zu hören, der eine Bombe von einer Tonne abgeworfen hatte, durch die Kinder getötet wurden.

Einer der Lehrer sprach mit Begeisterung über das Heldentum von Salach Shahada. Als sein Freund uns drehen und jedes Wort von ihm aufnehmen sah, ging er zu dem Lehrer und flüsterte in sein Ohr: »Lass Shahada. Sprich von den Kindern, die ihr Leben verloren haben.«

Nach dem Massaker in Drajg wurde jede Aktion der Hamas von den Einwohnern von Gaza mit Wohlwollen aufgenommen. Auf den palästinensischen Straßen herrschte allenthalben das Gefühl, dass die Hamas als Widerstandbewegung nach dem Massenmord selbst zum Opfer geworden war und zwangsläufig gegen ihren Willen gezwungen war, mit Krieg zu antworten – im Namen der Bewegung und ihrer Anführer und im Namen der unschuldigen palästinensischen Kinder.

*

Die Liquidierung von Shahada im Sommer 2002 war das offizielle Zeichen für die Eröffnung der »Jagdsaison«.

»Erzähl ihm von den Liquidierungsversuchen«, bat Marwan Um Muchamad, die Schwester von Adnan.

»Ah, sie waren damit beschäftigt, die Kassam auszuprobieren
...«

»Moment, Moment«, hat er sie unterbrochen. »Fang mit der
Vergiftung an. Das war doch auch ein Liquidierungsversuch.«

»Ja, das war das erste Mal.« Und sie erzählte eine Geschichte, die sich fast wie ein Kindermärchen anhörte. »Einmal, vor
langer Zeit, lange bevor die Intifada begann, gab es einen, der
Walid Al-Aswad hieß (der schwarze Walid). Er war Rechtsanwalt. Er benahm sich wie einer der Leute vom Widerstand.
Mein Bruder kannte ihn aus der Zeit, als er in Syrien war. ›Der
Schwarze‹ traf meinen Cousin und sagte zu ihm: ›Wenn du Adnan siehst, sag ihm einen Gruß von mir.‹ Er antwortete ihm:
›Wie soll ich ihm einen Gruß bestellen, wenn ich kein Fahrzeug
habe?‹ Der ›Schwarze‹ entgegnete: ›Wo ist das Problem? Nimm
meinen Wagen und fahr und bring ihn.‹

Als Adnan dann kam, hat ihm der ›schwarze‹ Hurensohn
die Waffen gezeigt, die er hatte. Er bot sie Adnan zum Kauf an.
Nachdem sie den Handel abgeschlossen hatten, sagte er: ›Warte!
Warte! Was beeilst du dich? Komm, lass uns zusammen Kaffee
trinken.‹ Weißt du, mein Bruder hätte niemals bei Fremden
etwas getrunken oder gegessen. Er war immer vorsichtig. Aber
hier trank er. Als er zu Ende getrunken hat, musste er sich übergeben. Er kam nach Hause und wurde gefragt: ›Was ist passiert?‹
Er sagte: ›Ich habe bei Walid Al-Aswad Kaffee getrunken.‹ Und
wurde ohnmächtig. Wir haben sofort den ›Schwarzen‹ gesucht.
Wir suchten in ganz Gaza und haben ihn nicht gefunden. Er
war schon längst bei den Israelis.

Vier Monate haben wir Adnan gepflegt. Seine Haut wurde
rauh wie die Haut eines Krokodils, das Haar auf seinem Kopf
fiel aus. Wenn ich ihn sah, habe ich zum Himmel geschrien:
›Seht, was mit meinem geliebten Bruder passiert ist.‹ Wenn er
nur einen Tropfen Wasser trank, hat er es ausgekotzt. Die ganze
Zeit war er im Shiffa-Krankenhaus unter strengster Bewachung
in Behandlung. Schließlich kamen Freunde und brachten ihn
zu einem Arzt der Hamas, einem Spezialisten. Er sagte ihnen:

›Der Mann wurde vergiftet. Ohne Zweifel. Vergiftet.‹ Man brachte ihn zu einer anderen Spezialistin, die Medikamente aus Pflanzen herstellt. Sie hat für ihn etwas Besonderes vorbereitet. Mein Bruder trank die Medizin und fing an, sich die Seele aus dem Leib zu kotzen. Als alles draußen war, ging es ihm besser. Er kam nach Hause und sagte zu mir: ›Schwester, ich bin hungrig. Mach mir was zu essen.‹ Und ich, wie lange hatte ich auf diesen Tag gewartet, an dem er mich um etwas zu essen bittet.«

Ich betrachtete noch einmal das neue Foto von Adnan, versuchte die Spuren des Giftes zu entdecken, das sein Gesicht zerstört hatte. Aber das Bild war offensichtlich retuschiert worden. Die Gesichtshaut, die sichtbar war, schien glatt zu sein. Der Rest wurde von einem Bärtchen und einem Schnurbart verdeckt. Maruwan sah, wie ich das Bild seines Cousins eingehend betrachtete. Er nickte zustimmend mit dem Kopf: »Jetzt verstehst du, warum du dich an sein Gesicht nicht erinnern kannst.«

Natürlich gibt es zu dieser Geschichte keine offizielle Bestätigung, aber mein alter Freund Maruwan ist bereit, auf das Leben seiner Kinder zu schwören, dass jedes Wort, das sie erzählt haben, wahr ist und dass die Schwester mit keinem Wort übertrieben hat.

»Jetzt erzähl den zweiten Versuch«, forderte Maruwan.

Um Muchamad setzte sich aufrecht auf ihren Stuhl, hielt das Ende ihres Taschentuches und wischte wieder eine Träne weg. Einige lange Minuten verstrichen, bis sie endlich einmal tief durchatmete, als ob sie Probleme hätte, den schwierigen Teil zu erzählen, an dessen Ende schließlich die Krone von ihrem eigenen Kopf fiel.

»Mein Bruder arbeitete an der Kassam und war zufrieden. An diesem Tag hat er zu Hause gegessen, es gab Huhn zum Mittagessen. Dann sagte er zu seinem Sohn: ›Ya Bilal, lass uns zu einem Test rausfahren. Heute ist ein Festtag, es müssen Menschen kommen und den Test beobachten.‹ Das war die erste Rakete im Jahr 2001. Sein Sohn legte sogar seinen Fußball in den Wagen und sie fuhren zusammen zum Abschussplatz. Die

Fachleute, mit denen Adnan verabredet war, verspäteten sich. Inzwischen spielte er Fußball mit Bilal. Nachdem die Gäste eingetroffen waren, zeigte ihnen Adnan den ersten Versuch. Sie waren sehr zufrieden.«

Plötzlich stand sie von ihrem Stuhl auf, öffnete die Schiebetür aus Glas und bat den Jungen, der vor dem Bildschirm saß, mir den gefilmten Versuch zu zeigen. Sie war so stolz auf diesen historischen Moment, in dem die erste palästinensische Rakete ausprobiert wurde, die Rakete aus der Produktion ihres Bruders Adnan. Aber der Junge konnte den Test auf seinem Rechner nicht finden.

»Nun gut«, sagte sie, »kein Problem. Nimm dir eine Diskette als Geschenk. Wir geben all unseren Bekannten eine.«

Ein Geschenk von Um-Muhamed, die Diskette mit der ersten Kassam-Rakette. Der Umschlag war natürlich mit einem Porträt des Erfinders geschmückt, hinter ihm sah man einen riesigen Streifen, der von einer armseligen Rakete kam, als ob es sich um eine Hightech-Bombe gehandelt hätte, die von einem mächtigen Flugzeugträger abgeschossen worden war. Am Rand trugen israelische Soldaten brennende Tragbahren und Ministerpräsident Sharon bedeckte seine Augen in Sorge.

Die Diskette selbst stellte dem Betrachter wie bei einem Videospiel vier Möglichkeiten zur Wahl. Einen Film, Bilder und Ausschnitte aus dem Leben von Adnan und als letzte Möglichkeit das Begräbnis. Der Höhepunkt des »Kassam-Spiels« waren, natürlich, die Bilder vom ersten Test der Rakette, auf denen Adnan bei der Überwachung des Abschusses zu sehen war.

»Alle Anwesenden beim Test brachen aus Freude über den gelungenen Versuch in Jubel aus«, fuhr Um Muhamed fort. »Und dann, als sie in ihren Autos saßen, kamen die Apaches. Bilal saß mit Saad Arbid in einem anderen Wagen. Er sah einen Hubschrauber und schrie zu seinem Vater hinüber: ›Dir Balak, pass auf, Vater!‹ Und dann traf die Rakete den Wagen, in dem er war. Bilal, Adnans ältester Sohn, starb den Tod eines Märtyrers.«

In derselben Wagenkolonne, die am 22. August 2001 in der Nähe des Flüchtlingslagers Bureig angegriffen wurde, befand sich auch Muhamed Daff. Er hat den Liquidierungsversuch überlebt. Saad Arbid wurde leicht verletzt, aber im August 2003 liquidiert.

Ein weiterer Anschlag auf Adnan Al-Rul wurde zwei Jahre nach diesem missglückten Versuch unternommen.

Einheiten des Marinekommandos und Soldaten von Givati[13] überfielen an einem Freitagvormittag das Haus der Familie Al-Rul im Viertel Muraka. Auf dem Grundstück der Familie blieb nur das Haus des Bruders Omar, der in Israel im Gefängnis sitzt, unbeschädigt. Adnans Haus wurde vollständig von Bulldozern der Armee zerstört. Der Überfall auf das Haus in Muraka war auf Grund geheimdienstlicher Informationen unternommen, denen zufolge Adnan Al-Rul möglicherweise im Haus seines Bruders war. Es stellte sich heraus, dass die Informationen falsch waren. Nicht Adnan Al-Rul befand sich in Omars Haus, sondern sein Sohn Muhamed.

Die beiden Cousins, Omran, der Sohn von Omar, und Muhamed, der Sohn von Adnan, saßen zusammen im unteren Stockwerk von Adnans Haus. Nach dem Bericht der Armee waren beide mit dem Plan beschäftigt, Sprengsätze an der Kreuzung Karnei-Nezarim zu legen. Die Kommandoeinheit hat sie überrascht, bevor sie sich auf den Weg machen konnten. Omran zündete die Sprengsätze. Durch die Explosion wurde der Soldat Erez Ashkenasi getötet.

Um Muhameds Erzählung von den letzten Minuten der beiden Cousins war anders, viel harmloser.

»Muhamed kannte den ganzen Koran auswendig und sagte zu Omran: ›Ich will nach Hause gehen, morgen ist Freitag und ich will daheim beten.‹ In dem Augenblick, als er das Haus verließ, überfielen ihn die Juden und haben ihn getötet. Muhamed hatte eine Pistole. Ich weiß nicht, ob er noch Zeit hatte zu schie-

---

[13]   Eine Eliteeinheit der israelischen Infanterie.

ßen oder nicht, aber es ist klar, dass er gegen den geplanten Hinterhalt keine Chance hatte. Omran hörte die Schüsse und versteckte sich hinter den Sandsäcken, die er im Haus aufgestapelt hatte, da er sich sicher war, dass die Juden eines Tages zu ihm kommen würden. Sie forderten ihn auf, sich zu ergeben. Omran antwortete: »Ich werde mich niemals ergeben! Niemals!‹ Sie forderten alle auf, das Haus zu verlassen. Alle Frauen und Kinder gingen nach draußen, und mit ihnen auch der Sohn meines zweiten Bruders, Machmud, der mit all dem nichts zu tun hatte. Als sie Machmud sahen, wie er zusammen mit den Frauen rauskam, schossen sie ihm direkt in die Beine und nahmen ihn mit. Omran, der im Haus geblieben war, hörte den Schuss und zündete alle Sprengsätze, die im Haus versteckt waren. Nach der Explosion näherte sich ein Panzer und zerstörte das Haus mit Omran darin. Auch er starb einen Märtyrertod.«

»Sieh mal«, sagte sie, »Muhamed, der Sohn meines Bruders, wurde im Haus in Muraka getötet, das die Juden gestürmt hatten, als er noch im Bauch seiner Mutter war. Omran, der Sohn meines anderen Bruders, der im Haus getötet wurde, war fünf Jahre alt, als sein Vater verhaftet wurde. Sein Vater sitzt seit achtzehn Jahren im Nafcha-Gefängnis. Sein Sohn wuchs auf, wurde erwachsen und selber ein Shahid. Und Machmud haben sie auch mitgenommen. Sie nahmen ihn mit, nachdem sie ihn ins Bein geschossen hatten, und als er fast verblutet war, haben die Juden ihm ein Geständnis abgepresst. Man sagte ihm: ›Unterschreib dieses Geständnis, sonst schneiden wir dir beide Beine ab.‹ Er hatte keine andere Wahl. Er hat unterschrieben. Und die Juden wissen, dass er sauber ist und sich mit solchen Sachen gar nicht abgibt.«

Sie sagt nicht »Unternehmen«, »Operationen« oder »Attentate«, nur »Sachen«. »Solche Sachen«.

Adnan Al-Rul fuhr fort, »solche Sachen« zu entwickeln und zu verbessern, auch nachdem seine beiden Söhne bei der Jagd auf ihn getötet worden waren.

»Seitdem setzt mein Herz jedes Mal einen Schlag aus, wenn ein Wagen beschossen wird. Du weißt doch, er wurde ein weiteres Mal gerettet, als er zusammen mit Achmed Yassin bei sich zu Hause war und fliehen konnte. Gott hat sie behütet.«

Die politischen Führer der Hamas – Scheich Achmed Yassin, Abd Al-Asis Rantisi, Ismail Hanije – und die militärische Führung der Organisation – Muhamed Daff und Adnan Al-Rul – versammelten sich am Samstag, den 21. August 2003, in einem Haus im Zeitun-Viertel. Ein Flugzeug warf eine leichte Bombe ab. Es war ein Versuch, die »Traum-Mannschaft« mit einem Schlag zu erledigen. Als ich damals zu dem bombardierten Haus kam, konnten die Bewohner des Hauses es gar nicht fassen, dass die Armee diese Gelegenheit verpasst hatte und das Haus auf seinem Fundament stehen geblieben war.

Die Nachbarn sagten: »Das war sicherlich eine Warnung der Israelis. Sie wollten den Scheich nicht töten, nur warnen.« So sehr glauben sie an die Macht und Klugheit der militärischen und politischen Elite Israels, die ihrer Meinung nach unfehlbar sind. In Wirklichkeit war die Bombe, die mittags auf das Haus abgeworfen wurde, nur von geringem Gewicht, eine Erfahrung aus der Liquidierung von Shahada, bei der eine Bombe von einer Tonne dreizehn unschuldige Zivilisten getötet hatte.

Aber am 21. Oktober 2004 gelang es der Armee und dem Geheimdienst, den Aufenthaltsort Al-Ruls auszukundschaften.

»Es war der siebte Tag des Ramadan. Seine Tochter sagte zu ihm: ›Vater, die Drohnen sind in der Luft. Geh nicht weg, Vater.‹ Und Abu Bilal erwiderte: ›Das Leben ist eins und Gott ist eins und ich und mein Schicksal sind eins, ich muss zur Arbeit gehen.‹ Kaum war er draußen, da haben ihn die Raketen erwischt. Wir gingen zum Schiffa-Krankenhaus. Seine Töchter wollten ihn sehen. Da sagte ihnen der Arzt: ›Es gibt nichts zu sehen. Es sind nur Körperteile übrig.‹ Aber sie waren hartnäckig. Sie gingen rein, und als sie wieder rauskamen, sagten sie zu mir: ›Ya Ima, Mutter, auch wenn er verbrannt ist, lacht er doch. Bei Gott, sein Gesicht lächelt.‹ Und als sie bekannt gaben, dass er tot sei, stand die ganze Welt Kopf. In ganz Gaza, von allen Minaretten hörte man Rufe, dass Abu Bilal sie gemacht habe, sie unterrichtet habe. Er hat für sie ›solche Sachen‹ gemacht. Er, Abu Bilal. Gott sei ihm gnädig.«

»Die Sachen«, die er für sie gemacht hat, werfen ihren Schrecken immer noch auf Sderot und die umliegenden Siedlungen.

Bevor ich das Haus verließ, hatte sie eine Bitte: »Ich habe vor dir mein Herz geöffnet, öffne du auch dein Herz, bitte.« Ich wunderte mich. Ich wusste nicht, was ich für sie tun konnte. »Tu mir einen Gefallen, du hast sicherlich Mittel und Wege, mach, dass man Muchamad freilässt. Er ist schon drei Jahre in Haft, einfach so, ohne einen Prozess. Muchamad, weißt du, hat nichts zu tun mit all diesen Sachen. Er hat sich verlobt und hat sogar schon ein Haus in Nusseirat gekauft. Denk daran, dass sein Onkel Abu Bilal dich beschützt hat. Bitte erwidere mir einen Gefallen.«

✳

Ich verließ Samir Mashrahawis Haus. Er begleitete mich bis zur Haustür, und bevor er meine Hand zum Abschied drückte, erklärte er: »Ich muss dir etwas sagen. Ich weiß nicht, ob es richtig ist, was ich mache, weil die Information geheim ist und ich nicht weiß, wie zuverlässig sie ist. Aber ich habe erfahren, dass die Hamas vorhat, dich zu entführen. Ich konnte mich noch nicht darum kümmern, du musst vorsichtig sein.«

Ich sah ihn an und verstand nicht, wie ein gezieltes Wissen über mein Leben so beiläufig gesagt werden konnte.

»Was soll ich machen?,« habe ich gefragt.

»Vorsichtig sein. Komm nicht nach Gaza, bis du von mir hörst, dass die Sache geregelt ist«, antwortete er.

Ich habe Samirs Warnung ernst genommen. Die Erinnerung an den ersten Versuch, mich in Khan Yunis zu töten, war immer noch frisch. Ende Juli 2004, zwei Tage nach der Liquidierung von Amar Abu Sita, dem Kommandanten der Abu-Rish-

Brigaden, eine untergeordnete Splittergruppe der PLO, wollte
ich seinen Bruder Ragach treffen, der den Posten seines Bruders
geerbt hatte. Beide Brüder arbeiteten in den Gewächshäusern
der Familie Magidisch in der Siedlung Gan Or. Im März 1993
haben sie ihren Arbeitgeber, Uri Magidisch, erstochen und sind
nach Khan Yunis geflohen. Seitdem wurden sie gesucht. Die
Ermordung von Magidisch war für sie der Aufnahmetest für
die Falken der PLO, die vor dem Oslo-Abkommen der bewaffnete Arm der PLO waren. Nach der Liquidierung von Abu Rish
scharten die Brüder Sita eine Gruppe von Bewaffneten um sich,
nannten sich im Andenken an ihren Kameraden Abu-Rish-Bri-
gaden und fingen an, sich mit Schießereien und dem Legen von
Minen in den Siedlungen von Gush Katif und der Philadelphia-
Kreuzung zu beschäftigen.

Ragachs Freunde führten Magdi, den Kameramann, und
mich in einen Lagerraum und stellten einen kleinen Tisch auf.
Der Erbbruder Ragach Abu Sita kam. Kleinwüchsig, glatzköpfig und kräftig. Seine Erscheinung wirkte sehr kämpferisch. Er
trug eine Militärhose und Palladium-Kampfschuhe. Er setzte
sich mir gegenüber und gab mir eine Tasse Tee. Plötzlich kam
ein älterer Mann herein und zog Ragach mit sich nach draußen.
Eine Minute später kam er zurück, flüsterte etwas in das Ohr
von Magdi, und dann brach ein Tumult aus. Alle Anwesenden
sprangen auf und drängten mich sofort aus dem Lager. Ein Jeep
hielt mit quietschenden Bremsen, der Fahrer gab abfahrbereit
Gas, noch ehe Abu Sita Platz genommen hatte. ›Steig ein, steig
schnell in den Wagen!‹, drängte mich Ragach und zeigte auf unseren Wagen. Er hängte sich, auf dem Trittbrett stehend, außen
an den Jeep. Der Fahrer begann eine wilde Fahrt auf den Straßen von Khan Yunis. Während der ganzen Fahrt schwenkte
Ragach sein Gewehr und machte mit seinen Händen Zeichen,
die ich nicht verstand. Erst als wir in die Nähe des Checkpoints
Gush Katif kamen, verabschiedeten sie sich von uns. Der Jeep
wendete und kehrte nach Khan Yunis zurück. In diesen Minuten war mir der Grund des Tumults überhaupt nicht klar. Erst

nach dem Ende des Dramas erzählte mir Magdi, dass Ragach ihm ins Ohr geflüstert hatte, dass wir fliehen müssten. Sein Vater, der ältere Mann, hatte ihn gewarnt, dass seine Brüder, die wegen der Liquidierung von Amar verärgert waren, beschlossen hatten, sich an mir zu rächen. Der Vater kam, um mich zu beschützen, weil er dachte, dass es ungehörig sei, einen Gast zu ermorden, der von seinem Sohn eingeladen worden war.

Zwei Wochen nach der Warnung von Samir habe ich ihn wieder angerufen.

»Nun, hat sich das Problem gelöst?«

»Es gibt kein Problem mehr«, sagte er, »die politische und militärische Führung der Hamas haben sich der Sache angenommen. Die Sache wurde geregelt. Du kannst wieder nach Gaza kommen.«

Kapitel 11

Wer für die Beseitigung des Terrors ist, soll seine Hand heben

Die Rakete ist ein breiter zylindrischer Körper, der zum Gefechtskopf schmaler wird. Am hinteren Teil befinden sich ein Auspuff und vier Stabilisierungsflügel. Der mittlere Teil der Rakete ist ein Motor. Den vorderen Teil bildet der Gefechtskopf, der aus einem Aufschlagzünder und einer Sprengladung besteht. Die ganze Rakete wird aus 2,5–3,0 mm starkem Blech gefertigt.

So, in einer trockenen militärischen Sprache, wird die Kassamrakete in den Veröffentlichungen der Armee beschrieben. Und so wird der Krieg gegen die Kassams beschrieben:

Die Terrororganisationen entwickeln strategische Kampfmittel gegen den Staat Israel, um israelische Bürger zu ermorden. Die Armee und die Sicherheitskräfte kämpfen entschlossen auf dem Meer, in der Luft und am Boden, um die Möglichkeit der Entwicklung von Terrormitteln und den Abschuss von Kassamraketen in das Gebiet von Israel zu verhindern. Die Terrormittel werden durch die Terrororganisationen der Palästinenser mit Unterstützung internationaler Terrororganisationen im Gazastreifen entwickelt und gebaut und von dort abgeschossen.

Daten	Kassam 1	Kassam 2	Kassam 3
Länge	79 cm	180 cm	200 cm und mehr*
Umfang	60 mm	115 mm	170 mm*
Gewicht	5,5 kg	32 kg	90 kg*
Gewicht der Sprengladung	0,5 kg	5-7 kg	10-20 kg
Reichweite	3 km	8 km	10 km

* geschätzt

Ich klopfte an die Haustür von Nijad Al-Chilu im Drag-Viertel in Gaza. Ein kleines Mädchen öffnete.

»Ist dein Vater zuhause?«, habe ich gefragt.

Das Mädchen sah mich mit erstaunten Augen an. Ich merkte, dass ich mich geirrt hatte. Der Vater des Mädchens war getötet worden und eigentlich suchte ich ihren Großvater. Das Mädchen schluckte und sagte: »Sidi, du meinst sicher Großvater. Er ist im Geschäft.« Sie zeigte auf die Häuserreihe auf der anderen Straßenseite. »Dort findest du ihn, Sidi.« Ich ging rüber zum Geschäft und von Weitem schon sah ich den Großvater, der eine Zigarette rauchend an der Eisentür lehnte. Als ich näher kam, hat er mich sofort erkannt.

»Shlomi?«, sagte er, als wäre er nicht sicher, dass er meinen Namen richtig ausgesprochen hat.

»Wie geht es dir?«, habe ich gefragt.

Er lächelte ein bitteres Lächeln, das alles sagte. »Wie du siehst ... wie du siehst.«

Wir gingen in das armselige Geschäft hinein. Er stellte neben sich einen Stuhl und machte mir ein Zeichen, dass ich mich setzen solle.

Man musste kein erfahrener Psychologe sein, um zu erkennen, dass der Mensch, der mir da gegenübersaß, einen depressiven Eindruck machte. Gebrochen und traurig. Nihad sah meine prüfenden Blicke, und vielleicht auch die Sorge um sein

Wohl, die sich in meinen Augen spiegelte, und versuchte mich zu beruhigen. »Jetzt bin ich in Ordnung. Fange an zu funktionieren. Ich hatte Tage …«

Oft blieb er mitten im Satz stecken, als ob er wieder an einem anderen Ort versunken wäre. Nach einer Weile kam er wieder zu sich, legte einen Finger an seine Schläfe und fügte hinzu, »Es ist mir was im Kopf verblieben. Etwas ist noch geblieben. Der Verstand ist fast gänzlich verschwunden.«

Dreißig Jahre hat er in Israel gearbeitet und sich viele Freunde gemacht. »Nachdem du mich gefilmt hast, haben sich vielleicht tausend Juden mit mir in Verbindung gesetzt, ungläubig. Das hast du bekommen? Das gibt es doch nicht!«

Das Haus, in dem er lebte, war an eine Reparaturwerkstatt für Radiatoren, Autos und Waschmaschinen angebaut. Der Besitzer, ein schwergewichtiger Mann, stand vor der Ruine seiner Werkstatt und staunte, wie man sie mit der Produktion von Raketen in Verbindung hatte bringen können. In dieser Nacht auf den 22. Februar 2003 schien es, als ob alle Werkstätten in Gaza zu Produktionstätten von Kassamraketen umfunktioniert worden seien. Die Armee zerstörte alle Drehbänke in der ganzen Umgebung und alle kleinen Werkstätten, die mit Eisenarbeiten zu tun hatten, und das alles im Rahmen der weitreichenden Entscheidung, alle Einrichtungen in Gaza zu zerstören, die potentiell zur Herstellung der Raketen geeignet waren. Im Verlauf von zweieinhalb Monaten, von Anfang Februar bis Ende April, hat die Armee die meisten dieser Werkstätten dem Erdboden gleichgemacht. Es ist zweifelhaft, ob man in der Armee wirklich geglaubt hat, dass die »Produzenten« der Kassam, die im Untergrund tätig sind, im Geheimen und isoliert, sich und ihr »Produkt« tatsächlich durch eine offene und allen zugängliche Werkstatt gefährden würden. Als man aber keine Antwort auf die Kassam fand, und aus dem starken Verlangen zu zeigen, dass die Armee nicht tatenlos zusieht, sondern etwas unternimmt, um das, was man die »Kette der Kassamproduktion« nennt, zu zerstören, hat man wieder die einfache Lösung gewählt, die Zerstörung der kleinen Drehbänke. »Krieg gegen die Grundlagen des Terrors.«

Im Verlauf der Zerstörungsaktion wurden mehr als hundertundfünfzig Palästinenser getötet, die meisten unschuldige Zivilisten, die in der Nähe der Werkstätten wohnten, die durch Zufall ausgewählt worden waren.

Die wenigen Bewaffneten, die während der nächtlichen Aktionen angetroffen wurden, waren in der Regel Mitglieder von Organisationen, die gar keine Verbindung zur Kassam-Produktion hatten. Sie waren Bewaffnete niederer Ränge, die sich einfach der Herausforderung stellen wollten, die die Armee allein durch ihre Anwesenheit geschaffen hatte. Nicht die Verteidigung der Kassam-Produktion drängte sie zum Kampf, sondern der Druck ihrer Umgebung war es, der sie zwang, sich gegen die Einheiten der Armee zu stellen, die bis zu den Schwellen ihrer Häuser vorgedrungen war.

Denn wenn sie es nicht getan hätten, warum hätten sie dann ununterbrochen Waffen tragen sollen und versprechen, bis zum letzten Blutstropfen gegen die Besatzung zu kämpfen?

In diesen Tagen kam ich zu einer Werkstatt in der Nähe von Nihads Haus, die die Armee zerstört hatte. Ich filmte die ganze Zerstörung, die die Häuser in der Nachbarschaft erlitten haben. Die Bulldozer gingen gegen die ganze Häuserreihe an und ließen ihre Bewohner verletzt und wütend zurück. Ein Teil der Häuser wurde vollständig zerstört, andere weitgehend. Die Besitzer standen draußen und betrachteten die Ruinen ihres Besitzes. Sie erkannten mich als israelischen Reporter und beeilten sich Nihad zu holen.

»Er spricht perfekt Hebräisch. Arbeitet in Israel. Seine beiden Kinder wurden getötet«, sagten sie in einem Atemzug.

Zwei Männer stützten Nihad, als er langsam auf die Kamera zuschritt. Er ging völlig kraftlos. Jemand flüsterte mir ins Ohr: »Er hat für die Kinder gelebt. Sie waren Fußballer, sein ganzes Leben hat er nur für sie gelebt.«

Nihad kam zu mir, halb ohnmächtig, und ich spürte, dass er

die Härte des Schlages, den er bekommen hatte, immer noch nicht erfasste.

»Als die Panzer kamen«, erzählte er, »liefen wir aus dem Haus und versteckten uns, die ganze Familie, dort, hinter der Mauer. Wir waren die ganze Nacht dort. Wir haben gewartet, dass sie mit dem Zerstören aufhören, weggehen und dass ich es noch schaffe, zur Arbeit nach Israel zu gehen. Um fünf Uhr morgens haben wir gehört, wie die Panzer sich zurückgezogen haben. Ich ging raus, um das zu sehen, und dann rief ich meinen Söhnen zu, dass die Gefahr vorüber sei und wir nach Hause gehen könnten. In dem Moment, als sie aus dem Versteck kamen, hat die Granate sie getroffen.« Das kann er sich nicht vergeben.

»Warum habe ich sie gerufen? Warum? Warum habe ich nicht noch etwas gewartet? Warum habe ich mich beeilt, warum?«

Beide Söhne, Said, der achtundzwanzigjährige, und Ala, der zweiundzwanzigjährige, spielten bei dem Fußballprojekt, das das Peres-Friedenszentrum initiiert hat, und hatten an einem Benefizspiel für den Frieden in Oslo teilgenommen. Said spielte als Stürmer in der gemeinsamen israelisch-palästinensischen Mannschaft, die Brüderlichkeit und Freundschaft unter den Sportlern demonstrieren sollte, gegen eine europäische Starauswahl. Er schoss sogar ein Tor. Nach dem Spiel bekam er von einer lokalen Mannschaft das Angebot, in ihren Reihen zu spielen.

Jetzt sitzt Nihad mir gegenüber auf seinem Stuhl im Tante-Emma-Laden, bewegt sich trauernd hin und her und hört nicht, auf sich zu quälen.

»Man hat ihm zwanzigtausend Dollar für ein Jahr geboten. Aber ich sagte zu ihm: ›Was hast du dort zu suchen? Hier hast du alles, was du brauchst.‹ Ich habe in Israel gearbeitet und war der ›King‹. Ich war König, es fehlte mir an nichts. Ich habe gearbeitet, damit es ihnen gut geht. Und sieh mal, ich war König und jetzt bin ich ein lebender Toter.« Er senkte seinen Kopf und fuhr fort: »Ich habe Unsinn geredet. Ich war geschockt. Jetzt zahle ich dafür.« Und er meinte die Worte, die er damals vor der Kamera gesagt hatte: »Du bist gekommen, um eine Drehbank zu zerstören? Was hat das Haus damit zu tun? Das ist meine Arbeit, das ist mein Wagen.« Er zeigte auf seinen Wagen, der unter den Ruinen begraben war, und fuhr fort: »Zwei Söhne, ein Haus, ein Wagen – so hat man mein ganzes Leben zerstört. Was soll ich jetzt noch erwarten? Ihr wartet auf ein Attentat von mir. Ich!« Er schlug so stark auf seine Brust, dass er keine Luft bekam. »Ich werde selber das Attentat ausführen. Kinder habe ich nicht. Ein Haus habe ich nicht. Einen Wagen habe ich nicht. Worüber soll ich jetzt noch weinen? Was habe ich zu verlieren?«

Zwei Tage später teilte man ihm mit, dass seine Arbeitserlaubnis für Israel annulliert worden war. Nijad ist überzeugt, dass die Worte, die er im Sturm der Gefühle sagte, die Israelis dazu bewogen haben, seine »Karte des Lebens«, die er dreißig Jahre gehabt hatte, zu annullieren. Auch wenn er nicht mit der Durchführung eines Racheattentats gedroht hätte, wäre seine Arbeitserlaubnis dennoch aufgehoben worden. So funktionieren die starren Verfahren zur Annullierung von Arbeitserlaubnissen in Israel. Jeder Palästinenser, dessen Familienmitglied ersten Grades durch die Armee getötet wurde, ganz egal, ob es terroristisch aktiv war oder irrtümlich zum Opfer wurde, war von nun an selbst verdächtig. Er wurde sofort zu der Liste »Profil eines Selbstmordattentäters« hinzugefügt als jemand, der wegen der Ermordung eines Familienmitglieds ein Racheattentat durchführen könnte. Nihad blieb vollkommen mittellos.

Ein Mann kam in den Laden und wollte zwei Zigaretten kaufen. Nihad öffnete eine Packung, zog zwei Zigaretten heraus und bekam einen Schekel. »Das ist geblieben.« Er entschuldigt sich dafür. »Das ist der Kolonialwarenladen der Söhne. Hier haben sie gearbeitet. Nachdem sie getötet worden waren, habe ich das Haus renoviert und das Geschäft, damit ich ein Einkommen habe. Aber was für ein Einkommen? Ich verdiene kaum fünfhundert Schekel im Monat Das habe ich in Israel an einem Tag gemacht. Man sagte mir: ›Geh und bitte bei den Organisationen der Hamas um Hilfe, sie werden dir helfen, du bist doch der Vater von zwei Märtyrern.‹ Aber was soll ich gehen – wie die anderen Bittsteller? Wie könnte ich? Einer war König und jetzt ist er arm.« Und er hörte nicht, auf seinen Körper zu bewegen, wie es die Trauernden machen.

Es fiel mir schwer, den Laden zu verlassen und Nihad so zurückzulassen, der aussah wie ein gebrochener Mann. Ich machte mir Vorwürfe wegen des schrecklichen Unrechts, das wir ihm angetan hatten. Wir haben seine Familie getötet und nicht aufgehört, ihn weiter zu schlagen, tagtäglich, mit schrecklicher Konsequenz, als ob man nichts ändern könnte. Nach israelischer Lesart soll man sich bei der Hamas darüber beklagen, dass es im Krieg auch unschuldige Opfer gibt.

»Gibt es etwas, was ich für dich tun kann?«, habe ich gefragt. »Ich weiß nicht, ob ich wirklich helfen kann, aber ich werde es versuchen. Willst du wirklich wieder in Israel arbeiten? Wird dir das helfen? Deine Lage erleichtern? Den Schmerz?«

Nihad hielt mich an der Hand und führte mich raus. Wir gingen einige Schritte auf das Haus zu, das er renoviert hat. »Sieh!« Er zeigte auf ein Fenster. Dort saßen kleine Kinder, blickten von oben auf uns herab und lachten. »Das ist jetzt meine Aufgabe. Vier Waisenkinder großziehen. Vier Enkel, die Kinder meiner Kinder, die durch euch getötet wurden. Neun Seelen muss ich von diesem Laden ernähren. Versteh, wenn du was verstehen kannst.«

Und alle meine Bemühungen, dass jemand im israelischen Sicherheitsapparat verstehen und Nihad helfen würde, waren vergeblich.

Operation »Stahlreiter«

Am 11. Mai 2004 begann die Armee mit der Operation »Stahlreiter« zur Lokalisierung von Werkstätten im Zeiton-Viertel in Gaza.

Ein Bataillon der Givati-Brigade sollte alle Werkstätten zerstören, die im Vorfeld gekennzeichnet worden waren. Gleichzeitig sollten durch die Maßnahme Bewaffnete, die auf ein Feuergefecht aus waren, angezogen und erledigt werden. Diese Methode galt in der Armee als effizient. Aus den Erfahrungen der Vergangenheit wusste man, dass die Bewaffneten der Verführung zum Kampf nicht widerstehen konnten und sehr schnell in die Feuerfalle hineintappten, die ihnen die Armee gestellt hatte und die genau auf diesen Augenblick wartete. Und so konnte man am Ende der Operation der israelischen Öffentlichkeit zusätzlich zur Zerstörung der Werkstätten auch noch die Liquidierung von Terroristen vorführen. Die »Beseitigung der Terrorbasis« bekam einen operativen Inhalt, der eine andere Dimension vorgaukelte – die Beseitigung der Erzeuger und die Beseitigung der Erzeugnisse. Aber in Wirklichkeit waren in den meisten Fällen weder die Erzeuger noch die »Erzeugnisse« vernichtet worden.

Nach dem Armeebericht wurde der Kampf so durchgeführt: Er begann um Mitternacht plus sechs Minuten.

00:50   Die erste Sprengladung wird gegen die vorrückenden Einheiten gezündet. Es gibt keine Verletzten.

03:40   Ein Fahrzeug der Pioniere fährt über eine Sprengladung. Ein Soldat wird leicht verletzt.

03:59   Eine Werkstatt mit 20 Drehbänken zur Herstellung von Granatwerfern wird von den Einheiten zerstört.

04:49   Eine Werkstatt mit 5 Drehbänken wird von den Einheiten zerstört.

05:18   Eine Sprengladung wird gegen ein Fahrzeug der Pioniere gezündet. Es gibt keine Verletzten.

06:15   Ein gepanzertes Truppenfahrzeug mit 6 Soldaten, das
        Dutzende Kilo Sprengstoff geladen hat, fährt über eine
        Sprengladung und explodiert. Alle Soldaten werden ge-
        tötet.

Die Ladung, die versteckt worden war, wog Dutzende von Kilo.
Durch die Gewalt der Explosion verteilten sich die Körperteile
der Soldaten im Umkreis von mehreren hundert Metern. Die
Aktivisten des Islamischen Dschihad, die den Schusswechsel
mit den Einheiten der Armee geführt haben, sammelten die
Körperteile auf, darunter den Kopf eines Toten, der vollständig
erhalten war, und teilten mit, dass sie die Körperteile bis zur
Befreiung von Gefangenen aus israelischen Gefängnissen nicht
zurückgeben würden. Die Reporter der Nachrichtenagenturen
Reuters und IP machten sogar schreckliche Bilder von Palästinensern, die ihre Hände in das Blut der Soldaten eintauchten
und vor Freude tanzten. Die Operation »Stahlreiter« war beendet. Es begann die Operation »Eisenhand« zur Lokalisierung
der Körperteile der Soldaten. Das Wohnviertel Zeiton wurde
mit großen Kräften der Armee abgesperrt, und Israel gab bekannt, dass es seine Einheiten nicht abziehen werde, bis alle
Körperteile zurückgegeben seien. Und Israel werde auch unter gar keinen Umständen mit den Männern des Islamischen
Dschihad verhandeln.
Wobei natürlich sofort Verhandlungen begonnen haben.
Um der öffentlichen Meinung in Israel das trügerische Gefühl
zu vermitteln, dass Israel nicht vom Wohlwollen der Palästinenser abhängig wäre, hat man Ägypten um Hilfe gebeten. Ägypten sollte auf die Palästinenser Druck ausüben, auf die verschiedenen Organisationen, damit sie alle Körperteile zurückgeben.
In Wirklichkeit aber sollten die Ägypter nur als Feigenblatt für
das eigentliche Vorgehen dienen, das bereits begonnen wurde,
unmittelbar nachdem die Körperteile in die Hände des Islamischen Dschihad gefallen waren. Der Leiter des Sicherheitsdienstes, Avi Dichter, telefonierte mit Mohammed Dahlan und bat

ihn, seinen gesamten Einfluss aufzubieten, um die Körperteile zurückzuholen. Die Aufgabe wurde den Verantwortlichen für den palästinensischen Sicherheitsdienst übertragen: Rashid Abu Shbach und Samir Mashrahawi. Und das, obwohl Israel jeden Kontakt zu ihnen mit der Begründung boykottiert hatte, dass Abu Shbach bei dem Attentat auf den Bus mit den Kindern am 20. November 2000 in Kfar Darom beteiligt gewesen wäre. Diese Anschuldigungen erwiesen sich jedoch später als haltlos, aber Israel hat Shbach und andere Verantwortliche im palästinensischen Sicherheitsdienst dennoch niemals ganz von diesem Vorwurf freigesprochen. Mashrahawi und Shbach stellten sich der Herausforderung, die Körperteile aus den Händen des Dschihad zurückzubekommen.

»Sehr schnell habe ich verstanden, dass die Körperteile sich bei einer kleinen Einheit des Djihad befanden und alles Gerede, dass auch die Al-Akza-Brigaden Körperteile hätten, nicht der Wahrheit entsprach«, erzählte Mashrahawi. »Ihre Absicht war, das Gefühl zu vermitteln, dass sie nur ein Teil der Geschichte sind. Als ich sie traf, sprachen sie von der Befreiung der Gefangenen und allen möglichen anderen Forderungen, als ob sie wer weiß was in Händen hätten. Ich sagte zu ihnen: ›Keine Gefangenen und kein gar nichts. Auch ich will die Befreiung der Gefangenen, mehr noch als ihr. Auch meine Freunde sind im Gefängnis, nicht nur eure. Aber so befreit man keine Gefangenen. Das ist nicht der Weg. Nicht mit Körperteilen. Das ist gegen meine Moral ist und gegen die Moral von jedem Palästinenser, der sich als Mensch achtet‹, habe ich ihnen erklärt«, fügte Samit hinzu. »Wenn sie mir nicht die Körperteile gäben – vor allem den Kopf des Soldaten – würden viele Palästinenser getötet. Israel würde das Wohnviertel nicht räumen, egal, was auch passiert, und Bewaffnete und Kinder würden Gefechte mit den Soldaten führen.«

Und tatsächlich fanden die ganze Zeit über heftige Gefechte zwischen den Bewaffneten und den Kräften der Armee statt, die das Viertel abgeriegelt hatten.

Der Jugendliche Arafat Abu Shabak im Flüchtlingslager Shabora 1993

Djamal Abu Samhadana vor dem Rückzug der Israelis aus Gaza

In Zeiton versammelten sich Hunderte Palästinenser, hauptsächlich Kinder, die ohne Furcht vor den Panzern und gepanzerten Fahrzeugen standen. Das war das absolut beste Schauspiel in der Stadt. Als ob der Straßenkarneval stattfindet und nicht ein Krieg. Die Kinder von Zeiton haben sogar ein Spiel entwickelt, das mich an das »Itzik-Spiel« erinnert. In Israel stehen die Kinder am Straßenrand und warten auf ein vorbeifahrendes Fahrzeug. Und wenn eins kommt, dann stürmen sie auf die Straße, in der Hoffnung, dass sie den Fahrer erschrecken und gleichzeitig ihre Freunde durch ihren Mut beeindrucken. Die Kinder von Zeiton dagegen standen am Rand einer Straße, in deren Mitte ein Panzer der Armee stand. Ein Kind rannte also über die Straße, und wenn es das schaffte, ohne von einer Granate oder einer Kugel getroffen zu werden, gewann es die ganze Kasse.

Ich stand abseits und beobachtete staunend die Jugendlichen. Sie strömten wie Bienenschwärme in das gefährliche Gebiet. Ich weiß nicht, was sie in solch einer Nähe zu sehen hofften. Wenn ein Schuss fiel, liefen sie zurück wie erschrockene Vögel angesichts des bedrohlichen Jägers. Vorne, neben einem der Häuser standen Bewaffnete mit einem Paket in der Hand. Ich drängte Magjdi, den Kameramann, sich ihnen zu nähern und ihr Tun zu filmen. Magjdi, ein erfahrener Intifadakrieger, warnte mich davor, zu nah heranzugehen. Er wusste, wovon er redet. Aber ich hörte nicht auf seine Warnungen und näherte mich den Männern bis auf zehn Meter, bis das »Paket« mit der Schnur, die einer der Bewaffneten hielt, gut im Sucher der Kamera zu erkennen war. Plötzlich war das Geräusch eines Helikopters zu hören. Die Kinder schrien: »Rakete! Rakete!« und rannten in Panik auseinander. Auch ich lief mit ihnen. Hinter mir hörte ich ein scharfes Zischen und einen gewaltigen Knall. Ich barg meinen Kopf zwischen meinen Händen. Ich lief wie irrsinnig. Damit ich nur nicht mit ihnen zusammen ein »Shahid« würde, damit ich nur nicht mit allen getroffen würde. Ich war inmitten eines Splitterwirbels. Millionen von Splittern flogen in alle Richtungen – die Reste der Rakete, die der Helikopter abgeschossen hatte. Als die Gefahr vorüber war und ich mich überzeugt hatte, dass ich gesund und ganz war, fühlte ich mich, als ob ich bei dem wahnsinnigen »Itzik-Spiel« mitgemacht hätte. Ich in ein befreiendes Lachen aus. Ein Lachen nach einer furchtbaren Gefahr, es gibt nichts Süßeres.

Zwei Tage nach Beginn der Operation zur Zerstörung der Werkstätten bekam Mashrahawi um Mitternacht einen Anruf vom Kommandanten der Jerusalem Brigaden des Islamischen Dschihad. Er bat um ein Treffen und wollte einen Handel vorschlagen. Sie reichten Samit den abgeschlagenen Kopf des Soldaten, eingewickelt in Zeitungspapier. Mashrahawi fuhr zum Haus des palästinensischen Sicherheitsdienstes in Tel Haruchot, dem Hügel der Geister. Dort warteten Rashid Abu Shbab, der Kommandant des Sicherheitsdienstes, und Salim Abu Safia, der Verantwortliche für die Übergänge. Sie hatten einen Proviantkasten mit Eiswürfeln besorgt. Die Operation »Eisenhand«, die die Operation »Stahlreiter« ersetzt hatte, kam zu ihrem Ende.

Seitdem hat es keine Operationen mehr gegeben, um Werkstätten in Gaza zu zerstören. Ist es möglich, dass in der ganzen Stadt keine Drehbänke geblieben sind? Oder es bestand keine Notwendigkeit mehr, die israelische Öffentlichkeit mit unsinnigen Operationen zu beeindrucken, die ihren Blutpreis gefordert und keines der Probleme gelöst haben?

Salims Geschichte

Salim Abu Safia, mein Freund, der Verantwortliche auf Seiten der palästinensischen Behörden für die Grenzübergänge nach Israel und Ägypten, baute eine Prachtvilla auf dem Grundstück seiner Familie in Beit Lahi im Norden des Gazastreifens. Das neue Haus wurde mit einem Zaun umgeben, drei prachtvolle Marmortreppen führten zur breiten Haustür aus Holz, die sich zu einem breiten Wohnraum öffnet. Die Aussicht aus den Fenstern entsprach der üblichen unerfreulichen Aussicht in Gaza, aber das konnte man nicht ändern. Vielleicht hätte man einen grünen Zaun pflanzen sollen, um die Sicht zu verschönern. Der Bau des Traumhauses von Salim wurde nicht vollendet. Es fehlte noch der letzte Schliff, ehe die ganze Familie in ihr neues Heim umziehen konnte. Übrigens haben sich natürlich viele gefragt, woher Salim das Geld für sein Traumhaus hatte.

Salim und seine Familie haben ein altes Geschäft zur Viehzucht - Schafe, Ziegen, Kühe -, von dem sie sich in Ehren ernähren.

Nachdem eine Batterie Kassamraketen aus dem Norden des Streifens auf israelisches Gebiet abgeschossen worden war, vermutete Salim, dass die Armee eine neue Operation zur Lokalisierung der Kassam-Abschussbasen vorbereite und in den Streifen einmarschieren werde. Seit die Werkstätten zerstört worden sind, gibt die Armee nicht mehr vor, mit den verschiedenen Operationen die Grundlage der Kassams zerstören zu wollen, sondern begnügt sich damit, den Abschussort und die beteiligten Aktivisten zu finden, manchmal auch damit, nur Präsenz zu zeigen.

»Ich beschloss, im Haus zu schlafen und aufzupassen, dass meine ganze Mühe nicht den Bach runtergeht. Ich beschloss auch, die ganze Nacht wach zu bleiben, damit kein Hurensohn auf die Idee kommt, sich im Haus zu verstecken und von dort Kassamraketen abzuschießen. Ich legte mich auf eine Matratze und wartete, dass die Nach vorüber geht. Um zwei Uhr in der Nacht ging ich raus und schob meinen Jeep in den Hof, damit es keine Probleme gibt. Um fünf Uhr morgens hörte ich das Geräusch eines Panzers. Ich öffnete das Fenster und sah einen Bulldozer mitten im Hof. Er hatte den Zaun zerstört und stand vor der Tür. Ich schrie aus dem Fenster: ›Macht nichts kaputt! Macht nichts kaputt! Ich bin's, Salim, ich habe nichts mit dem zu tun, was ihr sucht.‹ Ich versuchte den leitenden Verbindungsoffizier anzurufen, aber sein Telefon war abgeschaltet. Ich habe weiter aus dem Fenster geschrien, aber es hat nicht geholfen.

Plötzlich sah ich, wie der Bulldozer den Jeep auf seine Schaufel hebt und mit ihm zwanzig, dreißig Meter fährt. Ich sah ihn den Jeep zerquetschen und aus ihm eine Streichholzschachtel machen. Dann kam der Bulldozer langsam zurück und legte den Jeep – oder was von ihm übrig war – vor meine Haustür. Der Soldat öffnete das Fenster, zwinkerte mir mit seinem rechten Auge zu, lächelte ein breites Lächeln und fuhr fort.«

Die Geschichte der Eisenträger

Eineinhalb Jahre arbeiten sie von der Frühe bis in die Nacht, um die teuren Eisenträger aus dem Betonguss ihres zerstörten Hauses herauszulösen. Eineinhalb Jahren habe ich ihre Arbeit verfolgt, die langsam voranschritt. Wenn man vorführen muss, was Fronarbeit ist: Die Brüder Muhamed und Monid Zaanun aus Beit Lahi können ein Kapitel in Fronarbeit lehren. Zunächst schlugen sie mit einem großen Hammer auf den Beton ein und versuchten, ein Eisen nach dem anderen herauszuholen, die sie beim Bau ihres neuen Hauses gebrauchen konnten. Als ihre Hände voller Schwielen und Hornhaut waren, mieteten sie einen Presslufthammer von Kongo, um sich die Arbeit zu erleichtern. Aber die Mietkosten für das Gerät waren sehr hoch. Also beschlossen sie, ein Teil des Eisens, das sie aus der Ruine gerettet hatten, auf dem Schwarzmarkt zu verkaufen und dafür ein eigenes Gerät zu kaufen. Immer, wenn ich an dem zerstörten Haus vorbeifuhr, wunderte ich mich wieder, woher sie diese anhaltende Kraft nahmen, für Eisenstangen zu arbeiten, alles in allem nur Eisenstangen.

»Warum macht ihr das?«, habe ich sie jedes Mal gefragt, wenn ich dort war, manchmal extra gekommen war, um sie zu filmen.

»Wir haben keine andere Wahl«, haben sie geantwortet, »wenn wir das nicht machen, könnten wir kein neues Haus bauen, anstelle des zerstörten.«

»Habt ihr Geld zum Bauen?«

»Nein, aber wir fangen mit dem Herausschlagen der Eisenträger und der Räumung der Ruine an.«

Das Haus wurde zerstört, da sich hinter dem Rohbau versteckt Kassam-Abschussrampen befunden hatten, von denen Raketen in Richtung Sderot abgefeuert wurden. Um weitere Abschüsse unmöglich zu machen, musste natürlich das Haus der Brüder zerstört werden. Eineinhalb Jahre haben sie ununterbrochen gearbeitet, bis sie das letzte Eisen herausgeschlagen hatten.

Der Bruder des Kameramanns Magjdi, Ramsi, ein Eisenhändler von Beruf, hat sie staunend angesehen und gesagt: »Diese Träger haben keinen Wert, sie werden sie niemals wieder einsetzen können. Sie werden sie niemals begradigen können.«

Aber bei den Brüder Zanun sagt man nie »niemals«.

Nachdem meine Reportage über die beiden gesendet worden war, kontaktierte mich eine israelische Bürgerin und sagte: »Ich bitte dich um einen Gefallen. Ich habe niemals eine solche beständige Kraft gesehen, ich möchte ihnen Geld spenden, das ihnen helfen soll, ihr Haus zu bauen.« Sie reichte mir einen Umschlag mit sechstausend Schekeln, eine Anzahlung für das neue Haus der Familie Zanun.

Ich kam mit dem Geld zu ihnen und gab ihnen den Umschlag, auf den die jüdische Spenderin einige arabische Worte geschrieben hatte: »Ihr werdet damit kein Haus bauen können, aber ihr könnt zumindest das Fundament gießen.«

Die Brüder Zanun waren fassungslos. »Wie kann es sein«, flüsterte einer der Brüder in das Ohr des anderen, »dass es auch gute Juden gibt? Wie kann es sein, dass eine Hand zerstört und eine Hand aufbaut?«

Operation »Versöhnungstage« in Jabalija

Nachdem am 30. September 2004 Yuval Awawa, vier Jahre alt, und Dorit Hinsu, zwei Jahre alt, Opfer einer Salve Kassamraketen auf Sderot geworden waren, begann die Armee eine groß angelegte Operation im Norden des Gazastreifens. Die Aktion galt dieses Mal dem Brennpunkt Jabalija. Aus diesem Flüchtlingslager waren die verbesserten Kassam-3-Raketen abgeschossen worden. Nachdem die Methoden früherer Operationen – die Zerstörung von Werkstätten und die Lokalisierung von Abschussrampen – den Raketenbeschuss nicht hatten beenden, ja nicht einmal verringern können, war die Arbeitsgrundlage für die neue Operation, dass die Einwohner von Jabalija das erreichen sollten, woran Israel bisher gescheitert war. Wenn sie den Druck der Armee spürten und die richtige Folgerungen daraus zögen, würden sie ihrerseits auf die Terrorgruppen Druck ausüben und sie aus dem Lager vertreiben.

Zu Beginn der Operation hat die Armee die Einreise von israelischen Journalisten in den Gazastreifen unterbunden, und somit wurde eine freie Berichterstattung über das Geschehen im Flüchtlingslager unmöglich. Auch ich blieb draußen und wurde mit Berichten und Reportagen von palästinensischen Journalisten und Fotoreportern der internationalen Presseagenturen beliefert.

Die Operation »Versöhnungstage« dauerte achtzehn Tage und Nächte und in ihrem Verlauf wurden etwa hundertzwanzig Palästinenser getötet. Nach den Angaben der Organisation B'tselem[14] wurden einunddreißig Minderjährige im Verlauf der Feuergefechte getötet. Nach den Angaben palästinensischer Organisationen, die auf den Berichten der Krankenhäuser basieren, waren die meisten anderen Tote Zivilisten, die vom Feuer der Armee getroffen wurden. Auch die Bewaffneten, die im

---

[14]   Eine Menschenrechtsorganisation, die israelisches Unrecht dokumentiert.

Verlauf der sich lange hinziehenden Operation getötet wurden, gehörten zu den »niedrigen Rängen«, die keinerlei Verbindung zu dem hoch spezialisierten Apparat der Produktion und des Abschusses von Raketen hatten. Sie waren lediglich einfache Aktivisten, die mit ihren Waffen auf die Straße gingen, um ihrer Nachbarschaft zu zeigen, dass sie etwas tun und tatsächlich für die Befreiung »ihrer Heimat« kämpfen.

Nach zehn Tagen der »Versöhnung«, in denen die Zahl der toten Palästinenser auf achtzig gestiegen war, machte sich sogar bei der Armee das unangenehme Gefühl breit, dass die Operation sich sinnlos verlängere. Dem Kommandanten der Armeeeinheiten in Gaza, Generaloberst Shmulik Zachai, wurde der Ausspruch eines »höheren Offiziers« zugeschrieben, der gesagt hatte, »dass die Politik auf die Armee Druck ausübt, mit der Operation fortzufahren, obwohl die Armee die Ziele erreicht hat«.

Die Operation »Versöhnungstage« war erstaunlicherweise für kurze Zeit erfolgreich. Die palästinensische Bevölkerung von Jabalija hat sich tatsächlich gegen die Kassameinheiten erhoben, weil sie Tod und Zerstörung in den armen und weltweit am dichtesten besiedelten Ort gebracht hatten.

»Warum schießen sie von hier aus auf die Gebiete von 1948?«, fragten Zuhörer aus Jabalija in den Sendungen der offenen Rundfunkanstalten in Gaza. Und sie ergänzten ihre Frage um einen Rat an die Bewaffneten: »Geht nach Khan Yunis und Rafah, dort geht die Besatzung weiter.«

Es gab auch einen Zuhörer, der hervorhob, dass die Bedienungsmannschaften der Kassamraketen eine Prämie von tausend Dinar für jede abgeschossene Kassam bekäme, eine passende Belohnung von »draußen«. »Sie machen mit uns Geld und wir müssen dafür bluten.«

Ein anderer Zuhörer machte den praktischen Vorschlag, dass die Hamas, die für die Erhebung vieler Spenden bekannt ist, die Verantwortung für die Schäden übernimmt und die von der »Besatzungsarmee« zerstörte Infrastruktur wiederaufbaut.

Wie sich herausstellte, stießen diese Stimmen nicht auf taube Ohren. Die Hamas bezieht ihre Macht, wie schon immer, seit ihrer Gründung als breite Volksbewegung, aus der Unterstützung der Öffentlichkeit auf der Strasse. Wenn die Führer der Bewegung – und sogar die Kommandanten ihres militärischen Arms – den Eindruck haben, dass ihre Aktionen nicht die Unterstützung bekommen, die ihre Taten gerechtfertigt erscheinen lässt, ziehen sie sofort die notwendigen Schlüsse und stellen für eine Zeitlang ihre aggressiven Tätigkeiten ein, bis die Geister sich beruhigt haben und sich ein Grund oder ein neuer Vorwand gefunden hat, um die Aktivitäten wieder aufzunehmen.

So hielt es auch Scheich Achmed Yassin als Anführer der Bewegung. Im Februar 2003, nach einer Salve von Kassamraketen in Richtung von Sderot und der israelischen Androhung einer groß angelegten Gegenmaßnahme teilte Scheich Yassin nach dem Freitagsgebet mit, dass die Hamas als Geste des guten Willens den Abschuss von Kassamraketen einstelle. Und tatsächlich wurden die Abschüsse umgehend beendet. Nach einer Woche Ruhe unternahm die Armee eine neue Operation zur Lokalisierung der Werkstätten und marschierte in Gaza ein. Das war die Operation, bei der die Söhne von Nihad Al-Chilu und weitere neun Palästinenser getötet wurden. Als Reaktion verkündete Yassin: »Wir haben mit dem Abschuss der Raketen aufgehört, um unserem Volk zu beweisen, dass der israelische Feind mit seiner Aggressivität fortfährt, dass er keine Rechtfertigungen dafür nötig hat. Deshalb werden wir mit allen uns zur Verfügung stehenden Mitteln weitermachen, in aller Öffentlichkeit und ohne uns zu distanzieren.«

Ein Staat kann natürlich nicht untätig zusehen, wenn er mit Raketen beschossen wird und seine unschuldigen Bürger getötet werden. Kein Staat der Welt würde das ohne Reaktion akzeptieren. Aber die diversen Operationen der Armee haben nur noch mehr Öl ins Feuer gegossen. Die palästinensischen Toten in Jabalija und den anderen Orten, in denen die Armee

Werkstätten, Häuser und landwirtschaftliche Flächen zerstörte, führten nicht dazu, dass die Abschüsse von Kassamraketen oder die Entwicklung und Verbesserung der »Rakete von Adnan« eingestellt worden wären.

Der Krieg gegen die Kassams war komplex. Gleichzeitig mit der Zerstörung der Drehbänke wurde die Einfuhr von Eisenstäben, die für den Bau verwendet werden, verboten. Die Preise stiegen in die Höhe und die Tonne wurde auf dem Schwarzmarkt zu tausend Dollar verkauft, dem Vierfachen des in Israel üblichen Preises. Der Abschuss der Kassams dauerte an. Das Verbot bestand vier Monate, bis die Erlaubnis, das Basisbaumaterial einzuführen, von Neuem erteilt wurde, aus Angst, dass die Baubranche sonst kollabieren würde. Irgendjemand in Israel hatte wohl verstanden, dass man bei aller Notwendigkeit, die Kassams zu bekämpfen, ihre Produktion so nicht verhindern würde. Aber immer noch war die Einfuhr von hunderzweiundzwanzig Sorten von Rohren in den Gazastreifen verboten - aus der einfachen Überlegung heraus, dass jedes Rohr am Ende zu einer Kassamrakete werden könne.

Die Marie-Antoinette-Methode - »Wenn es kein Brot gibt, dann soll man Kuchen essen« - wurde auch in der Politik angewendet: Wenn es kein Eisen gibt, soll man ohne bauen. Fast alle landwirtschaftlichen Flächen in Beit Lahi und Beit Hanun, von denen aus die Kassams abgeschossen wurden, sind von Planierraupen der Armee umgepflügt worden. Jedes Haus oder Gebäude, in dessen Nähe eine Kassam abgeschossen wurde, ist bis auf die Grundmauern zerstört worden. Als ich in Beit Hanun nach einer solchen Zerstörungsaktion umherschlenderte, war ich schockiert zu sehen, wie gut und klar Sderot zu erkennen war - wie auf dem Präsentierteller. Die roten Dächer wirkten so nah. Sderot im Ganzen bietet inzwischen ein freies und leichtes Ziel, sodass ein Abschuss ein Leichtes ist. Und in der Tat, die Raketen fliegen weiter, sie treffen und verbreiten Schrecken. Zum Glück ist Genauigkeit nicht die starke Seite der »Rakete von Adnan«. Hier hat sich einmal mehr die Verständnislosigkeit und mangelnde Weitsicht gezeigt, die die Entscheidungsträger in Israel charakterisieren. Nach dieser Methode hätte man doch alle Häuser planieren können, hinter denen diejenigen sich versteckten, die die Kassam abgeschossen haben, in der irrtümlichen Annahme, dass die Planierung sie davon abbringen würde.

Im August 2004 war ich Zeuge eines seltenen Ereignisses. Einige hundert Meter südlich vom Checkpoint Erez, in der Nähe des palästinensischen Polizeipostens, fuhr langsam ein Merkawa-Panzer. Der Panzer und weitere gepanzerte Fahrzeuge um ihn herum pflügten die Salach-A-Din-Straße auf, die breite Straße, die den Norden des Streifens mit dem Süden verbindet. Diese Straße wurde vielleicht hundertmal zerstört und wiederhergestellt. Plötzlich wurde aus der Richtung eines der Häuser eine Kassam abgefeuert, im wahrsten Sinne des Wortes unter der Nase des Merkawa-Panzers. Die palästinensischen Polizisten, die in meiner Nähe waren, rannten um ihr Leben, winkten mir und schrien: »Lauf weg! Lauf weg!« Ich verstand nicht, warum ich weglaufen sollte. Später hat man mir erklärt, dass nach dem Abschuss einer Kassam den Polizisten die ersten Feuersalven gelten, die die Soldaten in alle Richtungen schießen. Diesmal wurde zum Glück kein Feuer erwidert.

Die Armee versuchte mit unzähligen militärischen Operationen die politische Entscheidung umzusetzen, den Abschuss von Raketen auf israelische Siedlungen zu beenden. Aber die einfache Methode, die jedes Mal aufs Neue angewandt wurde, nämlich die wahllose Planierung und Zerstörung, hatte nicht den geringste Abschreckungseffekt. Diese Operationen haben die Bevölkerung von Beit Lahi und Beit Hanun nur noch mehr dazu aufgestachelt, die Hamas zu unterstützen. Bei den Gemeindewahlen vom 5. Mai 2005 wurden diese Vororte zum Beweis mit der grünen Farbe der Hamas eingefärbt. Über die Rechtsmäßigkeit der Wahlergebnisse wurde gerichtlich zwischen der PLO und der Hamas gestritten, aber über eine Tatsache gibt es keine Diskussion: Auch Beit Lahi wurde zu einer leicht eroberten Bastion der Hamas, der es besser gelang, die Früchte der besonderen israelischen Operationen zu ernten.

Und dennoch: Gab es einen anderen Weg?

Unmittelbar nachdem Mahmoud Abbas, Abu Mazen, nach dem Tod Arafats zum Präsidenten der Autonomiebehörde gewählt worden war, kam dieser nach Gaza. Auf seinem Weg von Ramallah gab er durch seinen Sprecher Mahar Shalabi bekannt, dass es in seiner Absicht liege, mit den verschiedenen Gruppierungen in Gaza Gespräche über einen Waffenstillstand zu führen. In Israel hat man sehr daran gezweifelt, insbesondere, da die bewaffneten Brigaden der Al-Akza-Gefallenen bei Abbas' vorhergehendem Besuch in Gaza – unmittelbar nach der Beisetzung von Arafat – ihre Macht in der Trauerhütte, die man zu Ehren des verstorbenen Rais errichtet hatte, gewalttätig demonstriert haben. Die Männer von Achmed Chiles, dem Sekretär der Fatah im Gazastreifen und Kontrahenten von Mohammed Dahlan, eröffneten das Feuer auf Abbas, den seine schockierten Leibwächter schnell in Sicherheit bringen mussten.

Über den Schüssen und dem Geschrei der Schützen und der Flüchtenden ertönte die Stimme Mohammed Dahlans: »Abu Mazen! Abu Mazen! Verschwinde sofort von hier!« Abu Mazen wurde sofort in das Gebäude des palästinensischen Fernsehens gebracht, um zu zeigen, dass er am Leben ist und Herr der Lage.

Am 19. Januar 2005, um fünf Uhr am Nachmittag, erreichte die Kolonne des neuen Präsidenten den Grenzüberganz Erez.

Israel hatte schon mit der Operation »Schutzmauer« gedroht, als durch eine Kassamsalve in Richtung Sderot das Mädchen Ajala Chaja Abuksis lebensgefährlich verletzt wurde und später ihren Verletzungen erlag. Abu Mazen bekam keine lange Gnadenfrist. In Wirklichkeit bekam er nicht einmal eine Frist von einer Minute, als er zum Grenzübergang Erez kam.

Der gepanzerte Mercedes des Präsidenten wurde auf den Prüfstand gestellt und israelische Soldaten führten eine sorgfältige Durchsuchung durch, während der gewählte Präsident noch im Wagen saß. Mahar Shalawi sah mich diesen peinlichen Vorgang filmen und sagte: »Wenn du ein Interview mit dem Präsidenten willst, dann sendest du dieses Material nicht.« (Es wurde gesendet.) Noch bevor die Wagenkolonne den Grenzübergang Erez verlassen hatte, flogen über den Kopf von Abu Mazen zwei Kassamraketen in Richtung Sderot.

Die Kolonne des neuen Präsidenten fuhr unter dem Eindruck eines kompletten Chaos nach Gaza hinein. Weder eine Beruhigung der Lage noch ihre Neustrukturierung schien möglich. Aber nach zweiundsiebzig Gesprächen mit den Vertretern der bewaffneten Splitterparteien haben alle – mit Ausnahme zweier kleiner Organisationen, der Abu-Risch-Brigaden und des Komitees des Volksaufstands – erklärt, dass sie den Vorschlag Abu Mazans für eine Waffenruhe akzeptieren. Tahidia, Beruhigung, war der neue Begriff, der sogar in die hebräische Sprache eingegangen ist. Aber es war ein Haken dabei – sie reklamierten das Recht auf Abschreckung für sich. Auf jeden israelischen Vertragsbruch würde eine Reaktion kommen, haben sie verkündet. Und trotz der Versuche in Israel, die Ergebnisse kleinzureden und trotz des fragilen Übereinkommens, das Abu Mazen erreicht hatte, mussten auch die großen Zyniker zugeben, dass die Welle der Anschläge in Israel deutlich abgenommen hat.

Es stellt sich die Frage, ob man eine ähnliche Vereinbarung während der langen Jahre der Intifada hätte erreichen können. Hätte man den Beschuss von Sderot mit Kassamraketen schon 2002 beenden können, noch bevor er zur Routine wurde? Hätte man die Welle der Selbstmordattentate stoppen können, die die israelischen Städte überflutet hat?

Es ist schwierig, eine eindeutige Antwort zu geben. Aber eines ist klar: Der »andere Weg«, der zivile, wurde niemals ausprobiert. Seit Beginn der Intifada hat Israel eine Politik des vollkommenen Boykotts der palästinensischen Autonomiebehörde, ihres Präsidenten Yassir Arafat und all ihrer Sicherheitsapparate verfolgt. Sie alle sind »irrelevant« geworden. Die israelisch-palästinensische Zusammenarbeit in Sicherheitsfragen wurde fast vollständig abgebrochen, in der Annahme, dass die Armee die Arbeit schon alleine machen könne, ohne durch die Palästinenser gestört zu werden.

Im April 2004 stand ich mit Suffyan Abu Zaydeh in der Nähe der Siedlung Netzarim, als er nach Beendigung seines Studiums nach Gaza zurückgekehrt war. Ich fragte ihn, wie er seine Heimat Gaza sieht, die während seiner Abwesenheit in nur zwei Jahren, zu einer Hamas-Hochburg geworden war – oder, wie man sie in Israel zu nennen begann: Chamastan.

»Ihr habt alles versucht«, antwortete er. »Habt sogar Parolen erfunden: ›Lasst die Armee siegen.‹ Ihr habt die Armee machen lassen und die Armee hat nicht gesiegt. Nicht weil ihr keine gute Armee habt. Nein. Ihr habt eine gute Armee. Ich sage das ungern als Palästinenser, ihr habt eine gute Armee. Aber eine Armee kann das nationale Problem unseres Konflikts nicht lösen.« Und um mir das zu demonstrieren, wandte er sein Gesicht zu dem Bulldozer, der die Verteidigungsbefestigungen gegraben hatte, mit denen Netzarim isoliert wurde. »Sieh mal, ein Bulldozer gräbt mitten in Gaza. Das tut man nicht, um die Menschen in Tel Aviv zu beschützen. Das tut man einzig und allein, um einige wenige Siedler zu beschützen, die hier wohnen. Die Mehrheit in Israel ist doch Sklave dieser Menschen, die man hier bewacht. Ihr zahlt mit eurem Leben, mit eurem Geld, mit eurer Zukunft. Ihr zahlt und behauptet, dass ihr keinen Partner habt, dass ihr ihn sucht und ihn nicht findet.«

Vielleicht haben wir tatsächlich nicht genug gesucht.

Die Geschichte von Magjdi

Einige Minuten, nachdem ich den Grenzübergang Erez zur palästinensischen Seite überquert hatte, war das Pfeifen der Kassams über unseren Köpfen zu hören. Magjdi, der Kameramann, und ich konnten noch den schwarzen Schweif sehen, der hinter einer Baumgruppe zurückgeblieben war. Innerhalb von Minuten erschien ein Helikopter der Armee und deckte den Abschussort mit Schüssen ein. Aber es war offensichtlich zu spät. Die Raketen waren abgeschossen, die Schützen geflohen. Die unerträgliche Leichtigkeit, eine Kassam abzuschießen und zu fliehen, ohne erwischt zu werden, war mit einem Mal sehr anschaulich. Die Schützen zu finden ist, wie ich verstanden habe, wie eine Nadel im Heuhaufen zu finden. Technologie, Stärke – nichts wird die Schützen aufhalten, die innerhalb von Sekunden, hinter einem Haus, Baum oder Strauch, eine Rampe aufstellen, schießen und sofort fliehen. Danach kann man sie suchen. Eine Stunde später, als wir in Gaza waren, erfuhr ich, dass die Panzer und die gepanzerten Fahrzeuge der Armee mit einer Operation begonnen hatten, bei der die Kassambetreiber in den üblichen Bezirken gesucht werden sollten, in Jabalija, Beit Hanun und Beit Lahi.

»Laß uns dorthin fahren«, sagte ich zu Magjdi. »Sei kein Faulpelz!«

Magjdis Frau sah uns losfahren. »Wohin fährt ihr?«

»Einfach nur so«, antwortete er.

»Seid vorsichtig!«, sagte sie. »Seid vorsichtig.« Und dann sagte sie noch, »Was habt ihr dort zu suchen?«

Unterwegs trafen wir den Korrespondenten von Radio Hacherut (Liberty), Achmad Abu Shabak. Er wollte sich uns anschließen, um über die Operation zu berichten. In Beit Lahi hörten wir die Geräusche der Panzermotoren, der gepanzerten Fahrzeuge und der Bulldozer und das Schreien der feiernden Kinder. Wir parkten das Auto und gingen mit zwei Kameras in den Händen einige Dutzend Meter zu Fuß. Etliche Kinder hüpften um uns herum, als ob ein neuer Zirkus in die Siedlung käme. Sie liefen im Kampfgebiet hin und her und die mutigen warfen sogar Steine auf den Bulldozer.

Zwei Merkawa-Panzer, zwei Bulldozer und ein gepanzertes Fahrzeug – das war die Operation, über die man in den Nachrichten berichtet hatte: »Die Armee ist in Gaza tätig, um den Kassambeschuss zu stoppen.«

Auf dem Dach eines der Häuser, einige hundert Meter von uns entfernt, sah ich drei Soldaten, die einen Aussichtsposten bezogen hatten. Durch den Sucher der Kamera sah ich, wie die Soldaten uns voller Neugier beobachteten. Einer von ihnen nahm ein Fernglas zur Hand. Ich habe ihnen zugewunken und meine Kamera hochgehoben, damit der Soldat mit dem Fernglas uns nicht verwechselt. Magjdi nahm das Mikrofon, auf dem groß das Zeichen von Kanal 10 eingeprägt war, und winkte auch, bis ich überzeugt war, dass sie uns als Journalisten erkannt hatten, die sie aus der Ferne filmten und sie nicht bedrohten. Wir standen mitten auf dem Feld, völlig schutzlos. Jeder, der etwas davon versteht, hätte gewusst, dass wir nicht so einfach ohne Deckung auf offener Fläche gestanden hätten, wenn wir bewaffnet gewesen wären.

Plötzlich überfiel mich ein seltsames Gefühl, das ich nicht erklären kann – als ob ein Zielfernrohr auf meine Stirn gerichtet war. Ich setzte die Kamera ab, stellte mich auf die Zehenspitzen und winkte den Soldaten auf dem Dach wieder zu. Mit meiner freien Hand zeigte ich auf mein Gesicht, womit ich sagen wollte: Seht, das bin ich! Ich bin Journalist! Und ich war gerade dabei, zu Magjdi zu sagen: »Komm, lass uns hier weggehen«, als ein gedämpfter Schuss abgefeuert wurde. Ich filmte weiter. Magjdi schrie: »Ich bin getroffen worden!« Ich war sicher, dass er nur leicht am Fuß getroffen war. Er fiel zu Boden. Der Radioreporter Abu Shabak berichtete in einer Liveübertragung von der Schießerei: »Magjdi wurde verwundet und er blutet«, sagte er in einem erschrockenen Tonfall. Innerhalb von Sekunden kam ein palästinensischer Krankenwagen. Sein Fahrer hatte die Übertragung im Radio gehört und war sofort hergefahren, aber er hatte Angst, sich zu nähern und in eine Feuersalve zu geraten. Die Kinder, die uns umgaben, liefen zu Magjdi und trugen ihn fort mit den Rufen: »Alla hu Akbar! Gott ist mächtig!«

Magjdi, mein Freund, sah plötzlich aus wie ein Shahid, ein Märtyrer, der auf Schultern getragen wird, so wie diejenigen, die er fast täglich gefilmt hatte. Plötzlich wandelte er sich von einem Bericht erstattenden Journalisten zu einem Symbol des Kampfes. »Alla hu Akbar!« Bis zum Krankenwagen. Während sie ihn auf ihren Schultern trugen, fiel sein Kopf zur Seite und er verlor sehr viel Blut. Ich begriff, dass seine Verletzung nicht leicht war. Ich erschrak. Mein journalistischer Ehrgeiz hatte mir eine Falle gestellt. Vielleicht starb er auf dem Weg ins Krankenhaus. Was sollte ich dann seiner Frau sagen? Was sollte ich seinen Kindern sagen? Was sollte ich meinem Gewissen sagen?

Der Krankenwagen fuhr mit einem Höllenlärm los und ich hinter ihnen her, aber ich habe ihn verloren. Ich wusste nicht, in welches Krankenhaus Magjdi gebracht worden war. Schließlich kam ich zum Krankenhaus Kamal Adwan und traf den Bruder von Magjdi, Salam. Er hatte im Radio von der Schiesserei gehört und war voll Sorge ins Krankenhaus geeilt.

»Magjdi öffnete seine Augen und sagte zu mir: ›Ich beschwöre dich, finde Shlomi, Shlomi ist allein zurückgeblieben, finde ihn. Bitte!‹ Und dann schloss er seine Augen«, erzählte mir der Bruder.

Ich stieg die Treppen zum Operationsraum empor und wartete dort mit den anderen. Magjdis Frau, Chanan, kam weinend an. Ich ging nicht sofort zu ihr. Was sollte ich ihr sagen? Etwas abseits verkroch ich mich. Und dann kam der Kameramann Achmed Djadalla.

»Wie geht es ihm?«, fragte er.

»Ich weiß nicht«, antwortete ich, »ich denke, er ist leicht verwundet.«

Achmed saß neben mir, aber er war unruhig. Die ganze Zeit über bewegte er sich hin und her und murmelte: »Ich war schon in dieser Geschichte.«

Schließlich stand er auf und ging in eines der Zimmer. Achmed kennt jede Ecke in allen Krankenhäusern in Gaza. Sogar das Totenzimmer kennt er durch seine Arbeit. Seit er selbst fast

Nuhil Kachil, das Mädchen der Intifada 1993: »Auch mein Lachen habe ich verloren, wie schade, Vater, wie schade«.

Shlomi Eldar bei der Beisetzung eines Aktivisten des Islamischen Djihad, Asis a-Shami, der von der Armee im Februar 2004 liquidiert wurde.

tödlich verwundet worden ist und wieder genas, seit er den Tod
berührt hat, lässt er ihn mit seinen Aufnahmen nicht mehr los.
Als er zurückkam, zog er mich zur Seite, damit die anderen die
Nachricht nicht hören.

»Hör zu, ich habe mit den Ärzten gesprochen. Wenn du ihn
nicht sofort nach Israel überführst, wird er es nicht überleben.«
Diese Worte haben mich dermaßen erschreckt, dass sie mich
aus meinem Schockzustand befreiten.

»So schlimm ist er verwundet worden?«, habe ich mehrmals
nachgefragt.

»Hör zu, ich sage es noch einmal. Auch ich wäre nicht hier,
wenn man mich nicht nach Israel verlegt hätte. Ich wäre heute
woanders.«

Ich fing sofort an zu rotieren. Aber die Aktion war mit un-
endlich vielen Genehmigungen verbunden. Die Uhr tickte und
jede Sekunde kam mir vor wie ein ganzes Jahr.

»Der General muss die Genehmigung bestätigen«, sagte
Ofrat, die Gesandte des Armeesprechers. »Er befindet sich in einer Besprechung. Man wird ihm die Anfrage bald übermitteln.«

Nach langen Minuten dann: »Der General hat bestätigt. Jetzt
muss der Sicherheitsdienst bestätigen.«

Nachdem die Erlaubnis des Sicherheitsdienstes eingetroffen
war, musste die Überführung zur Grenze koordiniert werden.

»Du musst verstehen, der Übergang Erez ist geschlossen.
Dort sind Panzer und militärische Aktivitäten. Ihr sollt doch
nicht irrtümlich beschossen werden«, sagte man mir.

Schließlich kam die Bestätigung. Man transportierte Magjdi
vom Operationstisch zum Krankenwagen. Er erhielt eine Narkose und künstliche Beatmung. Ich stieg ebenfalls ein und saß
neben demselben Fahrer, der ihn vom Tatort geholt hatte. Er
startete den Motor des Wagens und alle Frauen, die um uns
herumstanden – Magjdis Frau, seine Mutter und die Töchter
der Familie – winkten mir mit ihren Händen.

»Pass auf ihn auf, ya Shlomi. Wir vertrauen ihn dir an. Pass
auf ihn auf«, schrien sie und weinten.

Es war eine seltsame Szene. Die Israelis hatten geschossen und die Israelis würden ihn retten. Ich war die letzte Hoffnung der Familie. Sie zählten alle auf mich, winkten mir zu: »Pass auf ihn auf, ya Shlomi.«

Wir fuhren in Richtung Checkpoint Erez. Es war dunkel. Alle Straßen wurden umgepflügt. Ich habe niemals verstanden, warum man die Salach-A-Din-Straße umpflügt. Wird denn die Zerstörung einer Straße das Abschießen der Kassams verhindern? Die Hamasleute haben noch viele schwierigere Hindernisse überwunden.

Wir erreichten Erez und es begann eine langwierige Verhandlung.

»Habt ihr eine Genehmigung?«

»Haben wir.«

»Wir haben noch keine Bestätigung.«

»Wann wird sie kommen?«

»Das wird bearbeitet.«

»Aber wir können nicht warten. Es handelt sich um einen Schwerverletzten.«

»Da kann man nichts machen.«

Der Fahrer des Krankenwagens verfiel plötzlich in Hektik. »Er wacht auf«, schrie er. »Die Narkose wirkt nicht mehr. Was sollen wir tun?«

Nachdem ich jemanden angeschrien hatte, wen auch immer, ist die Bestätigung gekommen. Mitten im Übergang wartete schon ein israelischer Krankenwagen. Aber bevor der Verwundete umgebettet werden konnte, musste man noch eine pingelige Kontrolle durchführen, dass kein Sprengstoff auf dem Verwundeten oder auf der Trage war. Magjdi fing schon an vor Schmerzen zu stöhnen. »Da kann man nichts machen«, erklärten die Kontrolleure. »Die Palästinenser sind Hurensöhne, sie haben schon Sprengladungen in Krankenwagen transportiert. Man kann ihnen nicht vertrauen. Nur weil du es bist, werden wir uns beeilen.«

Als der israelische Krankenwagen endlich aus Erez abfuhr,

habe ich aufgeatmet. Ich schaltete das Radio an, um Nachrichten zu hören. Der Sprecher teilte mit, dass die Lage des Kameramanns von Kanal 10 sehr ernst sei. Die Sprecherin der Armee teilte mit, dass die Kamera für die Soldaten offensichtlich wie ein Granatwerfer ausgesehen habe. Der stellvertretende Generalstabschef, Dan Chaluz, sagte hingegen: »Wer in die Feuerlinie reingeht, kann getroffen werden.«

Im Krankenhaus Suruka hat man sein Leben gerettet. Man konnte die Blutung in der Leistengegend stoppen. Nachdem sich seine Lage stabilisiert hatte, hat man ihn in die chirurgische Abteilung verlegt. Ich kam eines Morgens, um ihn besuchen. Neben seinem Bett stand ein Mann mit einer Kippa[15] auf dem Kopf. Ich stellte mich abseits, um den beiden nicht zu stören. Sie redeten miteinander wie zwei alte Freunde. Nach einigen langen Minuten trat ich hinzu, um zu sehen, wer dieser Kippa tragende Freund war.

»Ich heiße David Guata. Ich bin aus der Siedlung Gan Or in Gush Katif.«

»Ja?«, sagte ich erstaunt.

»Ich habe im Radio gehört, dass Magjdi verwundet worden ist, da bin ich gekommen, um zu schauen, wie es ihm geht.«

Ich sah ihn und den Verwundeten an und sagte: »Wirklich, wir sind verrückt.«

An dem Tag, als die Siedlung Gan Or laut Räumungsplan verlassen wurde, rief David Guata Magjdi an und sagte zu ihm: »Wir haben Gush Katif verlassen, wir sind schon nicht mehr in Khan Yunis. Hoffentlich kommst du mich in Nizanim besuchen.«

---

[15]   Die traditionelle jüdische Kopfbedeckung.

Kapitel 12

Die Lüge von Nusseirat

Der 20. Oktober 2003 wird in Gaza als der Tag des »Blitzes aus der Luft« in Erinnerung bleiben. Nacheinander griffen Hubschrauber und unbemannte Flugzeuge der Luftwaffe fünf Ziele an. Der »Blitz« begann einen Tag, nachdem acht Kassamraketen auf Sderot abgeschossen worden waren. Bis zum fünften Angriff war man in der Armee zufrieden mit den Resultaten: Zwei Lager, in denen Kassams produziert wurden – diesmal waren zur Abwechselung nicht mehr private Werkstätten das Ziel, da es in Gaza keine mehr gab –, sind zerstört worden und drei Gesuchte, die laut Armeebericht mit der Produktion der Kassams in Verbindung standen, wurden getötet. Es wurden keine Zivilisten getroffen.

Um neun Uhr fünfundvierzig, als man dachte, der Tag neige sich dem Ende zu, wurden zwei Raketen auf einen Peugeot abgeschossen, der auf der Hauptstrasse des Flüchtlingslagers Nusseirat im Zentrum des Streifens stand. Die erste Rakete traf die Kühlerhaube des Wagens, dann wurde eine zweite Rakette abgeschossen. Neun Zivilisten wurden getötet und Dutzende verwundet. Viele der Opfer waren Kinder, die draußen in der Nähe ihrer Häuser gespielt hatten, und ihre Familienangehörigen, die wie gewöhnlich an heißen Sommertagen auf Plastikstühlen draußen neben dem Eingang ihrer Häuser saßen.

Die ersten Bilder, die das Fernsehen von dem Schlachtfeld sendete, zeigten Dutzende von Verwundeten, die auf den Schultern ihrer Freunde blutüberströmt und herzzerreißend schreiend, ins Krankenhaus getragen wurden. Die Klinik von Nusseirat befindet sich nur wenige Dutzend Meter vom Angriffspunkt und sie wurde sofort zur zentralen Sammelstelle für Verwundete und Tote. Von dort aus transportierte man die meisten Opfer mit privaten Autos in andere Krankenhäuser, weil es nicht genügend Krankenwagen gab, um so viele Opfer zu versorgen. Die Schwerverletzten, deren Lage zum Teil lebensbedrohlich war, wurden später in israelische Krankenhäuser verlegt, wo sie eine bessere Behandlung bekommen konnten.

Die Armee berichtete unmittelbar nach dem Angriff Folgendes:

Der Angriff wurde durchgeführt, nachdem eine Einheit der Armee eine Gruppe von Terroristen entdeckt hatte, die versuchte, den Zaun des Streifens westlich von Nachal Oz zu überwinden, mit der Absicht, ein Selbstmordattentat zu verüben. Die Einheit eröffnete das Feuer auf die Gruppe, und zwei Mitglieder der Gruppe wurden getötet. Der Rest flüchtete zurück in den Streifen und Einheiten der Armee verfolgten sie mit Unterstützung von Kampfhubschraubern. Die Hubschrauber eröffneten innerhalb des Gazastreifens das Feuer auf das Fahrzeug der Flüchtenden.

Als ich am nächsten Tag nach Nusseirat kam, war die Hauptstrasse dort, wo die Raketen eingeschlagen hatten, ein einziger Ort der Trauer. Auf der Strasse sah man ein kleines Loch mit einem Durchmesser von zehn Zentimeter, wo die Rakete in den Asphalt eingedrungen war. Darum herum lagen Überreste des getroffenen Wagens: die Motorhaube, eine Stoßstange und andere Metallteile, durchlöchert wie ein Sieb. Ich wusste nicht, dass die Lösung des Rätsels, das später auftauchen sollte, in diesen durchsiebten Resten lag. Auf der Straße und in der Trauerhütte sah man Dutzende von Einwohnern mit verbundenen

Verletzungen – wie in einer Katastrophenregion. Die Familie eines Verwundeten, die neben dem Einschlagsort der Rakete lebt, hat mich, den israelischen Journalisten, erkannt. Ohne viele Fragen und Beschuldigungen wegen der Taten meines Landes baten sie mich, ich solle ihnen helfen, etwas über den Zustand eines Jungen herauszufinden, der im Barsilei-Krankenhaus in Ashkelon behandelt wurde. Dann erzählten sie, dass er mit Freunden auf der Straße gespielt hatte. Als die erste Detonation zu hören war, rannte sein Vater auf die Straße. Er fand den Jungen in seinem Blut liegend auf dem Bürgersteig. Einige Dutzend Meter von dort, in der Klinik von Nusseirat, saßen Leute und weinten bitterlich über den Tod des Klinikarztes Dr. Zeid al-Abdein. Dr. Zeid war eine bekannte Persönlichkeit in Nusseirat. Als er neunzehn Jahre alt war, ging er nach Russland zum Studium. Dort lernte er seine russische Frau kennen. Diese kehrte mit ihm zurück, nachdem er sein Studium beendet hatte, und gemeinsam sahen sie in ihrer Arbeit eine Mission für die Allgemeinheit. »Er war mehr als ein Arzt, er war ein Vater, er war ein Engel, er gab sein Leben für uns alle«, sagte ein jüngerer Mann, der in der Klinik als Sanitäter arbeitete, und brach in Weinen aus. Neben ihm saßen seine Kameraden und versuchten, ihn zu beruhigen. Als er mich sah, bestand er weinend darauf zu erzählen, wie der Arzt, den er liebte, getötet wurde.

»Er hatte seine Nachschicht in der Klinik beendet, als er die Detonation der ersten Rakete hörte. Er lief zu dem brennenden Wagen raus und hob einen verletzten Jungen auf seine Schultern. Und dann wurde er von der zweiten Rakete getroffen. Auch als er Märtyrer wurde, hat er den Menschen geholfen.« Als ich mich zum Gehen wandte, rief mich der Sanitäter zurück und fügte hinzu: »Sag den Menschen bei euch, dass die Zeit gekommen ist, dass ihr an die Zukunft denkt. Denkt darüber nach, ob ihr wollt, dass man euch das Gleiche antut, und denkt darüber nach, wie ihr reagiert hättet. Sag es ihnen.«

Ich kehrte mit den Aufnahmen in die Nachrichtenredaktion zurück. Ich konnte mir nicht vorstellen, dass es irgendjemandem in den Sinn käme, die Strasse in Nusseirat für einen Teil einer geplanten palästinensischen Propaganda-Show zu halten. Aber das ist genau der Eindruck, den das Ereignis in Nusseirat hinterlassen hat. Der Kommandeur der Luftwaffe, Generaloberst Dan Chalutz, bestellte die Militärkorrespondenten zu sich und zeigte ihnen einen Film über den Angriff. In diesem Film kann man einen Wagen sehen, der von Osten nach Westen die Hauptstrasse von Nusseirat entlangfährt. Die erste Rakete wird abgeschossen und trifft, der Wagen schlittert auf eine Verkehrsinsel zu, kracht vor einen Beleuchtungsmasten. Dann wird die zweite Rakete abgeschossen. Um den Wagen herum sieht man keine Zivilisten. Generaloberst Chalutz erklärte den Reportern, dass die Raketen, die auf das Ziel abgeschossen wurden, »Hellfire«-Raketen gewesen seien, deren Trefferquote gering sei und deren Wirksamkeit nur wenige Meter ausmache. Fast ohne Splitter. Als die Reporter fragten, wie er dann die zivilen Opfer erkläre, antwortete er: »Uns ist bekannt, dass die Terroristen Sprengstoffgürtel am Körper trugen, und diese sind anscheinend explodiert, als die Zivilisten auf das Fahrzeug zuliefen, um die Terroristen aus ihm zu befreien.« Chalutz wusste, dass dies nicht der Wahrheit entsprach, aber von den Militärreporter wurde es als eine Tatsache hingestellt, die die Wucht der Explosion erklären würde.

Ich sah mir den Film der Luftwaffe Dutzende von Malen an. Wie ist es möglich, dass ich mit eigenen Augen eine ganze Strasse sah, die von Geschosssplittern getroffen wurde, und Anwohner, die mit klar erkennbaren Wunden herumlaufen, während im Film Nusseirat wie eine Geisterstadt aussieht. Ich beschloss, den Film mitzunehmen, zusammen mit einer transportablen Leinwand, und nach Nusseirat zurückzukehren. Auf meinem Weg dorthin hörte ich im Radio den Vorsitzenden der Sicherheitskommission, Yuval Steinitz, sagen, es sei wieder einmal bewiesen worden, dass die Palästinenser zu Propagandazwecken Opfer erfunden hätten. Alle schrecklichen Bilder aus dem Krankenhaus, alle Toten und Verwundeten, die in israelischen Krankenhäusern behandelt wurden, sind vollständig verschwunden. Nach Meinung der israelischen Öffentlichkeit gab es keinen Zweifel daran, dass die Palästinenser Lügner waren. Sie hatten Tote erfunden und waren bereit, wer weiß was zu tun, um die Weltöffentlichkeit zu manipulieren.

»Hurensöhne«, sagten die Soldaten am Checkpoint Erez und man brauchte nicht zu raten, wen sie mit diesem Fluch meinten.

Als der Kameramann Magjdi und ich einmal wieder in Nusseirat waren, standen wir auf einem Dach und beobachteten die Straße von oben. Für einen Moment schien es, als ob unser Film an einem anderen Ort gedreht würde, vielleicht zu einer anderen Zeit, da die Fliesenfabrik am Ende der Straße im Film der Luftwaffe ganz anders aussieht als in Wirklichkeit. Die Mauer, die um die Fabrik verlief, war halb verschwunden, an manchen Stellen sah es so aus, als ob ein Teil der Fabrik zerstört wäre. Vom Dach aus wirkte sie vollkommen unzerstört. Erst später habe ich verstanden, dass eine thermische Aufnahme während des Angriffs auf Hitzewellen basiert und völlig anders »entziffert« wird, also nicht dem Bild entspricht, dass das menschliche Auge sieht. Der Film war authentisch. Es wurde vielleicht doch noch eine dritte Rakete abgeschossen und die Aufnahme war vor diesem Abschuss beendet, bevor die Zivilisten getroffen wurden. Aber Zeugen sagten aus, dass nur zwei Raketen abgeschossen wurden, und sie zeigten mir sogar die Einschussstellen. Ich fand kein Zeichen für eine dritte Rakete.

Ich begann, die Streubreite des Treffers auszumessen. Ein Schritt und noch ein Schritt, ein Meter und noch einer und noch hundert Meter und noch fünfzig Schritte. An den Geschäften, deren Eisentüren geschlossen waren, sah ich, dass das Gusseisen durchlöchert war. Nichts hatte den Splittern der Rakete standgehalten. Selbst die dicken Eisentüren der nahen Geschäfte waren durchlöchert wie ein Sieb, genau wie die Autoteile, die ich am Tag zuvor gesehen hatte. Und auch die Strommasten hatten sich diesem Schicksal nicht entziehen können. Es gab keinen Zweifel: Etwas war mit einer enormen Intensität durch sie hindurchgegangen.

»Warum machst du das?«, fragten mich die Anwohner, die sich um uns versammelten und den Sinn der seltsamen Abmessungen, die ein israelischer Reporter hier vornahm, nicht verstanden haben.

Ich erzählte ihnen von dem Film der Luftwaffe, der im israelischen Fernsehen ausgestrahlt worden war.

»Was sagt man da, dass es keine Toten gab? Du siehst es doch mit deinen eigenen Augen«, sagten sie und wussten nicht, was sie mehr überraschte, der Armeefilm oder die Tatsache, dass ein israelischer Journalist offizielle Bekanntmachungen anzweifelte und es noch wagte zwecks Nachforschungen Mitten in der Aufregung zu ihnen zu kommen. Nach und nach erzählten sie dem »Untersuchungsrichter« Dinge, die sie vorher vielleicht nicht ernst genommen hatten.

»Die Verwundeten waren auf eine unnatürliche Weise verwundet. Sie sind in allen Körperteilen getroffen worden, nicht nur an einer einzigen Stelle, nicht von einem Splitter, der nur ein Glied trifft. Viele kleine Wunden, tief und zahlreich.« Ich sah sie an, einige von ihnen hatten selbst Verbände auf dem Gesicht und an den Händen. Einer von ihnen erzählte, dass er am Ende der Strasse gewesen war und von einem Splitter an der Stirn erwischt worden war, einige Millimeter über dem rechten Auge, das zum Glück gerettet werden konnte.

»Zum Glück war ich weit genug entfernt«, sagte er.

Da begriff ich, dass es sich bei den Raketen nicht um die bekannten »Hellfire«-Raketen gehandelt hat, wie der Kommandeur der Luftwaffe den Reportern gegenüber behauptet hatte, sondern um etwas anderes, etwas nicht Bekanntes, viel Zerstörerisches.

Als ich von dort zu meiner Nachrichtenredaktion zurückgekehrt war, rief mich die Pressesprecherin des Knessetmitglieds Yossi Sarid an, der Mitglied in der Außen- und Sicherheitskommission ist, und hat mich mit ihm verbunden. »Ich würde mich freuen, wenn du mir erzählst, was du gesehen hast«, bat er.

Und ich erzählte ihm, was ich mit eigenen Augen in Nusseirat gesehen hatte. »Ich denke, dass ich das Rätsel geknackt habe. Ich plane diese Dinge noch heute zu senden, ich muss nur noch auf die Antwort der Armee auf diese Beschuldigungen warten«, sagte ich. Jedoch wurde mir schnell klar, dass ich wegen der Zensurbeschränkungen die Tatsachen nicht senden konnte, wie sie waren. Es halfen weder die Proteste meiner Direktoren noch die Behauptung, dass die Armee unverschämt gelogen habe und nun die Veröffentlichung der Wahrheit verhindern wolle. Nichts hat geholfen. Die Zensur hatte entschieden und basta.

Am nächsten Tag rief mich wieder der Knessetabgeordnete Sarid an und wunderte sich, warum ich die Reportage nicht gesendet hatte. Ich erzählte ihm von der Zensur und dem Paradoxon, das es der Armee erlaubte, die Hände in Unschuld zu waschen und mit voller Absicht den falschen Eindruck bei der israelischen Öffentlichkeit zu erwecken, dass es nie und nimmer Verwundete durch Raketenbeschuss gegeben habe, sie vielmehr von einem Sprengstoffgürtel getroffen worden seien, an dessen Detonation sie selbst schuld wären, und mich gleichzeitig daran zu hindern, die wahren Tatsachen zu veröffentlichen, dass die Menschen tatsächlich durch einem Angriff aus der Luft ausgesetzt waren.

Am 4. November, zwei Wochen nach dem Angriff, besuchte Verteidigungsminister Shaul Mofaz eine Sitzung der Außen- und Sicherheitskommission der Knesset. Am Ende der Sitzung schickte der Knessetabgeordnete Jossi Sarid einen Brief an den Vorsitzenden der Kommission, den Knessetabgeordneten Yowal Steinitz.

Sehr geehrter Herr Vorsitzender, ich verlange, dass diese Sache uns offiziell auf den Tisch gelegt wird. Ich habe in der heutigen Fragestunde dem Verteidigungsminister folgende Frage gestellt:

Was war die Bewaffnung bei der Operation in Nusseirat und wie wurden die Bilder aufgenommen, die am folgenden Tag im Fernsehen gesendet wurden.

Der Verteidigungsminister weigerte sich, meine sehr präzise und klare Frage zu beantworten, und er verpflichtete sich halbherzig, der Kommission zu antworten, während Sie auf jeden Fall dazu verpflichtet sind. Auf jeden Fall ist es vollkommen klar, dass eine Frage nicht ohne Antwort bleiben kann.

Ich erwarte jetzt diese Antwort, aber ich werde nicht bis zum jüngsten Tag warten können und auch nicht wollen. Wenn sich innerhalb einiger Tage herausstellen sollte, dass keine Absicht besteht, mir die Information zukommen zu lassen, dann werde ich mich frei fühlen, nach eigener Überlegung und Verantwortung mit dem Wissen, über den ich verfüge, umzugehen.

Ich warte auf Ihre Antwort.

Yossi Sarid

Kopien: Verteidigungsminister Shaul Mofaz, Generatstabscheff Bugi Ajalon, Stellvertretender Generalstabschef Gabi Ashkenasi, Kommandeur der Luftwaffe Dan Chaluz

Yuval Steinitz erklärte Yossi Sarid bei einem Treffen, dass eine Veröffentlichung der von der Luftwaffe benutzten Waffen den Liquidierungsoperationen der Armee Schaden zufügen könnte. Sarid wurde sogar zum Kommandeur der Luftwaffe geladen, der die Bedeutung der Geheimhaltung unterstrich.

Am 17. November gab Steinitz bekannt, dass die Kommission die Antworten der Armee zur Kenntnis genommen habe, aber deren Inhalt nicht weitergeben könne. Sarid schrieb einen weiteren Brief an Steinitz:

... ich habe mit dem Büro des Generalstabschef (auf dessen Initiative) und mit der Zensur (nachdem sie sich an mich gewandt hatte) vereinbart, dass mir ein voller Bericht über das übergeben wird, was in jener Nacht in Nusseirat passiert ist ... Ich könnte

Die Ergebnisse des tödlichen Angriffs haben keinen Spielraum
für Zweifel gelassen, es war klar, dass man kein »Hellfire«-Rake-
ten, sondern etwas anderes benutzt hat.

Vor allem aber wurde der Mantel der Unwahrhaftigkeit auf-
gedeckt, den die Armee über diese Affäre gezogen hatte. Man
hatte entdeckt, dass die israelischen Medien und ganz besonders ihre Militärberichterstatter Gefangene waren in diesem
Zauberzirkel von Militärquellen, die nicht immer der Wahrheit
entsprochen haben. So war es bei der Liquidierungspolitik,
als jeder unbedeutende Gesuchte zu einem Anführer der Hamas oder gar zum Stellvertreter oder Erben von Daff gemacht
wurde, und so war es auch bei dem Versuch, alle Werkstätten
und Eisenfabriken in Gaza zu zerstören, die keinerlei Bezug zur
Herstellung der Kassamraketen hatten, aber im Rahmen einer
habgierigen Vernichtungspolitik beseitigt wurden, da sie eine
»Option zur Produktion« gehabt hätten.

Hinsichtlich der Nusseirat-Affäre muss man bezweifeln, dass
alle »Geheimnisse« über die Art der Bewaffnung und Art ihres
Gebrauchs überhaupt offengelegt worden wären, wenn die Armee nicht versucht hätte, die Tatsachen über die Verletzung von

Zivilisten zu vertuschen und mit einer unverständlichen Hartnäckigkeit die eindeutige Täuschung zu vertreten, dass nichts
passiert wäre. Der Ausdruck von Mitgefühl angesichts verletz-
ter Zivilisten wäre nicht nur angebrachter gewesen, sondern
hätte auch eine weitere Entwicklung dieser Affäre verhindert.
Und natürlich wäre auch dem neuen Generalstabschef, dessen
Glaubwürdigkeit wegen einer unnötigen Lüge beschädigt wurde, viel Verlegenheit erspart geblieben.

Kapitel 13

Der Donner der Bombe

Aus den Fenstern der Klinik für Gemütskranke von Dr. Ijad Sarag sieht man den schönen Strand von Gaza. Die Klinik liegt tatsächlich auf Höhe der Wasserlinie, neben einem Strand, der zum Baden freigegeben ist. Auf der Hütte des Lebensretters befestigte man einen Sonnenschirm in den Farben des Regenbogens, der wie ein Fremdkörper in der Landschaft und der allgemeinen Atmosphäre des Gazastreifens wirkte. Die Bewohner waren daran gewöhnt, ihr Leben so aufzufassen, dass Lebensfreude, Vergnügungen und Optimismus ein Luxus sind, den sie sich derzeit nicht leisten können. Die Klinik am Meeresstrand ist in einem vierstöckigen Gebäude untergebracht. Sie zeugt von dem privaten Wahnsinn eines Menschen mit starkem Willen, der die Menschen von Gaza von dem ungewöhnlichen Druck heilen möchte, unter dem sie leben. Krieg und Lebensunterhalt, ein alltäglicher Kampf, der Jahrzehnte andauert, vielleicht länger als an jedem anderen Ort der Welt.

Als ich zur Klinik von Dr. Sarag kam, nach fast fünf Jahren Intifada, erwartete mich nicht die übliche Geräuschkulisse eines Krankenhauses. Ärzte und Verwaltungsangestellte wandelten in den Gängen, aber es gab dort keine Kranken. Die Ruhe und Gemütlichkeit verwob sich mit dem Meeresblick und den Booten der Fischer, als ob man sich in einem Haus eines Feriendorfes an der Küste des Mittelmeeres befände und nicht in einer Klinik.

Sarag lächelte verständnisvoll. Hunderte Mal ist er danach gefragt worden. Und er erklärte, dass die psychisch Kranken, die Traumatisierten und die Opfer von Schockerfahrungen eine Klinik für psychisch Kranke wegen des in Gaza bekannten Effekts der »Stigmatisierung« nicht betreten würden. Die Angst, dass irgendjemand wissen könnte, dass man Seelenbehandlung bekommen habe, reiche schon aus, auf dessen Stirn ein Mal anzubringen, von dem man sich sein Leben lang nicht befreien könne. Das eigene Leben und das Leben der Familie würden zerstört. Nach den Begriffen der arabischen Gesellschaft wird eine Seelenkrankheit durch einen bösen Geist hervorgerufen, der in die Seele dringt, und der arme Kranke wird auf den Schultern dieses Dschinns getragen, der sein Leben bestimmt und zerstört. Die Sache ist schlimm, wenn der Kranke ein Mann ist, von dem angenommen wird, dass er stark ist und in der Lage, sich mit den Schwierigkeiten des Lebens auseinanderzusetzen. Er soll ein beispielhaftes Vorbild für Kraft, Selbstständigkeit und Potenz sein. Die Sache ist aber doppelt schlimm, wenn von einer Frau im Heiratsalter die Rede ist, die kein Mann jemals heiraten würde, wenn sie stigmatisiert wäre. Eine verheiratete Frau, die eine psychotherapeutische Behandlung bekommt und als gemütskrank anerkannt wird, würde all ihre Kinder stigmatisieren, und auch sie würden sich davon nicht befreien können. Man wird immer über sie sagen: Das sind die Kinder der Verrückten. Jede psychotherapeutische Behandlung wird in Gaza als Behandlung gegen eine Geisteskrankheit angesehen, selbst wenn es sich um ein Trauma als Folge der Kriegsschrecken handelt.

»Früher habe ich meine Patienten immer in Ashkelon getroffen, um die Tatsache, dass sie therapeutische Behandlung nötig haben, vollkommen geheim zu halten. Aber seit der Intifada ist diese Lösung nicht mehr möglich«, sagte mir Sarag und nannte schockierende Zahlen – mehr als dreißig Prozent der Bevölkerung im Gazastreifen leiden infolge der Intifada an einem Angstsyndrom und unter Traumata, die ihr tagtägliches Leben stark beeinflussen.

Sarag zeichnete mir das Bild eines »Schreckenskreises«, von dessen Zentrum Wellen der Zerstörung ausgehen, die die Umgebung mit unterschiedlicher Intensität treffen. In der Mitte, an der Stelle, wo eine Rakete oder ein Geschoß aus einem Hubschrauber einschlägt, findet man die schwer Verwundeten, die sofort eine Behandlung wegen ihres Trauma und ihrer Angst benötigen. Je mehr man sich vom Zentrum des Einschlags entfernt, desto schwächer werden die Wellen der Angst, aber sie betreffen immer noch viele unterschiedlich schwer Verletzte. So ist es bis zu einer Entfernung von mehreren Kilometern vom Einschlagpunkt, je nach Größe der Bombe und Zahl der Getroffenen.

Ich erzählte ihm von meinem Kameramann Magjdi, der in der Gegend von Beit Lahi vom Feuer der Armee sehr schwer verwundet wurde. Auch als er körperlich wieder gesund wurde und seine Schusswunden verheilten, blieb die Angst ein untrennbarer Teil seines Lebens, das er mit all seiner Kraft wiederherstellen möchte.

»Ich habe am Checkpoint Erez auf ihn gewartet, an einem Tag äußerster Anspannung, nachdem aus der Gegend von Beit Chanun und Beit Lahi, die in der Nähe des Checkpoints liegen, Kassamraketen abgeschossen worden waren. Hubschrauber flogen in der Luft, und wenn die Piloten eine verdächtige Bewegung beobachteten, eröffneten sie das Feuer. Die Anspannung des Krieges herrschte überall und ich habe mir nicht vorstellen können, dass sie ihn so sehr beeinflussen würde. Als wir nach Gaza kamen, zeigten sich bei ihm ernsthafte Symptome, die ich nicht einordnen konnte. Er erbrach sich, sein Körper zitterte so heftig, dass er beinahe das Bewusstsein verloren hätte. Die Ärzte im Krankenhaus Shifa stellten fest, dass diese Symptome von einer Art Angstattacke ausgelöst werden, eine Folge des Kampfes in der Nähe des Checkpoints, dessen Zeugen wir waren, wenn er sich an den Moment seiner Verwundung erinnert.«

Sarag erklärte, dass die Symptome von Angstattacken bekannt sind und unter den Bewohnern des Gazastreifens, die verletzt wurden oder während der Intifada Hubschrauberattacken aus nächster Nähe erlebten, sehr verbreitet sind. »Wir nennen das im Fachjargon *Post-traumatic Stress Disorder*[16]. Das ist ein Flashback, der den Betroffenen wie in einem Film zurück versetzt. Tausende erleben das mehrere Male im Jahr, es hängt natürlich von der Intensität der Angstattacke und der jeweiligen Sicherheitslage ab.«

Auch in Israel gibt es Tausende von traumatisierten Verletzten, die ein Selbstmordattentat an dicht bevölkerten Orten in Israel erlebt haben. Tausende Betroffene in Israel tragen das Trauma eines Attentats viele Jahre mit sich herum, viele von ihnen wissen nicht einmal, was ein solches Erlebnis langfristig bewirken kann.

Sarag schüttelte den Kopf und fügte hinzu: »In Gaza ist die Lage der traumatisierten Menschen noch komplizierter – nicht nur, weil sie wegen der Mentalität dieser geschlossenen Gesellschaft keine ordentliche seelische und psychische Behandlung bekommen, sondern auch, weil der Gazastreifen als Ganzes ein geschlossener Ort ist. Es gibt nichts, wohin man aus diesem Gebiet des Traumas und des psychischen Drucks fliehen könnte. Alles hier ist wie in einer Blase.«

Am Himmel des Streifens hört man fast ununterbrochen den Lärm von Hubschraubern und die Geräusche der »Hasnana«, der unbemannten Flugkörper, die vierundzwanzig Stunden am Tag knattern und ein Gefühl der Erwartung auslösen, dass im Bruchteil einer Sekunde der Donner einer Bombe gehört wird.

»Wie behandelt ihr dennoch die Kranken?«

»Wir haben eine Methode entwickelt. Wir kommen mit Hilfe der Kinder in die Häuser. Wenn wir ein Kind beobachten, des-

---

[16]   Posttraumatische Belastungsstörung.

sen Verhalten in der Schule oder im Kindergarten sich verändert hat, machen wir einen Hausbesuch. Die Behandlung eines Kindes führt zu keiner ›Stigmatisierung‹. So, durch die Kinder, behandeln wir auch die Eltern und die anderen Kinder. Es ist uns klar, dass ein Kind, das sich verändert hat, unter einem Trauma oder unter Angst leidet. Alle Familienmitglieder zeigen in solchen Fällen die gleichen Symptome. Eigentlich öffnet uns das Kind die Tür zur Familie.«

In Gaza ist das Phänomen des Bettnässens bei Kindern und Jugendlichen bekannt, die Opfer von Schrecknissen geworden sind, besonders nach Angriffen aus der Luft oder während intensiver Operationen der Armee. Dr. Sarag zeigte mir die Zeichnungen von Schulkindern, die im Rahmen eines Projektes unter seiner Leitung gemacht worden waren. Er hatte den Kindern vorgeschlagen zu malen, was ihnen in den Sinn kam, und alle, ohne Ausnahme, malten Bilder des Krieges. Die meisten malten israelische Hubschrauber, wie sie auf bewaffnete Palästinenser schießen, die das Feuer erwidern und eine Bahre eines »Shahids«, eines Märtyrers, tragen. Das ist die geistige Welt der Kinder im Gazastreifen, und nicht nur ihre. Bei den Erwachsenen, besonders bei den Frauen, werden Angstattacken häufig von hohem Fieber begleitet, für das es keine physiologische Erklärung gibt.

✳

Dr. Ijad Sarag ist der erste Psychiater in Gaza. Sein Medizinstudium hat er in Alexandria abgeschlossen und sein Psychiatriestudium an der Universität von London. Im Jahr 1978 kehrte er nach Gaza zurück. Wegen seines humanitären Einsatzes für die Allgemeinheit ist er eine bekannte und respektierte Persönlichkeit im Gazastreifen. 1990 gründete er das Projekt für psychische Behandlungen in Gaza, an dem hundertundsiebzig Ärzte in neun Medizinzentren teilnehmen.

Man kann mit ihm nicht über seine Kliniken sprechen und den Einfluss der Intifada auf die seelische Verfassung der Bewohner des Streifens, ohne seine private Geschichte anzuhören, die ihn dazu gebracht hat, die Kliniken zu gründen. So ist es in Gaza, alle tragen eine schwere Last mit sich herum, die sie teilen wollen. Er ist um die sechzig Jahre alt, Sohn der ersten Generation in Gaza, die die israelische Besatzung erlebt hat. Seine Generation war der Besatzung überdrüssig, hat aber nicht gegen sie gekämpft. Den Kampf überließen sie der nächsten Generation, die die erste Intifada ausgefochten hat, und zu ihnen fügte sich ein weiterer Kreis junger Leute hinzu, die in der zweiten Intifada gekämpft haben. Die erste Generation ist schon müde vom Krieg. Dr. Sarag sagt voraus, dass die junge Generation sogar militanter sein wird als alle vor ihr. Das ist die Generation, die im Lärm der Detonationen geboren ist, der Liquidierungen und der zerstörten Häuser. Das lässt die Erwachsenen nicht schlafen. Diese wird man offensichtlich nicht zähmen können.

»Ihr habt die Samen der Intifadas überall gesät. Man kann nicht über Gaza sprechen, ohne diese Samen und Wurzeln zu erwähnen. Am Ende der achtziger Jahre war ich Direktor eines Krankenhauses für geistig Behinderte. Eines Tages haben die Leute von der Zivilverwaltung dem Krankenhaus einen Besuch abgestattet. Sie machten einen Rundgang durch die Gänge und dann ging einer von ihnen zu einer Gruppe von Ärzten und machte einem von ihnen Vorwürfe.

›Wie soll ich wissen, ob du ein Arzt oder ein Esel bist?‹, beleidigte er ihn in aller Öffentlichkeit, nur weil der Arzt keinen weißen Kittel während der Arbeit trug. Dann wandte er sich an alle umstehenden Ärzte und begann einen erzieherischen Vortrag über die Bedeutung des weißen Kittels:

›Es gibt keinen Unterschied zwischen euch und Eseln, wenn ihr keine Berufsbekleidung tragt‹, sagte er und ließ alle schockiert und gedemütigt stehen. Ich war nicht dabei, aber als man es mir erzählt hat, eilte ich dorthin und sagte zu ihnen: ›Ihr müsst eine Beschwerde einreichen, man kann da nicht einfach zur Tagesordnung übergehen.‹ Aber weißt du, die Ärzte hatten Angst um ihren Arbeitsplatz und zogen es vor zu schweigen.

Ich habe aber nicht geschwiegen und habe dem Militärgouverneur geschrieben. Und als ich keine Antwort erhielt, schrieb ich an den Verteidigungsminister, Moshe Ernst. Er las den Brief und lud mich in sein Büro ein, und schließlich hat er auch Maßnahmen gegen diesen Menschen eingeleitet. Aber damit war meine Affäre mit ihnen nicht beendet. Als der Leiter der zivilen Verwaltung, Sheike Erez, seinen Posten im Gazastreifen aufgab, veranstaltete man ihm zu Ehren eine Abschiedsparty, und alle Menschen, die mit der zivilen Verwaltung zusammengearbeitet hatten, wurden eingeladen.

Er stand vor allen und sagte: ›Ich will von euch hören, welche Probleme ihr habt.‹ Alle schwiegen. Nur ich habe meinen Arm gehoben und bat reden zu dürfen. ›Wir wollen keine neuen Medikamente und keine Matratzen für die Kranken. Auch Vergünstigungen und Gehaltserhöhungen wollen wir nicht‹, sagte ich vor dem ganzen Publikum. ›Wir haben nur ein Bestreben, die Beendigung der Besatzung. Und dass du nächstes Mal als Gesandter deines Landes nach Gaza kommst. Komm nicht als Militärgouverneur!‹

Nach diesen Worten hat man eine Untersuchung eingeleitet und mich entlassen. In den Tagen, als die Armee die einzige Staatsgewalt im Lande war, war das Wort ›Besatzung‹ eine Herausforderung. Ein Wort, dass man nicht laut sagen durfte.«

Sarag sieht in dieser Haltung Heldentum und Mut, Werte, mit denen sich jeder in Gaza schmücken wollte.

»In diesen Tagen waren nicht alle Menschen am Widerstand beteiligt. Sogar bei der ersten Intifada standen die meisten Menschen außerhalb des bewaffneten Widerstandes. Nur die Kämpfer, die Mitglieder der Organisationen – PLO und Hamas – wetteiferten miteinander, wessen Erfolg größer ist. Aber bei der zweiten Intifada hat sich alles umgekehrt. Alle Palästinenser, die im Streifen wohnten, wurden zu einem untrennbaren Teil des Kampfes. Alle wurden mobilisiert. Wenn eine Bombe im Zentrum von Gaza fiel, wusste keiner, dass der Ort, an dem die Bombe fiel, mit der Sicherheitsbehörde der Palästinenser abgesprochen war. Das ist erst später bekannt geworden. Sie bekamen eine Warnung, dass in Kürze ein F-16-Kampfflugzeug eine Bombe abwerfen würde, und nur sie wussten, dass sie kein Menschenleben gefährden wird. In der Zeit der ›Immobilienattacken‹ wähnten sich alle als Ziel und fühlten sich, als ob sie gegen ihren Willen zum Kampf mobilisiert würden. Sogar die Kinder.

Mein Vater war vierundachtzig, als er starb, und bis heute bin ich überzeugt, dass er gestorben ist wegen eurer Bombardierung von Gaza«, stellt er fest. »Als die ersten Bomben fielen, gingen alle Hausbewohner in den Keller, um Schutz zu suchen. Wir haben ein vierstöckiges Haus und alle versammelten sich dort, bis der Schrecken vorüber war. Ich kann mich an meinen Vater bei einer der Bombardierungen erinnern, als alle um ihn herum schrien, wie er in sich versunken war, und jedes Mal wenn eine Detonation zu hören war, hat er seine Hand zur Faust geballt. Einmal war ich in Ägypten und man hat mir mitgeteilt, dass er sich nicht gut fühlt. Der Rücken tat ihm weh. Als ich nach Gaza kam, habe ich ihn ins Krankenhaus gebracht, und unterwegs sagte er zu mir: ›Chalas, es reicht. Wir sind erledigt.‹ Ich antwortete ihm: ›Was redest du für einen Unsinn, du hast nur Probleme mit dem Rücken.‹ Und er erwiderte: ›Es reicht. Ich habe es satt.‹ Und kurze Zeit später ist er gestorben.«

Bei seinen Forschungen hat Sarag ein neues Phänomen in der palästinensischen Gesellschaft entdeckt, eine direkte Folge der bewaffneten Intifada und ihrer ökonomischen und zerstörerischen Ergebnisse, die sämtliche Tagesordnungen auf den Kopf gestellt hatten: den Zusammenbruch der Familie. Die Stellung des Vaters, die in der Gesellschaft stark war, aus zwei Gründen schwer erschüttert. Der Vater kann seine Kinder nicht vor den Schrecken des Krieges schützen und kann keine Nahrungsmittel herbeischaffen, um ihren Hunger zu stillen. Wenn der Vater sich gedemütigt fühlt, weil er seine Familie nicht in Ehren ernähren kann, verfällt er als Folge der Arbeitslosigkeit in eine Depression, und seine Ehefrau füllt die Leere, die dadurch ent-

standen ist. Sie wird Extremistin und die dominante Figur in
der Kernfamilie. In den meisten Fällen war es auch die Frau,
die die Familienmitglieder ermutigt hat, sich für den bewaffneten Kampf zu entscheiden, gegen die Besatzung, die die Familie
und ihre ökonomische Zukunft vernichtet hat. Aber damit war
der Umbruch nicht zu Ende. Da die Institutionen der palästinensischen Behörden zerstört wurden, entstand eine Abhängigkeit zu den verschiedenen Parteien. Sarag nennt die Parteien:
Hamas, Islamischer Dschihad und Fatah. Die Menschen bezogen ihre Sicherheit aus der Zugehörigkeit zu einer Partei, wo
sie einen Regenschirm erhielten, eine Umarmung, die sie nötig
hatten, da der gesamte gesellschaftliche Überbau ins Schwan-
ken geraten war und nicht genügend Schutz bot. Damit erklärt
Sarag den Vorgang, der zum beispiellosen Erstarken der Hamas
geführt hat, die den Bewohnern von Gaza eine warme familiäre
Umarmung anbietet und Sorge um ihre Bedürfnisse in jeder
Lage.

✳

Dr. Ijad Sarag traf ich zum ersten Mal im März 2005. Die Organisatoren einer »Regatta für den Frieden«, die vom Hafen in
Tel Aviv zum Roten Meer und den ägyptischen Stränden verlaufen sollte, bemühten sich, palästinensische Segler dafür zu
gewinnen. Sarag ist Mitglied im Segelclub von Gaza. Die Mitglieder dieses Clubs können kaum einmal auf dem Meer segeln
und begnügen sich in der Regel mit dem Traum vom Segeln.
Israel beschränkt die Bewegungen von Fischern und Seglern
in den territorialen Gewässern des Streifens – aus Angst vor
verminten Booten, die zur israelischen Küste segeln könnten.
Aber Hobby ist Hobby, auch wenn es nicht praktiziert wird und
man den Fischereihafen in der Nähe des Hafens von Gaza nicht
verlassen kann.
Als die palästinensische Delegation zur »Regatta für den
Frieden« auslaufen wollte, gab Israel bekannt, dass es Machfuz

405

Kabriti, einem der Teilnehmer, nicht gestattet sei, die Fahrt mitzumachen, weil er keine Einreisegenehmigung für Israel besaß. Ijad Sarag, der Chef der Delegation, teilte den Organisatoren mit, dass er seinen Freund nicht in Gaza zurücklassen könne und deshalb auf alles verzichte. Die Organisatoren wandten sich an das Büro des Ministerpräsidenten und andere Institutionen in Israel und baten, der gesamten palästinensischen Delegation die Genehmigung zu erteilen, da es sich doch um eine Friedensfahrt handele. Der Sicherheitsdienst hat eine merkwürdige Bedingung gestellt. Die Organisatoren der Rallye bekamen die Auflage, einen Sicherheitsdienst für den Schutz der Regatta zu engagieren, der Machfuz Kabriti bis zum Hafen von Tel Aviv begleiten sollte.

»Ich habe mich geschämt. Da soll ich zu einer Friedensfahrt auslaufen, mit bewaffneten Menschen, die mich bewachen sollen, damit ich nicht weglaufe?«, sagte er.

Schließlich wurde er überzeugt. »Für den Frieden bin ich sogar bereit gewesen, unter Bewachung zu segeln. Es sollte bloß kein Mensch in Gaza erfahren, dass ich einer bewaffneten Begleitung zugestimmt hatte.«

Da war es schon klar, dass die palästinensische Delegation mit ihrer Yacht nicht auslaufen würde, aber ihre Mitglieder waren mit dem Vorschlag ihrer israelischen Kollegen einverstanden, zur Zeremonie des Auslaufens in den Hafen von Tel Aviv zu kommen, den Friedenssegler zu winken und anschließend sofort nach Gaza zurückzukehren.

Aber auch zu diesem Friedenswinken sind sie nicht erschienen. Als sie schließlich den Checkpoint Erez erreicht hatten, wurden sie dreieinhalb Stunden aufgehalten, bis niemand mehr da war, dem sie hätten winken können.

Zwei Tage nach Beginn der Regatta ohne sie, drehte ich mit Sarag und Kabriti für eine Reportage über die Mühsal, die die palästinensische Delegation erlebt hatte. In Folge der Sendung wurde ihnen gestattet, für drei Tage nach Eilat zu fahren und dort ihre Kollegen zu treffen.

Bevor ich mich von ihm verabschiedet habe bestand Sarag darauf, mir noch eine Geschichte über Sperren und Schranken zu erzählen, die ihn zu Tränen gerührt hatte.

»Im Frühjahr 2004 hat man mich zu einem Kongress über Menschenrechte eingeladen, der in Tel Aviv stattfand. Ich sollte dort über die tagtäglichen Schwierigkeiten der Palästinenser und ihre Erfahrung des Eingesperrtseins referieren. Ich kam mit einer Gruppe von UN-Beobachtern und drei weiteren Palästinensern, die ebenfalls zum Kongress eingeladen waren, zum Checkpoint Erez. Wir standen dort und warteten auf den Durchlaß. Inzwischen kam ein palästinensischer Verbindungsoffizier und sagte mir: ›Der israelische Soldat in der Stellung will mit dir reden.‹

›Mit mir?‹, staunte ich. ›Inschallah, was will er von mir?‹ Und er erklärte: ›Ich habe ihm erzählt, dass du in Gaza ein bekannter Psychiater bist, und er will mit dir reden.‹

Ich ging zu dem Soldaten. ›Shalom‹, sagte er. ›Shalom‹, habe ich geantwortet. ›Wie kann ich dir helfen?‹

›Ich habe deinen Namen gehört, und ich weiß, dass du ein bekannter und geachteter Psychiater in Gaza bist, und ich habe eine Frage.«

Sarag erzählte das mit glänzenden Augen und vollkommen gerührt von der Ehre, die der israelische Soldat ihm erwiesen hat.

›Ich wohne in einer Siedlung in Hebron‹, erzählte der Soldat, ›und ich habe ein Problem. Ich will dort nicht wohnen, aber meine Eltern zwingen mich dazu, ich will sie wirklich nicht verletzen, aber ich fühle mich dort nicht wohl. Was kann ich da machen?‹

Ich war überrascht. Ein israelischer Soldat in Uniform, in einer befestigten Stellung, bittet mich um Rat. ›Warum fragst du ausgerechnet mich? Du weißt doch, dass ich Palästinenser bin‹, sagte ich zu ihm.

›Na und‹, hat er geantwortet. ›Ich habe Vertrauen zu dir‹, ›I trust you.‹ Er hat das einige Male wiederholt und fing an zu weinen. ›I trust you.‹ Dieser Satz – ›Ich vertraue dir‹ – hat ihn fertig gemacht.

Ich sagte ihm, dass ich ihn nicht beraten könne und er den für ihn besten Weg wählen müsse. Zum Schluß fragte ich ihn nach seinem Namen.

›Ich heiße Avner‹, sagte er und erklärte mir, dass es was mit Licht zu tun habe.

Ich antwortete ihm, dass das sehr interessant sei, weil Sarag, mein Name, der Name des Fackelanzünders sei. Und das bedeute, dass wir beide Lichtkinder seien. Der Soldat öffnete die Luke der Stellung, reichte mir die Hand und drückte meine Hand mit Wärme.‹ Dass du einen guten Tag hast‹, sagte er. ›Viele gute Tage.‹ Die ganze Strecke nach Tel Aviv habe ich vor Glück geweint. Bei dem Kongress habe ich nur von dieser Begebenheit erzählt. Wie man auf so einfache Art und Weise die seelischen Sperren beseitigen kann. Wie man in schlichtester Einfachheit die Hand zum Frieden ausstrecken kann.«

Kapitel 14

Jenseits des Regenbogens

Elegant befestigte er die Schutzkleidung aus Stahlblech, die er trug, als ob es ein extra für ihn genähter Maßanzug wäre.

Die Waffe hängte er um den Hals wie eine Auszeichnung, und als Zusatz den Gürtel, den Patronenbehälter, das Messer und die Pistole – und den stolzen Gesichtsausdruck, ohne den es nicht geht. So sah ich ihn zuletzt auf dem Schlachtfeld. Jetzt blieb nichts mehr von alledem. Nichts von den Farben des Krieges und nichts vom Stolz. Er saß nackt vor mir und verletzlich. Die Panzerung wich einer Beleidigung. Das weiße Polohemd hat den schnellen Wechsel noch deutlicher gemacht. Von einem Offizier zu einem Zivilisten. Am Vorabend seines Ausscheidens aus der Armee wegen unüberbrückbarer Meinungsverschiedenheiten, zog er die Uniform aus, entfernte den Staub und legte den stolzen Gesichtsausdruck ab, der zu ihm so sehr passte, und besonders die schwere Last, die kein Mensch allein tragen kann – die Sorge um das Leben in einer unmöglichen Wirklichkeit. Nur den Geruch des Todes aus Gaza konnte er nicht loswerden. Nach vierundzwanzig Jahren des Kampfes im Libanon und in Gaza, in den zwei größten Sümpfen, in die Israel seine Söhne geschickt hat, haben wir beide, Brigadegeneral Shmulik Zakai und ich, eine persönliche Abrechnung in unserem privaten Kriegstagebuch gemacht. Er, als Kommandeur der israelischen Streitkräfte im Gazastreifen seit Beginn der Intifada und fast bis zu ihrem Ende und ich als Kritiker der anderen Seite des Krieges, den er führte, und als Beobachter seiner Schritte und der Ergebnisse seines Machteinsatzes. Ich stand nicht auf seiner Seite, ich habe die Ereignisse nicht durch seine Augen gesehen, die Augen der militärischen Konzeption, auf deren Knien er aufgewachsen war und sein ganzes Leben lang wirkte.

»Ich bin mit achtzehn in den Libanon gegangen und habe ihn mit achtunddreißig verlassen. Ich habe viele Gefallene in meinem Leben gesehen. Als ich Regimentkommandeur im Libanon war, sind mir achtzehn Soldaten gestorben, als ich Brigadegeneral bei Golani war, sind mir vierzig gestorben«, sagte er mit nachdenklicher Stimme. »Aber in Gaza war es eine andere Qualität des Todes. In Gaza habe ich den Tod in seiner schrecklichsten Form kennengelernt, bei uns und bei den Palästinensern. Solche Bilder können nicht so einfach an dir vorübergehen, wenn du ein Mensch bist. Sie gehen unter die Haut und der schreckliche Geruch geht die ganze Zeit mit dir mit. Gaza drang mir unter die Haut und die Eindrücke sind in mir eingebrannt bis zu meinem letzten Tag. Was ich auch tun werde, es wird mir nicht gelingen, diese Bilder zu löschen.«

Er fuhr mit den Händen die Arme rauf und runter, als ob er sehen wollte, ob die letzte Dusche etwas von dem, was kleben geblieben war, abgespült hat, und betrachtete die untergehende Sonne, die alles in ein feuriges Rot getaucht hatte. So erinnerte er sich an den schwarzen Monat Mai des Jahres 2004.

»Genau so war die Sonne, als ich nach der Explosion des gepanzerten Truppenfahrzeugs zur Philadelphia-Kreuzung kam.«

Alle seine Soldaten waren mit der Suche nach den Resten der Körper von sechs ihrer Kameraden beschäftigt, die im Zeiton-Viertel in jener Woche getötet worden waren. Gegen Ende der Suche, als der Deal, den Samir Mashrahawi mit dem Islamischen Dschihad ausgehandelt hatte - die Körperteile, die sie versteckt hatten, zurückzugeben - kurz vor der Umsetzung stand, explodierte ein weiteres gepanzertes Fahrzeug an der Philadelphia-Kreuzung. Die gewaltige Sprengladung zerfetzte

Die Greisin, die die Operation »Regenbogen« gestoppt hat. Ihr Bild, wie sie ihre Medikamente in den Ruinen sucht, erinnerte Justizminister Tomy Lapid an seine Großmutter, die im Holocaust umgekommen ist.

Zivilisten verlassen ihre Häuser während der Operation »Regenbogen« in Rafah 2004

das Fahrzeug in kleine Splitter. Noch fünf Soldaten wurden getötet. Das Bild von Armeesoldaten, die auf der Suche nach den Körperteilen ihrer Freunde auf ihren Knien rutschen, an der Kreuzung, über der ständig ein Todesengel schwebt, blieb im kollektiven Gedächtnis der Israelis eingraviert.

»All meine Kräfte waren in Zeiton konzentriert. Ich bin dort angekommen und sah ein Minifahrzeug dastehen und schießen. Darin saßen drei verwundete Soldaten. Ich fragte Aviv Cochabi, den Regimentskommandeur: ›Warum lässt du sie nicht ersetzen?‹ Und er antwortete mir: ›Ich habe keinen Ersatz. Ich habe keine Leute. Außerdem wollen sie auch nicht ersetzt werden.‹ Wir standen machtlos da. Wir konnten einfach nichts tun, bis die Reserve kam. Wir gingen zwischen dem Posten Tarmit und dem Posten Chardon die Philadelphia-Achse entlang, auf der Seite, die nach Ägypten zeigt. Und der Geruch des Sprengstoffs, mit Staub und dem Geruch der Leichenteile vermischt, klebt auf ewig an mir. Ich kann mich davon nicht befreien.«

»Wenn es so ist, wodurch ist Gaza dann anders als der libanesische Schlamm?«, wunderte ich mich.

»In Gaza siehst du die Bevölkerung und den Einfluss des Krieges auf sie aus nächster Nähe, die ganze Zeit. Und du wirst dauernd genötigt, harte moralische Entscheidungen zu fällen. Nimmst du das Risiko auf dich, dass fünf deiner Soldaten getötet werden, oder senkst du dieses Risiko auf ein Minimum? Zerstörst du ein Haus, um zu verhindern, dass deine Soldaten unbekannte Risiken vor sich haben, oder nicht? Und wenn du dich geirrt und ohne Grund ein Haus zerstört hast, und nichts ist passiert, musst du mit dem Gefühl leben, dass du ein Haus zerstört hast, in dem eine palästinensische Familie gelebt hat, und du hast jetzt Kinder von Flüchtlingen erneut zu Flüchtlingen gemacht. Du musst ständig die Wahl treffen zwischen dem Schlechten und dem Schlechtesten, zwischen Pest und Cholera. Es gibt keinen anderen Weg. Das ist die Wahl in Gaza.«

Ich schaute Zakai an und erkannte in der Frustration und dem Sich-Bemühen eine Ähnlichkeit zu Samir Mashrahawi. Das ist die grausame Wirklichkeit, das sind die schrecklichen Dilemmata, vor die Gaza jeden Menschen, nicht nur die Entscheidungsträger, tagtäglich, ja stündlich stellt. Die Wahl zwischen dem Schlechten und dem Schlechtesten. Weil es in Gaza niemals die Option des Guten gibt.

Unser erstes Aufeinandertreffen fand nicht persönlich statt. Als die Operation »Regenbogen« in Rafah begann, nach der Explosion des ersten gepanzerten Fahrzeugs, hat er meine Berichterstattung über die Zerstörung von Dutzenden von Häusern in Rafah dementiert. Während der ganzen Operation weilte ich in den Häusern entlang der Philadelphia-Achse. Ich sah, wie Menschen aus ihren Häusern flohen, Minuten, bevor die Bulldozer kamen.

Der bedrohliche D-9, ein gewaltiges hungriges Ungeheuer, fraß mit seiner Schaufel eine Häuserreihe nach der anderen. Frauen und Männer rannten voller Panik davon. Auf dem Arm hielten sie ein Säugling oder einen kleinen Jungen an der Hand, der das Tempo der Flucht nicht mithalten konnte, und in der anderen Hand trugen sie eine Tasche, in aller Eile gepackt, bevor sie vor dem Schrecken des Baggers flohen. An einem der Gräben, die gezogen worden waren, stand eine Familie – Vater, Mutter und offensichtlich auch Oma und Opa – und forderte den kleinen Jungen, der hinter ihnen zurückgeblieben war, auf, den Graben zu durchqueren. Der Junge fürchtete sich. Er versteckte sich hinter einem Sandhaufen und weigerte sich weiterzugehen. Inzwischen näherte sich der Bagger. Wegen der wahllosen Schießereien um sie herum hatten auch die Eltern Angst zurückzugehen. Sie winkten dem Jungen mit der Hand: »Komm! Komm! Sei ein Held!« Der Vater öffnete seine Tasche, holte ein weißes Unterhemd heraus und rollte es zu einem Ball. Er warf es seinem Sohn zu und wies ihn an, es wie eine weiße Fahne zu tragen, wenn er den gefährlichen Graben durchquert. Der Junge gab sich einen Ruck und machte, was der Vater von ihm verlangte. Er senkte seinen Kopf und schwenkte das Unterhemd darüber. So überwand er den schreckliche Graben. Ein Bewohner des Brasil-Viertels versuchte, in die gefährliche Zone hineinzufahren. Er hupte wie ein Irrer, um die anderen Flüchtenden aus dem Weg zu scheuchen. Als er das Kamerateam und mich sah, hielt er an und stieg aus dem Wagen. Er kam näher und schrie: »So was macht ihr? Habt ihr keinen Gott? Alles, was ich die ganzen Jahre bei euch als Bauarbeiter verdient habe, ist weg. Verschwunden. Es ist mir nichts geblieben. Jetzt weiß ich nicht einmal, wo alle sind. Wo die Kinder sind. Wo die Frau ist. Vielleicht sind sie noch dort, vielleicht nicht. Ich kann nicht mehr zu ihnen zurück. Kann nicht.« Ich stand ohnmächtig vor ihm. Auf einmal begann er bitterlich zu weinen. Ich umarmte ihn und er legte seinen Kopf auf meine Schulter. Ich weinte mit ihm. Es war seltsam. Von all den Menschen um ihn herum, habe ausgerechnet ich ihn getröstet. Dann sah ich sie, die blinde alte Chadidja. Sie saß auf den Ruinen eines Hauses und steckte ihre Hände zwischen die Steine. Suchte und fluchte Sharon und die Juden und die Araber, die sich nicht zum Schutz der Palästinenser erhoben hatten. Um sie herum saßen ihre Enkel und halfen ihr beim Suchen.

»Was sucht sie?«, fragte ich jemanden aus der Familie, der da stand und auf die Alte blickte.

»Sie sucht ihre Medikamente. Einmal im Monat bekommt sie die Medikamente bei der Krankenkasse, und andere Medikamente hat sie nicht.«

»Woher weiß sie, wo sie suchen muss?«, fragte ich. Mir erschien das Ganze wie das Suchen einer Nadel im Heuhaufen.

»Wir wissen, dass hier ihr Zimmer war«, antwortete er, »und die Tabletten waren unter ihrem Kissen.«

Ich stand dort beinahe eine ganze Stunde. Ich war geschockt vom Anblick der blinden Alten, die sich bückte und mit ihren Händen zwischen den Steinhaufen, im Sand und in den Überresten des Haushalts herumwühlte, die zwischen den Ruinen hervorlugten. Als sie ihr Kissen herauszog, hat die ganze Familie, die bis dahin Zweifel gehegt hatte, dass ihr das gelingen würde, sich beeilt, ihr zu helfen. Sie zogen einen Stein nach dem anderen aus dem Ruinenschutt, bis sie die Tabletten der alten Frau entdeckt hatten. Ich machte mich mit den Bildern eilig auf – zur Ausstrahlung in der Nachrichtensendung.

Die Fahrt von Rafah nach Tel Aviv dauert zwei Stunden, das ist fast die gleiche Entfernung wie zwischen Haifa und Jerusalem, aber als ich auf der Ayalon-Schnellstrasse fuhr und die Lichter der Türme von Tel Aviv in prächtigem Glanz erstrahlten, kam es mir vor, als ob ich von einem anderen Planeten zurückgekehrt war. Wo sind sie und wo sind wir? Ist es möglich, dass die Leute, die in den Restaurants und Cafés sitzen, nichts wissen und auch nichts wissen wollen von ihren nahen und doch so entfernten Nachbarn? Dass wir im 21. Jahrhundert leben und sie die Steinzeit gerade hinter sich gebracht haben und zum Tohuwabohu zurückgekehrt sind, zum Chaos der Welterschaffung.

»Das Ziel der Aktion war die Vergrößerung des Handlungsspielraums bei den laufenden Operationen entlang der Philadelphia-Achse«, erklärte Shmulik Zakai. »Vor der Operation haben ein kleines gepanzertes Fahrzeug und ein Panzer die Philadelphia-Achse befahren und erhielten im Durchschnitt drei R.P.G.-Geschosse[17] und eine Ladung Dynamit. Die bewaffneten Brigaden wollten unbedingt ein weiteres Fahrzeug zur Explosion bringen und Verluste verursachen, die die israelische Moral beeinflussen würden. Und außerdem wollten sie auf eine humanitäre Katastrophe hinweisen, die durch die Reaktionen der israelischen Armee verschärft wurde. So sollte die Meinung der Weltöffentlichkeit gegen Israel mobilisiert werden. Es war keine willkürliche Zerstörung von Häusern. Die Zerstörung sollte dafür sorgen, dass keine weiteren Fahrzeuge der Armee explodieren.

Generalstabchef Yaalon und Verteidigungsminister Mofaz fragten mich: ›Was meinst du damit, wenn du sagst, du möch-

---

[17]   Die R.P.G. ist eine Panzerfaust russischer Herkunft.

test den Handlungsspielraum vergrößern?‹ Ich antwortete: ›Ich will, dass sie weniger R.P.G.-Bomben schießen. Dass es weniger Widerstand gibt, wenn wir reingehen, um die Tunnel zu finden. Der Weg dahin ist einfach, so viele Bewaffnete wie möglich zu töten. Punkt. Das war die Absicht der Operation.‹«

Am Freitag, dem 20. Mai, beschloss Zakai, die Aktionen für achtundvierzig Stunden einzustellen, um es den Lastwagen der UNRWA, der humanitären Organisation der UNO, zu ermöglichen, Nahrungsmittel und Medikamente nach Rafah zu bringen.

In meiner Reportage habe ich über den Umfang der Zerstörungen und über die Familien berichtet, die ihr ganzes Hab und Gut verloren hatten, auch das Dach, unter dem sie lebten. Dutzende Familien. Hunderte Familien. Eine große Panik.

Die Armee dementierte die Fakten, die ich berichtet hatte. Bei der Instruktion für die Militärreporter, die Brigadegeneral Zakai an diesem Tag ausgegeben hat, wiederholte die Journalistin Carmela Menashe, die Militärkorrespondentin von Kol Israel, der Stimme Israels, die Angaben, die ich über den Umfang der Zerstörungen der Häuser veröffentlicht hatte, und bat Zakai um einen Kommentar. Er antwortete, dass ich möglicherweise etwas durcheinandergeworfen habe und dass die Dutzenden der Häuser, von denen ich angenommen hätte, dass sie während dieser Operation zerstört wurden, in Wirklichkeit während der ganzen Jahre der Intifada zerstört worden seien und nicht bei einer einzigen Operation. Das heißt, ich hätte nicht die Wahrheit berichtet. Ich bot Carmela Menashe an, mich nach Rafah zu begleiten. So würde eine Reporterin, deren Quelle die Armee ist, die professionellen Trennlinien überschreiten und die andere Seite der nackten Tatsachen sehen. Ich dachte, wenn zwei Journalisten, zwei Zeugen, mit ihren eigenen Augen das Ergebnis der militärischen Begriffe sehen – »die Armee wirkt in Rafah«, »die Ziele der Operation«, »den Kräften einen Operationsfreiraum ermöglichen«, und

noch weitere trockene Formulierungen, an die die israelische
Öffentlichkeit im Verlauf der Intifada gewöhnt worden ist –,
dass dann unsere doppelte Stimme mehr Gewicht haben würde. Nicht als Kritiker der notwendigen Terrorismusbekämpfung durch die Armee, sondern als Journalisten, die das Dilemma zeigen, vor dem wir in Gaza stehen: die Wahl zwischen
dem Schlechten und dem noch Schlechteren.

Am 22. Mai 2004, einem Sonntagmorgen, als die Regierung
zu ihrer wöchentlichen Sitzung zusammengetroffen war, weilten
Carmela und ich in der Hölle von Rafah. Immer noch flüchteten ganze Familien vor den Baggern, die den Abriss ihrer Häuser fortgesetzt haben. Der damalige Justizminister, Thomy Lapid, sagte bei der Sitzung, dass die Bilder der blinden alten Frau
ihn an seine Großmutter in der Shoa erinnert hätten. Auch
ich war über diesen Vergleich schockiert. Jetzt konnte die Armee die Bilder nicht mehr ignorieren. Am Ende des Tages, als
die Fakten gesehen und gehört worden waren, änderte man bei
der Armee die Angaben über die Zerstörungen. Jetzt berichtete
die Sprecherin der Armee, Brigadegeneral Ruth Yaron, dass im
Verlauf der Operation »Regenbogen« sechsundfünfzig Häuser
zerstört worden seien.

Nur in das Viertel Tel Sultan konnten wir nicht hinein. Die
Armee hatte es mit einem Ring von Einheiten eingekesselt: Es
war belagert. Die Belagerung des Viertels, das etwa zwei Kilometer von der Philadelphia-Achse entfernt liegt, sah seltsam
aus. Was hatten sie dort zu suchen? Man kann doch kein Tunnel zum Schmuggeln von Tel Sultan bis zur Philadelphia-Achse
graben. Die Entfernung ist zu groß. Außerdem wohnen die
meisten der gesuchten Bewaffneten, die an der Philadelphia-Achse gegen die Armee tätig sind, in Shabora, im Viertel von
Arafat und seinen Freunden. Tel Sultan ist bekannt als ein ruhiges Viertel. Es ist vollkommen unwahrscheinlich, dass sich dort
bewaffnete Gesuchte versteckt halten.

An diesem Tag veröffentlichte die Armee folgende Bekanntmachung:

Im Rahmen der Aktivitäten der Armee gegen die Basis des Terrors im Gazastreifen sind die Soldaten der Armee seit Dienstagnacht im Tel-Sultan-Viertel in Rafah tätig, mit dem Ziel, Gesuchte zu verhaften und Kampfmittel zu beschlagnahmen.

Während die Armee entlang der Philadelphia-Achse und im fernen Tel Sultan kämpfte, saß ich mit Arafat und seinen bewaffneten Freunden zusammen und bemerkte bei ihnen kein Gefühl der Angst um ihr Leben wegen der Aktionen der Armee.

Arafat sagte mit einem vernichtenden Lächeln: »Sie werden es nicht wagen, nach Shabora zu kommen. Sie wissen, dass es dann ein schreckliches Gemetzel geben wird. Wir werden bis zum letzten Blutstropfen kämpfen.«

Und in der Tat, die Armee wagte es nicht, in Shabora einzumarschieren.

Am 20. Mai 2004 reichten vier israelische Organisationen eine Petition beim Hohen Gericht in Jerusalem ein, in der sie einen Rückzugbefehl für Armee in Tel Sultan und eine Untersuchung der Ereignisse verlangten, bei denen Dutzende von Zivilisten getötet worden waren. Die Petenten – die Organisation Ärzte für Menschenrechte, die Organisation für die Rechte der Bürger in Israel, das Zentrum zum Schutze des Einzelnen und die Organisation »Betzelem« reichten beim Gericht eine vollständige Aufzeichnung der Ereignisse ein, die in Tel Sultan vom 18. zum 20. Mai 2004 stattgefunden hatten. Die Petition war in einem aggressiven Ton gehalten, wie es bei Petitionen üblich ist, aber sie führte Fakten auf: über Verluste an Leben und Übergriffe gegen die Infrastrukturen des belagerten Viertels und gegen das Eigentum seiner Bewohner.

Die Rede war von der Tötung von vierundzwanzig Zivilisten, darunter zwei Brüder von siebzehn und achtzehn Jahren und einem Bruder und einer Schwester, vierzehn und sechzehn Jahre alt, von der Verletzung Dutzender von Zivilisten. Es ging um tödliche Treffer in der Zivilbevölkerung, unter anderem in einer Gruppe von Ärzten, um die Zerstörung von Wohnhäusern, von Straßen und der Wasserversorgung, von Stromleitungen und der Kanalisation. Dazu kam ein schlimmer Mangel an Trinkwasser und Medikamenten. Nach einer Untersuchung von »Betzelem«, die ihre Leute vor Ort durchgeführt hatten, hat die Armee während eines Wochenendes hundertundsechzehn Häuser zerstört und machte damit einhundertachtundneuzig Familien mit insgesamt eintausendeinhundertundsechzig Seelen obdachlos. Diese Angaben sind nur ein Teil der viel ausführlicheren Angaben der UNRWA. Danach wurden seit Anfang Mai 2004 einhunderteinundneunzig Häuser zerstört und zweitausendeinhundertsiebenundneunzig Bewohner obdachlos gemacht.

Am 19. Mai wurden in der Nähe von Tel Sultan Dutzende Bürger verletzt, die vom Zentrum der Stadt Rafah in einer stillen, gewaltlosen Demonstration in Richtung Tel A-Sultan gingen. Es war eine Bürgerdemonstration im wahrsten Sinne des Wortes. Männer, Frauen, Kinder und Erwachsene marschierten friedlich und vermieden jede Konfrontation mit der Armee. Es gab keine Bewaffneten und keine Maskierten. Viele trugen Nahrungsmittel und Wasserbehälter für die Bewohner des seit drei Tagen abgeschnittenen Viertels bei sich. Bei einem Versuch, die Demonstration zu stoppen, wurden zur Einschüchterung drei oder vier Panzergranaten abgeschossen und außerdem zwei Raketen aus einem Hubschrauber, der über den Demonstranten schwebte. Die Schüsse trafen offenes Gelände. Eine Granate wurde jedoch auf die Demonstranten selbst abgeschossen. Acht Demonstranten wurden getötet, die Hälfte von ihnen minderjährig, im Alter von zehn bis vierzehn, und Dutzende wurden verletzt.

Die Armee reagierte übrigens mit der Behauptung, dass an der Demonstration Dutzende von Bewaffnete teilgenommen hätten, aber diese Worte stehen im Widerspruch nicht nur zu den Bildern von der Demonstration, sondern auch zum Charakter der Demonstration, die von freiwilligen Organisationen in Rafah organisiert worden war, um Solidarität zu zeigen.

Nach der Aktion kam ich nach Tel Sultan, das von der Belagerung befreit worden war. Es war die Stunde, in der die Toten beerdigt wurden, die man während der drei Tage der Belagerung nicht hatte begraben können. Ich kam zum Haus der Familie Almuéid. Asma, die Sechzehnjährige und ihr Bruder Muchamad, vierzehn Jahre alt, wurden durch Scharfschützen getötet, als sie auf dem Dach ihres Hauses waren. Die Leichen blieben auf dem Dach liegen, die Armee hat palästinensischen Krankenwagen nicht erlaubt, bis zum Haus vorzufahren und die Leichen der beiden Geschwister abzuholen. Über vier Stunden lagen die Toten auf dem Dach. Der Reporter Abd Abu Al-Asker rief den Knessetabgeordneten Achmed Tibi an und bat ihn, dass er sich für die Abholung der Leichen einsetze. Zwei Minuten später rief auch das Familienoberhaupt den Knessetabgeordneten an und bat ihn um Unterstützung. »Wir wollen nur die Leichen holen«, sagte er. Tibi, der zu diesem Zeitpunkt im Parlament war, ging ans Rednerpult und erzählte die Geschichte von Asma und Achmed, deren Leichen auf dem Dach des Hauses lagen und deren Abholung die Armee nicht gestattete. Der Knessetabgeordnete Itzchak Herzog rief daraufhin seinen Bruder an, den Brigadegeneral Mike Herzog, der militärischer Sekretär des Verteidigungsministers war. Erst nach dessen Intervention konnten die Krankenwagen vorgefahren, um die Leichen des Jungen und seiner Schwester abzuholen.

Ich ging mit meinem ständigen Kameramann Magjdi in das Haus und stellte mich als israelischer Journalist vor. Die Mutter brach in ein bitterliches Weinen aus. »Kommt, seht«, sagte sie und zog mich auf das Dach, auf dem ihre Kinder getötet worden waren. Auf der Treppe waren noch getrocknete Blutflecken von dem Mädchen, das versucht hatte, ihren Bruder zu retten und dabei selbst getroffen wurde. Die Mutter war vollkommen außer sich und sprach ganz entrückt:

»Achmed liebte Vögel. Er hatte einen Käfig auf dem Dach. Er ging rauf, um sie zu füttern, und wurde dann im Nacken getroffen. Asma rief ihn: ›Achmed! Achmed! Kriech her!‹ Aber er war dazu nicht mehr in der Lage. Sie stieg auf das Dach, um ihn zu retten, und dann wurde auch sie getroffen. Und wir haben um Hilfe gerufen, aber sogar der Krankenwagen konnte nicht kommen. Jetzt sind sie im Paradies. Asma passt bestimmt auf ihren Bruder auf, dass ihm nicht kalt ist, dass er sich nicht in der Dunkelheit fürchtet. Dass er seine Hausaufgaben macht.«

✳

Der Sinn der Belagerung eines Wohnviertels, das zwei Kilometer von der Philadelphia-Achse entfernt liegt, wird ein Rätsel bleiben.

Meine Kollegen, die Militärreporter, haben die Stellungnahme der Armee akzeptiert, dass das Ziel war, Tunnel zu lokalisieren. Die Sinnlosigkeit einer solchen Begründung wird sich nur dem nicht erschließen, der nicht in Tel Sultan war. Wie gesagt, die Entfernung zwischen Tel Sultan und der Philadelphia-Achse ist zu groß und die meisten der bewaffneten Gesuchten, die an der Achse tätig sind, leben eigentlich in Shabora, dem Wohnviertel von Arafat, Abu Shabak und seinen Freunden. Und Tel Sultan ist bekannt als ein ruhiges und friedliches Wohnviertel.

»Warum?«, fragte ich den damaligen Divisionskommandeur, Brigadegeneral der Reserve Zakei. »Warum Tel Sultan?« Er lächelte fast verächtlich.

»Das Ziel der Operation war gar nicht die Suche nach Tunneln. Weißt du, wie der Gedanke aufgekommen ist? An einem Freitag hatten die Divisionskommandeure eine Lagebesprechung und unterwegs hörte ich die Sprecherin der Armee im Radio sagen, dass das Ziel sei, Tunnel zu finden. Wieso plötzlich Tunnel? So macht man also eine Operation, um Tunnel zu finden? Wir sind in Tel Sultan eingedrungen, weil ich die taktische Doktrin der Bewaffneten bei jedem Eindringen von uns in Gaza kannte. Ich wusste, dass sie sich in Shabora eingraben würden, und ich suchte den Ort, wo ich sie täuschen und so

422

weit wie möglich von dort weglocken konnte. Ich wollte einen Zwischen-Ort finden, wo sie auf der einen Seite das Gefühl haben, dass sie schnell nach Shabora zurückkehren können, und auf der anderen Seite aber verführt werden, herauszukommen und irgendein Fahrzeug von uns zu treffen. Ich hatte die Idee, die Operation zunächst in Tel Sultan zu beginnen. Das liegt in geeigneter Entfernung von Shabora. Die Absicht war, sie aus der Deckung zu locken, um sie angreifen zu können, egal ob aus der Luft oder vom Boden. So viele Terroristen wie möglich töten. Mir war klar, dass wir nicht nach Shabora reingehen. Aber ich versuchte den Anschein zu erwecken, als könnte ich es jederzeit. Nachdem sie den aggressiven Charakter der Operation gesehen hatten, waren sie sicher, dass wir nach Shabora eindringen wollen. Ich habe mit Absicht einen Schritt gemacht, der sie zu dieser Schlussfolgerung zwang. Ich habe eine Einheit von der Führungsschule der Armee, die vom Durchgang Sufa kam, an der Rafah-Kreuzung absetzen lassen, an der nördlichen Begrenzung von Shabora. Eine Einheit von Givati hatte den Befehl durch das Wohnviertel Brasil zu den östlichen Rändern von Shabora vorzudringen. Die Bewaffneten brachen in die Polizeistation von Rafah ein, um Munition zu stehlen, weil sie ihre ganze Munition in Tel Sultan verschwendet hatten. Genau das hatte ich erwartet. Und so habe ich erreicht, was ich wollte. Ich begann mit einem Schlag, der viele Tote forderte, so dass ihr Plan vorwärts zu stürmen und ein weiteres Fahrzeug zu treffen fehlschlug. Ich habe ihren ganzen Plan auf den Kopf gestellt. Das war das Ziel. Tel Sultan war ein Täuschungsmanöver.«

Mohammed Dahlan kam damals nach Shabora: »Ich wusste genau, was eure Armee machen wollte. Ich saß mit allen Gesuchten zusammen und sagte zu ihnen: ›Flieht nach Kahn Yunis, weg von Tel Sultan, es wäre schade, wenn Blut umsonst vergossen würde. Gebt ihnen zwei, drei Tage, am Ende werden sie enttäuscht abmarschieren.‹ Und das haben sie gemacht, sie sind nach Khan Yunis geflohen.«

Die Operation »Regenbogen« war zu Ende, ehe sie abgeschlossen werden konnte. Die blinde Alte aus dem Viertel Brasil hat sie gestoppt.

»Ich wollte mit der Operation weitermachen. Die Debatte darüber wurde ziemlich hitzig. Alle sagten zu mir: ›Weißt du, was dein Fehler war? Von Freitag auf Samstag hast du alles getan, um eine humanitäre Hilfe für die Bewohner zuzulassen. Und da ging auch Shlomi Eldar rein und Carmela Menashe ging rein. Und was ist daraus geworden? Man hätte kontinuerlich weitermachen müssen. Dann wäre die Bilder von Shlomi ausgestrahlt worden, aber alles wäre schon vorbei.‹ Das war die Logik.«

✳

Als alles vorüber war, lud mich Brigadegeneral Zakai auf eine Fahrt entlang der »Todes-Achse« ein. Damit ich sehe, wie unsere »Wir-haben-keine-Wahl-Achse« im Streifen gezogen wurde. Und damit ich sehe, wie seine Soldaten für ihre Sicherheit und die Sicherheit des ganzen Landes kämpfen. Bevor wir das gepanzerte Fahrzeug bestiegen, schlug er vor: »Ruf deine Freunde in Rafah an. Sag ihnen, dass wir kommen, damit sie nicht auf uns schießen. So werden wir uns sicherer fühlen.«

Ich blickte auf die Uhr und begann, mir Sorgen zu machen. Die Zeit der Abenddämmerung ist die Stunde, ich weiß es genau, in der sie aus ihrem Schlaf aufwachen. Jedes Mal, wenn ich zu ihnen fuhr, sagten sie: »Komm nicht vor drei Uhr. Wir schlafen.«

Ich habe meine Schutzkleidung angelegt und den Stahlhelm aufgesetzt. Als wir auf den gepflügten Weg fuhren und eine Staubwolke die Fenster des gepanzerten Fahrzeugs verdunkelte, erinnerte ich mich an meine erste Fahrt durch Shabora. In einem Jeep des Grenzschutzes, mit einem Polizisten, der gesagt hat: »Willkommen in der Hölle.« Dreizehn Jahre sind seitdem vergangen. Die ewige Staubwolke ist immer noch da, es scheint

424

sogar, als sei sie größer geworden. Sie bedeckt alle Gebiete der Hölle auf dem Land von Rafah. Auch meine Angst ist gewachsen. Seit der ersten Durchfahrt damals, am Vorabend der Konferenz von Madrid 1992, redet man nicht mehr über Olivenzweige und Steine. Das gilt inzwischen als Kinderspiel. Die Kinder von damals sind erwachsen geworden, aus dem Zeitalter der Steine in das Zeitalter der Sprengsätze und R.P.G. eingetreten.

Zakai hielt neben einem der Posten. Ich schaute mich auf dem Platz um. Kein Mensch hat eine Vorstellung davon, wie man von hier lebend wieder zurückkommt. Tonnen von gepanzertem Beton sind dort gegossen worden. Stahl und Sandsäcke und Netze, die Raketen aufhalten. Ein kleines gepanzertes Fahrzeug steht da und schießt die ganze Zeit, nicht auf ein bestimmtes Ziel, sondern einfach so, um abzuschrecken. Damit kein Mensch auf die Idee kommt, sich zu nähern. Und pausenlos schießen die Maschinengewehre.

»Wie lange kann man so weitermachen?«, fragte ich laut. Wie lange kann man sich eingraben und seinen Kopf tief im Sand verstecken? Wir stiegen zum befestigten Posten Tarmit hinauf, einem der fünf hoch gelegenen Posten, hoch genug, um über die Stahlmauer zu blicken, die entlang der Achse gezogen worden ist. Wir kletterten die Eisenstufen zum Posten hinauf. Im ersten Stock war der Wohnbereich der Soldaten. Schmale Stahlzellen, wie in einem U-Boot, das in die Tiefen taucht und dessen Matrosen Tag und Nacht die Augen offen halten, auf der Suche nach Torpedos und Minen. Nur die Geräusche der Geschosse erinnerten uns daran, dass wir in Wirklichkeit in die Tiefen des Absurden eintauchten, das nicht mehr endlos weiter andauern kann. Hunderte von Soldaten stehen in einem Stahlkäfig als deutliches Ziel für Bodenraketen, und direkt unter ihnen befinden sich den Blicken verborgene unterirdische Tunnel. Jede Bewegung eines Mannes, einer Frau oder eines Kindes sieht verdächtigt aus.

Bis jetzt habe ich die Posten von der anderen Seite gesehen, von den zerstörten Wohnvierteln von Rafah. An jeder Ecke in der Stadt sieht man sie, die Posten, wie die Augen eines großen Ungeheuers, das dich ständig beobachtet. Neben dem Posten Tarmit befindet sich eine Tankstelle. Um sie herum ist alles zerstört und wie ein Sieb durchlöchert. Und trotz allem sitzen die Mitarbeiter der Tankstelle dort und warten auf Fahrzeuge, die zu diesem gefährlichen Ort kommen, weil sie keine andere Wahl haben. Die Tankstelle und ihre Pumpen kann man nicht versetzen. Nicht weit entfernt, wurde in einer Gasse einmal eine Hochzeit gefeiert. Ich erinnere mich an sie, wie sie in der Strasse der Märtyrer tanzten, und an die Feuersalve, die plötzlich auf sie abgegeben wurde. Zwei Wochen später klingelte um elf Uhr abends das Telefon bei mir zu Hause. Im Hintergrund konnte man Freudenrufe hören. Die Gäste in der Straße der Märtyrer, die ich im Sommer 2002 gefilmt hatte, fragten mich: »Wie geht es dir, Shlomi?«, und fügten hinzu: »Wir haben morgen noch eine Hochzeit. Wir laden dich ein, mit uns zu feiern.«

Sie glaubten, dass die Bilder und Stimmen meiner Reportage die israelische Bevölkerung überzeugen würden, dass es noch Hoffnung gab. Dass nicht alles verloren war und dass man sich versöhnen und die abgebrochenen Friedensverhandlungen zu Ende bringen konnte. Aber nach dieser Hochzeit wurde auch ihr Haus zerstört. Die ganze Straße der Märtyrer verwandelte sich in einen Trümmerhaufen. In direkter Nachbarschaft zum Posten Girit lebten Familien auf der Achse. Einige haben an ihrem Balkon eine weiße Flagge gehängt, als ob das hilft. Alles ist zerschossen. Ich sah einmal eine Frau aus ihrem Haus kommen. Um sie herum wurde geschossen. Wir sprangen von unseren Sitzen auf, aber sie sagte ruhig und leise: »Das ist normal. Passt nur auf, dass ihr nicht zu nah herankommt. Die Juden werden leicht nervös.« Nur eine Tamariske stand aufrecht wie ein Verrückter. Alle senkten ihren Kopf und sie tut so, als ob dieser Krieg sie überhaupt nichts angeht. Ihre Farbe ist grün, ihre Blätter fleischig und sie hat nicht einmal einen Kratzer von einem Schuss. Tamariske, Tochter einer Tamariske, sie hat das Glück, das die Menschen neben ihr nicht haben.

Dort sah ich auch ein Mädchen in einem roten Kleid, Fathia al-Abassi, sechs Jahre alt, deren Haus zerstört worden war und die mit ihrer Familie in die nahe Schule gezogen war. Die neuen Flüchtlinge wohnten im Klassenzimmer. Wenn sie saubere Luft atmen wollten, gingen sie auf den Gang und blickten auf das Stadion hinaus. Ja, sie hatten ein prächtiges Fußballstadion, mit grünem Rasen und Sitzplätzen für die Zuschauer. Ein himmelschreiender Gegensatz zwischen dem zerstörten Haus und dem gepflegten Spielfeld, das mit einer Spende der kanadischen Regierung zum Wohle der Bürger gebaut worden war. Aber wer braucht ein Stadion, wenn man nicht weiß, wo man schlafen soll?

»Wir wollen nichts zu essen. Wir wollen ein Zuhause. Nur ein Zuhause wollen wir. Mein Großvater wurde verwundet und mein Onkel wurde verwundet. Mein Großvater an seinem Rücken und mein Onkel am Bein. Wohin sollen wir gehen? Nur ein Zuhause will ich. Alle kommen, filmen und gehen. Sieh mal, hier wohnen sechsunddreißig Leute. Wir schlafen auf dem Boden. Auch mein Großvater schläft draußen auf dem Boden. Mein Vater war ein Arbeiter. Alle waren Arbeiter. Wie schade. Wie schade. Jetzt hat er aufgehört zu arbeiten. Er sieht den Grabstein der Familie. Sieht und kann nichts tun. Wie schade, wie schade.«

Sie erinnerte mich an Amana und Nuhil, deren Bild mir seit den Tagen der ersten Intifada keine Ruhe ließ. Vielleicht haben die beiden schon geheiratet und haben Kinder in dieser Welt bekommen, die im Lauf der Jahre nur noch schlimmer geworden ist.

※

Die Philadelphia-Achse wurde zum Symbol für das Absurde, das alle militärischen Aktionen im ganzen Gazastreifen umgibt. Nicht weil die Armee nicht wollte oder anders nicht konnte, sondern weil kein Mensch sie wirklich den Bedürfnissen des

Landes entsprechend lenkte. Wenn man blieb – dann nicht unter diesen Bedingungen. Und wenn man Gaza verließ – schade um unsere und ihre Toten und Verwundeten. Tausende haben dort ihren ganzen Besitz verloren und wurden auf Generationen hinaus zu eingeschworenen Feinden Israels. Eine weitere Generation von Flüchtlingen und Rachsüchtigen.

Der Sicherheitsapparat hatte einen Schubladenplan, der vielleicht die Zerstörung der Häuser bei den verschiedenen Operationen der Armee verhindert hätte, einschließlich der Operation »Regenbogen«. Der Plan beinhaltete, den dreihundert palästinensischen Familien, die entlang der »Todesachse« wohnten, eine Entschädigung anzubieten und ihre Häuser in einer kontrollierten und zuvor vereinbarten Art und Weise zu sprengen und so für die »Erweiterung des Operationsraums« der Streitkräfte zu sorgen. Jedoch hat auch dieser Vorschlag die unmögliche Situation vor Ort verdeutlicht. Flicken auf Flicken, Löcher stopfen, Achsen erweitern, mehr und mehr Posten beschützen – und all das nur, um den Status quo im Gazastreifen aufrechtzuerhalten. Es ist schwer zu sagen, ob die Bewohner an der Achse zu einer Räumung bereit gewesen wären. Aber dieser Plan stand niemals zur Disposition.

Brigadegeneral Shmulik Zakai war gezwungen, sich mit den Resultaten auseinanderzusetzen: »Wenn der Staat Israel sich mit einem strategischen Problem auseinandersetzt, tut sich die politische Führung schwer mit harten Entscheidungen. Was machen sie? Legen die gesamte Verantwortung den Soldaten vor Ort auf. Sie sagen: ›Wir können solche grundsätzlichen Entscheidungen nicht fällen.‹ Und machen nichts. Dann versuchen wir zu manövrieren. Viel einfacher wäre es gewesen, die Wahrheit zu sagen, dass man aus militärischer Sicht das Schmuggeln an der Philadelphia-Achse nicht bekämpfen kann, wenn die Häuser buchstäblich auf der Achse sitzen. So kann man nicht arbeiten. Man muss die Achse zumindest minimal erweitern, damit Streitkräfte passieren können. Dieser Gedanke wurde tatsächlich aufgebracht und ich sagte: ›Es gibt niemanden, der das genehmigen wird, obwohl das die humanitäre Lösung wäre.‹ Und in der Tat ist es so gewesen. Der Plan wurde nicht genehmigt.«

Tatsächlich hat Israel all die Jahre keinen eigenen Plan entwickelt, sondern lediglich punktuelle militärische Operationen durchgeführt. Auch die Palästinenser haben die Versäumnisse der israelischen Politik im Verlauf der Intifada sehr gut erkannt. Bei seiner Abrechnung mit der palästinensischen Führung und deren Versagen in der Intifada, insbesondere, was die Kontrolle der bewaffneten Brigaden anbelangte, hat Samir Mashrahawi auch das Zaudern, ja das Fehlen jedweder israelischer Politik in den besetzten Gebieten und besonders in Gaza zur Sprache gebracht. Er sah darin einen der Gründe, die zum Niedergang führten.

»Auch die Israelis haben die Kontrolle verloren«, sagte Samir. »Die Logik, die sie geleitet hat, war falsch. Die Israelis haben nicht geklärt, wie sie in der Intifada vorgehen wollen, ob sie die Autonomiebehörde entmachten oder vielmehr gegen die bewaffneten Anführer vorgehen wollen. Sie haben nicht einmal festgelegt, sich auf die Opposition zu fokussieren. Auf die Hamas und den Dschihad, die die großen Attentate begangen haben. Aus ihrer Sicht waren sie alle Ziele für einen Angriff. Wenn die Hamas ein Selbstmordattentat in Tel Aviv durchgeführt hat, haben sie eine Einrichtung der Behörde angegriffen. Selbst wenn das Attentat in der Westbank war, haben sie in Gaza zugeschlagen. Einfach so, ohne darüber nachzudenken. So haben sie alle Palästinenser für die Intifada mobilisiert.«

Ich habe Shmulik Zakai die Erklärung von Samir Mashrahawi vorgelegt. »Ich war in Gaza vom ersten Tag an, als der Krieg ausbrach«, erzählte er. »Ein Charakteristikum eines solchen Krieges ist der kaum wahrnehmbare Unterschied zwischen Taktik und Strategie. Jedes einzelne Attentat bringt einen Staat, der keine Führung hat und keinen Weg, auf einen Schlingerkurs. Und während all dieser Jahre gab es dort keine staatliche Führung. Ich weiß es, weil ich dort war. Premierminister Ehud Barack war in einer schweren politischen Situation. Man hat ihn beschuldigt, dass die Intifada wegen Camp David ausgebrochen sei. Man hat ihn von allen Seiten angegriffen. Es gab eine gewaltige politische Schwäche, die sich bis zu den unteren Befehlsempfänger vor Ort fortgesetzt hat. Man hatte das Gefühl, dass die Regierung abgeschnitten war von dem, was vor Ort geschieht, und die Taktiker vor Ort tun und lassen konnten, was sie wollten. Ich sage das vom Standpunkt eines Brigadegenerals, ich hatte die Freiheit, fast alles zu tun, was ich für richtig hielt.«

Und in der Tat, im ersten Jahr der Intifada, während der Regierungzeit von Ehud Barack, haben sich Standpunkte und Axiome durchgesetzt, die seither die falschen Schritte Israels bestimmten. Diese Schritte haben letztlich den überwiegenden Teil der palästinensischen Bevölkerung in die Reihen der Intifada getrieben.

Sogar Zakai wurde von der allgemeinen Stimmung mitgerissen: »Im Verlauf des ersten Jahres habe ich die Geschichte geglaubt, dass Arafat beschlossen hätte, alles in Flammen aufgehen zu lassen. Ich war wie vernagelt. Erst nach einem Jahr habe ich mich davon befreit. Ich begann zu verstehen, dass Arafat die Dinge nicht wirklich im Griff hat. Ich begann ihm zu glauben, dass er will, aber nicht kann. Das die Dinge schon jeder Kontrolle entzogen waren. Selbst seiner Kontrolle. Nach einem Jahr Krieg wurde in der Führungsschule der Armee ein Treffen veranstaltet, um ein Resümee zu ziehen. Ich sagte zu einem der Offiziere: ›Irgendetwas ist hier nicht in Ordnung.‹ Ich bekam immer mehr das Gefühl, dass wir kämpfen, nur weil wir überhaupt etwas machen müssen. Wir investieren einfach nicht genug Gedanken, um die Schritte zu klären, die wir machen müssten, um die Situation zu bekommen, die wir wollten. Ich habe aufgehört, die Behauptung ernst zu nehmen, dass man im Tunnel des Terrors eine Betonwand aufstellen müsse, damit sie verstehen, dass der Terror nirgendwohin führt. Das ist keine Agenda. Aber so hat es funktioniert. Einsetzen von

Gewalt. Jedoch außer dieser Gewalt, für die ich verantwortlich war, hätten noch andere Maßnahmen greifen müssen. Aber sie sind nicht versucht worden. Die Einzigen, die ihren Job getan haben, waren die Armee und der Sicherheitsdienst, deren Aufgabe es ist, den Terror zu bekämpfen. Aber was ist mit all den anderen Dingen? Was ist mit politischen Mitteln, was ist mit den Erleichterungen für die Palästinenser? Nichts. Ich fühle, dass ich in einer Geschichte gefangen war, die wir für uns selbst geschrieben hatten.

»Vor dem Hintergrund, dass Arafat an allem schuld sei, wurden die Ziele der ›Vergeltung‹ an den Palästinenser im Allgemeinen und der palästinensischen Behörde im Besonderen ausgewählt. So wurde die palästinensische Autonomiebehörde mit all ihren Institutionen und Sicherheitsapparaten beseitigt. Einer der Faktoren, die schließlich zur Anarchie führten, zu dem Zustand, dessen Zeugen wir heute sind.«

»Ich habe gelernt, dass der große Zusammenbruch begonnen hat, als die Luftwaffe zum Einsatz kam, als sie angefangen hat, leere Gebäude zu bombardieren«, habe ich bemerkt.

Zakai lächelte. »Du meinst die ›Immobilien-Angriffe‹? Das ist der Begriff, den man in der Armee für die Zerstörung von leeren Gebäuden benutzt hat. Das ist ein Beispiel für einen Krieg, der auf der Basis von Vergleichen geführt wird. Das passierte, als ich den Befehl über die Gaza-Division übernehmen sollte. Dan Harel wurde der Befehlshaber des Südabschnitts. Wir sagten uns: ›Die Ränge über uns legen für uns kein Ziel fest. Das, wofür wir eigentlich kämpfen. Außer dem großen allgemeinen Ziel, Israel zu beschützen und außer der Vorgabe, dass wir den Feind töten sollen.‹ Ich sagte zu Dan: ›Ich bin ein Libanonveteran. Ich wurde geformt angesichts dieser Scheiße von Unentschiedenheit seitens der politischen Führung. Ich habe erlebt, wie man die Unfähigkeit unserer Führer, Entscheidungen zu fällen, teuer bezahlen muss. Sie denken, dass die Zeit stehen bleiben wird, wenn sie nichts tun. Und sie sind nicht in der Lage, mutige Entscheidungen zu fällen. Wenn wir jetzt kommen und bitten, dass sie uns ihre Ziele nennen oder was sie für Gaza erwarten, welche Zukunft wir mit den Palästinensern haben werden, dann werden wir auf diese Fragen keine Antworten bekommen. Auch wenn wir darum bitten, fordern, schreien.‹ Ich schlug ihm vor, das Gegenteil zu machen. ›Wir werden ihnen sagen, was wir glauben, das sie von uns wollen. Und sie sollen es uns bestätigen. Das heißt, wir werden bestimmen.‹ Dan antwortete mir, ›Das ist ein grandioser Gedanke. Stell ein Team zusammen, entwirf einen Plan und wir werden ihn dem Generalsstab vorstellen.‹ Und so war das wirklich. Wir kamen zum Generalstab und sagten, was wir glauben, das sie von uns wollen. Und sie haben es uns in der Tat bestätigt.

Zum Beispiel habe ich geschrieben, dass nach unserem Dafürhalten Gaza nur ein Faustpfand für die Armee ist. Das war nach der Operation ›Schutzmauer‹. Die Grundlagen des Terrors in der Westbank erhielten einen tödlichen Schlag, und es gab in Judäa und Samaria[18] niemanden mehr, auf den man hätte reagieren können. Aber die Öffentlichkeit in Israel konnte es nicht ertragen, dass weiterhin Busse explodierten und die Armee lediglich sagt: ›Tut uns leid, wir können nichts tun.‹ An irgendeiner Stelle muss man zurückschlagen. Da war Gaza eben ein wunderbarer Sandsack.

»In Gaza gibt es immer jemanden, den man schlagen kann!!!«

Nach demselben Muster wurden auch die Sicherheitsapparate der Palästinenser ausgeschaltet. Der starke ausführende Arm von Mohammed Dahlan war der Letzte, der noch irgendeine Chance gegen die Hamas und die anderen Organisationen der Opposition in Gaza gehabt hätte. Bei einem Luftangriff auf das Tal der Winde, den Sitz von Dahlans Sicherheitsapparat, wurden die meisten Einrichtungen zerstört und seine Leute wurden in alle Winde zerstreut.

---

[18] Israelische Bezeichnung für das Westjordanland.

Mohammed Dahlan

Ismail Hanije und Samir Mashrahawi im August 2005

»Im Sicherheitsapparat von Dahlan hat man nicht genau verstanden, was Arafat will, und die persönliche Frustration dort war groß«, erklärte Zakai. »Die meisten von ihnen saßen auf der Mauer, es gab auch welche, die sie überquerten, das heißt, sie haben Attentate auf die eine oder andere Weise unterstützt. Aber sie taten das nicht auf der Basis einer bewussten Entscheidung. Wenn ich sagen würde, dass der Sicherheitsapparat an den Attentaten beteiligt war, dann wäre das nicht ganz richtig. Einige, die der Führung des Apparates nahe standen, waren bei Attentaten in der Nähe oder redeten mit den Attentätern noch kurz vor ihren Aktionen.«

»Und das reichte aus, um den ganzen Apparat auszuschalten und viele von ihnen in den Terror zu drängen?«

»Die Zerstörung der Gebäude des Sicherheitsdiensts der Palästinenser wurde ohne jegliches langfristiges strategisches Nachdenken gemacht. Das war noch so ein Versuch, Arafat zu zeigen, was der Preis sein würde, den er zahlen muss, wenn er nicht etwas gegen den Terror unternimmt. All das bewegte sich im Rahmen der irrtümlichen Vorstellung über Arafats Möglichkeiten und Absichten.«

Brigadegeneral der Reserve Shmulik Zakai behauptete, dass in der Sitzung des Generalstabs, in der er zusammen mit dem Kommandeur des Südabschnitts, Dan Harel, den Aktionsplan für Gaza unterbreitet hat, Einigkeit darüber herrschte, dass man trotz der Notwendigkeit, den Terror zu bremsen, nicht alles zerstören dürfe: »Wir sagten dort, dass wir davon ausgehen, dass der Staat Israel irgendeine Verwaltung in Gaza erhalten will, zumindest eine munizipale, mit der man in Zukunft irgendwelche Gespräche über mögliche Vereinbarungen und eine Beruhigung der Lage führen könnte. Übrigens war ganz klar zu spüren, dass alle das meinen, aber keiner den Mut hat, es zu sagen. Weißt du, warum wir in Gaza die Operation ›Schutzmauer‹ nicht durchgeführt haben? Weil alle - angefangen mit Ehud Barack bis hin zu Arik Sharon - wussten, dass jeder Versuch, die Lage zu normalisieren, in Gaza beginnen musste. Dass der

Preis, den wir für irgendeine Ordnung in Gaza zahlen müssten, nicht so hoch sein würde. Deshalb ist beschlossen worden, in Gaza keine ›Schutzmauer‹ zu errichten.

Der Kommandant des Südabschnitts, Brigadegeneral Dan Harel, hat dazu Folgendes gesagt: »Das hat es nie gegeben.« Er bestätigt aber die Existenz des Arbeitsplans, den Zakai ausführlich beschrieben hat.

»Nachdem beschlossen worden war, Zakai zum Kommandeur der Division Gaza zu ernennen – zu dieser Zeit war er noch Kommandeur der Division Adam –, wurde er aufgefordert, die Aufstellung der Streitkräfte in Gaza zu überprüfen und Vorschläge dazu zu machen. Und so geschah es auch. Die Arbeit wurde in einer Art Kommando-Think-Tank diskutiert und am Ende des Arbeitsjahres 2003 von der Kommandoführung genehmigt und dem Generalstab vorgestellt.«

Dan Harel fügte noch hinzu: »Die süffisante Beschreibung all dieser Begebenheiten ist absolut nicht realistisch.«

Die Verwirrung, die Konflikte und die Ohnmacht, die die israelischen Operationen im Gazastreifen kennzeichneten, zeigen sich in den fehlgeschlagenen Versuchen im Kampf gegen die Kassamraketen. Auch bei diesem Problem wurde die Lösung »Sandsack« gewählt. Da es keine chirurgische Lösung gab – wie man bei der Armee eine gelungene kleine Aktion zu nennen pflegt, bei der man die Wurzel des Übels mit einer geringen Zahl an Verwundeten beseitigt – und alle früheren Versuche, den Kassambeschuss zu stoppen, versagt hatten, beschloss die Armee die Operation »Reuetage«. Eine Lehre wurde aus der Operation »Regenbogen« gezogen: Dieses Mal wurde israelischen Reportern die Einreise in das Gebiet der Autonomiebehörde mit dem Argument untersagt, dass die Armee um unser Leben fürchte. Der Befehl des Kommandeurs für den Südabschnitt beinhaltete ein Einreiseverbot für ganz Gaza, nicht nur für die Gebiete, in denen Krieg herrschte. So blieb der Armee ein Operationsspielraum ohne Grenzen, um »die Ziele der Aktion zu erreichen.«

»Wir begannen die Operation ›Reuetage‹, weil es in Sderot Demonstrationen gegen die Armee gab. Wir haben nicht aus der Überlegung heraus gehandelt, dass hier eine gefährlichste Bedrohung für den Staat Israel vorliege. Die Kassams hat keiner von uns für wichtig gehalten. Und deshalb haben wir im Lauf der Jahre keine Mittel investiert, die uns bessere Informationen über die Produktion der Kassams hätten bringen können. Sie wurden als ein Randproblem betrachtet. Wir haben auch keine Energie aufgewendet, um eine Gegentechnologie zu entwickeln. Und auf einmal sahen wir uns gegen Werkstätten und Drehbänke kämpfen.

Weil der Abstand zwischen Strategie und Taktik so groß ist wie ein Blatt Papier dick.«

Und in der Tat, der Krieg der Drehbänke wurde in der Armee als Krieg ohne Alternative angesehen.

»So viele Menschen waren mit der Produktion der Kassams beschäftigt? Alle Werkbänke in Gaza wurden für die Produktion von Kassams benutzt?«, fragte ich und kannte schon die Antwort.

Zakai streckte sich in seinem Stuhl und brach in Lachen aus. »Die Hamas hat die Kassams in Werkstätten produziert, aber wir haben nicht gewusst, wo genau sie sind!!!«

Und als die Werkbänke »durch« waren und es fast keine »Entdeckungen« mehr gab und keine »leichten« Sandsackziele übrig blieben, wurde das Zeichen für die Operation »Reuetage« gegeben.

»Die Idee zu ›Reuetage‹ ging auf meine Einsicht in unsere Beschränkungen zurück«, erklärte Zakai. »Ich hatte kapiert, dass wir keine Möglichkeit haben, die Produktion von Kassamraketen durch die Hamas zu beeinflussen. Ich hatte auch kapiert, dass die Kassams zu einer Waffe wurden, die das Gleichgewicht stört. ›Ihr Israelis führt Liquidierungen durch, wir schießen

Kassamraketen.‹ Es entstand ein Gleichgewicht des Schreckens, das unsere Operationsfreiheit eingeschränkt hat. Und ich habe verstanden, dass wir keine Möglichkeit haben, den Abschuss der Kassams zu kontrollieren. Deshalb mussten wir bei den Motiven der Schützen ansetzen. Ich habe vorgeschlagen, eine Aktion durchzuführen, deren Ergebnisse so sein müssten, dass es sich die Hamas zweimal überlegt, ob es sich für sie lohnt, diese Waffe weiterhin massiv einzusetzen.

»Zu den Soldaten habe ich gesagt: ›Ich will bei dieser Operation so viele tote Terroristen wie möglich sehen. Punkt.‹ Und zu meinen Vorgesetzten sagte ich: ›Wenn ich diese Operation nicht mit Dutzenden toten Terroristen beende, Dutzende, wird sich die Lage nicht ändern. Gebt mir die Zeit, Dutzende Terroristen zu töten. Gebt mir die Mittel dazu. Nicht etwa die Mittel, die ihr mir bei den vorherigen Operationen gegeben habt. Zehn Tote haben keinen Einfluss auf die Hamas. Hundertunddrei Tote werden Einfluss haben. Und wie. Tatsache ist, dass es stimmte.«

Nach den Berichten der Palästinenser und der israelischen Organisation »Betzelem« waren viele der hundertsechsundzwanzig Toten durch die Operation »Reuetage« Minderjährige und Zivilisten. Mindestens fünfundzwanzig Minderjährige wurden bei der Aktion getötet. Und was die anderen betrifft, so kann man davon ausgehen, dass sie bewaffnet waren.

Zakai hatte andere Zahlen: »Ich kann dir die genaue Zahl geben: Unter den hundertsechsundzwanzig Toten waren nach unseren Informationen einhundertunddrei, die zu den Bewaffneten gezählt werden müssen. Von allen anderen wissen wir nicht, ob sie dazu gehörten. Es gab auch unbeteiligte Zivilisten.«

Es herrschen vielleicht Meinungsverschiedenheiten über die Zahl und die Identität der Toten, aber eine bittere Erkenntnis ist geblieben: Die einzige Möglichkeit, die der Armee blieb, war offensichtlich, so viele Palästinenser wie möglich zu töten, um sie abzuschrecken. Das war die Militärkonzeption im Kampf gegen die Kassams. Und selbst wenn man davon ausgeht, dass die meisten Toten bewaffnet waren, so gibt es keinen Zweifel daran, dass sie nicht Teil dessen waren, was man im israelischen Sicherheitsapparat die »Produktions- und Abschusskette der Kassamraketen« nennt.

✳

Vor dem Hintergrund der Operation »Reuetage« wurde Brigadegeneral Zakai gezwungen, seinen Posten zu räumen. Amos Harel, der Militärberichterstatter der Zeitung *Haaretz*, veröffentlichte eine Meldung, die man einer hohen militärischen Quelle zugeordnet hat. Danach war die Armee daran interessiert, die Operation »Reuetage« zu beenden, aber die Politik hat sie daran gehindert und die Fortsetzung der Aktion gefordert. Bei dem Versuch, denjenigen zu finden, der die Nachricht durchsickern ließ, wurden die hohen Offiziere der Armee zu einer Untersuchung bei einem Polygraphen geschickt. Allein die Tatsache, dass man die Überprüfung der Offiziere durch einen »Wahrheitsdetektor« anordnete, ist ein Beweis dafür, dass die Nachricht auf Tatsachen beruhte. Es gab eine bittere Debatte zwischen der politischen und der militärischen Elite über die Fortsetzung der Operation, deren, wie gesagt, einziges Ziel es war, Terroristen zu töten.

Brigadegeneral Zakai ist bei dem Polygraphentest durchgefallen. Deshalb bat er um seinen Rücktritt, wegen der dunklen Wolke, die über ihm schwebte. In einem ungewöhnlichen Schritt erklärte Amos Harel in aller Öffentlichkeit, dass Shmulik Zakai nicht die Quelle seiner Information war. Aber der Generalstabschef, General Moshe Yaalon, hat sogar Zakais Austritt aus der Armee gefordert.

Im Sommer 2005, als das gespaltene Israel sich auf einen Rückzug aus Gaza vorbereitete, hat er seine Uniform ausgezogen, aber ihm blieb nicht nur der Geruch des Todes, sondern auch die Verantwortung für verlorenes Menschenleben.

»Die Politiker liefen vor der Verantwortung weg und überließen sie den Soldaten vor Ort, den Soldaten in den gepanzerten
Wagen in der Philadelphia-Achse. Der Krieg in Gaza war meiner Meinung nach der Versuch, Zeit zu gewinnen. Dem Apparat Zeit zu geben, sich zu erholen, den Palästinensern Zeit
nachzudenken und der israelischen Regierung die Option,
Entscheidungen zu treffen, vor denen es am Ende kein Entrin-
nen gab. Denn allen – vom einfachen Soldaten vor Ort bis zum
Generalstabschef – war klar, dass der Weg zu einem Leben in
erträglichen Verhältnissen nicht mit Anwendung von Gewalt
zu beschreiten ist. Ich sagte zu mir: Wegen der Fehler, die ich
gemacht habe, haben Menschen ihr Leben verloren. Ich bin verantwortlich für den Tod von Menschen. Ein hoher Preis. Das
Gefühl, dass ganze Familien zerstört wurden, wird mich niemals im Leben mehr verlassen.«

Kapitel 15

Das Ziel: Abu Mazen zu erledigen

Ende April 2003 stand das Streben der israelischen Führung seit dem Anfang der Intifada kurz vor der Erfüllung. Yassir Arafat, den das offizielle Israel als den Hauptverantwortlichen für das Ausbrechen der Feindseligkeiten angesehen hat, wurde isoliert. Das war eine einmalige Gelegenheit, die entstanden ist, um durch andere Änderungen vorzunehmen. Ein neuer palästinensischer Ministerpräsident, der bekannt war für seine ablehnende Haltung gegenüber dem Zickzackkurs des Rais, war dabei, die meisten operativen Kompetenzen zu übernehmen, einen neuen Weg zur Wiederaufnahme der Verhandlungen mit Israel zu begehen und eine stille Beendigung der mörderischen Intifada herbeizuführen. Das hat er jedenfalls öffentlich verkündet. Die »innere Intifada« gegen Arafat, die einige Monate vor der »Abu-Mazen-Wende« stattgefunden hatte, war der israelischen Öffentlichkeit verborgen geblieben, weil die dortigen Medien – und weitgehend auch die Forschungszentren im Sicherheitsapparat – dem, was man »innere Debatten« in der palästinensischen Autonomiebehörde über den Charakter der Intifada und den Weg in die Zukunft nannte, keine Beachtung schenkten. Abu Mazen sagte im November 2002 der palästinensischen Nachrichtensendung *Al-Hiam:* »Die Militarisierung der Intifada war ein grundlegender Fehler, weil wir in einen Krieg mit Israel eingestiegen sind – dort, wo Israel stark ist, und nicht an seiner Achillesferse. Israels Waffenstärke ist unsere große Schwäche«.

Im Dezember 2002 wiederholte er seinen Standpunkt in einem Interview, das er drei arabischen Zeitungen gab – *Al-Aharam* aus Ägypten, *Al-Chalidj* aus den Vereingten Emiraten und *Al-Rahija* aus Katar: »Ich denke, dass der Gebrauch von Waffen in der Intifada, ob in den Gebieten, die 1967 erobert wurden, oder in den Gebieten von 1948, uns in einen Teufelskreis drängt. Wenn es Operationen in den besetzten Gebieten gibt, werden diese sicher auch auf die Gebiete von 1948 ausgeweitet, und wir stecken wieder in diesem Teufelskreis. Man muss alle militärischen Operationen beenden, sowohl in den besetzten Gebieten wie auch im Kernland Israel, und der Welt sagen: Wir wollen verhandeln.«

Die israelische Antwort auf die überraschenden und mehrfach wiederholten Worte Abu Mazens war: Er spricht nur für sich. Nur aufgrund der Tatsache, dass er als kampferfahren gilt und Vergünstigungen bei der PLO hat, kann er es sich erlauben, die bewaffnete Intifada und Arafat zu kritisieren, und trotzdem am Leben bleiben. »Araber, die sich untereinander streiten«, interessieren die israelische Öffentlichkeit nicht. Es fand sich niemand, der beurteilen konnte, ob diese Worte aus dem Mund von Arafats Stellvertreter und stellvertretenden Vorsitzenden der PLO eine weiterreichende Bedeutung hatten, mehr als nur Worte waren, die schon morgen in Vergessenheit geraten, und ob hinter diesen Worten lediglich Abu Mazen allein stand oder vielleicht eine Opposition, die einen großen Schritt gegen Arafat plante.

Die offenen und öffentlichen Worte Abu Mazens waren der Startschuss für den »stillen demokratischen Aufstand«, den die mittlere Generation geführt hat, entlassene Gefangene aus den israelischen Gefängnissen mit Mohammed Dahlan an der Spitze. Allein konnten sie nicht in die Schlacht ziehen, deshalb haben sie Mahmoud Abbas die Krone aufgesetzt, einem aus der alten Garde der Gründergeneration, Vorbereiter der Osloverträge,

Fleisch vom Fleisch der historischen PLO-Bewegung. Und so begannen sie einen Kampf, der den Zuschauern, den israelischen und palästinensischen gleichermaßen, von vornherein aussichtslos erschien. Ein Großteil der palästinensischen Öffentlichkeit sah in der ganzen Bande – Abu Mazen, Mohammed Dahlan, Nabil Amar, Yasser Abd Rabu, Kadura Fars, Chatam Abd al-Kader und den übrigen Unterstützern des Aufstands – politische Selbstmörder, und es gab solche, die darauf gewettet haben, dass ihr Selbstmord nicht nur politisch sein würde.

Kein Mensch glaubte, dass Abu Amar, der Mann mit den neun Seelen, der allmächtige Anführer, der seine Gegner hasst und sie zu Staub zersetzt, bereit sein würde, auf die meisten seiner Vollmachten zu verzichten. Kein Mensch glaubte, dass die feuchten Träume Israels, Arafat zu vertreiben oder zumindest seine Macht zu reduzieren, Wirklichkeit werden könnten. Diejenigen, die von Arafat enttäuscht waren – und es gab viele davon –, glaubten, dass ein Aufstand in der palästinensischen Autonomiebehörde, ein Durchlüften der Ställe, erst dann möglich sein würde, wenn der Leuchtturm gestorben war, dessen Licht zwar im Lauf der Jahre schwächer geworden war, dem aber immer noch seine frühen Jahre zugutegehalten wurden. Zur Überraschung aller hat sich herausgestellt, dass der internationale Druck Früchte getragen hat und sogar Abu Amar schließlich sein Haupt beugen und dem Wunsch der Aufständischen nachgeben musste.

Der Meinungsumschwung des Rais war eine Folge der Entdeckung des versuchten Waffenschmuggels auf der Karin A. Das Schiff wurde auf der Route zum Gazastreifen vor Akaba in Küstennähe mit gewaltigen Waffenmengen an Bord aufgebracht. Dem Ministerpräsidenten Ariel Sharon gelang es, den amerikanischen Präsidenten George W. Bush, den Ministerpräsidenten von Großbritannien, Tony Blair, und die anderen Vertreter des Nahost-Quartetts (UN, EU, USA und Russland) davon zu überzeugen, dass die Karin A. der Beweis sei, dass Arafat ein Hindernis für den Frieden darstelle und man weitreichende Reformen in der palästinensischen Autonomiebehörde durchführen müsste, und das bedeutete, Yassir Arafat von seinen unbeschränkten Vollmachten zu befreien. Auch die Führer der Europäischen Union und hauptsächlich der Spenderländer haben sich dem Druck auf den Rais angeschlossen, auch wenn aus ganz anderen Gründen. Hier spielte Geld eine entscheidende Rolle. Nach Jahren des Spendenflusses an die Palästinenser »entdeckten« die großzügigen Spender auf einmal, dass die Unterstützungsgelder, die sie der Autonomiebehörde seit ihrer Gründung hatten zukommen lassen, ihren Weg auf die Bankkonten derjenigen gemacht hatten, die nahe am Teller saßen, oder zu anderen unbekannten Zwecken zugeführt worden waren, jedenfalls dienten sie nicht ihrem eigentlichen Zweck, der Unterstützung des palästinensischen Volkes. Im Gegensatz zu früheren Gelegenheiten gelang es Arafat dieses Mal nicht, sein Bild als bescheidener und sauberer Mensch zu wahren. Er und seine Leute wurden als Menschen erkannt, an denen die Korruption der Macht klebte. Deshalb musste man alles tun, um seine grenzenlose Macht in den Gebieten der palästinensischen Autonomie zu beschneiden.

Arafat behauptete natürlich, dass er alle geforderten Reformen befürworte, man sie aber nicht durchführen könne, solange israelische Panzer seine Muktaa umzingeln und sein Leben und den Bestand der palästinensischen Autonomie im Ganzen bedrohten. Erst nachdem ihm klar gemacht wurde, dass Israel seine Drohung wahr machen und ihn aus den palästinensischen Gebieten vertreiben würde, wenn er nicht nachgab, wandte er eine bekannte Methode an – nach außen hin zeigte er sich einverstanden, aber hinter den Kulissen wirkte er mit all seiner Kraft gegen die Initiative. Selbst als der Revolutionsrat der PLO für die Einberufung einer gesetzgebenden palästinensischen Kommission stimmte, um die Macht auf einen anderen gewählten Ministerpräsidenten übertragen zu können, hoffte Arafat immer noch, dass es seinen Leuten gelingen würde, den ärgerlichen Vorschlag zu Fall zu bringen. Dann hätte er vor der

internationalen Gemeinschaft behaupten können, das »Volk«
stehe hinter ihm und wünsche keine Änderungen während des
Krieges.

Abu Mazen wurde am 19. März 2003 gewählt, aber der Akt
der Regierungsbildung und seiner Vereidigung zog sich noch
mehr als einen Monat hin.

Am 29. April sollte die gesetzgebende palästinensische Versammlung in Ramallah zusammenkommen und das Unmögliche möglich machen: zum ersten Mal in der palästinensischen
Geschichte gegen Abu Amar zu stimmen und ihn zu zwingen,
Herrschaftsvollmachten auf den designierten Ministerpräsidenten zu übertragen. Abu Mazen hat seine Absicht nicht verhehlt,
die Leitung der unzähligen Sicherheitsapparate in der palästinensischen Autonomiebehörde in die Hände von Mohammed
Dahlan zu legen. Die Verbindung zwischen Abu Mazen und
Dahlan war Arafat ein Dorn im Auge. Insbesondere war er
wütend auf seinen »Sohn« Mohammed Dahlan, dessen Macht
im Gazastreifen er einzuschätzen wusste. Mit seinem scharfen
Verstand erkannte er auch, dass Abu Mazen sich auf diese
Macht gestützt hat, als er es wagte, sich in einem kompromisslosen Kampf gegen ihn zu wenden. Es ist zu bezweifeln, dass
Abu Mazen sich ohne diese Machtbasis und die Unterstützung,
die Dahlan versprach, auf die Herausforderung seines Lebens
eingelassen hätte. Aber sein Fehler war, dass er sich nur auf
Dahlan verlassen hat, der ihm Unterstützung im Gazastreifen
zusagen konnte, nicht jedoch in der Westbank. Dort hatten
die Leute von Arafat und die Brigaden der Al-Akza-Gefallenen
die Macht. Die Leute von Arafat haben alles getan, um ihn
zu Fall zu bringen, angefangen mit der Organisation von Mas-
sendemonstrationen – bei denen die Demonstranten geschrien
haben: »Abu Mazen: Verräter, Dahlan: sein Partner!« – bis hin
zur Mobilisierung der bewaffneten Brigaden der Al-Akza-Gefallenen in der Westbank, die Abu Mazen unaufhörlich klargemacht haben, wer der wahre Boss ist. Sie gaben keine Ruhe, bis
er von seinem Posten zurückgetreten ist, und seinen Abgang

begleiteten sie mit Gesang: »Ya Abu Mazen, ya chamar, asma klam al chtiar« (Abu Mazen der Esel – höre auf die Stimme des Alten): Er hörte jedoch nicht auf die Stimme des Alten, sondern war fest entschlossen, die palästinensische Diplomatie in geregelte Bahnen zu lenken und die ganze Welt trotz der gewaltigen Widerstände im Innern von seinen Fähigkeiten zu überzeugen.

In den Tagen vor der Wahl beschäftigten sich die Mitglieder der gesetzgebenden Versammlung, die den Wechsel herbeiführen wollten, mit Überzeugungsarbeit unter den noch zweifelnden Mitgliedern der Versammlung, die sich fürchteten, für jene die Hand zu heben, die sich in ihren Augen als Partner und Handlanger der Israelis und Amerikaner erwiesen hatten. Bis zum Zeitpunkt der Wahl war nicht klar, was passieren würde. Würde das Lager von Arafat, das all die Jahre von der Nähe zum Geldtopf profitiert hatte, es doch noch schaffen, mit List und gegen den Widerstand der Aufständischen diese Wahl zum Scheitern zu bringen; oder würden die Führer des Umbruchs das Unglaubliche erreichen und die Wackelkandidaten überzeugen können, den historischen Schritt zu unterstützen.

Die Umstürzler mussten das quälende Gewissen der Zweifler beruhigen und sie überzeugen, dass sie nicht gegen Abu Amar stimmen würden, das Symbol des Kampfes und der Auferstehung, und dass dessen historische Bedeutung nicht angetastet würde, dass sie aber für ihre Kinder stimmen müssten, für ihre Familien und für die nächsten Generationen, für die Zukunft des gesamten palästinensischen Volkes. Jeder, der an diesem Tag seine Hand für Abu Mazen heben wollte, benötigte viel Mut. Zum einen wegen der Gewissheit, dass ihm die Feindschaft des Vorsitzenden sicher war, eine Feindschaft, die er niemals wieder loswerden würde, und zum anderen wegen der Befürchtung, dass Abu Mazen, sollte der Coup gelingen und er tatsächlich gewählt werden, als Verräter an den nationalen Zielen und den palästinensischen Interessen angesehen werden könnte. Es konnte nämlich durch aus sein, dass der ganze neue

Politik für viele Palästinenser nicht anderes war als israelisch-amerikanische Arglist.

Am Morgen der Wahl versammelten die Mitglieder der gesetzgebenden Versammlung in Yassir Arafats Amtsitz, um die Rede des Vorsitzenden zu hören. Wegen der Belagerung der Muktaa durch die Israelis konnte er selbst sich nämlich nicht zum ständigen Sitz der Versammlung in der Gemeinde Sivan begeben. Seine Rede wurde im Fernsehen übertragen. Der internationale Druck auf Arafat war inzwischen gewachsen und in der Rede des gedemütigten Vorsitzenden deutlich spürbar. Weil er keine andere Wahl hatte, bat Arafat die Anwesenden, Abu Mazen zu wählen, aber alle wussten, dass die Worte des Vorsitzenden nicht von Herzen kamen. Das konnte man auch daran ablesen, dass seine Leute weiterhin, auch mit Drohungen, gegen die Anführer des Umbruchs arbeiteten – und gegen diejenigen, die sich ihnen anschließen wollten.

Zwei Stunden vor Beginn der Wahl, genau um 9.55 Uhr vormittags, während sich noch alle Mitglieder der Versammlung auf ihrem Weg zum Versammlungsgebäude befanden, wurde eine Nachricht verbreitet: Israel hat in Khan Yunis eine Liquidierung durchgeführt. Nidal Salameh, der Führer des militärischen Arms der Volksfront, wurde durch eine Rakete auf seinen Wagen getötet. Die Liquidierung Salamehs war nicht nur wegen des dramatischen Zeitpunkts, zwei Stunden vor der Wahl, bemerkenswert, sondern auch, weil Salameh an der Spitze einer kleinen und nicht sonderlich aktiven Organisation stand. Die Liquidierung erfolgte auch nicht als Antwort auf ein Attentat, das man der Volksfront zugeschrieben hatte, sondern aus einem viel einfacheren Grund, den die Armee zynisch so formulierte: »Salameh kam uns gerade ins Visier.« Und eine solche Gelegenheit konnte man ja nicht vorüberziehen lassen. In Ramallah verstand man diese Rakete als gegen die Aufständischen gerichtet, als einen durchsichtigen israelischen Versuch, den Umsturz zu verhindern, der sozusagen im Moment der Entscheidung stand.

»Was denkt ihr denn, was ihr da macht?«, fragte mich aufgebracht ein Mitglied der Versammlung, ein Mann aus Gaza, der sogar heute noch seine aktive Mittäterschaft an diesem historischen Putsch gegen Arafat verheimlichen möchte. Die Niederlage und die Schande blieben ihm, nachdem der Versuch gescheitert war. Es ist keine Angelegenheit, an die er erinnert werden will. Keiner der Beteiligten an dem Putsch möchte daran erinnert werden.

Aber auch Israel erwartete an diesem Tag eine Überraschung, die Ministerpräsident Ariel Sharon wohl keine Freude bereitet hat. Zur Vereidigung von Abu Mazen zum Ministerpräsidenten waren auch die Vertreter des Nahost-Quartetts nach Ramallah gekommen, um ihm die Roadmap des ursprünglich amerikanischen Friedensplans zu überreichen, zu dem die Europäer hinzugezogen worden waren. Dieser Schritt sollte dem Plan internationale Verbreitung garantieren. Er war fast ohne Einbeziehung der streitenden Parteien formuliert worden und umfasste drei Stufen: 1. die Implementierung von Sicherheitsmaßnahmen für die palästinensische Autonomie, 2. Wahlen unter internationaler Beobachtung, 3. die Verhandlung endgültiger Regelungen. Für alle Stufen wurde ein enger Zeitplan festgesetzt, der schließlich Ende 2003 zur Entstehung eines palästinensischen Staates in vorläufigen Grenzen führen sollte. Auf einer internationalen Konferenz Ende 2005 sollten dann die strittigen Fragen behandelt werden: Jerusalem, die Flüchtlinge, die Siedlungen und die endgültigen Grenzen – kurz, alle Themen, die Israel niemals auf den Verhandlungstisch hatte bringen wollen.

In einer Rede anlässlich der Bekanntmachung der Roadmap sagte der Präsident der Vereinigten Staaten, George W. Bush: »Abu Mazen unterstützt den Krieg gegen den Terror« – ein Kompliment, das nach dem Attentat des 11. September 2001 nicht schmeichelhafter hätte sein können. Bushs Begriffskanon kannte schließlich nur die Einteilung der Welt in »Böse«, also die Terroristen, und »Gute«, die gegen sie kämpfen. In Israel hat man zuerst verstanden, dass man den Wechsel in der palästinensischen Autonomiebehörde als ein Gesamtpaket akzeptieren musste: Abu Mazen und die Roadmap. Abu Mazen wurde über Nacht zum Liebling der amerikanischen Administration. Ein neuer Partner für den Frieden mit Israel und ein palästinensischer Befürworter der Roadmap von Präsident Bush – zwei Politiker auf einem gemeinsamen Weg. Ausgerechnet in diesem Augenblick beschloss Israel, die Sprossen der langen Leiter zu zersägen, auf der Abu Mazen und seine Anhänger voller Tatendrang standen. Und es warteten weitere Überraschungen auf sie.

Vierundzwanzig Stunden nach der Rede zur Amtseinführung in Ramallah beabsichtigte Abu Mazen, der neue Ministerpräsident, zu seinem ersten amtlichen Besuch in den Gazastreifen zu fahren. Die Armee war jedoch schneller. In der Nacht drangen große Einheiten in das Wohnviertel Sadgijah ein. Es handelte sich um eine Operation zur Auffindung von Werkbänken, die zur Herstellung von Kassamraketen dienten. Zehn Palästinenser wurden getötet. Die Berater von Abu Mazen drängten ihn abzuwarten. Und auch bei zwei weiteren Gelegenheiten rieten sie ihm, seinen Besuch in Gaza zu verschieben, weil jedes Mal die Armee vor ihm da war und eine militärische Operation mit vielen palästinensischen Betroffenen durchführte.

Am 7. Mai 2003 sagte Abu Mazen in einem Interview dem palästinensischen Fernsehen: »Israel muss das erfüllen, was in der Roadmap steht, und all seine Aktivitäten beenden, um den Friedensprozess zu erleichtern.« Mit anderen Worten: Er bat um die nötige Ruhe, um die Ordnung wiederherzustellen. Damals begann eine Welle von Liquidierungen: Es traf Aktivisten aus allen Organisationen, Bewaffnete und Unbewaffnete, Männer des bewaffneten Arms und Männer des politischen Arms. Die Jagdsaison hatte begonnen.

»Ihr habt Abu Mazen von Anfang an nicht haben wollen«, sagten mir ranghohe Palästinenser unisono immer wieder. Sie bemühten sich, die israelischen Überlegungen nachzuvollziehen, die zu dem massiven militärischen Druck auf den Gazastreifen geführt hatten, und zwar genau seit der Amtsübernahme Abu Mazens, ohne diesem auch nur einen Tag Ruhe zu geben. Für alle Operationen fand man immer Gründe: Krieg gegen die Entwicklungskette der Kassamraketen, Bewaffnete, die auf dem Weg zu einem Attentat waren, oder gar eine »goldene Gelegenheit«, wenn jemand ins Visier der Armee geriet, den man lange Zeit gesucht hatte. Es ist nachweisbar, dass die Armee nicht immer wahrheitsgemäß über die Liquidierungen berichtet hat, etwa über die Position eines Getöteten in der Hierarchie seiner Organisation.

Und auch wenn es sich am Anfang »um ein Küken handelte, das noch keine Federn hatte« – ein Ausdruck, den Ministerpräsident Sharon geprägt hat –, begann im Gazastreifen die »Rückkehr zur öffentlichen Ordnung«. Das beschrieb in der Tat recht anschaulich den eigentlichen Plan des Verantwortlichen für die Sicherheit, Mohammed Dahlan: die Sicherheitsapparate wieder aufzubauen, die Israel zu Beginn der Intifada und auch später noch mit den »Immobilienangriffen« vernichtet hatte und sie zu einem möglichen Konflikt mit den Bewaffneten aller Organisationen vorzubereiten, insbesondere den As-A-Din-al-Kassam-Brigaden der Hamas.

Chamri Al-Rifi, der frühere Direktor des Gefängnisses von Gaza, wurde zum Kommandeur der Sonderstreitkräfte ernannt. Er ließ seine Truppen im Polizeirevier mitten in Gaza ausbilden, umgeben von den Ruinen der Gebäude, die bei den Bombardierungen zerstört wurden. Als ich die Ausbildung der Polizisten filmen wollte, bekam ich umgehend eine positive Antwort. Mohammed Dahlan war offensichtlich daran gelegen, der israelischen Öffentlichkeit zu zeigen, dass er den Gazastreifen wieder aufbauen wollte. Als Rifi, der den Unterricht leitete, mich sah, erinnerte er sich an mich von meinem Besuch im Gefängnis im Jahr 1996. Nach der mörderischen Attentatswelle in Israel nahm die palästinensische Autonomiebehörde damals zahlreiche Verhaftungen unter den Mitgliedern der Hamas vor,

Soldaten suchen Körperreste ihrer Kameraden, die bei der Philadelphi
Achse umgekommen sind.

Erez Checkpoint vor dem Karussell, 2003

und ich drehte eine Reportage darüber. Rifi fühlte, dass das Rad der Geschichte sich zurückdrehte und sagte mir leise: »Ich darf nicht über Politik reden, aber ich bin bereit, ihnen das Gesicht zu polieren.«

»Wen meinst du?« Ich stellte mich unwissend, aber er fiel nicht darauf ein.

»Du weißt, Shlomi, wen ich meine.«

Ich wusste in der Tat, wen er meinte, und wie alle anderen habe auch ich an der Bereitwilligkeit und der Fähigkeit der palästinensischen Behörden gezweifelt, eine Front gegen die Hamas aufzubauen. Im Nachhinein muss man die Gegebenheiten, die damals vor Ort herrschten, noch einmal überprüfen. Der Plan, die Sicherheitsapparate in Gaza und im Gazastreifen neu zu organisieren, wurde erstellt, noch bevor die Hamas in Folge der Liquidierungen stark wurde und vor der »Puda«, der Verwaltungsanarchie, die noch zahlreiche weitere Bewaffnete in Gaza hervorbrachte. Die ersten Maßnahmen der Sicherheitsapparate und der anderen Strafverfolgungsbehörden waren für einen Krieg der Autonomiebehörde gegen die Hamas denkbar ungeeignet. Die erste Stufe im Plan sah vor, die Bewohner Gazas zur Beachtung der Gesetze anzuhalten. In den Straßen der Stadt patrouillierten Polizisten in blauen Uniformen und schrieben Strafzettel für Autofahrer, die ihren Anweisungen nicht folgten. Ein Rapport ist in Gaza kein alltägliches Schauspiel.

Auf der nächsten Stufe wurde den Polizeikräften die Legitimation erteilt, Bewaffnete zu verhaften. Diese Arbeit ist nicht einfach. Während der Intifada, und ganz besonders in den Tagen der Eskalation und des Notstands, wurde jeder bewaffnete Mann in Gaza –gleichgültig, zu welcher Organisation er zählte – zu einem Kämpfer, der sich freiwillig gemeldet hatte und bereit war, sich gegen die Besatzungsarmee zu opfern. Kein Mensch wagte es, ihn aufzuhalten, da er sofort als Kollaborateur angesehen würde. Vor allem sollte die öffentliche Meinung beeinflusst werden. Es musste jedem klar werden, dass das Machtmonopol einzig und allein bei der Autonomiebehörde lag und man nicht jedem Einzelnen erlauben konnte, allein einen Krieg anzufangen und den sich anbahnenden Friedensprozess zu torpedieren. Erst später plante man auf einer nächsten Stufe die Einsammlung der gesetzwidrigen Waffen und die Verhaftung derjenigen, die die Ordnung und das Gesetz missachteten. Gleichzeitig begann man damit, das Gefängnis von Gaza, das bei den Bombardierungen der israelischen Luftwaffe zu Beginn der zweiten Intifada weitgehend zerstört worden war, wiederaufzubauen.

Den Posten des Gefängnisdirektors bekam Musa Abd al-Nabi, ein Freund von Samir Mashrahawi, der zusammen mit diesem festgenommen und wegen Beteiligung an der gemeinsamen Führung der ersten Intifada zu drei Jahren Haft verurteilt worden war. Seit seiner Verhaftung 1987 und bis zum heutigen Tag ist Musa der treueste Konsument der israelischen Nachrichten, dem ich je begegnet bin. Es gibt keine Nachrichtensendung im israelischen Radio, die er versäumt, vor allem nicht *Mabat* auf Kanal 1, »weil man im Gefängnis das israelische Fernsehen gesehen hat, das war das Einzige, was man sehen konnte.«

Musa Abd al-Nabi verehrt Hajim Yawin[19] und wird selbst in Gaza als namhafter Spezialist für die israelische Politik und Gesellschaft angesehen, so wie sie im israelischen Fernsehen und in der Presse wiedergegeben wird. Zuletzt bat er um meine Hilfe bei einer schwierigen Frage, die er alleine nicht lösen konnte:

»Hör mal, jeden Morgen bekomme ich alle israelischen Zeitungen: *Maariv, Haaretz* und *Jedioth Achronot*. Aber in letzter Zeit begehren offensichtlich die Soldaten in Erez meine Zeitungen und entwenden *Jedioth* und *Maariv*. Ich bekomme nur die Zeitung *Haaretz*. So erhalte ich natürlich kein vollständiges Bild über das, was in Israel passiert.« Das Problem wurde teilweise gelöst, nachdem ich den Sprecher der Verbindungskommission in Erez kontaktiert hatte. Dieser versprach Hilfe für Musa, damit er sich über das informieren kann, was in Israel geschieht.

---

¹⁹ Ein politischer Moderator im staatlichen israelischen Fernsehen.

Die Zeitungen werden nun an den Wochentagen wie üblich geliefert, nur am Freitag verschwinden sie nach wie vor. Aber auch dafür wurde eine Lösung gefunden: Freunde aus Ramallah, die zu Besuch nach Gaza kommen, müssen »Zeitungspakete« mitbringen.

Im Mai 2003 öffnete er mir die Tore des Gefängnisses von Gaza, mitten in Wiederaufbauarbeiten. Was in diesem Gefängnis nicht alles passiert ist! Während der Mandatszeit war es ein britisches Gefängnis und im obersten Stockwerk stand seitdem die Guillotine, mit deren Hilfe man ägyptische Gefangene zu Tode gebracht hat. Auch als es danach ein ägyptisches Gefängnis wurde, tat die Guillotine weiter ihren Dienst. Das große Messer verrostete mit den Jahren und das Fallloch wurde mit Brettern zugenagelt. Dann kamen die Israelis und belegten das Gefängnis mit ägyptischen Gefangenen. Und in den Tagen, als man glaubte, dass die Stunde des Friedens gekommen sei, wechselte das Gefängnis in die Hände der Palästinenser über, bis es schließlich zum größten Teil zerstört wurde und alle Gefangenen um ihr Leben flohen. Seither gab es kein Gefängnis für die Verbrecher im Gazastreifen.

Als ich mit meinem Kamerateam ins das Gefängnisgebäude eintrat, sahen wir palästinensische Häftlinge, die Wände mit Ölfarben strichen, den Vorplatz kehrten und sich mit Gartenarbeiten beschäftigten – alles in Vorbereitung zur Wiederherstellung der Ordnung. Aber all das kam erst gar nicht zur Anwendung. Abu Mazen glaubte tatsächlich ehrlich und in aller Naivität, dass Israel seine militärischen Schritte überdenken würde, um ihm Handlungsspielraum zu lassen, und das wegen der Ankündigung von Änderungen in der Autonomiebehörde auf der Konferenz von Akaba Anfang Juni 2003. Israel hat ganz im Gegenteil seine Politik der Liquidierungen noch verstärkt, die mit der Zeit in Gaza zu einer Selbstverständlichkeit wurden, bis es den Palästinensern so vorkam, als ob Israel Aktivisten der niederen Ränge tötete, nur um die Reformpolitik zu Fall zu bringen.

»Ihr seid irre geworden darüber, dass Abu Mazen im Weißen Haus einen roten Teppich bekommen hat und ihr das Versprechen zur Einhaltung der Roadmap einhalten müsst«, sagte mir Djiab al-Luch vom Führungskreis der PLO im Gazastreifen.

Nach jeder Liquidierung war ein interessantes Phänomen zu beobachten: Der Liquidierte wurde »im Rang höher eingestuft« und ausgerechnet von den Israelis geehrt. Jeder Aktivist, der liquidiert wurde, sollte als »Stellvertreter von Muhamed Daff« bezeichnet werden, jeder einfache Aktivist wurde zum »höher im Rang« befördert.

So wurde Raid Abu Zeid ausgerechnet in der Stunde liquidiert, als die »Aufständischen« versuchten, im Revolutionsrat der PLO mit der ersten Stufe vor dem Umbruch zu beginnen. Am 17. Februar, mitten in der Rushhour, fuhr er wie jeden Tag mit seinem Wagen aus Bureig, das im Zentrum des Gazastreifens liegt, zu seiner Arbeitstelle im Büro für die Gefangenen der Hamas in der Stadt. Er fuhr jeden Tag auf demselben Weg, auf der Strandstraße von Dir al-Balach nach Gaza, an Netzarim und dem gepanzerten Armeeposten vorbei, der die Siedlungen beschützt. Eine Infanterieeinheit eröffnete das Feuer auf seinen Wagen. Er wurde lebensgefährlich verwundet mit einem Hubschrauber zum Krankenhaus Suruka in Beer Shewa geflogen, erlag aber seinen Verletzungen noch auf dem Weg in den Schockraum. Diese Information gab der Armeesprecher nach der Liquidierung heraus:

Eine Sondereinheit der Armee hat den Gesuchten Raid Abu Zeid (33), Kommandeur des militärischen Arms der Hamas in Gaza, getötet. Der Gesuchte wurde durch das Feuer der Armee verwundet und starb im Krankenhaus »Suruka« in Beer Shewa an seiner Verwundung. Abu Zeid war zum Kommandeur ernannt worden, als sein Vorgänger, Muhamed Daff, bei dem Versuch der Armee, ihn zu liquidieren, schwer verwundet worden war. Ein weiterer Aktivist der Hamas, der mit Zeid zusammen war, wurde bei dem Feuerwechsel mit den Soldaten ebenfalls getötet.

Verteidigungsminister Shaul Mofaz hat zu der Liquidierung auch eine Erklärung abgegeben: »Man muss handeln und nicht reden«, forderte er und gab Abu Mazen einen Wink, der sich vorerst mit Reden begnügt hatte. Mofaz ignorierte die Tatsache, dass an diesem Tag Abu Mazen noch nicht offiziell in seinem Amt bestätigt worden war.

Die Beförderung von Abu Zeid zum »Kommandeur des militärischen Arms« hatte einen seltsamen Beigeschmack. Sein Name war kaum jemandem in Gaza geläufig. Er sollte der Kommandeur des militärischen Arms sein? Der Nachfolger von Muhamed Daff? Wie konnte das sein, hatte man seinen Namen dermaßen geheim gehalten? Ich wunderte mich. Was mein Misstrauen hinsichtlich der Glaubwürdigkeit von Verlautbarungen des Armeesprechers noch erhöhte, war die Tatsache, dass Zeid nicht wie ein Gesuchter gehandelt hat. »Wichtigen« Gesuchten wäre es niemals eingefallen, aus ihrer Fahrt zur Arbeit eine Routine zu machen und jeden Tag denselben Weg zu nehmen. Muhamed Daff wird von den Israelis schon seit Jahren gesucht. Was ihn vor der Liquidierung bewahrt hat, war das Glück, das er nun einmal hatte, und der gemäßigte Lebenswandel, auf den er immer achtete. Kein Gesuchter fährt offen herum, nicht an der Kreuzung von Netzarim, nicht an Netzarim vorbei und nicht über die Abu-Hola-Kreuzung oder die Gush-Katif-Kreuzung, denn dort, das wissen sie, lauert die Armee, um die Gesuchten aufgrund von geheimdienstlichen Informationen zu fassen. Nur unwichtige Gesuchte, die nicht daran denken, dass man sie an der Ecke erwarten könnte, würden in Abu Hula in eine offene Falle tappen.

Aber mein Verdacht, dass die »Beförderung« von Raid Abu Zeid zum Führer des militärischen Arms der Hamas eine bewusste Irreführung war, verstärkte sich, als ich entdeckte, dass der Mann einen Verwaltungsjob im Büro für die Hamas-Gefangenen gehabt hatte. Ein hochrangiger Gesuchter, »der Erbe von Muhamed Daff«, hätte seine Zeit nicht damit vertan, in einem Büro in Gaza herumzusitzen. Auch das bescheidene Begräbnis, das ihm zuteil wurde, war weit davon entfernt, ein Begräbnis eines »Kommandeurs des militärischen Arms« zu sein.

Einige Tage nach der Liquidierung habe ich Abd al-Asis Rantisi zu der Frage der Liquidierungen interviewt. Schließlich konnte ich mich nicht beherrschen: »Israel hat Raid Abu Zeid liquidiert und es wurde gesagt, dass er ein hochrangiger Kommandeur bei den As-a-Din-al-Kassam-Brigaden war. Kannst du bestätigen, dass er der Erbe von Muhamed Daff war?«

Man hätte erwarten können, dass Rantisi den Rang des Getöteten herunterschrauben und die Liquidierung verspotten würde, und in der Tat hat er gelächelt, aber als er sich daran erinnerte, dass von einem Märtyrer die Rede war, dessen Ehre er verpflichtet ist, fror das Lächeln augenblicklich ein: »Wir sind alle hochrangig. Abu Zeid, Gott sei ihm gnädig, arbeitete für die palästinensischen Gefangenen und deshalb wurde er von den Israelis getötet.«

Der Sprecher der Armee ließ keinen Raum für Zweifel. Sogar in meiner Nachrichten-Redaktion von Kanal 10 weigerte man sich, mir einen Bericht darüber zu gestatten, dass Raid Abu Zeid ein Beamter im Gefangenen-Büro war und nur durch die Armee zu einem hochrangigen Gesuchten befördert worden war.

»Bei der Armee bestehen sie darauf, dass er der Stellvertreter von Daff war«, sagte die Redakteurin der Nachrichten und weigerte sich, meine Erklärung anzuhören. »Die Palästinenser ziehen dich über den Tisch«, hat sie mich verabschiedet.

Und so, im Verlauf der »Jagdsaison«, erfuhren viele der Liquidierten die Ehre, die »Erben von Daff« oder seine »Stellvertreter« zu sein. Diese Erhöhungen hatten den Zweck, die Fehler in der Liquidierungspolitik Israels zu vertuschen.

Die israelischen Medien hatten kein Werkzeug und oft auch nicht den unbedingten Willen zu erfahren, wer wirklich ein Gesuchter war, auf den die Beschreibung »tickende Bombe« passte, und wer nichts weiter war als eine kleiner Fisch, dessen

Liquidierung ein lockerer Finger am Abzug ermöglicht hatte und hinter der sich vielleicht auch noch andere Ziele verbargen.

Eine Kritik an dieser Politik war nicht sehr verbreitet, kam aber aus einer unerwarteten Richtung. Die Piloten der Luftwaffe veröffentlichten einen Brief, in dem sie gegen die unkontrollierte Anwendung der Liquidierungspolitik protestiert haben:

Wir, Veteranen und aktive Piloten gleichermaßen, die gedient haben und immer noch jedes Jahr während langer Wochen dem Staat Israel dienen, weigern uns, ungesetzlichen und unmoralischen Befehlen Folge zu leisten, wie jenen, die der Staat Israel in den besetzten Gebieten erteilt. Wir, die wir erzogen wurden, das Land zu lieben und dem Zionismus zu dienen, weigern uns, an Angriffen der Luftwaffe auf zivile Bevölkerungszentren teilzunehmen.

Die Angriffe fanden weiter statt.

Eine Woche, nachdem Abu Mazen sein Amt übernommen hatte, war Ijad al-Bak im Visier der Armeehubschrauber. Nach seiner Liquidierung wurde Bak als enger Mitarbeiter von Salach Shachadeh beschrieben, dem Chef des militärischen Arms im Gazastreifen. Es wurde auch gesagt, dass Bak zuletzt zu den Erben von Shachadeh Kontakt hatte, zu Ibrahim Makadmeh (der auch bei einem Zwischenfall mit der israelischen Armee getötet wurde) und zu Muhamed Daff (der bei einem Attentatversuch im September 2002 verletzt wurde). Wie viele Erben hatte er, dieser Daff?

An diesem Tag war ich in Daragh, einem Vorort von Gaza. Mit meinem Kameramann kam ich einige Minuten nach der Liquidierung an den Tatort. Am rußbeschmierten Wagen von Bak lungerten Hunderte von Anwohnern herum, die zum ersten Mal anfingen zu rufen: »Chain! Chain! Abu Mazen!« (Abu Mazen! Verräter! Verräter!)

Der Generalsekretär der Arbeiterpartei, Ophir Pines, reichte eine Dringlichkeitsanfrage bei der Knesset ein. Darin schrieb er, dass Israel mit seiner Politik den palästinensischen Ministerpräsidenten Abu Mazen trifft und ihm den Teppich unter den Füssen wegzieht. Auch der Sprecher des Außenministeriums der USA, Richard Bautcher, sagte, dass die Zwischenfälle, die Israel provoziert, die Lage in der Region gefährdeten und nichts zu den Reformanstrengungen der palästinensischen Sicherheitsapparate beitrügen.

Und Israels Ministerpräsident Ariel Sharon sagte in einem Interview auf Kanal 10 am 8. Mai, am Vorabend des Unabhängigkeitstages:

»Die Liquidierungen und die Treffer der Hamas helfen Abu Mazen.« Und er fügte hinzu: »Aber nicht deshalb führen wir diese Aktionen durch, um dem palästinensischen Ministerpräsidenten zu helfen und seine Stellung zu festigen, sondern um tödliche Attentate auf unsere Bevölkerung zu verhindern.«

Die Interviewer, Yaakov Ayalon und Miki Berkowitz, unterbrachen Sharon: »Aber er denkt nicht so, er ist doch dein Partner.«

Und der Ministerpräsident erwiderte: »Wenn es um Menschenleben geht, gibt es nicht so was wie schlechtes Timing.« Sharon wusste offensichtlich, dass die Tage von Abu Mazen als palästinensischer Ministerpräsidenten bereits gezählt waren. Bei den folgenden Liquidierungen der Israelis war auch Abu Mazen auf der Liste.

Anfang Juni 2003 plante die amerikanische Administration die Einberufung eines Gipfeltreffens in Akaba unter der Teilnahme von Präsident Bush, Ministerpräsident Sharon, Ministerpräsident Abu Mazen und dem Gastgeber König Abdallah, um die Roadmap voranzubringen.

Bei einer Hitze von fast vierzig Grad stand Abu Mazen auf der Rednerbühne und zog bittere Kritik aller palästinensischen Organisationen auf sich, weil er das Leid der Palästinenser nicht erwähnt hat. »Wir werden alle Anstrengungen intensivieren und alles tun, was in unserer Macht steht, um die bewaffnete Intifada zu beenden. Wir müssen unseren Kampf mit gewaltlosen Mitteln führen, wenn wir die Besatzung und das Leid der Palästinenser und Israelis beenden und einen palästinensischen Staat bauen wollen. Unser Ziel ist klar und wir werden es ohne Kompromisse und mit Entschlossenheit realisieren – eine vollständige Beendigung von Gewalt und Terror. Wir betonen unsere Entschlossenheit, all unsere Verpflichtungen gegenüber unserem Volk und der internationalen Gemeinschaft zu erfüllen, die Herrschaft des Gesetzes durchzusetzen. Es wird eine einzige politische Verantwortungsinstanz geben. Waffen werden legal nur in die Hände beauftragter Kräfte gelangen.«

Die Führungsebene der PLO im Gazastreifen waren erschrocken über das, was Abu Mazen in seiner Rede gesagt hatte, und über das, was er nicht gesagt hatte: »Abu Mazen hat tatsächlich die Bezeichnung gerechtfertigt, die man ihm in Tunis angeheftet hat – Chef der Jewish Agency.« Es war das erste Mal, dass ein Palästinenser offen das Wort »Terror« benutzt hat.«

Abd al-Azis Rantisi sagte dem Nachrichtensender Al-Jazira wütend: »Abu Mazen sagt uns in geheimen Verliesen bestimmte Sachen und gibt Versprechen, und anschließend sind wir überrascht und geschockt, wenn Abu Mazen öffentlich Vorwürfe gegen den legitimen Widerstand des palästinensischen Volkes formuliert und ihn als terroristisch und gewalttätig beschreibt ... Wir haben beobachtet, dass es zwei Sprachen gibt. Die eine Sprache benutzt Abu Mazen in den versteckten Verliesen und die andere Sprache, wenn er mit Sharon und Bush spricht. Wir haben verstanden, dass er dem innerpalästinensischen Dialog einen herben Schlag versetzt hat.«

Bei einem Treffen mit Vertretern aller Organisationen in Gaza, nach der Beendigung der Konferenz, erklärte Abu Mazen in bedauerndem Tonfall: »Wir haben nicht unsere Rechte erwähnt, sondern nur unsere Verpflichtungen.« Und fügte hinzu: »Ich habe mit mehr Druck die Forderung nach Befreiung der Gefangenen vorgetragen und wir – Bush, Sharon und ich – haben uns auch um die Lösung dieser schwierigen Frage gekümmert.«

Abu Mazen fühlte, dass er ein Versprechen in der Tasche hatte, die Freilassung der Gefangenen. Damit konnte er all seinen

Kritikern gegenübertreten und weitere Gnadentage gewinnen, um seine Stellung zu festigen und die von ihm gewollten Reformen voranzutreiben. Er erzählte den Anwesenden stolz von dem Gespräch, dass zwischen ihm, Bush und Sharon in Akaba stattgefunden hatte: »Ich sagte ihnen, dass die Gefängnisse der Entscheidungsort sind für die Beruhigungskampagne der palästinensischen Gebiete.«

Als Erwiderung darauf wandte sich Bush an Sharon: »Was kannst du schon dadurch gewinnen, dass die Gefangenen bei dir sind? Das wird nur für Spannung sorgen.« An dieser Stelle erwartete Abu Mazen jedoch eine unliebsame Überraschung. Einige Zeit später erkannte er, dass das Versprechen, die Gefangenen freizulassen, ein leeres Versprechen war. Seine Gegner lachten ihn aus, weil Israel die Sache der Gefangenen zu einem bitteren Witz gemacht hat.

Und trotz alledem wehten in den Tagen nach dem Gipfeltreffen von Akaba neue Winde in der Region. Aber diese Winde dauerten nicht lange an. Am Mittag des 10. Juni 2003, sechs Tage nach dem Gipfel, fuhr Abd al-Azis Rantisi, der älteste der Hamas-Anführer und der militanteste von allen durch die Al-Djalaa-Straße. Die erste Rakete, die auf seinen Jeep abgefeuert wurde, traf und tötete seinen Leibwächter, Mustafa Salach. Rantisi befreite sich aus dem Jeep und wurde von Passanten ins Shiffa-Krankenhaus gefahren. Sein Sohn hingegen wurde schwer verletzt. Drei Minuten später, als Rantisi selbst schon auf dem Weg ins Krankenhaus war, wurde eine zweite Rakete auf das brennende Auto abgeschossen, wahrscheinlich, um sicher zu gehen. Durch die zweite Rakete wurden eine Frau und ein Kind getötet. Vom Krankenbett aus drohte Rantisi: »Sharon, du und alle Israelis, ihr werdet nicht sicher sein, bis ihr dieses Land verlassen habt. Ich verspreche euch eine Strafe, die ihr nicht vergessen werdet.«

Die Sprecherin der Armee erklärte diesen gescheiterten Versuch so: »Rantisi steht eigentlich an der Spitze des militärischen Arms der Hamas. Er hat Salach Shaadah und Ibrahim Makadmeh ersetzt, die von der Armee getötet wurden. Das war kein Angriff auf einen Sprecher der Hamas, sondern ein Angriff auf einen aktiven Terroristen. Seine Worte sind eigentlich eine Aufforderung zu Attentate.« Sogar Rantisi bekam also eine zusätzliche Aufgabe zugesprochen – als Anführer des militärischen Arms der Hamas.

Am nächsten Tag, dem 11. Juni, wurde in Jerusalem ein Attentat verübt. Der achtzehnjährige Selbstmordattentäter Abd Al-Muhati Shabahna aus Hebron, ein Schüler einer höheren Berufsschule, sprengte sich selbst in einem Bus der Linie 14 in der Jaffa-Straße in die Luft. Angezogen wie ein orthodoxer Jude riss er siebzehn unschuldige Zivilisten mit in den Tod. Hundertundvier Menschen wurden verletzt. Die Hamas übernahm die Verantwortung für das Attentat, das nach nur einem Monat ohne Selbstmordattentate in Israel ausgeführt worden war. Das letzte Attentat davor war am 19.5.2003 in einem Einkaufszentrum in Afula verübt worden. In ihrem Bekennerschreiben behaupteten die Auftraggeber Shabahnas, dass das Attentat als Reaktion auf den Liquidierungsversuch an Rantisi gemeint war. Ein Selbstmordattentat wird natürlich nicht innerhalb von vierundzwanzig Stunden geplant und durchgeführt, sondern beginnt lange Zeit vorher, aber in der palästinensischen Öffentlichkeit wurde es als legitime Vergeltung der Hamas. Dieser Liquidierungsversuch an einem ihrer politischen Führer, wie militant auch immer, hat die Hamas in den Augen von vielen zu einem Opfer gemacht, das einen Verteidigungskrieg führt und sein Leben und das Leben aller Palästinenser schützt. So wurde Abu Mazen, Dahlan und der ganzen Regierung, die man der Zusammenarbeit mit Israel verdächtigte, der Boden unter den Füssen weggezogen.

Kurze Zeit nach dem Attentat hat Israel als Antwort auf das Attentat in dem Bus der Linie 14 eine weitere Liquidierung in Gaza durchgeführt. Im Sicherheitsapparat wusste man, dass die Planer des Attentats in Jerusalem zur Einheit der Hamas in Hebron gehörten und zur operativen Basis der Organisation in Gaza, aber der Schlag wurde ausgerechnet in Gaza ausgeführt. Diesmal wurde Mashud Tito getötet, ein Mitglied des militärischen Arms der Hamas. Außer ihm kamen sein Begleiter Suheil Abu Nachal und fünf Passanten ums Leben. Einen Tag später folgte noch eine Liquidierung. Dieses Mal wurden die Raketen auf den Hamas-Aktivisten Yasser Taha gerichtet. Seine Frau und seine beiden Kinder, drei und fünf Jahre alt, sowie drei Passanten wurden getötet. Vierzig weitere Personen wurden verwundet.

Die Armee-Sprecherin veröffentliche eine Entschuldigung wegen der Tötung von Zivilisten und fügte hinzu: »Taha, dreißig Jahre alt, war ein wichtiger Aktivist der Hamas in Gaza und einer der Helfer von Muhamed Daff.« Wieder einmal wurde das Codewort »Daff« mobilisiert, um die Politik der Liquidierungen zu rechtfertigen.

Innerhalb von vierundzwanzig Stunden nach dem fehlgeschlagenen Versuch, Rantisi zu liquidieren, wurden achtzehn Israelis bei einem Attentat in Jerusalem getötet und außerdem dreiundzwanzig Palästinenser, die meisten von ihnen zufällige Passanten, die sich in der Nähe des Wagens mit den Zielpersonen aufgehalten hatten. Man hatte allgemein den Eindruck, dass seit der Amtsübernahme von Abu Mazen nicht nur keine Beruhigung der Intifada und der israelischen Angriffe stattgefunden hatte, sondern die Situation im Gegenteil sogar noch schlimmer wurde. Die Versprechungen Abu Mazens erwiesen sich als inhaltslos und innerhalb von einer Woche sah man in ihm nur mehr einen naiven, verantwortungslosen Politiker, den Israel nicht ernst nahm.

In den Straßen von Gaza herrschte Angst. Hubschrauber kreisten in der Luft und die berüchtigte »Djana« ließ vierundzwanzig Stunden täglich ihr Summen über den Köpfen der Bewohner hören. Sssssssssss ... sssssssss. Die Moderatoren der Radiosender warnten ihre Zuhörer jedes Mal, wenn das Geräusch eines Hubschraubers in der Luft ausgemacht worden war: »Liebe Zuhörer, Hubschrauber kreisen über Gaza. Ihr seid aufgefordert, doppelt vorsichtig zu sein.« Sie begleiteten die Mitteilungen mit einem neuen Schlager, der speziell für diese Situation geschrieben worden war und von dem neunjährigen Muhamad al-Asaf aus dem Flüchtlingslager Khan Yunis gesungen wurde: »Sei stark und mutig, Vaterland. In schweren Tagen der Gefahr müssen wir das Beste aus uns herausholen und daran denken, dass wir stark sind.«

Autofahrer pflegten am Straßenrand anzuhalten. Jeder, der in der Nähe der verfluchten Al-Djalaa-Straße unterwegs war, beeilte sich, von dort wegzukommen, bis die »Beruhigungs-Sirene« ertönte. In dieser Atmosphäre wirkte Abu Mazen wie ein frischer Boxer, der sicher und voller Selbstvertrauen in den Ring stieg, aber bereits mit dem ersten Läuten der Glocken einen Knockout erwischte.

Nabil Amru, der palästinensische Informationsminister, der Mann, der den Aufstand gegen Arafat initiierte, merkte, woher der Wind wehte und wie Israel Abu Mazen kaltstellte. Er veröffentliche etwa eine solche Bekanntmachung: »Die Rede ist von gezielten israelischen Aktionen, die dazu dienen, die Friedensgespräche zu torpedieren, und die Chance schmälern, eine Feuerpause zu vereinbaren. Und das, obwohl wir schon vor der israelischen Verschärfung der Lage internationale Gremien über Fortschritte in den Verhandlungen über eine Feuerpause informiert haben.«

Und in der Tat befand sich Abu Mazen mitten in Gesprächen über eine Einstellung des Feuers zwischen allen Splitterparteien, wie er es Präsident Bush auf dem Gipfel in Akaba zugesagt hatte. Aber als er zu einer Gesprächrunde mit den Führern der verschiedenen Splittergruppen nach Gaza kam, war die Armee abermals schon vor ihm da und »besuchte« die Stadt. In der Nach zum 15. Mai 2003 drang eine Armeeeinheit zu einer weiteren Operation gegen die Kassamraketen in Beit Hanun ein. Die Streitkräfte tauchten auf, nachdem drei Kassamraketen in Sderot auf freiem Gelände niedergegangen waren. Im Verlauf der Aktion wurden fünf Palästinenser getötet, darunter ein zwölfjähriger Junge. Die Appelle, die man Israel übermittelte, »Abu Mazen ein wenig Zeit« zu geben, »die Macht vor Ort zu übernehmen«, haben nichts genützt. So musste Abu Mazen die Erfahrung machen, dass die Armee ihm jedes Mal zuvorkam und den Streifen besuchte, in der Luft und auf dem Boden, wann immer er in Gaza weitere Gespräche führen wollte oder einer Lösung zur Beruhigung der Lage näherkam.

✳

Am frühen Morgen des 5. Mai 2003 rief Mohammed Dahlan, der Kommandeur des Sicherheitsdienstes im Gazastreifen, Suliman Abu Mutlek, den Chef seines Nachrichtendienstes, an und bat ihn zu einem dringlichen Treffen für die Neuordnung des Sicherheitsapparats ins Innenministerium nach Gaza.

Mutlek galt als jemand, der vor einer Konfrontation mit den Männern der Opposition, der Hamas und des Islamischen Dschihad, keine Angst hatte. Sein Amt an der Spitze des Nachrichtendienstes hatte ihm Gelegenheit gegeben, eine Menge Informationen über jeden der Anführer des militärischen Arms zu sammeln, über deren Methoden, Verstecke, Verbindungsleute und andere Einzelheiten und Fakten, die den Sicherheitsapparaten bei ihrer Etablierung im Streifen nützlich sein konnten. Mutlek, der in Kahn Yunis wohnte, hatte wie seine Freunde vom Sicherheitsdienst ebenfalls im israelischen Gefängnis gesessen oder die hebräische Sprache von Grund auf gelernt. Seine Verbindungen und Bekanntschaften mit den Aktivisten der Hamas stammten wie bei vielen anderen aus dieser Zeit. Als er an diesem Morgen auf dem Weg zu dem Treffen die Kreuzung Abu Hula erreichte, wurde sein Wagen von Jeeps der Armee blockiert. Ein gepanzertes Fahrzeug stand in der Nähe, um sicherzustellen, dass er nicht entkommen konnte. Abu Mutlek wurde mit Waffengewalt verhaftet, Handschellen wurden ihm angelegt und dann wurde er zum Verhör in ein Gebäude des israelischen Sicherheitsdienstes gebracht – unter dem Verdacht, an einem Attentat auf einen Kinderbus in Kfar Darom im November 2000 beteiligt gewesen zu sein. Drei Jahre waren seit diesem Attentat vergangen, in denen Abu Mutlek den Checkpoint Abu Hula Hunderte von Malen passierte, und ausgerechnet jetzt musste die Armee ihn verhaften.

Die Männer des palästinensischen Sicherheitsdienstes, die eine Reihe von Schnellkursen absolviert hatten, in denen ihnen die nötige Motivation für eine mögliche Konfrontation mit den Gegnern der neuen Regierung eingetrichtert worden war, folgerten daraus, dass Israel alles nur Mögliche tut, um sie und ihre Stellung zu gefährden.

»Sie verhaften uns und ihr wollt, dass wir weiterhin für sie die Arbeit machen?«, fragten feindselig die Soldaten von Rashid Abu Shabach, dem Leiter des Sicherheitsdienstes. Die Mitteilung des Armeesprechers lautete so: »Der Gesuchte Suliman Abu Mutlek wurde in dem Fahrzeug festgehalten, in dem er fuhr. Abu Mutler ist Leiter des palästinensischen Nachrichtendienstes im Süden des Gazastreifens und eine hochrangige Persönlichkeit in der Organisation der Al-Akza-Gefallenen. Er ist unter anderem für das Attentat auf den Bus in Kfar Darom verantwortlich, bei dem zwei Israelis getötet und mehrere Kinder verletzt wurden.«

Nach drei Monaten (!) wurde der Urheber jenes schrecklichen Attentats ohne Prozess wieder auf freien Fuß gesetzt.

Ich besuchte ihn in seinem Haus in Khan Yunis. Der schlanke Mann sah müde aus, vor allem aber frustriert.

»Nun, dann hat man dich also endlich freigelassen?«

»Ja, das war alles nichts. In den ersten Tagen hat man mich verhört, danach saß ich fast drei Monate in Untersuchungshaft. Sie wussten, dass ich nichts damit zu tun habe. Hätten sie mich freigelassen, wenn ich was damit zu tun hätte?«

»Offensichtlich nicht«, habe ich mit gesundem Menschenverstand geantwortet. »Warum hat man dich denn überhaupt verhaftet, drei Jahre nach dem Attentat?« Ich wollte aus seinem

Munde hören, ob er auch an eine Verschwörung der Israelis glaubte, Abu Mazen um jeden Preis scheitern zu lassen, damit die Roadmap noch in ihren Anfängen beseitigt wurde.

Abu Mutlek schwieg. Er wollte nicht sagen, was mir seine Freunde lautstark verkündeten. Er hatte die Israelis satt. Seine Freunde im palästinensischen Sicherheitsapparat behaupteten, dass Israel beschlossen hätte, alle Schritte von Abu Mazen und Dahlan zu stören. Die Verhaftung von Abu Mutlek war danach ein Mittel, um dieses Ziel zu erreichen. Eigentlich war die Freilassung Mutleks nur möglich geworden durch den Druck, den Dahlan mit Hilfe der Amerikaner auf die Israelis ausgeübt hat. Das Thema wurde auch beim Treffen Abu Mazens mit Sharon angesprochen, dass zwei Wochen nach der Verhaftung statt fand und an dem auch Dahlan teilnahm. »Abu Mutlek«, sagte er, »ist wichtig, um die Entwicklung im Streifen fortsetzen zu können. Ohne seine Freilassung wird der ganze Sicherheitsapparat nicht wieder funktionieren.«

Im Verlauf der Regierungszeit von Abu Mazen wurden vierhundert palästinensische Häftlinge freigelassen. Israel hatte sich als Geste gegenüber Präsident Bush dazu verpflichtet. Und Israel wiederholte auch dieses Mal seine übliche Vorgehensweise, die die Palästinenser bei jeder Haftentlassung erlebt haben. Die meisten Freigelassenen waren Kriminelle, Autodiebe etwa, Gefangene, die wegen geringfügiger Vergehen verurteilt worden waren, oder Gefangene, denen nur noch eine kurze Haftzeit verblieb. Mit bitterem Schmunzeln erzählte man mir im Büro für die Gefangenen in Gaza von einem Häftling, der drei Tage vor seinem offiziellen Freilassungstermin entlassen wurde.

»Wieder lacht ihr über uns«, sagte mir Muaz Chanafi, der Büroleiter des Ministers für Gefangenenangelegenheiten, Hisham Abu Razek. Was Israel Abu Mazen nicht gegeben hat, gab es großzügig der Hisbollah. Im Tausch gegen die Rückkehr des Gefangenen Elchanan Tannenboim und der Leichen von drei toten Armeesoldaten, Omar Suaad, Adi Avitan und Beni Abraham, hat Israel vierhundertundeinen Gefangenen freigelassen. Der Anführer der Hisbollah, Hassan Nassralah, ließ die Gelegenheit nicht ungenutzt, den Austausch als Geschenk anzupreisen, den er dem palästinensischen Volk anlässlich des Opferfestes gemacht hat.

Mitte Juni 2003 wurde die »Hodana« ausgerufen, ein Waffenstillstand zwischen allen palästinensischen Organisationen. Die Idee der »Hodana« versuchte Abu Mazen schon Ende 2002 voranzutreiben, fast ein halbes Jahr, bevor er Ministerpräsident wurde. In einer Rede vor den Volkskomitees in den Flüchtlingslagern im Gazastreifen sagte er: »Leider sind wir in Gaza nicht einer Meinung, lasst uns einen Dialog führen und wir werden zu einer Verständigung gelangen, zuerst innerhalb der Fatah, danach mit allen anderen Organisationen der PLO – der Volksfront und der Demokratischen Front – und schließlich auch mit der Hamas und dem Islamischen Dschihad, um gemeinsam zu entscheiden, wohin wir wollen. Mit Hilfe dieses Dialogs werden wir zur Einigung gelangen, wir brauchen eine »Hodana«, um den Staat zu schützen.«

Die Verhandlungen über eine Waffenstillstandsvereinbarung wurden in drei Strängen geführt: Abu Mazen verhandelte mit den Vertretern der islamischen Splittergruppen in Gaza, manchmal direkt und manchmal über seinen Gesandten Samir Mashrahawi, »den Vermittler«, und die Führer der Fatah in Gaza. Kadura Faras und Achmed Ajnim, beide Mitglieder der gesetzgebenden Kommission, wurden mit Wissen Israels nach Damaskus geschickt, um die Gespräche mit Chaled Mishal, dem Leiter der politischen Abteilung der Hamas, und Abdallah Ramadan, dem Generalsekretär des Islamischen Dschihad, zu führen. Schließlich blieben noch die Gefangenen. Maruwan Bargutti, der als Verantwortlicher für viele Attentate zu sechsmal lebenslänglich verurteilt im Gefängnis in Eshel sitzt, sollte diese Aufgabe übernehmen. Hisham Abd Razek übermittelte ihm bei einem Treffen die Bitte Abu Mazens um Unterstützung durch die palästinensischen Gefangenen. Dieser letzte Strang war besonders wichtig, nachdem die Gefangenen der Hamas und des Islamischen Dschihad massiven Druck ausgeübt haben, die Bedingungen der »Hodana« zu akzeptieren. Dahinter stand ein Versprechen, dass man ihnen gemacht hatte: Mit der Verkündigung der »Hodana« würde Israel weitere Gefangene freilassen, um ein neues Blatt in den gegenseitigen Beziehungen aufzuschlagen, wie man es auch nach der Unterzeichnung des Oslovertrages getan hatte. Aber das war nicht die einzige Überlegung, die sie vor Augen hatten. Die fast sechstausend Gefangenen in den israelischen Gefängnissen durchlebten einen ähnlichen Entwicklungsprozess wie ihre Kameraden in den Gefängnissen in den mehr als zwanzig Jahren zuvor: Sie haben begriffen, dass die Intifada außer Kontrolle geraten ist und die Zeit gekommen war, die Konsequenzen zu ziehen. Genau zu dieser Schlussfolgerung waren die Gefangenen am Ende der ersten Intifada ebenfalls gekommen.

Alle Splittergruppen gaben ihr Einverständnis zu der »Hodana«, jede aus ihren eigenen Gründen. Die islamischen Parteien, die Hamas und der Islamische Dschihad, machten ihr Einverständnis davon abhängig, dass auch Israel seine Aktivitäten einstellte. Abu Mazen versuchte, diesen Paragrafen zu streichen, nachdem Israel öffentlich mitgeteilt hatte, dass das Gespräch zwischen den palästinensischen Gruppen eine innere Angelegenheit sei und Israel nicht berühre, da es auch kein Partner bei den Gesprächen sei. In Israel war man natürlich überzeugt, dass die Mitglieder der Hamas und des Islamischen Dschihad angesichts der Bedrohung für ihr Leben zu einem Waffenstillstand gedrängt würden. Aber die Gründe waren viel komplexer. Die Hamas ist bekannt dafür, dass sie das Gemüt der Palästinenser aufs Genaueste kennt. Sie gelangte zu der Erkenntnis, dass ihre Ablehnung des Waffenstillstands sie nicht nur vor die Frage stellen würde, ob ihre Anführer physisch überleben würden, sondern auch mit einer scharfen Kritik konfrontieren würde,

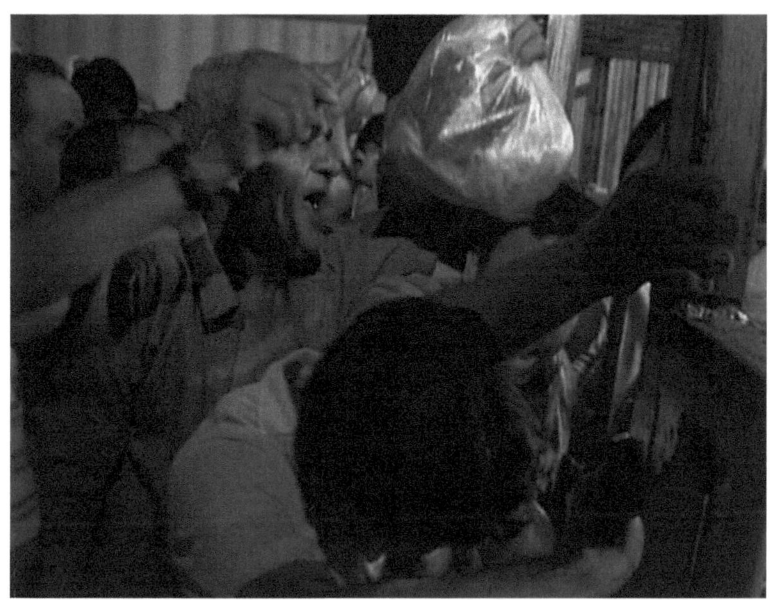

Erez Checkpoint 2003

Die Karton-Menschen, Sommer 2003

und zwar vonseiten ihrer Unterstützer und Aktivisten und vor allem der politischen Gefangenen, die den effektivsten Druck ausgeübt hatten.

Die Angehörigen der Fatah, mit denen ich in diesen Tagen gesprochen habe, behaupteten, dass Muhamed Daff, der Leiter des militärischen Arms der Hamas, selbst die Führung der Bewegung gedrängt habe, das Feuer einzustellen. Sie erzählten sogar von einer harten Auseinandersetzung, die Daff mit Abd al-Rantisi gehabt habe, dessen militante Worte sogar ihn aufzuregen vermochten. Natürlich konnte man diese Dinge nicht beweisen, aber unterm Strich blieb die Tatsache, dass die Hamas mit einer »Hodana« für drei Monate einverstanden war. Abd al-Asis Rantisi selbst hat die Nachricht in seinem Haus vor den Kameras der Nachrichtenagenturen verlesen. Er verkündete die Bereitschaft der Hamas, das Feuer für drei Monate einzustellen, in der Erwartung, dass sich Israel im Gegenzug zu den Linien von 2000 zurückziehen und Gefangene freilassen würde. Eine anders formulierte Mitteilung veröffentlichte die Fatah. Sie proklamierte sechs Monate Waffenstillstand.

Die »Hodana« war auf dem Weg. In einem Interview mit der Nachrichtenagentur Reuters gab Abu Mazen bekannt: »Von jetzt an wird jeder, ob militärischer Arm oder Partei, der die ›Hodana‹ bricht, ins Gefängnis geschickt.« Und Mohammed Dahlan fügte hinzu: »Der natürliche Ort für jeden, der den Waffenstillstand bricht, wird das Gericht sein.«

So konnte Abu Mazen mit einer wichtigen Karte – »Hodana« – in der Hand zu einem Treffen mit Präsident Bush ins Weiße Haus fahren. Er hatte sein Versprechen gehalten, das er Busch auf dem Gipfel von Akaba gegeben hatte. Jetzt war Israel an der Reihe, seine Verpflichtungen zur Implementierung der Roadmap zu erfüllen.

Mitte Juli fuhr ich mit einem Kamerateam zum nächtlichen »Zeitvertreib« nach Gaza. Ich erinnerte mich an die ersten Tage nach dem Rückzug der Armee aus Gaza 1994. Als würden sie nicht glauben, dass der Augenblick gekommen war, saßen damals alle in den Nächten draußen. Eltern flanierten mit ihren Kindern durch die Strassen und genossen jede Sekunde, in der sie Mond und Sterne sahen, was während der Besatzung nicht möglich gewesen war – wegen der Ausgangssperre, die jeden Abend genau um acht Uhr in Kraft trat.

Auch jetzt, nach Bekanntmachung der »Hodana«, herrschte ein ähnliches Gefühl – als ob jemand laut das Ende des Krieges verkündet hätte und den Beginn eines neuen Zeitalters. Der Strand von Gaza war überfüllt mit Familien, die diese Ruhe ausgenutzt haben, die sie schon seit fast drei Jahren nicht mehr erlebt hatten. In den Cafés und Restaurants entlang des Strandes machte man Musik und sang Liebes- und Freiheitslieder, keine nationalen Lieder, die einzige Musik, die während der Intifada-Tage vorgeherrscht hatte. Auf der Omar al-Muchtar-Straße, der Haupteinkaufsstraße von Gaza, waren die Geschäfte bis in die frühen Stunden der Nacht geöffnet. Aber die Kunden drängelten sich dort trotz allem nicht. »Hodana« oder nicht, die ökonomische Lage blieb, wie sie gewesen war. Und fast jeder, der für eine Reportage gefilmt wurde, hat stolz gesagt: »Nun, wo ist die Hamas? Es gibt keine Hamas, keine Demos, keine Umzüge. Kein Mensch spürt sie. Noch ein, zwei solche Jahre und es wird keine Hamas mehr geben.«

Und in der Tat sah es für einen Augenblick so aus, als ob die Hamas die Machtbasis verloren hätte, auf die sie sich immer gestützt hat – die tägliche Auseinandersetzung mit Israel. Die Zukunft sah vielversprechend aus. Aber die Feier hat nicht lange gedauert.

Am 19. August 2003, um halb neun am Abend, hat sich ein Hamas-Aktivist aus Hebron in einem Bus der Linie 2 in Jerusalem in die Luft gesprengt. Dreiundzwanzig Israelis wurden getötet, die meisten waren orthodoxe Kinder und Jugendliche, die von einer Bar-Mizwa-Feier an der Klagemauer zurückkamen. Das Attentat wurde von Raad Abd al-Hamid Misk verübt, einem Studenten der Universität a-Nadjach in Hebron, der als Imam einer Moschee in Hebron diente. In dem Video, das er vor seinem Selbstmord aufgenommen hatte, identifizierte sich Misk als Aktivist der As-a-Din-al-Kassam-Brigaden der Hamas und sagte: »Das ist die erste Reaktion auf das Blut unserer Märtyrer in Nablus und ein Akt der Rache, die dem Namen des Märtyrers und Helden Muhamed Hiub Sider gewidmet ist.« Sider war der Kommandeur des Islamischen Dschihad in Hebron, der bei einer Aktion der Armee einige Tage zuvor getötet worden war.

Geplant hatte das Attentat Ahmed Bahder, der Kommandeur der As-a-Din-al-Kassam-Brigaden in Hebron. Nachträglich wurde bekannt, dass er das Attentat nicht mit der Führung der Hamas in Gaza abgesprochen hatte, sondern aus eigener Initiative handelte. Das Attentat, das die Ruhe der »Hodana« beendete, wurde allgemein als böse Überraschung aufgenommen. Abu Mazen erhielt die Nachricht in seinem Amtsitz in Gaza, mitten in einer Debatte mit den Führern des Islamischen Dschihad über die Verlängerung der »Hodana« um weitere drei Monate. Auch bei der Hamas wurde das Attentat überrascht zur Kenntnis genommen. Samir Mashrahawi, der »Vermittler«, telefonierte mit Ismail Abu Shanaw aus der Führung der Hamas in Gaza. Shanaw sagte, dass er keine Einzelheiten über das Attentat wisse, aber wenn es wahr sei, dass die Hamas dafür die Verantwortung übernommen habe, er persönlich das für einen schweren Fehler halte.

Am 20. August bestellte Abu Mazen alle Mitglieder seiner Regierung zu einer Dringlichkeitssitzung nach Gaza ein. Die Sitzung dauerte bis in die späten Abendstunden. Dem Ministerpräsidenten war es wichtig, vollständige Rückendeckung zu bekommen, damit er die Schritte, die er einleiten wollte, als Entscheidungen auf nationaler Basis vorstellen konnte, und nicht als Privatinitiative von ihm oder Dahlan. »Glaub mir, die Beschlüsse, die dort angenommen wurden, wären bei keiner anderen Regierung durchgegangen. Das war eine nie wiederkehrende Gelegenheit«, sagte mir Samir Mashrahawi.

In Israel ist die Meinung verbreitet, dass die Palästinenser immer wieder den Eindruck erwecken, sie seien im Begriff, einen drastischen Schritt zu machen, und sich später dann für die Nicht-Umsetzung des Plan damit entschuldigen, dass Israel Vereinbarungen gebrochen hätte. In den meisten Fällen hat Israel tatsächlich den Palästinensern keine Chance gelassen oder ihnen Gelegenheit gegeben, etwas zu unternehmen. Allerdings beschwerten die Israelis sich dann immer, dass die Palästinenser nichts täten. An diesem Tag hatte Abu Mazen die Chance, für die geplanten drastischen Schritte auch von den meisten Einwohner Gazas Rückendeckung zu bekommen, die wütend waren über die Verletzung der Ruhe, die sie wieder in den teuflischen Kreis des Schreckens zurückzuwerfen drohte.

Am 21. August um neun Uhr morgens bestellte Dahlan alle Kommandeure des Sicherheitsapparates in sein Amt. Ich stand dort mit Dutzenden von Kameraleuten und Reportern aus aller Welt. Wir glaubten vor einer weiteren Verhaftungswelle von führenden Hamas-Vertretern zu stehen, wie es nach der Attentatswelle im Winter 1996 der Fall gewesen war.

»Ich habe Dov Weisglas, den Leiter des Büros von Ariel Sharon, angerufen«, erzählte Dahlan. »Ich hatte das Telefon in der Hand und schritt im Zimmer langsam auf und ab, so wie ich es auf dem Gefängnishof gemacht hatte. Ich habe ihm erklärt, dass ich vierundzwanzig Stunden benötige, um einen Schritt zu machen, der auch die Israelis überraschen würde. Weisglas sagte, dass er die Nachricht an Sharon weiterleite.« Zehn Minuten später hörte man eine Detonation in der Nähe des Amtssitzes von Dahlan. Ismail Abu Shanaw, ein hochrangiger politischer Vertreter der Hamas, war von einem Hubschrauber aus mit einer Rakete liquidiert worden.

Der Schock angesichts der israelischen Entscheidung, ein Mitglied der politischen Führung der Hamas auszuschalten und nicht der militärischen, saß tief. Besonders unverständlich schien die mangelhafte Überlegung bei der Auswahl des Zieles, Abu Shanaw war ein Dozent für Ingenieurwesen an der islami-

schen Universität in Gaza, einer der Gründer der Hamas, und
galt als die pragmatischste und besonnenste Persönlichkeit der
Hamasführung in jenen Tagen. Er wurde sogar als noch gemä-
ßigter als Ismail Hanije angesehen, den man allgemein für den
pragmatischsten aller Anführer der Hamas hielt. Seine Wahl
als Ziel einer Liquidierung war nicht nachvollziehbar. Nicht
nur, dass er keine »tickende Bombe« war, er war nicht einmal
eine führende militante Persönlichkeit bei der Hamas. Auch
die übliche Begründung bei der Armee, um Liquidierungen
zu rechtfertigen, dass es eine Gelegenheit gewesen sei, die man
nicht verstreichen lassen durfte, griff in diesem Fall nicht, denn
eigentlich war Abu Shanaw immer »erreichbar«, da er niemals
in den Untergrund gegangen ist. Abu Shanaw wurde als schnel-
les und leichtes Ziel ausgewählt, eine klare Entscheidung Israels,
das Attentat auf den Bus der Linie 2 zu rächen. Offensichtlich
stand dahinter auch die Überlegung, die Vereinbarungen zu
brechen und die »Hodana« zu beenden.

Und sie wurde tatsächlich beendet. Im ganzen Verlauf der vier
Ruhemonate neigten die Spitzen des israelischen Sicherheitsapparates dazu, bei jedem möglichen öffentlichen oder geheimen
Forum, zu warnen, die »Hodana« sei eine Tarnung für die Organisationen der Hamas und die Brigaden der al-Akza-Gefallenen, die sie benutzten, um sich neu zu formieren. Diese Meinung vertraten etwa der Chef des Nachrichtendienstes, General
Zehewi, Aharon Farkash, Mitglied der Aussen- und Sicherheitskommission der Knesset, oder auch der Chef des Allgemeinen
Sicherheitsdienstes, Avi Dichter. Sie riefen den Eindruck hervor, dass die »Hodana« auf lange Sicht eine Gefahr für Israel sei.

Am Samstag, den 6. September, gab Abu Mazen seinen Rücktritt bekannt. Er zeigte anschuldigend mit dem Finger auf die
Anhänger Yassir Arafats, die ihm das Leben im Amt bitter gemacht hätten. Abu Mazen konnte die »Verräter«-Rufe und die
Drohungen, ihn zu töten, nicht mehr länger ertragen. Aber

Abu Mazen hatte auch eine lange Rechnung mit Israel offen. In seiner Rede in Ramallah hat er kein Wort über die Knüppel verloren, die ihm die Regierung Sharons zwischen die Beine geworfen hatte. Was sollte er auch sagen, dass Israel ihn hatte scheitern lassen? Ihm nicht unterstützte? Ihm den Rücken zuwandte? Ohnehin beschuldigte man ihn ja schon als Verräter und Kollaborateur mit den Israelis.

Das Fenster der Gelegenheiten, das zwischen April und September 2003 geöffnet wurde, war ein seltenes Juwel, und es ist zweifelhaft, ob man jene Bedingungen rekonstruieren könnte. Nach dem Tod Arafats wurde Abu Mazen zum Vorsitzenden der palästinensischen Autonomie gewählt, und jetzt gab es niemanden mehr, der ihn hätte aufhalten können, wenn er die notwendigen Reformen in Angriff nahm. Aber in der Zeitspanne zwischen seinem Rücktritt und seiner Wiederwahl im Dezember 2004 zählte man noch Hunderte von Toten, Israelis wie Palästinenser. Wie dem auch sei, Abu Mazen sah sich jetzt autonomen Gebieten gegenüber, in denen die Anarchie unwiderruflich die Herrschaft an sich gerissen hatte. Zigtausende Bewaffnete lungerten in den Straßen, Mitglieder in Dutzenden von Organisationen und Unter-Organisationen, die sich spalteten und auf lokaler Ebene wieder zu bewaffneten Banden vereinigten, die niemanden mehr gehorchten. Abu Mazen trat sein Amt als Leiter der palästinensischen Autonomiebehörde viel kränker an, als er am Vorabend seines Rücktritts gewesen war, und daran sind auch einige der führenden Köpfe des israelischen Sicherheitsapparates mitschuldig. Heute geben sie ihren großen Fehler ehrlich zu. Abu Mazen war mit politischen Gegebenheiten konfrontiert, die vor Ort einseitig implementiert wurden. Ein halbes Jahr nach seinem Rücktritt vom Amt des Ministerpräsidenten hat der israelische Ministerpräsident Ariel Sharon den Plan des Rückzugs aus Gaza vorgestellt.

Kapitel 16

Man schreit: Hamas

15. August 2005. Auf dem großen Plasmabildschirm im Büro der Nachrichtenagentur Ramatan in Gaza flimmerten die Bilder von der Räumung von Gush Katif. Ismail Hanije, der oberste Anführer der Hamas in Gaza, betrachtete interessiert die Soldaten und Polizisten, die die Siedler aus ihren Häusern herausgeholt hatten. Erstaunliche Bilder. Israel verlässt Gaza! Seine Soldaten und Polizisten tun das schier Unglaubliche in den Augen der Palästinenser – und nicht nur in ihren Augen: Sie räumen mit Gewalt ihre verhassten Feinde, die Siedler. Nachdem er sich an den Bildern satt gesehen hat und ihm klar war, dass Israel sein Versprechen hielt und Gaza tatsächlich verließ, wandte er seinen Blick mir zu und sagte: »Das ist euer größtes Problem, die Siedler.«

»Weißt du«, habe ich geantwortet, »die ganze Zeit sage ich meinen palästinensischen Freunden, dass die Hamas ihr größtes Problem sei und auch unseres, ohne natürlich die Probleme vergleichen zu wollen.«

»Wir?« fragte er überrascht und lachte laut – über die Behauptung und darüber, dass ich gewagt hatte, ihn vor allen bloßzustellen.

»Hör mal zu, wir hatten eine gewaltige politische Auseinandersetzung mit Yassir Arafat. Gewaltig! Arafat tat, was er wollte, mit undemokratischen Methoden. Er hat uns isoliert. Aber wir haben niemals gewagt, ihn mit einer Pistole zu bedrohen. Wir haben ihn nicht getötet, wie man bei euch Rabin getötet hat. Wir haben ihn nicht einmal Verräter genannt.«

Viele Monate lief ich Ismail Hanije hinterher, bis es mir gelungen ist, ihn zu einem Interview mit mir zu bewegen und eine offene Frage zu besprechen. All meine Kontakte und all meine Bekannten in Gaza hatte ich mobilisiert, um mit ihm zu sprechen, aber es gelang ihm immer, sich zu entziehen. Hanije und ich kennen uns schon seit Jahren. Wir haben unzählige Male miteinander geredet. Aber seit der Serie der Liquidierungen, die Israel an den führenden Mitgliedern der Hamas begangen hat, konnte ich ihn nicht mehr erreichen. Als es schließlich doch so aussah, als wolle er meiner Bitte und der Bitte von Samir Ashrawi, der mit ihm im Auftrag der Autonomiebehörde regelmäßig verhandelte, entsprechen, liquidierte Israel den Sohn seiner Schwester, Adal Hanije, der, den öffentlichen Verlautbarungen zufolge, auf dem Weg war, zusammen mit zwei seiner Freunde, eine Kassamrakete nach Sderot zu schießen. Hanije tauchte wieder tief in den Untergrund ab und hinterließ eine unfertige Geschichte. Schließlich erkannte ich, dass Hanijes Ausweichen sich nicht aus dem neues Prinzip ableitete, das sich alle führenden Mitglieder der Hamas angeeignet hatten, nicht mit israelischen Journalisten zu sprechen. Hanije Angst scheute sich vielmehr aus Sicherheitserwägungen, mit mir einen Treffpunkt und einen Termin zu vereinbaren. Er befürchtete, dass der israelische Sicherheitsdienst, die Armee oder die Luftwaffe – oder weiß der Teufel wer – mir nachspionieren und meine Telefongespräche abhören könnte, um an ihn heranzukommen und ihn zu liquidieren.

Sobald ich seine Beweggründe verstanden hatte, änderte ich meine Vorgehensweise. Als der Rückzug der Israelis aus dem Gazastreifen begann, fühlten sich die Anführer der Hamas für einen Augenblick sicher, dass Israel sie jetzt nicht mehr liquidieren und die Lage dadurch verschärfen würde. In diesen Tagen habe ich erfahren, dass Hanije von Al-Jazira eingeladen worden war, an einer Interview-Sendung teilzunehmen, die alle palästinensischen Splitterparteien an einem Tisch brachte. Ich wartete in der Nähe des Studios auf ihn, bis er fertig war.

Als Hanije mich geduldig warten sah, sagte er zu seinen Leibwächtern: »Das ist Shlomi, er ist ein israelischer Journalist. Glaubt ihr das? Und wir gehen jetzt, um miteinander über die Zukunft zu reden.«

Aber ich wollte mit ihm zuerst über die Vergangenheit reden. Über den Vorschlag, den er genau zehn Jahre zuvor gemacht hatte, drei Monate vor der Ermordung des israelischen Ministerpräsidenten Itzchak Rabin.

Ich besuchte ihn damals im überfüllten Flüchtlingslager Shati, das an der Küste von Gaza liegt. Hanije empfing mich sehr freundlich in seinem bescheidenen Haus. Seine Söhne, die damals etwa zehn Jahre alt waren, reichten kalte und warme Getränke und sorgten dafür, dass ich mich im Gästezimmer der Familie wohlfühlte.

Danach verschwand er im Untergrund, seine inzwischen erwachsenen Söhne wurden seine Begleiter und Leibwächter, die für ihren Vater sorgten, der seinerseits konsequent die Leiter zur Führung der Bewegung empor geklettert war, bis zur Spitze der Hierarchie, die er sich mit Dr. Mahchmud a-Zahar teilte.

»Ich habe einen Vorschlag und ich will, dass du ihn der israelischen Öffentlichkeit und Ministerpräsident Rabin weiterreichst«, überraschte er mich damals.

Sommer 1995. Die Hamas tat alles, was in ihrer Macht stand, um die Osloverträge zu torpedieren, und schickte die ersten Selbstmordattentäter nach Israel. Damals herrschte die Meinung – und sie herrscht bis heute noch, dass es gar nichts gibt, worüber man mit dieser blutigen Organisation, die entschlossen war, Israel zu vernichten, sprechen könnte. Aber Hanije war es ernst, und ich war überrascht von der Bitte, von ihrem Inhalt, aber auch von dem Weg, den man gewählt hatte, um sie den Entscheidungsträger in Israel zu übermitteln, nämlich durch mich.

»Wir erwarten, dass Israel sich aus Gaza zurückzieht, aus der Westbank und Jerusalem und die Gefangenen freilässt. Im Gegenzug werden wir eine Hodana für zwanzig Jahre und sogar länger erklären. Die nächste Generation, die Ruhe und Frieden kennenlernen wird, soll dann mit klarem Kopf zusammen mit Israel über eine Lösung aller offenen Fragen entscheiden, zum Wohle aller künftigen Generationen.«

Ich wusste, dass dies die Eckdaten für die Verhandlungen der Israelis mit den Vertretern der PLO gewesen sind, die später zu den Osloverträgen geführt haben. Auch die Vertreter der PLO, die die Grundsätze des Zwischenabkommens akzeptiert haben, sprachen von denselben Fragen. Jedoch waren sie bereit, die Existenz Israels anzuerkennen. Hanije hingegen sprach nur von einer langjährigen Hodana. Versuchte die Hamas jetzt, mit der PLO gleichzuziehen? Kamen ihre Anführer jetzt von dem hohen Ross herunter, auf dem sie gesessen hatten?

»Und was ist mit den Grenzen von achtundvierzig?«, fragte ich Hanije erstaunt.

»Das lassen wir den kommenden Generationen. Wir reden von den Grenzen von siebenundsechzig – Gaza und die Westbank, Jerusalem (Osten), die Freilassung der Gefangenen. Hodana, das ist die Formel«, stellte er entschieden fest und versuchte sich auszumalen, was die Antwort von Itzchak Rabin sein würde.

Jetzt saß er mir gegenüber, zehn Jahre später. Flüsse von Blut sind seither geflossen. Das Osloabkommen, dasselbe Abkommen, gegen das auch er gekämpft hatte, wurde von seinen Gegnern zertreten und enttäuschte seine Befürworter in beiden Lagern. Oslo wurde zu einem Begriff der Schande. »Der Frieden der Mutigen« verwandelte sich in einen traurigen Witz.

»Nun, ist mein Vorschlag angekommen?« Noch bevor ich etwas erwidern konnte, gab er selbst die Antwort: »Sie wollten nicht. Und siehe da, heute zieht ihr euch aus Gaza zurück.«

Der Versuch von Hanije im Sommer 1995 war ein weiterer Ausdruck für die längst bekannte Tatsache, dass die Hamas eine pragmatische Bewegung ist, die ihre Ziele und Mittel den veränderten Gegebenheiten jeweils anpasst. Die Bewegung entstand aus der Partei der »Moslembrüder«, die eine universelle, pan-islamische Richtung vertreten, die in der Verbreitung des Islam, ohne staatliche Grenzen, eine höhere Aufgabe sieht. Inzwischen hat sie ihr Gesicht und ihre Ausrichtung verändert, indem sie von Zeit zu Zeit ihre religiösen Auffassungen den Bedürfnissen der Stunde angepasst hat. Eine seltene Gattung, die keinen Bruder und Freund in den islamischen fundamentalistischen Bewegungen hat, die in sich eine Menge von Gegensätzen und Widersprüchen vereinigt: Pan-Islamismus und Nationalismus; Wohlfahrtsaktivitäten für die Gemeinschaft und kompromisslosen, gewalttätigen militärischen Widerstand gegen Israel; eine absolute Ablehnung des Existenzrechtes Israels, aber gleichzeitig das Suchen nach einem Weg, sich in die politischen Landschaft einzufügen, was wiederum politische Kontakte mit Israel erfordert. Eine Bewegung, die das Leben bejaht und Selbstmordattentäter mobilisiert. Viele Menschen, die bereit sind, ihr Leben auf dem Altar der Ideologie zu opfern, indem sie anderen das Leben nehmen. Und all das in dem Streben, weiter zu existieren, den Palästinensern eine Führungsalternative aufzuzeigen, sowohl in Gaza wie auch in der Westbank, gegenüber allen anderen Bewegungen, die in dieser abgeschlossenen und unter Druck stehenden Region tätig waren.

»Dann seid ihr eigentlich eine pragmatische Bewegung«, habe ich festgestellt. Denn es gibt keinen anderen Weg, den Widerspruch aufzulösen zwischen den Verlautbarungen über das Verschwinden Israels bei einem Dschihadkrieg auf der einen Seite und den tatsächlichen Bedürfnissen, die sie anerkennen müssen, und in der Realität, in der sie genötigt sein werden, Israel anzuerkennen, auf der anderen Seite.

»Ja, wir sind pragmatisch«, gab er zu, »aber Israels Meinung über die Hamas ist unverändert geblieben. Sie wollen die Europäer und Amerikaner gegen uns einstimmen. Die Lage zu beruhigen und die Differenzen in der Region beizulegen hilft ihnen dabei überhaupt nicht.«

»Der Vorschlag, den du seinerzeit gemacht hast, war das ein privater Vorschlag von dir oder stand die ganze Hamas dahinter?«

»Es war nicht nur meine private Meinung. Scheich Achmed Yassin hat davon schon 1988 gesprochen, zu Beginn der ersten Intifada, und hat den Vorschlag sogar wiederhol, als er 1997 aus dem Gefängnis entlassen wurde. Aber die Israelis wollen nichts davon wissen. Eroberungspläne und die Fortsetzung der Besatzung – das ist die Denkweise, die die israelische Politik bestimmt.« Hanije wusste von dem Versagen dieser Bahn und fragte trotzdem: »Hast du damals meine Botschaft überbracht?«

»Ich habe deine Worte in den Nachrichten im Fernsehen gesendet.«

Hanije wusste es. Er hatte die Sendung verfolgt und eine Woche später hat er mich aufgesucht und wollte wissen, ob es eine israelische Reaktion auf sein Angebot gebe, das er als großzügig ansah. Die Führung der Hamas hat mit diesem Vorschlag auf den Traum von Groß-Palästina verzichtet, »vom Jordan bis zum Mittelmeer«, und eigentlich hat sie damit bekannt gegeben, dass sie sich mit den Grenzen von siebenundsechzig begnügt. Der Genauigkeit wegen muss man hinzufügen: vorläufig, weil Hanije, aufgrund religiöser Gebote nicht das Ende des Konflikts verkündete, sondern die Entscheidung den folgenden Generationen überließ.

»Nun?«, fragte er jetzt wieder, »gab es irgendeine Reaktion auf den Vorschlag?«

Ich schüttelte den Kopf. Was konnte ich schon sagen? Dass es genügt, nur den Namen der Hamas zu nennen, um im Herzen aller Israelis Zorn und Angst hervorzurufen? Dass kein Mensch glaubte, der Vorschlag wäre wert, ernst genommen zu werden?

Eine Bestätigung dieser Worte lieferte übrigens der Chef des Mossad, Ephraim Halevi, in einem Interview, das er dem Ersten Kanal am Tag der Liquidierung von Ahmed Yassin gegeben hat. Levi erzählte, dass zwei Jahre nach meiner Unterhaltung mit Hanije, der Führer der Hamas, Scheich Achmed Yassin, einen Schritt unternommen hat, um eine Feuerpause mit Israel für dreißig Jahre zu erreichen. Seinen Vorschlag leitete Yassin aus dem Gefängnis in Ashkelon an Chaled Mishal, der damals der Leiter des Politbüros der Hamas war und in Amman saß. Der Vorschlag wurde anschließend dem jordanischen König Hussein übermittelt und dieser wiederum überbrachte ihn dem israelischen Ministerpräsidenten Benjamin Netanjahu. Es ist zu bezweifeln, dass die Regierung Netanjahus sich überhaupt ernsthaft mit dem Yassins Angebot beschäftigt hat, der ja immerhin im Gefängnis von Ashkelon saß. Sein Vorstoß wurde dementsprechend als Versuch gedeutet, die lebenslange Haft aufzuheben. Und überhaupt, wer war schon bereit, die Vorschläge von Yassin, sich aus Gaza, der Westbank und Jerusalem zurückzuziehen, zu überdenken? Offenbar hat niemand die Zeichen der Not erkannt, die die Bewegung damit gesendet hatte. Sie hatte ihren Willen bekundet, sich in der Region politisch einzufügen, und schon damals ihre Bereitschaft, auf einige ihrer wichtigsten Grundsätze zu verzichten. Die Vorschläge, die die Hamas zum Ausgangspunkt von Verhandlungen machen wollte, waren fast identisch mit der offiziellen palästinensischen Forderung, die Grundsätze des ursprünglichen Osloabkommens dauerhaft zu implementieren.

Einige Monate danach wurde Scheich Achmed Yassin aus dem Gefängnis entlassen, eine Folge des fehlgeschlagenen Versuchs der Israelis, in Amman den Leiter des Politbüros der Hamas, Chaled Mishal, zu liquidieren. Ariel Sharon reiste zum Palast des jordanischen Königs und bemühte sich, ihm nach der dümmlichen Aktion des Mossad in seinem Land eine Kompensation anzubieten. Sharon und Netanjahu akzeptierten einen Vorschlag von Ephrajim Levis, dem früheren Leiter des Mossad, Yassin in Gaza unter Hausarrest zu stellen, um so den wütenden König zu besänftigen und den Friedensvertrag mit Jordanien zu retten.

»Und heute will Israel bereit sein, sich aus der Westbank und Jerusalem zurückzuziehen? Glaubst du, dass Israel jemals dazu bereit ist?«, fragte Hanije und wandte seine Aufmerksamkeit wieder den Rückzugsbilder im Fernsehen zu.

»Aus Jerusalem rausgehen – ich bin sicher, dass nicht. Aber hätte man dir vor zehn Jahren gesagt, dass Israel sich aus Gaza zurückziehen würde, hättest du es geglaubt?«

Hanije schwieg für einen Augenblick, dachte nach und musste zugeben, dass auch Israel mit dem Rückzug aus dem Gazastreifen und der Räumung der Siedlungen einen überraschenden, pragmatischen Schritt gemacht hatte, einen Schritt, der Zeugnis ablegt über die Änderung im Denken seiner politischen Führung.

»Rabin hat doch vor mehr als zehn Jahren gesagt, er hätte ›es vorgezogen, dass Gaza im Meer versinkt.‹ Kannst du dich erinnern? Es sollte zum Teufel gehen«, erinnerte sich Hanije und lachte heftig.

»Auch Ariel Sharon hat sich verändert«, fügte ich hinzu. Hanije nickte zustimmend.

✳

12. September 1993. Einen Tag vor der Unterzeichnung des Osloabkommens im Weißen Haus trafen sich in Gaza die Führer der Fatah, Suffyan Abu Zaydeh und Sami Abu Samhadana, mit den drei Führern der Hamas, Ismail Hanije, Said al-Namruti und Abdalah Mahana, der später ausgeschieden ist und heute in Spanien seine Doktorarbeit schreibt. Das Ziel des Treffens war, der Hamas am Tag der Unterzeichnung des Osloabkommens, bei dem sie außen vor geblieben war, eine eigene Stimme zu gewähren. Die Führer der Hamas, die Männer des politischen und des militärischen Arms gleichermaßen, hatten das Gefühl, dass ihre Kampfkameraden aus der Fatah einen Verrat an ihnen begangen hätten, für den es keine Entschuldigung gab. Nicht nur, dass sie heimlich hinter ihrem Rücken

mit den Israelis verhandelt hatten, nein, sie hatten sie gegen ihren Willen zu einer Opposition gemacht und schamlos alle Besitztümer des Landes an sich gerissen, als ob sie die alleinigen rechtmäßigen Besitzer wären. Die Männer der Hamas glaubten, und das zu Recht, das das Osloabkommen ihre junge Bewegung einer existenziellen Gefahr aussetzte und sie als Bürger zweiter Klasse behandelte, die nicht regierungsfähig waren und daher auch nicht am Aufbau der politischen Institutionen beteiligt werden sollten.

Und dennoch kam es bei dieser angespannten Begegnung zu einer Einigung. Der »Oslo-Tag« sollte beides sein: ein Tag der Trauer und ein Tag der Freude. Am Morgen wurde ein Streik ausgerufen, der bis zwei Uhr nachmittags dauerte, ein übliches Vorgehen an Tagen der Trauer und des Protestes, und ab zwei Uhr wurde das Zeichen für die Eröffnung der Siegesfeierlichkeiten gegeben. Dieser Kompromiss ist ein Musterbeispiel für die Fortsetzung der Kontakte zwischen der Fatah, und später der palästinensischen Autonomiebehörde, und der Hamas in all den Jahren. Ein Kompromiss, der einen Bruderkrieg vermeiden helfen würde, geboren aus dem festen Willen, die palästinensische Einheit zu bewahren.

Allein, der gefundene Kompromiss hatte nur kurz Bestand, weil die Beute der Macht unwiderruflich einer Gruppe allein in die Hand gegeben wurde und die andere Gruppe nicht nur zur permanenten Opposition erklärt wurde, sondern auch ein Ziel für die Verfolgung durch die Israelis blieb, und zuweilen auch durch ihre früheren Freunde von der palästinensischen Verwaltung. So fand sich die Führung der Hamas zu einseitigen strategischen Aktivitäten gedrängt, das Abkommen von Oslo zu beseitigen. Nicht nur wegen seines Inhalts – vollständiger Verzicht auf die Gebiete von 1948, Verzicht auf das Rückkehrrecht, Verzicht auf Jerusalem, Aufbau der Institutionen der Autonomiebehörde auf säkularer Basis –, sondern hauptsächlich, weil das Abkommen die Hamas vollständig kaltgestellt hatte. Keine politische Bewegung in der Welt wäre damit einverstanden, wenn man sie aus den Zentren der Macht entfernt. Der Weg, den die Bewegung dann gewählt hat, um die Ablehnung des Abkommens zu demonstrieren, war der einzige Weg, den sie kannte: Attentate gegen Israelis. Denn nach dem gemeinsamen Verständnis Israels und der palästinensischen Autonomiebehörde waren der Erfolg des Osloabkommens und die fortschreitende Annäherung in verschiedenen Zwischenstufen bis hin zum endgültigen Friedensvertrag vom Erfolg der Palästinenser abhängig, die Terroranschläge gegen Israel zu beenden. Die Fortsetzung der Attentate bedeuteten das endgültige Aus für den Osloprozess. Und das war und ist aus ihrer Sicht im Prinzip immer noch der einzige Weg – zu zerstören, um zu überleben und in Zukunft ein Stück vom Kuchen der Macht zu bekommen. Es gibt keinen Zweifel, dieser Plan gelang über das Erwartete hinaus. Der Osloprozess wurde vernichtend konterkariert und die Glaubwürdigkeit des palästinensischen Vertragspartners bis in die Grundfesten erschüttert. Es wird langer Zeit bedürfen, sie wieder aufzubauen.

»Dann habt ihr eigentlich Oslo beseitigen wollen, um auf die politische Bühne zurückzukehren und sie neu zu gestalten.«

»Die Hamas ist Teil des palästinensischen Volkes, das in Flüchtlingslagern lebt. Will sie zerstören oder will die Besatzung zerstören?«, fragte Hanije als Antwort. »Ich will dich daran erinnern, dass nicht die Hamas mit Attentaten gegen Zivilisten begonnen hat. Wer damit begonnen hat, war Baruch Goldstein in Hebron. Davor waren israelische Zivilisten kein Ziel für Attentate. Die Hamas hat mehr als einmal dazu aufgerufen, die Zivilisten nicht in den Krieg einzubeziehen. Aber Israel hat weiter Zivilisten getroffen und das erforderte eine Antwort. Und außerdem, nicht die Hamas wollte Oslo beseitigen. Das Osloabkommen stand von vornherein auf falschen Fundamenten und das Ergebnis seht ihr jetzt.«

Obwohl mehr als ein Dutzend Jahre vergangen waren, blieb Baruch Goldstein das Alibi für alle Attentate in Israel. Offiziell ließ die Führung der Bewegung die Aktivisten des militärischen Arms, der zu Beginn der ersten Intifada gegründet worden war, nur gegen militärische Ziele vorgehen. Der Chef des militärischen Arms der Hamas in jenen Jahren war Imad Akal, ein Bewohner des Flüchtlingslagers Jabalija. Er hatte sich bei der palästinensischen Bevölkerung durch seinen Mut und seine gewagten Aktionen einigen Ruhm erarbeitet. Bei einer Serie von Attentaten, die er gegen Spähtrupps der Armee in Gaza durchgeführt hatte, gelang es ihm, aus dem Hinterhalt dreizehn Soldaten zu töten und ohne eigene Verluste zu fliehen. Imad Akal wurde schließlich von einer Spezialeinheit der israelischen Armee im März 1994 gestellt und liquidiert, also nach der Unterzeichnung des Osloabkommens und vor dem Rückzug der Armee aus Gaza. Einige Tage vorher hatte der Oberbefehlshaber des Abschnitts Süd, Natan Vilnai, der kurz vor dem Ausscheiden aus seinem Amt stand, die Soldaten der Einheiten in Gaza besucht, die wegen des geplanten Rückzugs aufgelöst werden sollten, und um ein Abschiedsgeschenk gebeten: »Bringt mir den Kopf von Imad Akal.« Es war eine lange Blutrechnung, die Vilnai mit Akal noch offen hatte, aber der Rückzug aus Gaza sollte keine offenen Rechnungen hinterlassen. Und in der Tat, einen Monat vor seinem Ausscheiden aus dem Amt wurde General Vilnai über Funk informiert: »Das Geschenkt liegt bereit.«

Seit dem Massaker in der Machpela-Höhle[20] in Hebron hatte die Hamas ihre Aktivitäten verschärft, die Erkennungszeichen ihrer Aktionen verändert und die Arbeitsmethoden der libanesischen Hisbollah kopiert: die Mobilisierung von Selbstmordkandidaten für Höllenattentate unter der Zivilbevölkerung. Der Mörder aus Qirjat Arba, Baruch Goldstein, blieb, wie gesagt, das Alibi, mit dem sie die Änderung ihrer Attentatspolitik begründeten.

---

[20] Die Grabstätte von Abrahams in Hebron, wo Goldstein sein Attentat verübte.

»Gab es zwischen euch und den Israelis irgendwelche Kontakte im Lauf der Jahre?«

»Es gibt keine Kontakte zwischen der Hamas und Israel. Aber israelische Offiziere sprechen in den Gefängnissen mit den Führern der Hamas.«

Das ist der einzige Weg, Botschaften zwischen Israel und der Bewegung auszutauschen, ohne die Mitwirkung von Aktivisten der Fatah, die mit ihnen im Gefängnis sitzen, und in der Regel auch ohne ihr Wissen. Diese Kontakte, deren Beginn in die Zeit zurückreicht, als Scheich Ahchmed Yassin im Ashkelon-Gefängnis einsaß, reiften niemals zu inhaltlichen Gesprächen oder gar einer Lösung des bitteren Konflikts. Israel hat niemals daran gedacht, dass man das Problem Hamas mit Gesprächen lösen könnte. Die Arbeitsgrundlage der Israelis war vielmehr die Annahme, es gebe niemanden, mit dem man reden könne, und es gebe nichts, worüber man reden könne. Möglicherweise gab es in Israel niemanden, der die »Sprache der Hamas« verstand. Es wurde jedenfalls nie die Motive analysiert, die den Aktivitäten der Bewegung zu Grunde lagen. Das ganze Bestreben der Hamas war darauf ausgerichtet, ein konstitutiver Teil der nationalen Führung der Palästinenser zu sein – eine in der Tat dramatische Änderung im Denken der Bewegung, die auf einer religiösen Basis entstanden war und sich mit der veränderten Lage abfinden musste. Der Versuch von Hanije, durch mich eine Botschaft an Israel zu übermitteln, wurde in einer naiven Art und Weise ausgeführt, zeigt aber, dass alle anderen Wege versperrt waren. Die Führung der Hamas konnte doch keinen Gesprächsfaden über die Aktivisten der Fatah knüpfen, von denen sie glaubten, betrogen worden zu sein. Und der Weg, Botschaften an die israelischen Verantwortlichen über die Gefängnisse zu schicken, war ebenfalls versperrt, weil kein Mensch in politischen Apparat Israels geglaubt hat, oder glauben wollte, dass es irgendeinen Ansatz zu Gesprächen gibt und zur Beendigung des Blutbads zwischen der Hamas und Israel gebe. Und so waren beide Versuche ein Fehlschlag, sowohl der über einen

israelischen Journalisten als auch zwei Jahre später der durch
eine Botschaft von Scheich Yassin persönlich.

✳

Die Hamas, die islamische Widerstandsbewegung, entstand
auf der Basis von freiwilligen Zusammenschlüssen, die hauptsächlich damit beschäftigt waren, Wohlfahrtdienste zu leisten
und Almosen an die palästinensische Gesellschaft zu verteilen.
Kindergärten, Sportclubs, Kliniken, Moscheen, Treffpunkte
für die Alten und noch viel mehr gesellschaftliche Aktivitäten boten einen passenden Ersatz für die öffentlichen Einrichtungen, die unter der Kontrolle der israelischen Armee tätig
waren. Damals jedoch fand die große Wende statt. Fünf Tage
nach dem Ausbrechen der Unruhen zur ersten Intifada, beschloss Scheich Achmed Yassin, die Ausrichtung der Organisation Islamischer Mudgama, an deren Spitze er stand, zu
verändern – von einer Organisation, die für das Wohl der
Allgemeinheit wirkt, zu einer Organisation, die für einen großen Dschihad tätig ist. Von »Mudgama«, dessen Bedeutung
Sammelbecken ist, zu »Mukawama«, was Widerstand bedeutet. Die Mobilisierung für die nationale Intifada durch eine
schnelle Entscheidung und eine effiziente und straffe Organisation zeugt ebenfalls vom Pragmatismus der Bewegung, die
ihr Gesicht und ihre Ziele den Gegebenheiten entsprechend
schnell wechseln konnte. Der Gründer der Bewegung, Scheich
Yassin, und die übrigen Aktivisten der Islamischen Mudgama,
Ismail Hanije, Machmud a-Zahar, Abd al-Asis Rantisi, Ibrahim
Markdama, Salach Shachada und andere, begriffen, dass die
Intifada der Hebel werden konnte, der ihre Weltordnung änderte und sogar ihre breite organisatorische Basis, die Wurzeln
in den sensibelsten Stellen des Gazastreifens geschlagen hatte,
nämlich in den Flüchtlingslager, vollkommen zerstörte. Deshalb mussten sie eingreifen, um ihre Organisation und ihren
Stand zu retten. Und deshalb, um das Überleben der Organi-

sation und ihrer blühenden Einrichtungen zu gewährleisten, wurden um den Islamischen Mudgama alle freiwilligen islamischen Organisationen in einer zentralen Bewegung vereint, die sich für den nationalen Kampf einsetzte, in der Annahme, dass andernfalls alle großartigen bisherigen Errungenschaften verloren wären. Ihrer Einschätzung zufolge würden die Bewohner des Streifens, die sich gegen die israelische Besatzung aufgelehnt hatten, in ihnen, den Männern des Islamischen Mudgama, Abtrünnige sehen, wenn sie sich nicht für den nationalen Kampf einsetzten.

Trotz der Wende haben viele geglaubt, dass die Hamas mit ihrer hohen gesellschaftlichen Sensibilität ihr Wesen als hauptsächlich gesellschaftliche Bewegung nicht aufgeben und weiterhin für die Gesellschaft und ihr Wohlergehen wirken würde, jetzt mit nur einem zusätzlichen militärischen Arm, um billige Lippenbekenntnisse zu vermeiden, als ob sie sich nicht genug für den neuen nationalen Kampf eingesetzt hätte. Der Golem wurde jedoch größer als sein Schöpfer. Auch wenn der militärische Arm klein war im Vergleich sowohl zu den anderen Aktivitäten der Organisation als auch dem großen bewaffneten Apparat der Fatah, wurde der bewaffnete Kampf gegen Israel innerhalb kurzer Zeit zum Erkennungszeichen der Hamas, der ihren Charakter und ihren Weg bestimmte.

Der Januskopf der Hamas – eine Wohlfahrtsorganisation für die Allgemeinheit nach den Regeln des Islam und ein bewaffneter nationaler Widerstand, der in den Augen der Palästinenser in Gaza als mutig galt – bewies seine Effizienz im Verlauf der ersten Intifada. Der bewaffnete Arm fügte sich ein in der Region und koordinierte seine Aktivitäten mit den anderen bewaffneten Organisationen. Gleichzeitig florierten die Wohlfahrtsvereine umso mehr, je schlimmer die Intifada wurde und sich die allgemeinen Bedingungen vor Ort verschlechterten, so dass immer mehr Bedürftige die Dienstleistungen der Bewegung in Anspruch nahmen, die ihre Aktivitäten fast bis an die Grenzen ihrer Möglichkeiten erweitert haben.

Der wichtigste Faktor für die Rekrutierung von Freiwilligen für die Armee der Bewegung ist die Zachat, eine Hilfseinrichtung für die Armen, der jeder bedürftigen Familie monatliche Unterhaltskosten zukommen lässt. Je mehr die ökonomische Lage der Bewohner von Gaza sich verschlimmerte, je mehr die Anzahl der Arbeitslosen wuchs, je mehr der Hunger Familien erreichte, die ihn früher nicht gekannt hatten, desto mehr Familien kamen zu den Einrichtungen der Bewegung, um eine erste Hilfe zu erbitten, die zu ständiger Hilfe geworden ist.

Aber es ist eine Ironie der Geschichte, dass die Anzahl der Bedürftigen, die die Einrichtungen der Bewegung aufsuchten, ausgerechnet nach der Unterzeichnung des Oslovertrages und der Implementierung der neuen palästinensischen Autonomie größer geworden ist. Mit offenen Armen wurden die Friedensmüden aufgenommen, die Osloopfer, die in der Vereinbarung für einen Frieden, den es nie gab, die Mutter aller Sünden sahen, die ihre Existenz und ihren Lebensunterhalt vernichtet hat. In den Augen der neuen Unterstützer sah die Bewegung so aus, als erfülle sie eine Doppelaufgabe. Sie hat sie sowohl vor dem Hunger bewahrt, als auch gegen die Osloverträge gekämpft – durch Attentate gegen Israel, um den Vertrag zunichte zu machen, der sie so sehr verletzt hatte und in ihren Augen wie ein cleveres israelisches Täuschungsmanöver aussah.

Im Winter 1996 sah ich in einem der Hamas-Zentren im Flüchtlingslager Jabalija die Aktivisten der Bewegung, streng gläubige Studenten von der islamischen Universität, wie sie unter den bedürftigen Familien Geldanweisungen über jeweils zweihundert Schekel verteilten. Die Anweisungen wurden in großen Säcken zu den Büros der Hamas gebracht, ähnlich den Mehlsäcken, die man in den Flüchtlingsbüros der UN, der UN-RWA, bekommt. Aber während die UN-Mitarbeiter Mehl, Reis und Zucker verteilten, gaben die Vertreter der Hamas bares Geld. Aus den »Mehlsäcken« zogen sie in braunes Papier gehüllte Päckchen. Als sie die Fäden auftrennten und die Päckchen öffneten, erkannte ich zu meiner Überraschung Banküberweisungen einer Zweigstelle der Bank Leumi, der israelischen Nationalbank, in der Chashmonaim-Straße in Tel Aviv. Hunderte von Überweisungen, ein Haufen von Papieren in den Farben der Bank. Der Geruch der Druckfarbe erfüllte den Raum und konnte sogar ein wenig den Gestank der Abwässer aus dem Flüchtlingslager verdrängen.

Die freiwilligen Aktivisten sahen das Staunen in meinem Gesicht und gestatteten mir nicht, das seltene Schauspiel zu filmen. Und mir war nicht klar, wieso von allen Banken in der Welt man ausgerechnet die offizielle Bank der zionistischen Bewegung, ein Produkt der Vision von Theodor Herzl, ausgewählt hatte. Und wieso ausgerechnet die »Hasmonäer«[21] mit Hilfe der Hamas in die Wohnungen der bedürftigen palästinensischen Familien in Jabalija gekommen sind.

Während die palästinensische Autonomiebehörde vor den Augen der ärmlichen Bewohner von Gaza korrumpiert wurde, wirkte die Hamas mit vollem Elan in fester Überzeugung, das sie eine sorgende und schenkende Alternative bedeutete.

Die Leute der PLO, die aus Tunis gekommen waren, waren damit beschäftigt, Prachtvillen zu bauen und in Mercedes-Limousinen durch die Strassen von Gaza und die Gassen der Flüchtlingslager zu kutschieren. Im Gegensatz zu ihnen achteten alle Führer der Hamas als Bewohner der Flüchtlingslager Jabalija, Shati, Bureig, Khan Yunis und der anderer ärmlicher Orte auf einen bescheidenen Lebenswandel und machten den Eindruck, als ob sie sich die letzte Brotscheibe vom Munde absparten, um die Hungrigen zu speisen.

Die Leute vor Ort, die Aktivisten der Fatah, die ehemaligen Gefangenen, sahen, wie die Hamas sich ausbreitete, konnten aber nichts tun. Die palästinensische Autonomiebehörde hatte den Hunderttausenden von Bedürftigen keine Alternative anzubieten. Die »staatlichen« Kindergärten waren primitiv, Son-

---

[21] *Chashmonaim* ist das hebräische Wort für Hasmonäer – eine Anspielung auf die Straße, in der die Bank liegt.

derschulen hat es kaum eine gegeben und von einer finanziellen Unterstützung der Familien der Arbeitslosen war keine Rede. Die Armen von Gaza haben Arafat und die Mitarbeiter der Behörde nicht interessiert, denn sie waren mit sich selbst beschäftigt und der Errichtung eines weiteren bewaffneten Sicherheitsapparats.

Liquidierungen

Samstag, 8. März 2004, acht Uhr fünfzig am Morgen. Ein Hubschrauber der Armee schoss eine Rakete auf den Wagen von Ibrahim Makadma. Das war der Beginn der Operation »Anemonen pflücken«.

Hinter diesem pastoral-romantischen Namen verbarg sich ein Beschluss des Sicherheitskabinetts[22], die Politik der Liquidierungen auszudehnen und nicht nur die Aktivisten vor Ort und die Führer des militärischen Arms der Hamas zu töten, sondern auch die Führer des politischen Arms. Der Beschluss wurde nach dem Attentat auf die Linie 37 in Haifa angenommen, bei dem siebzehn Israelis getötet wurden und Dutzende verwundet. Die vermeintliche Trennungslinie, die die Führung der Hamas zu zeichnen bemüht waren, als ob von zwei völlig getrennten Gruppen die Rede wäre, die ohne Verbindung zueinander wirkten, wurde mit einem Zug gestrichen. Aus Gesprächen, die ich mit ihnen im Lauf der Jahre führte, habe ich tatsächlich den Eindruck gewonnen, das die Anführer der Hamas, Scheich Yassin, Ismail Hanjie, Machmud a-Zahar und Ismail Abu Shanab, die ihren »politischen« Weg als Mitglieder einer wohltätigen Organisation begonnen hatten, nicht wirklich verstanden haben, dass die Bewegung, die sie gegründet hatten nicht nur ihre Bestimmung verändert hatte und zu einer

---

[22] Eine begrenzte Zahl von Ministern, die zusammentreten, wenn es sich um reine Sicherheitsfragen handelt.

bewaffneten Guerilla-Organisation umgewandelt worden war, die immer stärker und mächtiger wurde, sondern, dass diese Organisation auch ziemlich oft ihrer Kontrolle entglitt. Der militärische Golem wuchs über seinen Schöpfer hinaus, sammelte Macht und führte sie auf einen Weg, auf dem es kein Zurück mehr gab.

Die beiden Ärzte in der Gruppe, Abd al-Asis Rantisi und Machmud a-Zahar, stiegen wegen ihrer Deportation in den Süd-Libanon – zusammen mit weiteren 400 Aktivisten der Hamas – in die Führung auf.

Am 17. Dezember 1993 entführten Aktivisten der As-a-Din-al-Kassam-Brigaden der Hamas einen Soldaten der Grenzwache, Nissim Toledano, und ermordeten ihn. Die Regierung Rabins beschloss daraufhin, die Führer der Hamas in Gaza und der Westbank für zwei Jahre in den Süd-Libanon zu deportieren, aber auf Druck der Amerikaner konnten sie nach nur einem Jahr zurückkehren. In dieser Zeit durchliefen die Vertriebenen einen gemeinsamen Kristallisierungsprozess, zu Feldkonditionen im Schnee des Libanon. Rantisi und a-Zahar, die Ranghöchsten unter ihnen, erfuhren dort wegen ihrer »Aufopferung« und nicht zuletzt wegen der umfangreichen Öffentlichkeitsarbeit, die sie mit Hilfe der internationalen Presse machen konnten, eine weitere Aufwertung ihrer Führerschaft. Abd al-Asis Rantisi wusste besser als alle anderen die Presse für sich zu gewinnen, die ihn wegen seiner perfekten Beherrschung der englischen Sprache zum Sprecher der Vertriebenen gemacht hat. So gelang es ihm, Mahchmud al-Zahar von seiner Stellung als Nummer zwei in der Hierarchie der Hamas zu verdrängen. Auch später, beim Kampf um die Führung der Hamas, sollte er einen raffinierten Gebrauch von den arabischen Medien machen. Aber auch Israel sind diese Auseinandersetzungen um die Macht nicht entgangen und auch Israel hatte etwas zu sagen.

Zum ersten Ziel der Liquidierungsaktion gegen den politischen Arm der Hamas wurde Ibrahim Makadma auserkoren. Makadma, von Beruf Zahnarzt und Dozent an der Islamischen

Universität, war sowohl ein »politischer« wie auch ein »militärischer« Aktivist. Er war einer der Gründer der Hamas und stand Scheich Yassin nahe, war aber auch dem militärischen Arm verbunden. Nach seiner Liquidierung am Samstag, dem 8. März 2004, haben die Vertreter der Armee wie üblich behauptet, dass er der Nachfolger von Muhamed Daff gewesen wäre, der seinerseits bei einem Versuch, ihn zu erledigen, am 26. September 2002 verwundet wurde. Aber Makadma plante und führte keine Attentate aus, sondern hat nur zwischen den verschiedenen Armen der Bewegung vermittelt und Meinungsverschiedenheit unter ihnen beigelegt.

Wegen der großen Attentatswelle, die auf die Liquidierung der Ingenieurs Jechija Hijash folgte, gab die palästinensische Autonomiebehörde im Winter 1996 dem ungeheuren Druck nach und verhaftete viele der Hamas-Aktivisten. Die Hamas geriet in eine tiefe Krise und Makadma sollte daher einen weiteren militärischen Arm aufstellen, geheim und im Untergrund, der parallel zu der vorhandenen Organisation handeln sollte und ohne dessen Wissen. Der Gruppe von Makadma wurde freie Hand gegeben, nach eigenem Gutdünken zu handeln, allerdings unter der Bedingung, dass sie ihre Verbindung mit der Mutter-Bewegung, der Hamas, nicht verriet. Man wollte deren Führung nicht in einen Konflikt bringen, da ein Teil dieser Führung nach dem Versprechen, die Terrorattentate gegen Israel zu verhindern, aus den Gefängnissen der Autonomiebehörde entlassen worden war. Rashid Abu Shabach, der Stellvertreter von Mohammed Dahlan im Sicherheitsdient, bestellte mich zu sich und erzählte mir von einem bemerkenswerten Erfolg seiner Behörde, der es gelungen war, die Etablierung einer bewaffneten Organisation aus den Reihen der Hamas im Untergrund zu verhindern. Shabach erzählte, dass bei den Verhören der Mitglieder dieses »Geheimen Arms«, die mit Makadma an der Spitze verhaftet worden waren, diese zugegeben haben, dass die Finanzierung ihrer Aktivitäten aus dem Iran erfolgt ist.

Ich bat Rashid Abu Shabach den verhafteten Makadma filmen zu dürfen, aber er weigerte sich, mir die Genehmigung zu erteilen. Nicht einmal sehen durfte ich ihn. Schließlich haben wir uns geeinigt: Ein »Hochzeits-Fotograf«, der auf der Hauptstrasse von Gaza ein Geschäft hatte, wurde ins Gefängnis geschickt, um für mich ein Foto von Makadma in seiner Zelle zu schießen. Später wurde mir klar, dass der Grund für Abu Shabachs Weigerung in den Verhörmethoden lag, die gegen ihn angewendet worden waren. Abu Shabach wollte sich keine Blöße geben. Die Zeichen der Schläge konnte man an Makadmas ganzem Körper erkennen. Aber im September 1999 sah ich Ibrahim Makadma dann doch im Gefängnis von Gaza. Zwei junge Hamas-Aktivisten Hatten einen Offizier der palästinensischen Polizei in Rafah ermordet und das Gericht in Gaza verhängte zum ersten Mal die Todesstrafe durch ein Erschießungskommando. Nach langer Abwesenheit kam ich nach Gaza zurück und konnte von Abu Shabach das Zugeständnis erwirken, die zum Tode Verurteilten zu filmen. Aber die Verantwortung für das Gefängnis lag in den Händen des Polizeikommandanten, Oberst Razi al-Djibali. Shabach schickte mich mit einer warmen Empfehlung zu ihm. Djibali ergänzte das Empfehlungsschreiben eigenhändig:

An Chamdi al-Riphi, Direktor des Gefängnisses von Gaza. Gestattet bitte dem israelischen Kamerateam, die zum Tode Verurteilten zu filmen.

Und so, ausgestattet mit einer handschriftlichen Urkunde, wurden die Gefängnistore vor mir geöffnet, die in nicht allzu ferner Vergangenheit noch die israelische Armee benutzt hatte. Damals hatte das Gefängnis die Männer beherbergt, die jetzt Schlüsselpositionen in der palästinensischen Autonomiebehörde einnahmen.

Riphi organisierte für mich einen Rundgang durch den Flügel, den ich aus anderen Zeiten kannte und zeigte mir die verhafteten Hamas-Leute in ihren Zellen, um zu beweisen, das die sich »drehende Tür«, über die die Israelis gesprochen hatten, als ob alle Verhaftungen nur eine Täuschung seien, um sich von dem massiven internationalen Druck zu befreien, nichts als eine weit verbreitete israelische Diffamierung waren.

Plötzlich sah ich im Gang Makadma.

»Du bist Ibrahim Makadma«, sagte ich überrascht.

»Und wer bist du?«, fragte er.

»Ich bin Israeli und ihr seid keine Menschen!«, antwortete ich ihm im Zorn.

Ein Monat zuvor hatte die Hamas im Café Apropos in Tel Aviv ein Attentat verübt. Das Bild einer Polizistin, die einen blutenden Säugling auf dem Arm trägt, grub sich tief in das kollektive Gedächtnis Israels ein. An diesem Tag, nach dem Freitagsgebet in den Moscheen, hielt Makadma bei einem Treffen der Hamas in Jabalija eine Rede: »Man darf für sie kein Erbarmen empfinden. Unser Volk muss sie vertreiben, auch wenn sie in Tel Aviv wohnen.«

»Ich sah dich auf dem Blut von Kindern tanzen, was dich aus der menschlichen Gesellschaft entfernt«, fuhr ich fort, seine Sünden aufzuzählen.

Makadma hielt mich am Hemd fest und versuchte mich zu würgen, aber Riphi beeilte sich einzuschreiten. Die Bilder der Auseinandersetzung zwischen Makadma und mir wurden, unter anderem, von CNN ausgestrahlt: Ein Mitglied der Hamas versucht furchtlos, vor den Augen der Kameras einen israelischen Journalisten anzugreifen. Riphi zwang uns zu einer Versöhnung und dazu, »wie Menschen miteinander zu reden«. Als Reaktion lud uns Makadma in seine Zelle auf eine Tasse Tee. Und dort fuhr er fort mit seinen bekannten Argumentationen:

»Die Worte, die ich bei der Kundgebung gesagt habe, sind nicht nur meine Meinung. Das ist die Meinung aller moslemischen Araber.«

»Aber es gibt auch Menschen, die den Frieden unterstützen«, sagte ich.

»Das ist nur eine Taktik ihrerseits. Das sagen sie sogar ausdrücklich«, hat er geantwortet.

»Die Anhänger der Fatah wollen keinen Frieden?«

»Sie lachen dich aus. Sie wollen keinen Frieden. Sie denken, es ist eine Taktik – bis zur nächsten Stufe. Wir unterscheiden uns von ihnen nur in den Methoden unserer Aktionen.«

Mehr und mehr Gefangene kamen in die Zelle von Makadma, die in der Mitte des Gangs lag, nicht weit von der Zelle entfernt, in der einst der Häftling Suffyan Abu Zaydeh gesessen hatte. Sie ließen sich um uns herum auf den Pritschen nieder und hörten neugierig unserer Unterhaltung zu.

»Weißt du, wo Muhamed Daff sich befindet? Ich suche ihn schon seit Jahren ohne Erfolg«, sagte ich.

Die Gefangenen lachten laut. Auch Makadma lachte mit. »Nein, ich weiß nicht, weiß nicht.«

Einer der Gefangenen sagte zu seinem Kameraden: »Er will, dass er ihm Daff ausliefert, hier und jetzt.«

Als das Gefängnis von Gaza zu Beginn der zweiten Intifada bombardiert wurde, flohen alle Hamas-Häftlingen, darunter auch Makadma, und nahmen ihren Platz in der Organisation wieder ein. Makadma kehrte auf seinen Führungsposten zurück, bis die Raketen der Armee, die aus einem Hubschrauber abgeschossen wurden, ihn in der berüchtigten Djalaa-Straße erwischt haben.

Ibrahim Makadma war keine tickende Bombe im wörtlichen Sinn. Aber seine Beseitigung sollte der Führung der Hamas signalisieren, dass sich der Ring um sie enger wurde. Dahinter stand die Annahme, dass die Hamas aus Furcht vor den Apache-Raketen ihren Weg ändern und die Attentate gegen Israel einstellen würde.

Aber die Liquidierung von Makadma hat die Lage nur noch verschlimmert. Wie nach jeder Liquidierung, und besonders nach der Liquidierung eines prominenten Aktivisten, hat das Gleichgewicht des Schreckens die Gegenseite auch diesmal gezwungen, zu reagieren und nicht zu schweigen. Im April 2003 hat sich ein britischer Zivilist im Pub »Mike's Place« am Strand von Tel Aviv in die Luft gesprengt. Ein weiterer Terrorist, der mit ihm zusammen war, konnte die Ladung auf seinem Körper nicht zünden, floh ins Meer und ertrank. Mit einer einjährigen Verspätung hat die Hamas die Verantwortung für dieses Attentat auf sich genommen. Es wurde behauptet, dass es als Reaktion auf die Liquidierung von Makadma geplant war, eine Liquidierung, die aus ihrer Sicht eine Antwort forderte.

Nach der Liquidierung von Makadma wurden Abd al-Asis Rantisi und Mahmud a-Zahar zu Zielen für die Raketen.

Beim ersten Versuch am 10. Juni 2003, wieder in der berüchtigten Djalaa-Straße, wurde Rantisi allerdings verfehlt und konnte fliehen. Das nächste Ziel war Mahmud a-Zahar.

Nach dem Doppelattentat an der Zrifin-Kreuzung und im Café Hillel in Jerusalem am 10.9.2003 verließen alle Anführer der Hamas ihre Wohnungen und gingen in den Untergrund. Mahmud a-Zahar war jedoch nicht vorsichtig genug. Er kam für einige Minuten in seine Wohnung im Viertel Zeiton, um seinen Sohn Haled Glück zu wünschen anlässlich seiner Hochzeit, die am Abend stattfinden sollte. In dem Augenblick, als er ins Bad gegangen ist, schoß ein F-16-Kampfflugzeug zwei Raketen auf sein Haus. Das Haus wurde vollständig zerstört. Haled wurde getötet, die Frau und die Tochter von a-Zahar wurden schwer verwundet, und weitere dreißig Bewohner des Viertels wurden von Splittern getroffen. A-Zahar selbst verließ die Ruinen des Hauses fast unverletzt.

Jetzt war allen klar, dass Israel den inneren Konflikt beendet und entschieden hatte, vielleicht sogar von den Amerikanern grünes Licht bekommen hatte, die Führer der Hamas zu liquidieren und sich nicht mehr mit Aktivisten zu begnügen, die die Attentate durchführen. Alles nach der Doktrin, das die Liquidierung der Häupter der Hamas zu einer Beruhigung beitragen würde und eine erstklassige Abschreckungswaffe wäre, um die Attentate zu beenden. Es wurde kein Unterschied mehr gemacht zwischen dem politischen und dem militärischen Arm.

Alle waren zur Liquidierung vorgesehen, wenn die Attentate nicht aufhörten.

»Wie hast du im Untergrund gelebt?«, fragte ich Hanjie bei unserer Unterhaltung 2005.

Hanjie wurde plötzlich misstrauisch. Warum interessiere ich mich für sein Leben im Untergrund?

»Du bist nicht mehr jung, bist kein Kämpfer, hast eine Familie«, habe ich mein Interesse erklärt. Ich sah ihn an. Wie immer war er elegant gekleidet. Sogar in der Hitze des Sommers hat er einen dunklen Anzug und ein weißes Hemd getragen. Seine Augen sind grün, seine Sprache perfekt, sein Lächeln wie das eines Knaben. Charismatisch. Sein Aussehen unterscheidet sich deutlich vom Aussehen eines gewöhnlichen Hamas-Aktivisten. Er sieht nicht aus wie ein Mensch, der sein Leben opfern will und im Untergrund lebt aus Angst, getötet zu werden.

»Du isst Lubya«, antwortete er phrasenhaft mit einem Hinweis auf die Speise der Armen. »Siehst Fernsehen, hörst Nachrichten, lebst ein einfaches Leben und richtest dich nach den Sicherheitsbestimmungen, um dein Leben für die Bewegung zu schützen.«

Nicht für dich, nicht für deine Familie, für die Bewegung.

Ismail Hanjie war Lehrer am Gymnasium im Flüchtlingslager Shati, wo auch Scheich Ahmed Yassin wohnte. Bis er von den Israelis verhaftet wurde, war Hanjie begeistert von den Aktivitäten Yassins im Islamischen Mudgama und schloss sich der Organisation an, während er weiter als Lehrer arbeitete. Als Yassin aus dem Gefängnis entlassen wurde, wurde Hanjie sein Bürochef und zu seinem nächsten Mitarbeiter. So konnte der Gymnasiallehrer sich dem Zentrum der Macht nähern und zu einem der wichtigsten Führer der Bewegung aufsteigen.

»Als man Scheich Yassin liquidiert hat, warst du bei ihm.«

»Ich war bei dem fehlgeschlagenen Versuch dabei, im Haus des Artztes Maruwan Abu Raas im Dragj-Viertel. Wir waren bei ihm zum Mittagessen eingeladen und unmittelbar, nachdem wir das Essen beendet hatten, schoss eine F 16 eine Rakete. Bei euch hat man geschrieben, dass das Flugzeug eine viertel Tonne Sprengstoff abgeworfen hat, was zur Zerstörung des oberen und des mittleren Stockwerks des dreistöckigen Hauses führte.«

»Aber der Chef des israelischen Sicherheitsdienstes, Avi Dichter, hat gesagt, dass in dem Haus die ›Traum-Mannschaft‹ anwesend war – die gesamte militärische und politische Führung unter einem Dach.«

»Das war eine Lüge. Das Ziel war, Scheich Yassin zu erledigen. Nachdem die Liquidierung misslungen war, haben sie behauptet, Scheich Yassin wäre nicht das Ziel gewesen und sie hätten andere treffen wollen. Eine Lüge.« Und danach fügte er eine Tatsache an, die heute jeder kennt: »Die Liquidierungen haben der Bewegung genutzt. Das Benehmen ihrer Anführer, die bereit waren sich, für die nationale Idee und die Suche nach einer Lösung für das palästinensische Volk zu opfern, führte zu einer gewaltigen Unterstützung für uns durch die Straße.«

Dann zählte Ismail Hanjie in einem Atemzug die Namen aller »politischen Märtyrer« auf, die mit ihrem Tod die Macht der Bewegung gestärkt hatten: Scheich Ahmed Yassin, Abd al-Asis Rantisi, Ismail Abu Shanab, Ibrahim Makdama, Scheich Salach Shachada, Scheich Djamal Salim, Sheich Salach Druusa und viele andere.

»Israel glaubte, dass es mit Liquidierungen die Bewegung zerstören könnte, und erntete genau das Gegenteil. Die Liquidierungen wirkten wie ein Bumerang. Sieh die Ergebnisse zu den Kommunalwahlen. Sieh, wie die PLO-Leute Angst vor den Wahlen zum Nationalrat haben. Wir sind heute eine ernst zu nehmende Macht, weil die Liquidierungen uns nicht nur nicht geschwächt haben, sondern alle zwangen, uns zur Seite zu stehen und unsere Standpunkte zu unterstützen.«

In der Tat fand die dramatische Stärkung der Hamas während der Liquidierung ihrer Anführer statt, und besonders nach der Liquidierung Scheich Ahmed Yassins. Am 22. März 2004, um fünf Uhr morgens, wurde Scheich Achmed Yassin getötet, als er aus einer Moschee in der Nähe seines Hauses trat. Die Hamas war darüber zutiefst schockiert. Obwohl die Liquidierung von Yassin ein Szenario war, mit dem man hätte rechnen können, hat man dennoch nicht geglaubt, dass Israel so weit gehen würde. Als Antwort auf die Liquidierung haben Machmud a-Zahar und Ismail Hanjie nach dem Massenbegräbnis versucht, einen Führungszirkel zu gründen, in dem auch Abd al-Asis Rantisi Mitglied sein sollte. Die Begründung lautete, dass man eine Gruppe von Entscheidungsträgern benannt habe, die gemeinsam aktiv sein sollten, um das Überleben der Bewegung zu garantieren und damit Israel nicht auch den nächsten Führer mit einem Schlag liquidieren konnte. Die Männer des militärischen Arms gaben sogar bekannt, dass sie diese Regelung akzeptieren würden, da Yassin keinen Erben hatte. Aber Abd al-Asis Rantisi, der Politiker, beschloss einen anderen Schritt zu unternehmen. Er erschien in der Trauerhütte, die auf einem Fußballplatz in der Nähe des Hauses des Märtyrer-Scheichs stand, und gab dem Sender Al-Jazira bekannt, dass Scheich Achmed Yassin sehr wohl einen Erben habe, den er selbst ernannt hätte, er aber seinen Namen nicht bekannt geben könne. So begann Rantisi, seinen Namen als zukünftiger Erbe in den Ring zu werfen, indem er einen wundersamen Gebrauch von dem Namen *Yassin* machte und noch raffinierter die arabischen Sender Al-Jazira, Abu Dabi und Arabia benutzte, die begierig jedes Wort verbreitet haben, das er gesagt hat. A-Sahar und Hanjie hatten die Regeln des neuen Spiels noch gar nicht verstanden, aber innerhalb von achtundvierzig Stunden hatte keiner mehr einen Zweifel – Rantisi war der einzige Kandidat, den Scheich Yassin hatte haben wollen. Nur er konnte die Einheit der Bewegung garantieren und schützen, die nach der Liquidierung in einer Krise geraten war. Die Führung der Bewegung, in der einundzwanzig Aktivisten Mitglied sind – die meisten von ihnen sind noch Gründer der Bewegung –, entschied einstimmig und wählte Abd al-Asis Rantisi zum Nachfolger.

Der neu gewählte Anführer der Hamas sorgte sogar für eine besondere Vereidigungszeremonie im Flüchtlingslager Jabalija. Hunderte Bewaffnete aus den As-a-Din-al-Kassam-Brigaden schworen Rantisi Treue und küssten seine Hand. Seinen Weg hatte er als Kinderarzt begonnen und jetzt war er Führer einer Massenbewegung.

Am Tag nach der Nominierung im Rat der Schura[23]* kam ich mit einem Filmteam zum Haus der Familie Rantisi in Khan Yunis. Der Bruder, Dr. Muhamad Rantisi, Chirurg am Nazer-Krankenhaus, willigte ein, mich in seiner Klinik in der Nähe des Wohnorts der Familie zu treffen. Er saß vor einem PC und zeigte Bilder von Operierten, die er gerettet hatte oder deren Leben er durch seine ärztliche Kunst verbessert hatte. Eine Hand mit gespreizten Fingern, das Bein eines Kindes, das durch eine Kugel zerfetzt wurde, die von einer der Siedlungen abgeschossen worden war. Eine segensreiche Aktivität, die Leben rettete. In der armseligen Klinik in Khan Yunis behandelte der Bruder Patienten kostenlos oder höchstens gegen ein geringes Entgelt, so viel wie die Kranken eben in der Lage waren zu zahlen. Er sprach von seinem Bruder, dem neuen Anführer, der von einer möglichen Liquidierung bedroht war: »Wir wünschen ihm, dass er ein Märtyrer wird«, sagte er, ohne mit der Wimper zu zucken, und ich habe nicht verstanden, wie man diesen Widerspruch leben kann – zwischen Lebensrettung, für die er Tag und Nacht im Krankenhaus gearbeitet hat, und dem entsetzlichen Glauben, dass sein Bruder, der Anführer, sein Leben durch eine israelische Rakete beenden sollte, um Märtyrer zu werden.

»Die ganze Familie weiß, dass Abd al-Asis in Kauf nimmt, dass er ein erstrangiges Ziel ist«, sagte er. »Aber auch du hast gehört, dass der Führer gesagt hat, er ziehe es vor, als Märtyrer zu sterben, der von Gott willkommen geheißen wird, als durch einen Herzinfarkt, einfach so wie ein gewöhnlicher Mensch.«

---

[23] **Schura**, Beratung, ist seit jeher ein konstitutives Element von guter Herrschaft im Islam.

In die Klinik kam auch der ältere Bruder Rantisis, Abu Ali. Er hielt eine Bibel in der Hand und verkündete, dass er durch die gedruckten Buchstaben den Charakter der Juden erkennen könne. Sie wären Räuber, Lügner und Blutsauger, und sogar Gott, sein Name sei selig, käme selbstständig zu dieser Schlussfolgerung. Dann zog er einen Koran hervor und sagte, dass er darin die Zukunft sehen könne. Nur eine Sache konnte er nicht voraussehen – dass die Karriere seines Bruders, des Führers, nicht lange dauern würde.

Ich sah sie an, den Chirurgen, der Leben rettete und wünschte, dass sein Bruder ein Shahid wurde, und den Ältesten, der die Bibel sehr selektiv las, und ich versuchte durch sie etwas über den Weg des ältesten Bruders zu lernen. Sein Weg war ganz besonders kurz. Rantisi, der immer angegeben hatte, dass er Israel in Brand stecken würde, hat nicht überlebt. Auch er hat den Fehler seines Lebens begangen, den gleichen Fehler, den vor ihm auch Mahmud A-Zahar begangen hatte. Er konnte sich nicht zurückhalten und kam in sein Haus, um seine kranke Frau zu sehen. Als er das Haus am 17. April 2004, einem Samstagabend, wieder verließ, haben ihn die Apache-Raketen erwischt. So wurden innerhalb eines Monats zwei Anführer der Hamas liquidiert. Israel hat tatsächlich geglaubt, dass die Bewegung dadurch zerschlagen war und sie sich kaum wieder erholen würde.

Pragmatismus – die dritte Generation

Nachdem Rantisi das Erbe fast mit Gewalt an sich gerissen und für seine Machgier mit dem Leben bezahlt hatte, war allen klar, das die ursprüngliche Formel von Hanjie und a-Zahar, eine gemeinsame Führung zu wählen und nicht einen einzelnen Anführer, der umgehend das Ziel für eine Liquidierungen werden würde, der richtige Weg war. Der Führungskreis der Hamas ist eine sehr geheime Angelegenheit, und alle Vermutungen von Kommentatoren und allen möglichen Sachverständigen, ob Mahmud a-Zahar der Kopf der kollektiven Führung sei, konnten niemals bewiesen werden. Sogar die Angehörigen der Fatah, die enge Beziehungen mit der Führung der Bewegung unterhalten, wissen nicht, wer bei der Hamas das letzte Wort hat. Auch wenn man sehen kann, dass Hanjie die offiziellen und inoffiziellen Kontakte zur Autonomiebehörde pflegt und a-Zahar nur zu Treffen mit Mahmoud Abbas und den Spitzen der ägyptischen Delegation in Erscheinung tritt, die regelmäßig nach Gaza kommt, um das ganze Gewicht des ägyptischen Präsidenten MuBarack in die Waagschale zu werfen, der der Pate des Waffenstillstandsabkommen (Tahdia) ist. Nach diesem Verhaltensmuster kann man zwar davon ausgehen, dass a-Zahar tatsächlich die höchste Instanz in der Führungsgruppe ist, aber keinesfalls der einzige gewählte Anführer.

Nach der Liquidierung Rantisis, der das Versprechen, »Israel anzuzünden«, nicht verwirklichen und Yassins »Ehre« nicht »erlösen« konnte, war in Israel vonseiten hochrangiger Sicherheitsbeamter die Einschätzung zu hören, dass die Hamas die Lehre verstanden hätte. Die Führer der Bewegung, die gerade noch davongekommen waren, fürchteten um ihr Leben und hätten die richtigen Schlussfolgerungen gezogen. Und es gab weitere Verlautbarungen, in denen der Beschluss gelobt wurde, »die Führung zu liquidieren«, die politischen Köpfe zu erledigen.

Es gibt keinen Zweifel, dass die militante Bewegung einen harten Schlag erlitten hatte, dass die Anführer der Bewegung sogar um ihren Fortbestand fürchteten, falls Israel auf diesem kompromisslosen Weg fortfahre. Die Männer des politischen und des militärischen Arms nahmen sich Zeit für eine Neubewertung der Situation, des Weges für neue Aktivitäten und der Bewahrung des Status quo. Zum dritten Mal seit ihrer Gründung sah sich die pragmatische Hamas genötigt, sich mit dem Gebot der Stunde auseinanderzusetzen. Die erste pragmatische Wende erfolgte infolge der ersten Intifada und markierte den Übergang von einem Wohltätigkeitsverein zu einer Organisation mit nationalen Bestrebungen, die mit bewaffneten Mitteln ihre Ziele zu erreichen versucht. Die zweite Wende erfolgte dann nach den Osloverträgen, als die Hamas versucht hat, den Vertrag, der sie aus dem Kreis der Entscheidungsträger ausgeschlossen hatte, durch Attentate in Israel zunichte zu machen.

Jetzt war die Stunde für die dritte Wende gekommen. Durch die begründete Angst um die Existenz der Bewegung in den bestehenden Strukturen kamen ihre Anführer zu der Erkenntnis, dass sie keine Wahl hatten und die Bewegung in die palästinensischen Institutionen einfügen mussten, die sie bisher boykottiert hatten, weil sie auf die Basis der Osloverträge gegründet worden waren. Statt zu zerstören, wollten sie mit aller Macht versuchen, die Institutionen aus den Händen ihrer Gegner zu übernehmen. Die Rede ist von einem in jeder Hinsicht revolutionären Schritt. Während es aber in der Vergangenheit äußere Faktoren wie die Intifada oder die Osloverträge waren, die zum Pragmatismus zwangen, kam jetzt ein innerer Faktor hinzu, der sich als bedeutsamer Beschleuniger des neuen Pragmatismus erwiesen hat.

Die Führer des politischen Arms spürten, dass die Macht des militärischen Arms stärker wurde und die Hegemonie der politischen Führung bedrohte, die infolge der Liquidierungen zersetzt wurde. Die Hamas von heute ist eine Bewegung mit vielen Köpfen, die in alle Richtung zerstreut wurden. In der Ära nach Yassin und Rantisi hat die gemeinsame neue Führung – a-Zahar, Hanjie und Chaled Mishal, der in Damaskus sitzt – verstanden, dass sie den Weg der Bewegung nicht klar und kompetent vorzeichnen kann und ein Versuch dazu die Einheit der Bewegung gefährden könnte. Deshalb kamen sie zu der notwendigen Schlussfolgerung, dass nur ein ordentlicher Eintritt in die bestehenden Institutionen sie vor einer militanten Anarchie retten würde. Längst hatte sich der Golem über seinen Schöpfer erhoben.

Jabalija 2003, das Bild des Reporters Achmed Djadalla, für den er den internationalen Preis bekommen hat.

Operation »Eiserne Hand«, Zaiton Viertel in Gaza. Eine Rakete, die auf eine Gruppe Bewaffneter abgeschossen wurde, trifft auch die Mitarbeiter von Kanal 10.

Mit der historischen Entscheidung, sich den Institutionen der palästinensischen Autonomie anzugliedern und sich in Wahlen um einen Anteil am Kuchen der Macht zu bemühen, glauben sie, dass sie zwei Fliegen mit einer Klappe schlagen könnten. Auf der politisch-nationalen Ebene könnten sie die Bewohner des Gazastreifens mitreißen, die die Oslo-Unterzeichner leid sind, die ihre Versprechungen von »Frieden, Sicherheit und Wirtschaft« nicht erfüllt und Singapur nicht in den Gazastreifen gebracht haben. Auf der inneren Ebene würde ein Eintritt in die Institutionen der Autonomiebehörde den militärischen Arm zwingen, einen »staatstragenden« Schritt zu vollziehen und das »Urteil der Bewegung« zu befolgen. Wenn sie also bei Wahlen siegen oder eine große Fraktion im palästinensischen Parlament stellen würden, könnten die Bewaffneten der Hamas zu Bedingungen, die die Führung der Bewegung diktiert und nicht zu Bedingungen, wie sie ihnen die Autonomiebehörde in der Vergangenheit angeboten hat, in den palästinensischen Sicherheitsapparat integriert werden Sowohl Hanjie wie auch a-Zahar wissen, dass sie nicht Teil einer Institution sein können und gleichzeitig Besitzer einer Privatarmee, die umstürzlerisch gegen die Verwaltung arbeitet und sich ihr nicht unterwirft.

Dieser komplizierte und komplexe Vorgang wird nicht leicht umzusetzen sein. Muhamed Daff, der Leiter des militärischen Arms, hat bereits davor gewarnt, mit dem bewaffneten Kampf fortzufahren, und seinen Führern klargemacht, wer wirklich den Ton angibt.

»Wird die Hamas die Wahlen gewinnen?«, habe ich Hanjie gefragt, kurz bevor die Israelis den Gazastreifen verließen.

Er lachte laut auf. »Hör zu, was uns betrifft, so sehen wir in dem demokratischen Vorgang einen Sieg auf ganzer Ebene, egal wie die Ergebnisse auch immer ausfallen. Wir sehen die Dinge nicht eng und kleinkariert. Wir wollen, dass es einen anständigen demokratischen Fortschritt gibt, eine politische Zusammenarbeit, bei der sich alle Seiten gegenseitig achten. Und wir wollen, dass

Recht und Gesetz eingehalten werden, dass die Korruption auf allen Ebenen des gesellschaftlichen Lebens vollständig aufhört, im Finanzbereich, in allen Lebensbereichen. Die Mehrheit der Bevölkerung wird entscheiden, wer in diesem Land herrscht. Das Problem ist, dass wir ordentliche Wahlen haben wollen. Wir wollen nicht vom Volk isoliert sein. Wir sind ein untrennbarer Teil des palästinensischen Volkes. Wir sind daran interessiert, dass es Zusammenarbeit gibt und eine entsprechende Repräsentanz für alle.«

Israel hat Gaza verlassen und die große, hungrige, machtgierige Hamas ist geblieben.

»Wenn ihr siegt oder einen großen Anteil an der Macht bekommt, werdet ihr endlich mit Israel reden müssen.«

»Worüber sollen wir sprechen?«, fragte er, »euer Ministerpräsident hat doch schon verkündet, dass er auf die Westbank nicht verzichten will und dort auch weiter Siedler zulassen wird. Worüber sollen wir dann reden?«

»Lass uns zum Ausgangspunkt zurückkehren. Ihr habt einen Ausgangsvorschlag, der nicht viel anders ist als die Ausgangsforderungen von Arafat und Abu Mazen.«

Hanjie schaute mich mit prüfenden Augen an und fügte seinem Vorschlag ein neues Element hinzu: »Gaza wurde geräumt. Jetzt fordern wir die Räumung der Westbank, Jerusalems, die Freilassung der Gefangenen und das Rückkehrrecht.«

»Moment mal! Davon haben wir nicht geredet«, sagte ich und befand mich schon wieder in einer Diskussion mit ihm.

»Was willst du denn, dass wir mit den Menschen außerhalb machen?«

»Du gehst davon aus, dass drei Millionen Palästinenser hierher kommen?«

»Ist das ein Problem für euch? Der Negev kann sie alle aufnehmen.«

»Wir sollen sie alle im Negev unterbringen?«

»Nein, sie werden zu ihren Häusern und Grundstücken zurückkehren.«

»Vergiss es. Es gibt nichts, worüber man mit euch reden könnte.«

Dann versuchte Hanjie das zu tun, was auch seine Vorgänger bei der PLO versucht hatten, nämlich das Problem zu umgehen, um die Möglichkeit zu weiteren Verhandlungen offenzuhalten, die schließlich in eine politische Lösung des Problems mit Israel münden könnten.

»Gut, aber bevor wir die Frage des Rechts auf Rückkehr angehen, gibt es noch viele andere Probleme, die man lösen muss.«

Als ich nach dem Treffen mit Hanjie die Büros der Firma Ramatan verließ, beschloss ich, meine Bemühungen auf Muhamed Daff zu konzentrieren. Viele Jahre habe ich als Journalist versucht, ihn zu treffen und zu sehen, wer der Mann ist, der schon seit fast zwölf Jahren mit den Mitarbeitern des israelischen Geheimdienstes derart Katz und Maus spielt. Was ist das Geheimnis dieses geheimnisumwitterten Menschen, dessen Namen jeder Israeli schon mit Schrecken vernommen hat, ohne je sein Gesicht gesehen zu haben. Meine journalistische Reise wird nicht beendet sein, bis es mir gelingt, ihn zu treffen. Ich will herausfinden, ob es eine Chance zu Versöhnung mit ihnen gibt oder ob wir verurteilt sind, die Bewegung bis zum bitteren Ende zu bekämpfen. Ich habe verstanden, dass es nicht wichtig ist, was Hanjie oder a-Zahar sagen. Daff und seine Untergebenen werden mit ihren Taten über den Charakter der nächsten Stufe und die Zukunft entscheiden. Meine Suche nach ihm wird nicht beendet sein, auch wenn Israel Gaza verlassen hat.

Nachwort

Bye-bye, Gaza. Leb wohl und auf Nicht-mehr-Wiedersehen. Das haben wir schon einmal gesagt. Und wieder lebe wohl, Gaza. Vielleicht wird es diesmal anders sein, obwohl die Lage viel komplizierter ist. Damals haben wir Gaza an Menschen übergeben, die eine erstaunliche Veränderung durchgemacht haben. Aus Kriegern wurden sie zu Menschen, die Frieden wollten. Ruhe wollten. Aber dann kamen die Menschen aus Tunesien und verdrängten die Ortsansässigen. Sie haben nicht verstanden – oder wollten es nicht verstehen –, dass es keinen Frieden mit Attentaten gibt.

Auch wir wollten nicht verstehen, dass es mit geschlossenen Grenzübergängen und einer massiven Präsenz der Armee auf den Straßen und Verkehrsachsen keinen Frieden in Gaza geben wird. Wir haben nicht verstanden – oder wollten es nicht verstehen –, dass man nicht halb Gaza zusperren kann, damit ein Bus mit Siedlern allein eine Brücke passieren kann und unten, an der berüchtigten Kreuzung Abu Hula, alle mit Neid und Hass die jüdischen Insassen des Busses ansehen. Wir haben nicht verstanden, dass ohne Arbeit und Auskommen für die Bewohner alles zusammenbrechen wird. Und so ist es auch gekommen. Die Durchgänge wurden geschlossen, die Arbeiter, die wirklich glaubten, dass sie im Schweiße ihres Angesichts das moderne Land Israel gebaut haben, mussten in Gaza bleiben und fanden keine andere Arbeit. Kein Unternehmen kann ohne die Möglichkeit, normal zu exportieren und importieren, überleben. Normal, das ist das Wort. Nicht frei. Nichts ist in

Gaza frei – außer Waffen und Munition, die zum profitabelsten Geschäft wurden. Jeder Krieg kennt Kriegsgewinnler und die Nachfrage nach ihren Produkten ist immer größer als das Angebot. Sie hatten kein Problem mit den Übergängen. Sie haben einen eigenen freien Übergang geöffnet.

Mein Freund Hisham Abu Razek, der »Absolvent« des israelischen Gefängnisses, der sich erstaunlich verändert hat, pflegte mir zu sagen: »Anstatt Tunnel unter der Erde zu suchen, muss man den Grund für die Tunnel beseitigen, damit es kein Bedarf mehr gibt, sie zu graben.«

Große Worte, die inhaltsleer blieben. All die Jahre sah man kein Licht am Ende des politischen Tunnels, den die Israelis und die Palästinenser mit ärgerlicher Tölpelhaftigkeit gegraben haben. Der Oslofrieden wurde übereilt unterzeichnet, und es blieben mehr offene Fragen als gelöste. Wie konnte man glauben, dass Arafat, der Alleskönner, mit Worten alles würde stoppen können? Warum hat man sich nicht auf die zu erwartende Entwicklung der Hamas eingestellt? Das ist vielleicht nachträgliche Besserwisserei, aber die Zeichen vor Ort waren immer klar erkennbar.

Leb wohl, Gaza. Hoffentlich wird der brennende Hass mit der Zeit vergehen. Es wird nicht einfach sein. Die neuen Kräfte, die vor Ort entstanden sind, denken anders.

Leb wohl, Gaza. Leb wohl und auf Nimmerwiedersehen. Wir haben keine Kraft mehr, noch einmal zum Palestine-Platz und in die Gassen von Djabaliah und Shabora zu kommen.

Wir wissen schon, dass wir uns deinen Bewohnern gegenüber wie zu Mitmenschen verhalten sollten, damit wir nicht dorthin zurückkehren müssen. Und wir müssen den Warenstrom erleichtern und Flughafen und Seehafen eröffnen, von denen man schon so viele Jahre spricht. Wir haben es auf dem harten Weg am eigenen Leib gelernt. Aber auch du musst lernen, dass du keine Ruhe haben wirst, wenn du dich nicht beruhigst, wenn du nicht das brennende Feuer kleiner drehst, damit der Milchtopf nicht überkocht.

Lebt auch wohl, ihr Menschen aus einer anderen Welt in Shabora, in den Flüchtlingslagern Khan Yunis und Jabalija. Ich sah euch wachsen und andere Menschen werden. Welche Kraft muss ein Mensch aufbringen, der sein Leben in den Gassen eines Flüchtlingslagers wie Khan Yunis begonnen und alles getan hat, um seine Promotion an einer bekannten englischen Universität abzuschließen. Leb wohl, Suffyan Abu Zaydeh, du hast mir bewiesen, dass alles möglich ist. Und ein Gruß auch an den mutigen Ihab al-Ashkar, der die Friedenslage immer anhand der Wirtschaftslage analysieren kann.

Leb wohl, Hisham Abu Razek, du »zorniger Junge« aus Rafah. Ich habe dich in deiner Zelle im Gefängnis von Gaza gesehen und sah dich weinen am Bett deines Sohnes, der von einer Kassamrakete getroffen wurde. Und du, Samir Mashrahawi, Zellenkamerad von Hisham, der die Früchte des Friedens bewahren möchte, gleichzeitig aber auch seine Menschenwürde. Und du, Sami Abu Samhadana, der mir ein Fenster öffnete, damit ich einen weiteren Mosaikstein des Konflikts verstehe. Leb auch du wohl, Madgdi Arabit, mein Kameramann, der nach seiner schweren Verwundung durch den Beschuss israelischer Soldaten nach Israel gebracht wurde und mir sagte: »Wenn die Gegner Israels eine Busrundfahrt durch Tel Aviv machten, würden sie aufhören zu glauben, dass man Israel mit Selbstmordattentätern zerstören kann.«

Leb wohl, Gaza. Was gäbe ich darum, dass wir uns nicht in der nächsten Intifada treffen.

Epilog

Ich klopfte an der Tür des Hauses von Ismail Hanije. Es war acht Uhr dreißig am Morgen des 26. Januar 2006. Es herrschte eine ungewöhnliche Ruhe in der Umgebung des Hauses. In der Regel ist ein Flüchtlingslager an der Küste von Gaza (daher der Name: Shati – Strand) mit unzähligen Menschen bevölkert und eng, und seine Gassen voll mit Kindern und Erwachsenen, aber an diesem Tag sah alles anders aus. Die hunderttausend Bewohner, die sich auf weniger als fünftausend Dunam (etwa fünf Quadratkilometer) drängten, fühlten an diesem Morgen, dass sie Geschichte geschrieben hatten. Hier, am Strand des Mittelmeers, hatte sich Scheich Yassin als Kind das Genick gebrochen, hier ersann er die Idee seiner Bewegung und hier jubelten in der Nacht zuvor Tausende Ismail Hanije zu – einem Bewohner des Lagers, der hier aufgewachsen war und hier erwachsen wurde –, als er im Morgengrauen vom Wahllokal, wo die Stimmen ausgezählt wurden, zurückkam. Aufgekratzt vom Erfolg seiner Partei. Ich klopfte wieder an die Haustür des zukünftigen Ministerpräsidenten – diesmal drei hartnäckigere Klopfer.

Auf der Fahrt von Tel Aviv nach Gaza hörte ich im Radio die ersten Berichte nach Auszählung der Stimmen, die einen völlig überraschenden Ausgang der Wahl ergaben. Als am Vorabend die Wahllokale geschlossen wurden, verkündete man auf allen Rundfunksendern mit absoluter Sicherheit, dass die Fatah die Mehrheit der Stimmen erhalten hatte. Auch in der vorigen Nacht (wie während des ganzen Wahlkampfs) hatten sich viele noch auf die Voraussagen des palästinensischen Berichterstatters Halil Shakaki verlassen. Mit dieser Gewissheit gingen sie schlafen. Als sie morgens dann wach wurden, hatte aber in Wirklichkeit die Hamas eine absolute Mehrheit erlangt. Kein Mensch hatte bedacht, dass Shakakis Voraussagen eine religiöse Stammesgesellschaft, die aus Familiensippen besteht, analytisch nicht erfassen konnten, zumal mit westlichen Werkzeugen.

Mit erregten und gerührten Stimmen versuchten die Radiokommentatoren und Analysten Antworten zu finden und zu erklären, wo und wieso die großen Fachleute versagt hatten und wieso sie nicht gesehen hatten, was jetzt alle sahen – die Hamas kann Wahlen gewinnen, und sogar noch mit einer überwältigenden Mehrheit. Ich schaute mich an Hanijes ruhigem Haus um und suchte nach Zeichen des Erwachens. Sein Wagen parkte in der provisorischen Garage, und darunter konnte man einen großen Ölfleck sehen. Weil der Motor des alten Wagens leckte, wurde der Fleck immer größer.

Der rostige Mitsubishi Lancer des zukünftigen Ministerpräsidenten symbolisierte in gewisser Weise den Unterschied zwischen den Mitgliedern seiner Partei und seinen Gegnern bei der Fatah, die prächtige Mercedes fuhren, die sie so liebten und mit denen sie so angeben konnten. Ganz ohne Zweifel, dachte ich, passt der Wagen des frisch Gewählten zum Haus, zur Gasse, zum Lager und zu Gaza im Allgemeinen.

Ich klopfte noch einmal, zum letzten Mal, diesmal leichter als vorher. Wenn jemand nach dieser dramatischen Nacht wach geblieben war, würde er den klopfenden Fremden bestimmt hören. Wenn nicht, würde ich geduldig warten, da bald die Massen hierherkommen würden, wenn sie zu diesem neuen Morgen erwacht waren.

Plötzlich hörte ich leichte Schritte. Die Tür wurde geöffnet.

Vor mir stand ein junger Mann mit tränenden Augen. Wegen der Farbe seiner Augen wusste ich, dass es einer der Söhne des Gewählten war. Alle Mitglieder der Familie Hanije haben ein deutliches Erkennungszeichen: Die Farbe ihrer Augen ist grün-blau. Einzigartig und überhaupt nicht typisch für die Bewohner des Ortes.

»Du bist Shlomo«, stellte der Bursche entschieden fest, noch bevor ich mich vorgestellt hatte, und fragte sofort: »Erinnerst du dich an mich? Ich bin der Junge, der ...«

»Aha, du bist der Junge, der zu mir gesagt hat, dass er Selbstmord begehen will, ein Shahid werden will, sich selbst in Israel in die Luft sprengen will«, sprach ich zu Ende, was er nicht laut sagen wollte.

Er lächelte.

»Ja. Das bin ich.«

Auch ich lächelte.

»Nun, und willst du immer noch Shahid werden?«

Sein Lächeln wurde breiter.

»Nein, shu malech? (Was glaubst du?) Wir sind erwachsen geworden. Wir sind klüger geworden.«

Er sprach im Plural. Und ich sah darin eine interessante Interpretation der Situation, die sich im Eingang des Hauses eines Hamas-Aktivisten, der bald der palästinensische Ministerpräsident werden würde, abspielte.

Der Junge, der ein Mann geworden war, stand vor mir in der Haustür, und mit einem Lächeln, das dem Lächeln seines Vaters ähnlich war, sagte er: »Wir sind älter, wir sind klüger geworden.« Im Plural.

»Was ist uns seit damals passiert, und wer von uns ist klüger geworden«, überlegte ich, sagte aber kein Wort. Zweifellos ist zumindest sein Vater Ismail Hanije erwachsener geworden. In wenigen Tagen oder Wochen würde er für eine Partei Ministerpräsident werden, von der kein Mensch geglaubt hatte, dass sie eines Tages die Begründer des palästinensischen Nationalismus, die Fatah-Bewegung, in Schande verdrängen und beerben würde. Und schon gar nicht in so kurzer Zeit.

Ich wartete darauf, dass der zukünftige Ministerpräsident endlich aufwachte. Ich wartete darauf zu sehen, wie sich die Geschichte vor meinen eigenen Augen entwickelt. Ich wollte herausfinden, ob wir einem gnadenlosen, blutüberströmten Chaos entgegensahen oder ob wir vielleicht von den neuen Gegebenheiten überrascht würden. Hier hat nun die Hamas die Macht übernommen, das Unrecht von Oslo war korrigiert. Mit der Zeit habe ich erkannt, dass ich naiv war. Ich wollte an eine unmögliche Realität glauben.

Als Ismail Hanije aus dem Haus trat, um die Hunderte von Menschen zu begrüßen, die sich um sein Haus versammelt hatten, entdeckte er mich.

»Wo kommst du denn her?«, fragte er mit seinem bekannten Lächeln.

Ich überlistete ihn: »Von der Erde.«

Er hörte nicht auf zu lächeln: »Du überraschst uns einfach so?«

»Du weißt doch, dass wir Israelis es lieben, euch zu überraschen«, erwiderte ich und fing an zu lachen.

»Du siehst ja, wie es ist. Wir spielen alle das gleiche Spiel.« Auch er lachte. Aber seine Begleiter flüsterten mir leise zu, das sei zu weit gegangen. In solch delikaten Dingen ist Zynismus nicht angebracht.

Einige Minuten später begleitetn mich seine Helfer ins Haus, während es die Menschen draußen nur schwer begreifen konnten, warum ausgerechnet ich ausgewählt wurde, das erste Interview mit ihm zu machen. Ausgerechnet ich: ein israelischer Journalist, ein Journalist aus einem Feindesland, während die gesamte ausländische Presse draußen bleiben musste.

Aber ich wusste, dass ich nicht hineingelassen wurde wegen unserer Bekanntschaft und auch nicht wegen unserer »Freundschaft«. Hanije hatte eine Botschaft für die israelische Öffentlichkeit: »Die Hamas-Partei wurde in demokratischen Wahlen gewählt, aber die Welt ist deshalb nicht untergegangen.«

Ich setzte mich ihm gegenüber hin. Er trug eine Art religiösen Umhang, aber noch auffälliger war sein Gesichtsausdruck, den ich so zuvor noch nie bei ihm gesehen hatte – der Gesichtsausdruck eines Anführers.

Frage: »Wer ist Ismail Hanije?«

Hanije: »Im Namen Allahs des Gnädigen und Barmherzigen, Ismail Hanije ist ein palästinensischer Flüchtling aus dem Flüchtlingslager Shati, der wie alle seine Volksgenossen nach Freiheit strebt, nach Rückkehr und Unabhängigkeit.«

Frage: »Wurdest du hier geboren?«

Hanije: »Ich wurde im Jahr 1963 geboren. Ich habe im Flüchtlingslager gelernt. Ich habe meine akademischen Studien beendet und als akademischer Verwaltungsdirektor gearbeitet. Aber darüber hinaus ähnelt meine Lage der von allen Palästinensern. Wir alle verbringen unser Leben unter einer Besatzung. Ich wurde schon zweimal verhaftet. Ich wurde nach Mrage az-Zuhur vertrieben und kehrte zurück.«

Frage: »Hast du je daran gedacht, palästinensischer Ministerpräsident zu werden?«

Hanije: »Die Wahrheit ist, kein Mensch denkt an ein solches Amt und kein Mensch strebt danach.«

Frage: »Wurdest du überrascht?«

Hanije: »Die Wahrheit ist, ich wusste, dass das palästinensische Volk ein hervorragendes Volk ist und Vertrauen zur Hamas hat. Wir lagen im Wettbewerb mit unseren Brüdern von der Fatah und die Wahlen sind blendend für uns ausgegangen.«

Frage: »Was wird jetzt? Welche Regierung werdet ihr bilden?«

Hanije: »Wir sind an politischer Zusammenarbeit interessiert. Wir werden mit unserem Präsidenten Abu Mazen und mit unseren Brüdern bei der Fatah über eine politische Zusammenarbeit beraten. Wir wollen keine Alleinherrschaft. Wir sind an Zusammenarbeit mit allen palästinensischen Parteien interessiert. Wir wollen Einheit.«

Frage: »Wie wird die Zusammenarbeit mit Israel aussehen? Ich meine das tagtägliche Leben: Grenzübergänge, Wirtschaft, Führung laufender Geschäfte und Koordinierung der Sicherheitsfragen.«

Hanije: »Es ist noch zu früh, darüber zu sprechen. Noch haben wir keine Regierung gebildet. Aber eine Koordinierung in

Sicherheitsfragen wird es nicht geben. Wir waren in der Vergangenheit dagegen und werden auch jetzt dagegen sein. Es hat uns geschwächt und nicht unseren Interessen gedient.«

Frage: »Und was wird mit dem bewaffneten Arm?«

Hanije: »Das hängt von der Besatzung ab.«

Frage: »Werdet ihr Teil der Autonomieregierung werden?«

Hanije: »Es ist zu früh, darüber zu debattieren. Aber wir werden für die Interessen der Palästinenser arbeiten – im Rahmen der neuen Ziele, die durch das Wahlergebnis bestätigt worden sind.«

Frage: »Wenn morgen die Fatah oder der Islamische Dschihad Kassamraketen auf Sderot schießt, was werdet ihr dann tun?«

Hanije: »Der Widerstand ist solange legitim, wie es die Besatzung gibt. Aber der Widerstand wird mit Rücksicht auf die Interessen unseres Volkes geleistet.«

Frage: »Muss ich als Israeli auch weiterhin befürchten, dass man Raketen auf Sderot oder Askelon abfeuert?«

Hanije: »Ich meine, dass diese Frage von den Israelis abhängt. Damit das aufhört, muss die israelische Aggression uns gegenüber aufhören. Der Ball liegt nicht bei den Palästinensern. Das Problem sind nicht Hamas, Fatah oder Islamischer Dschihad. Das Problem ist die Besatzung. Die Besatzung muss die Rechte der Palästinenser anerkennen.«

Frage: »Wird die Hamas in Zukunft Israel anerkennen?«

Hanije: »Zuerst muss Israel die legitimen Rechte der Palästinenser anerkennen.«

Frage: »Hast du irgendeine Botschaft an die israelischen Zuschauer, die sich vor dem Sieg der Hamas fürchten? Für die Israelis ist Hamas nur eine Terrororganisation, die Busse von Selbstmordattentätern in die Luft sprengen lässt.«

Hanije: »Ich möchte betonen, dass wir die Juden nicht hassen, weil sie Juden sind. Unser Problem mit ihnen ist, dass sie unser Land besetzt und unser Volk vertrieben haben. Wenn man Frieden haben will, Sicherheit und Stabilität in der Region – dann muss die Besatzung verschwinden, und das palästinensische Volk muss seine Rechte zurückbekommen.«

Frage: »Verschwinden? Wohin? Rechte in den Grenzen von vor 1948 oder nur in der Westbank und in Gaza, also in den Grenzen von 1967?«

Hanije: »Das palästinensische Volk hat legitime Rechte, und diese Rechte sind uns und allen Völkern bekannt. Aber wir haben schon einen Waffenstillstand angeboten. Israel hat unser Angebot abgelehnt.«

Frage: »Ich frage noch einmal: Werden die Grenzen von 1967 euch zufriedenstellen?«

Hanije: »Und ich antworte noch einmal: Alle wissen, was unsere legitimen Rechte sind. Und ich frage dich: Ist Israel bereit, die Besatzung zu beenden?«

Frage: »Kann es sein, dass in einem Jahr die Anführer der Hamas, Ismail Hanije und Mahmud az-Zahar, israelische Politiker treffen und ihnen die Hand geben: Ehud Olmert, Amir Peretz und vielleicht Benjamin Netanjahu? Klingt das praktikabel für dich?«

Hanije: »Kannst du dir das vorstellen – diese Menschen, die die Besatzung repräsentieren und Symbole für die Grausamkeit gegen das palästinensische Volk sind, die morgens und abends sagen: ›Wir erkennen nicht an ... wir sind nicht einverstanden ... nein, nein und nochmals nein‹? Ich kann mir das nur schwer vorstellen. Wir wollen Freiheit, Gerechtigkeit, Unabhängigkeit und unsere Rechte.«

Frage: »Wird die Hamas Israel anerkennen?«

Hanije: »Israel soll erst einmal unsere Rechte anerkennen.«

Es dauerte aber nur wenige Tage, bis das Horrordrehbuch realisiert wurde. Der Hamas ist es nicht gelungen, über sich selbst hinauszuwachsen. Es ist ihr nicht gelungen, das zu verwirklichen, was sie ihren Wählern versprochen hat: »Änderungen und Reformen«. Sie wurden mit einer überwältigenden Mehrheit gewählt, weil die Bewohner Gazas und der Westbank tatsächlich

Änderungen und Reformen herbeigesehnt haben. Aber statt ihre Basis zu verstärken, die Bewohner der Westbank, vor allem aber die Bürger des Gazastreifens, ins Boot zu holen und für die sozialen Belange der Armen zu sorgen, wie sie es in den Tagen von Scheich Yassin so vorbildlich gekonnt haben, fingen sie an, sich wie jede politische Partei zu benehmen, bei der die Sorge um die eigene Macht an erster Stelle steht. Die Partei der Armen, die Partei der Massen handelte wie jede politische Partei, die an die Macht gekommen ist und ihre Versprechungen vergessen hat.

Die Machtkämpfe innerhalb der Hamas haben sie in eine Einbahnstraße geführt: tödlich, zerstörerisch und für sie vernichtend, aber mehr noch für die Bewohner Gazas, die an ihre Parolen geglaubt hatten. Der Weg hat den Bewohnern nicht nur nicht gut getan, sondern sie um Jahre und Generationen zurückgeworfen. Zurück in eine Zeit der Finsternis und Angst, der Entbehrungen und der Hoffnungslosigkeit. Gaza – stark wie der Tod[24].

Hanjie wurde Ministerpräsident, aber in Wirklichkeit diktierte ihm der bewaffnete Arm der Hamas den Weg.

Auf dem Papier blieb Hanije ein Vorzeige-Ministerpräsident, dessen Züge der bewaffnete Arm bestimmte und weiter bestimmt. zz ad-Din al-Kassam und ihr Anführer, der über die Machtzentren verfügt – Achmad Jabari.

Ismail Hanije sitzt in seinem Amt in Gaza, aber Achmad Jabari bestimmte über die Angelegenheiten vor Ort. Dadurch verpufften die Handlungen des gewählten Ministerpräsidenten inhaltslos und sinnentleert.

Ein halbes Jahr nach der Wahl, am 25. Juni 2006, wurde der israelische Soldat Gilad Shalit von drei bewaffneten Organisationen unter Führung des bewaffneten Arms der Hamas entführt. Das dünne Seil, auf dem Hanije hatte balancieren wol-

---

[24] *Gaza – stark wie der Tod* ist der hebräische Titel des Buches. Es ist ein Wortspiel, denn das hebräische Wort für Gaza bedeutet auch stark.

len, in dem ihm aufgezwungenen Dreieck zwischen Israel, der palästinensischen Autonomiebehörde und der Hamas, verwandelte sich in einen Strick, der Gaza mehr und mehr abwürgt.

Ein Jahr später, am 12. Juni 2007, führte der bewaffnete Arm der Hamas einen Militärputsch durch und übernahm die Macht. Die Vertreter der Fatah wurden mit Gewalt aus Gaza vertrieben. Die meisten flohen in die Westbank, gedemütigt und verärgert, dass sie jahrelang nicht erkannt hatten, mit wem sie es zu tun haben. Der demokratische Ansatz, der die Hamas zur Macht geführt hatte, wurde mit einem nicht demokratischen Zug vollendet, mit einem gewalttätigen Militärputsch, bei dem die Fatah-Kameraden, die »Waffenbrüder« mit echter Munition bekämpft wurden.

Ziel waren vor allem die Funktionsträger im Sicherheitsapparat von Mohammed Dahlan, die systematisch und mit Waffengewalt ausgeschaltet wurden. Andere wurden gedemütigt, indem man sie in den Straßen von Gaza mit Händen über dem Kopf vorführte, als Zeichen der Unterwerfung.

Über Gaza wurde eine Wirtschaftsblockade verhängt, und die Hamas fuhr fort mit dem massiven Beschuss israelischer Ortschaften durch Kassamraketen. Die Hamas, die ihren Weg während vieler Jahre klug gegangen war und aus einer kleinen Bewegung zu einem ernst zu nehmenden Partner in der breiten nationalen palästinensischen Bewegung, die Yassir Arafat gegründet hat, geworden ist, hat ihren gesellschaftlichen Weg verloren, den der Gründer Scheich Achmed Yassin immer im Auge behalten hatte. Das Einzige, was sie jetzt noch vor Augen hatte, nämlich allen zu beweisen, dass sie besser als die PLO und klüger als die PLO war, hat der Realität nicht standgehalten.

Am 7. Dezember 2008 eröffnete Israel einen umfassenden Angriff auf Gaza, um den Beschuss durch Kassamraketen zu beenden. Die militärische Operation wurde »Gegossenes Blei« genannt, weil sie am jüdischen Chanukka-Fest begann. In Wirklichkeit war es aber ein richtiger, in Blut getränkter Krieg. Ein Krieg, wie ihn Gaza noch nie zuvor erlebt hatte. »Stark wie der Tod« wurde zu einem nachvollziehbaren Begriff. Mehr als 1400 Menschen wurden getötet und mehr als 6000 verwundet, in einem Krieg, der drei Wochen gedauert hat - in der Luft, auf dem Boden und auf dem Meer. Wieder hat Israel den Sandsack heftig gehauen. Aber diesmal hat es nicht nur die israelische Führung mit den Schlägen übertrieben, die sie auf Gaza hat niederprasseln lassen. Alle haben es übertrieben in diesem Spiel mit dem Feuer, das Opfer auf palästinensischer und auf israelischer Seite gefordert hat. Am Ende der Schlacht, als der Waffenstillstand erklärt wurde, verkündeten die Anführer der Hamas in Gaza und Damaskus laut und ohne sich zu schämen: Wir haben die Juden besiegt!!! Wir haben unsere mutige und heldenhafte Standfestigkeit bewiesen.«

Die Bewohner von Gaza blieben aber allein mit ihrem großen Dilemma: Was war ihnen lieber, die korrupte Verwaltung der Fatah, die ihre Gelder gestohlen hat und auf ihre Kosten lebte? Oder die Torheit der Hamas, die bewusst ihr Leben und ihre Lebensqualität geopfert hat? Und dieses Dilemma setzt sich fort und fort - bis heute. Gaza im Jahr 2011 ist tatsächlich wie der Tod.

Shlomi Eldar, im Februar 2011